国际儒学联合会教育系列丛书

史 记 (九)
列传三

〔西汉〕司马迁 著

张新科 赵望秦 译注

中华典藏
全注全译本

丛书指导委员会主任
———滕文生 牟钟鉴 董金裕
总主编
———钱 逊 郭齐家
汉唐书局专家委员会审定

济南出版社　汉唐书局

图书在版编目（CIP）数据

史记.九/（西汉）司马迁著；张新科，赵望秦译注.—济南：济南出版社，2023.4
（中华典藏）
ISBN 978-7-5488-5593-4

Ⅰ.①史… Ⅱ.①司… ②张… ③赵… Ⅲ.①中国历史—古代史—纪传体 ②《史记》—研究 Ⅳ.① K204.2

中国国家版本馆 CIP 数据核字（2023）第 061318 号

出 版 人	田俊林
图书策划	付晓丽　冀春雨
责任编辑	李家成　张子涵
专家审读	钟书林
装帧设计	王铭基　谭　正
出版发行	济南出版社
地　　址	济南市二环南路1号（250002）
编辑热线	0531-86131747　82926535
发行热线	82709072　86131701　86131729　82924885
印　　刷	山东彩峰印刷股份有限公司
版　　次	2023年9月第1版
印　　次	2023年9月第1次印刷
成品尺寸	170 mm×240 mm　16开
印　　张	30.5
字　　数	430千
定　　价	98.00元

（济南版图书，如有印装错误，请与出版社联系调换。联系电话：0531-86131736）

目 录

- ◎ 题解
- ◎ 原文
- ◎ 注释
- ◎ 大意
- ◎ 知识拓展

◎ 篇章体例

（九）

卫将军骠骑列传第五十一	1
平津侯主父列传第五十二	34
南越列传第五十三	64
东越列传第五十四	80
朝鲜列传第五十五	90
西南夷列传第五十六	98
司马相如列传第五十七	108
淮南衡山列传第五十八	158
循吏列传第五十九	191
汲郑列传第六十	199
儒林列传第六十一	215
酷吏列传第六十二	236
大宛列传第六十三	269

1

游侠列传第六十四	300
佞幸列传第六十五	313
滑稽列传第六十六	320
日者列传第六十七	343
龟策列传第六十八	356
货殖列传第六十九	403
太史公自序第七十	433

卫将军骠骑列传

第五十一

　　本文是汉代名将卫青和霍去病的合传,主要记述卫青七出边塞,霍去病六出北疆,指挥千军万马攻讨匈奴,扬威大漠的经历和赫赫战功。匈奴屡犯中原,严重破坏了汉匈人民的和平生活,给百姓和社会生产带来深重灾难。年轻的汉武帝大胆重用青年将领卫青和霍去病,令其频频出击,战争规模之大、兵威之盛,为汉代讨胡征战之最,有力地打击了匈奴侵扰中原的嚣张气焰,对汉朝的安定和富强,对汉匈人民的和平生活都有积极的意义,这是值得肯定的历史功绩,也是司马迁写作本传的用意所在。当然,对连年战争所造成的人员伤亡和物资的巨大损失,本文也暗含委婉的批评。本文的结构颇有特色,前边的主要部分写卫、霍事迹,是卫、霍的合传;篇末又附记公孙贺等十六位征胡将领的简略事迹,以类相从,实为一篇类传。从结构上看,主次分明;从行文上看,前后一体,水乳交融,毫无游离或割裂之感。这显示了司马迁剪裁谋篇的匠心和《史记》行文灵活多变的特点。这就使本传成为汉武帝时代汉匈战争和汉匈关系的一篇简史，同时是一本征胡英雄的记功簿。本文虽以记事为主，但不乏精彩的景物和场面描写。如写元狩四年的漠北大战：先写狂风大作、飞沙走石的自然景象，为战争渲染了悲壮苍凉的气氛；再写汉匈两军交战，匈奴军失利，单于"乘六骡"，仓皇夜遁；后写大将军追亡逐北，真是兵威浩荡，强虏震恐，万马奔腾，浩气千里。这段文字既"描画如见"，又使读者如闻其声，很有艺术感染力。此传寓褒贬之意于叙事之中，却不留痕迹。如写卫青之功，多陈述事实，"摹写唯恐不尽"；而写霍去病之功则多用皇帝诏辞点出。这正是对诏辞所列骠骑三出，斩捕十一万余敌人之事的存疑之笔，真是"句中有筋，字中有眼"（曾国藩《求阙斋读书录》），暗示了作者行文的深意，确为好文章。文中通过描写大将军卫青不贪功、不敢专权、散金献寿等细节，凸显了他的品行。这与大将军及其子孙的悲剧结局形成对比，更可见汉武帝时代人才的可怜可悲。大将军卫青和骠骑将军霍去病那一场临阵对调的总决战，司马迁用三大段描述大将军的勇猛，写匈奴甚至被打得找不到单于，差点易主；而骠骑将军的战绩描写只有两行。结果竟然是骠骑将军旗下皆封侯，而大将军旗下皆无功。文中对此类不公平的封赏或治罪的叙写无处不见。

　　大将军卫青者，平阳人也。其父郑季，为吏，给事①平阳侯家，与侯妾②卫媪③通④，生青。青同母兄卫长子，而姊卫子夫自平阳公主家得幸天子⑤，故冒姓为卫氏⑥。字仲卿。长子更字长君。长君母号为卫媪。媪长女卫孺，次女少儿，次女即子夫。后子夫男弟步、广皆冒卫氏。

◎**注释** ①〔给事〕供职。②〔妾〕指婢仆。③〔媪（ǎo）〕这里是妇女的通称。④〔通〕通奸。⑤〔而姊卫子夫自平阳公主家得幸天子〕据《外戚世家》载，卫子夫原为汉武帝姐姐平阳公主家的歌女。一次武帝到平阳公主家，所有侍奉他的美人，他都不喜欢，唯独喜欢卫子夫。卫子夫入宫，有宠，以生戾太子刘据而立为皇后。⑥〔冒姓为卫氏〕冒，冒充，假冒。卫青生父为郑季，当姓郑，以其为私生子，因依母姓，故曰"冒"。

◎**大意** 大将军卫青，是平阳县人。他的父亲郑季，任县吏，在平阳侯家里供职，和平阳侯的婢仆私通，生下卫青。卫青的同母兄长是卫长子，而姐姐卫子夫在平阳公主的家里得到武帝的宠幸，他们都冒充姓卫。卫青字仲卿。卫长子改字长君。长君的生母号称卫媪。卫媪的长女叫孺，二女儿叫少儿，三女儿就是子夫。后来卫子夫的弟弟步、广都冒充姓卫。

　　青为侯家人，少时归其父，其父使牧羊。先母①之子皆奴畜之②，不以为兄弟数。青尝从入至甘泉居室③，有一钳徒④相青⑤曰："贵人也，官至封侯。"青笑曰："人奴之生，得毋笞骂即足矣，安得封侯事乎！"

◎**注释** ①〔先母〕嫡母。这里指郑季前夫人。②〔奴畜之〕把卫青当作奴仆来养育。③〔甘泉居室〕甘泉，宫名。居室，即"保宫"，是囚禁犯法官员及其家属的处所。一说官署名，汉有甘泉居室令丞之官。④〔钳徒〕受钳刑的犯人。钳刑是用铁圈系颈的刑罚。⑤〔相青〕给卫青相面。

◎**大意** 卫青生在平阳侯家，但小时候回到他父亲身边，他父亲叫他放羊。嫡母的儿子都把他当奴仆看待，而不把他算在兄弟之列。卫青曾经跟随人到甘泉宫居室，有一个受钳刑的犯人给他相面说："是贵人相，将要封侯。"卫青笑着说："我是奴婢所生，能不挨打受骂就满足了，怎会有封侯的事呀！"

　　青壮，为侯家骑，从平阳主。建元二年春，青姊子夫得入宫幸上①。皇后，堂邑大长公主②女也，无子，妒。大长公主闻卫子夫幸，有身③，妒之，乃使人捕青。青时给事建章④，未知名。大长公主执囚

青,欲杀之。其友骑郎公孙敖与壮士篡取⑤之,以故得不死。上闻,乃召青为建章监,侍中,及同母昆弟⑥贵,赏赐数日间累千金。孺为太仆公孙贺妻。少儿故与陈掌通,上召贵掌。公孙敖由此益贵。子夫为夫人⑦。青为大中大夫。

◎**注释** ①〔幸上〕被皇上宠爱。②〔堂邑大长公主〕即汉文帝长女,武帝姑母刘嫖,因嫁堂邑侯陈午,故名堂邑大长公主。汉代称皇帝的姑母为大长公主。刘嫖之女即武帝原配夫人陈阿娇,后被废。③〔有身〕怀孕。④〔建章〕宫名。⑤〔篡取〕夺取。⑥〔昆弟〕兄弟。⑦〔夫人〕后妃的封号。

◎**大意** 卫青长大后,作为平阳侯家的骑士,随从平阳公主。建元二年春天,卫青的姐姐卫子夫入宫得到武帝的宠幸。皇后是堂邑大长公主的女儿,没有儿子,爱嫉妒。大长公主听说卫子夫受到宠幸,怀了孕,嫉妒她,就派人捕捉卫青。卫青当时在建章宫供职,还没出名。大长公主拘禁卫青,想要杀了他。卫青的朋友骑郎公孙敖和壮士前去把他抢夺出来,因此得免一死。武帝听说了,就征召卫青任建章宫监,兼任侍中。连同他的同母兄弟都显贵了,几天的赏赐累计千金。卫孺是太仆公孙贺的妻子。卫少儿原先与陈掌私通,武帝于是征召陈掌,使他显贵。公孙敖从此更加显贵。卫子夫被封为夫人。卫青任大中大夫。

元光五年①,青为车骑将军,击匈奴,出上谷;太仆公孙贺为轻车将军,出云中;大中大夫公孙敖为骑将军,出代郡;卫尉李广为骁骑将军,出雁门:军各万骑。青至茏城,斩首虏数百。骑将军敖亡七千骑;卫尉李广为虏所得,得脱归:皆当②斩,赎为庶人。贺亦无功。

◎**注释** ①〔元光五年〕《汉书·卫青传》作"元光六年"。②〔当〕判罪,判处。
◎**大意** 元光五年,卫青任车骑将军,攻击匈奴,从上谷郡出兵;太仆公孙贺任轻车将军,从云中郡出兵;大中大夫公孙敖任骑将军,从代郡出兵;卫尉李广任骁骑将军,从雁门郡出兵。各路军队都有一万骑兵。卫青进军到茏城,斩杀俘房敌军几百人。骑将军公孙敖损失七千骑兵；卫尉李广被敌兵俘虏，得以逃脱回归：二人论法皆当问斩，通过出钱赎罪成为平民。公孙贺也无战功。

元朔元年春，卫夫人有男，立为皇后。其秋，青为车骑将军，出雁门，三万骑击匈奴，斩首虏数千人。明年，匈奴入杀辽西太守，虏略渔阳二千余人，败韩将军①军。汉令将军李息击之，出代；令车骑将军青出云中以西至高阙。遂略河南地，至于陇西，捕首虏数千，畜数十万，走②白羊、楼烦王。遂以河南地为朔方郡。以三千八百户封青为长平侯。青校尉苏建有功，以千一百户封建为平陵侯。使建筑朔方城。青校尉张次公有功，封为岸头侯。天子曰："匈奴逆天理，乱人伦，暴长虐老，以盗窃为务，行诈诸蛮夷，造谋③藉兵④，数为边害，故兴师遣将，以征厥⑤罪。诗不云乎，'薄伐玁狁，至于太原'，'出车彭彭，城彼朔方'。今车骑将军青度（渡）西河至高阙，获首虏二千三百级⑥，车辎畜产毕收为卤（虏）⑦，已封为列侯，遂西定河南地，按⑧榆溪旧塞，绝梓领（岭）⑨，梁北河⑩，讨蒲泥⑪，破符离⑫，斩轻锐之卒，捕伏听者⑬三千七十一级，执讯获丑⑭，驱马牛羊百有余万，全甲兵⑮而还，益封青三千户。"其明年，匈奴入杀代郡太守友，入略雁门千余人。其明年，匈奴大入代、定襄、上郡，杀略汉数千人。

◎**注释** ①〔韩将军〕指韩安国。②〔走〕逃跑。这里指赶跑。③〔造谋〕策划阴谋。④〔藉兵〕仗恃武力。⑤〔厥〕其，指匈奴。⑥〔级〕首级，人头。⑦〔卤〕通"虏"。此指缴获的战利品。⑧〔按〕巡行。⑨〔绝梓（zǐ）领〕绝，横过。梓领，即"梓岭"，山名，一说塞名。⑩〔梁北河〕梁，桥，此处用为动词，架桥。北河，与上文的西河皆为古代黄河主河道的一部分。⑪〔讨蒲泥〕讨，征伐。蒲泥，匈奴人名。一说塞名。⑫〔符离〕塞名，在今内蒙古五原西北部。一说匈奴王之号。⑬〔伏听者〕指敌人的侦探。⑭〔执讯获丑〕意为捉到活口进行讯问，得知敌兵所在，进而俘获大量敌兵。讯，问。丑，对敌兵的蔑称。⑮〔全甲兵〕保全军队。

◎**大意**　元朔元年春，卫夫人生下一个男孩，于是被立为皇后。这年秋天，卫青任车骑将军，从雁门郡出兵，率领三万骑兵攻击匈奴，斩杀俘获敌兵几千人。第二年，匈奴入侵边塞杀死了辽西郡太守，掳掠渔阳郡两千多人，打败韩安国将军的军队。汉朝廷命令将军李息抗击匈奴，从代郡出兵，命令车骑将军卫青从云中郡出兵向西直到高阙，于是卫青占领黄河以南的地方，直到陇西郡，斩杀俘获敌军几千人，获得几十万头牲畜，赶跑了白羊王和楼烦王。于是朝廷把黄河河套以南地区设置为朔方郡。卫青被封为长平侯，食邑三千八百户。卫青的部下校尉苏建立有战功，被封为平陵侯，食邑一千一百户。朝廷又派苏建修筑朔方城。卫青的部下校尉张次公立有战功，封为岸头侯。武帝说："匈奴违背天理，悖乱人伦，欺侮尊长，虐待老人，以盗窃为务，欺诈各部蛮夷，策划阴谋，仗恃武力，屡次侵犯边境，因而朝廷调兵遣将，来征讨它的罪恶。《诗经》上不是说过吗，'攻伐猃狁，达到太原'，'战车出动，筑成朔方'。现在车骑将军卫青渡过西河直到高阙，斩杀俘获敌兵两千三百人，把它的军需物资、牲畜财产都缴获为战利品，已经封为列侯。之后又向西平定黄河河套以南地区，巡行旧塞，横越梓岭，架桥北河，讨平蒲泥，攻破符离，斩杀精锐敌兵，俘获侦察兵士三千零七十一人，审问俘虏后，知敌所在而俘获众敌，赶回马牛羊一百多万头，全师而还。因此增封卫青食邑三千户。"第二年，匈奴入侵并杀死代郡太守共友，入侵雁门郡掳掠一千多人。第三年，匈奴又大举侵入代郡、定襄郡、上郡，杀死抢掠汉朝军民几千人。

其明年，元朔之五年春，汉令车骑将军青将①三万骑，出高阙；卫尉苏建为游击将军，左内史李沮为强弩将军，太仆公孙贺为骑将军，代相李蔡为轻车将军，皆领属②车骑将军，俱出朔方；大行李息、岸头侯张次公为将军，出右北平：咸③击匈奴。匈奴右贤王当④卫青等兵，以为汉兵不能至此，饮醉。汉兵夜至，围右贤王，右贤王惊，夜逃，独与其爱妾一人壮骑数百驰，溃围⑤北去。汉轻骑校尉郭成等逐数百里，不及⑥，得右贤裨王⑦十余人，众男女万五千余人，畜数千百万，于是引兵而还。至塞，天子使使者持大将军印，即军中拜⑧车骑将军青为大将军，诸将皆以兵⑨属大将军，大将军立号⑩而归。天子曰："大将军青躬率⑪戎士，师大捷，获匈奴王十有余人，益封青六千户。"而封青子伉为宜春侯，青子不疑为阴安侯，青子登为发干侯。青固谢⑫曰："臣幸得待罪⑬行间⑭，赖陛下神灵，军大捷，皆诸校尉力战之功也。陛下幸已益封臣青。臣青子在襁褓中，未有勤劳⑮，上幸列（裂）地⑯封为三侯，非臣待罪行间所以劝⑰士力战⑱之意也。伉等三人何敢受封！"天子曰："我非忘诸校尉功也，今固且图之⑲。"乃诏御史曰："护军都尉公孙敖三从大将军击匈奴，常护军⑳，傅校㉑获王，以千五百户封敖为合骑侯。都尉韩说从大将军出窳浑㉒，至匈奴右贤王庭，为麾下搏战获王，以千三百户封说为龙额侯。骑将军公孙贺从大将军获王，以千三百户封贺为南窌侯㉓。轻车将军李蔡再从大将军获王，以千六百户封蔡为乐安侯。校尉李朔，校尉赵不虞，校尉公孙戎奴，各三从大将军获王，以千三百户封朔为涉轵侯，以千三百户封不虞为随成侯，以千三百户封戎奴为从平侯。将军李沮、李息及校尉豆如意有功，赐爵关内侯，食邑各三百户。"其秋，匈奴入代，杀都尉朱英。

◎**注释**　①〔将〕率。②〔领属〕隶属。③〔咸〕全。④〔当〕面对。⑤〔溃围〕冲开包围圈。⑥〔不及〕没追上。⑦〔裨王〕小王。⑧〔拜〕授给官职。⑨〔以兵〕率军队。⑩〔号〕名号。⑪〔躬率〕亲自率领。⑫〔固谢〕坚决推辞。⑬〔待罪〕当官供职的谦辞。⑭〔行间〕行伍之间，即军队之中。⑮〔勤劳〕劳苦，此处实指功劳。⑯〔列地〕即"裂地"。分封土地。⑰〔劝〕鼓励。⑱〔力战〕拼力奋战。⑲〔固且图之〕本来就要做这件事。固，本来。且，将。图，考虑，谋划。之，指封赏卫青军中校尉之事。⑳〔护军〕接应各军。㉑〔傅校〕率领一校的军队。傅，率领。校，古代军队建制，五百人为一校。㉒〔窳（yǔ）浑〕塞名。㉓〔南窌（pào）侯〕封地在南窌，具体方位不详。

◎**大意** 第二年，元朔五年的春天，汉朝廷命令车骑将军卫青率领三万骑兵，从高阙出兵。卫尉苏建任游击将军，左内史李沮任强弩将军，太仆公孙贺任骑将军，代相李蔡任轻车将军，全部归属车骑将军统领，一起从朔方郡出兵。大行令李息、岸头侯张次公任将军，从右北平郡出兵，一齐出击匈奴。匈奴右贤王所在之地正对卫青等部，但以为汉军不能到他那里，就喝醉了。汉军夜间赶到，包围了右贤王。右贤王惊恐，连夜逃走，仅仅带着他的一个爱妾和几百精壮骑兵奔逃，冲出包围向北逃去。汉轻骑校尉郭成等人追了几百里，没追上，俘获右贤王下属小王十多人，众多男女一万五千余人，牲畜千百万头，于是卫青率兵返回。军队回到边塞，武帝派遣使者手捧大将军印，就在军营中任命车骑将军卫青为大将军，诸将把军队归大将军统领，树立大将军的名号之后才返回。武帝说："大将军卫青亲自率领兵士征战，出师大捷，俘获匈奴小王十多人，增封卫青食邑六千户。"并封卫青的儿子卫伉为宜春侯，卫青的儿子卫不疑为阴安侯，卫青的儿子卫登为发干侯。卫青坚决辞让说："有幸能在军中任职，仰赖陛下圣明威灵，军队大捷，全是各位校尉力战的功劳。陛下已加倍封赏了臣。臣的儿子还都幼小，没有功劳，承蒙陛下裂地封侯，这不是臣在军队里勉励将士努力作战的本意。卫伉等兄弟三人怎么敢接受封爵！"武帝说："我没有忘记各位校尉的功劳，现在本来就要封赏他们。"于是下诏给御史说："护军都尉公孙敖三次跟随大将军出击匈奴，常常调护各部，团结将校。俘获匈奴小王，用一千五百户封公孙敖为合骑侯。都尉韩说跟随大将军从窳浑出兵，一直打到匈奴右贤王的王庭，逼近敌人师旗之下搏斗拼杀而俘获小王，用一千三百户封韩说为龙额侯。骑将军公孙贺跟随大将军俘获匈奴小王，用一千三百户封公孙贺为南窌侯。轻车将军李蔡两次跟随大将军俘获匈奴小王，用一千六百户封李蔡为乐安侯。校尉李朔、校尉赵不虞、校尉公孙戎奴，都三次跟随大将军俘获匈奴小王，用一千三百户封李朔为涉轵侯，用一千三百户封赵不虞为随成侯，用一千三百户封公孙戎奴为从平侯。将军李沮、李息和校尉豆如意立有战功，赐封关内侯爵位，食邑各三百户。"这一年的秋天，匈奴入侵代郡，杀害都尉朱英。

其明年春[1]，大将军青出定襄，合骑侯敖为中将军，太仆贺为左将军，翕侯赵信为前将军，卫尉苏建为右将军，郎中令李广为后将军，右内史李沮为强弩将军，咸属大将军，斩首数千级而还。月余，悉②复出定襄击匈奴，斩首虏万余人。右将军建、前将军信并军③三千余骑，独逢单于兵，与战一日余，汉兵且尽。前将军故胡人，降为翕侯，见急，匈奴诱之，遂将④其余骑可⑤八百，奔降单于。右将军苏建尽亡其军，独以身得亡去，自归大将军。大将军问其罪正⑥闳、长史安、议郎周霸等："建当云何⑦？"霸曰："自大将军出，未尝斩裨将⑧。今建弃军，可斩以明将军之威。"闳、安曰："不然。兵法⑨'小敌之坚，大敌之禽也⑩'。今建以数千当⑪单于数万，力战一日余，士尽，不敢有二心，自归。自归而斩之，是示后无反意也。不当斩。"大将军曰："青幸得以肺腑待罪行间，不患无威，而霸说我以明威⑫，甚失臣意。且使臣职虽当斩将，以臣之尊宠而不敢自擅专诛于境外，而具归天子，天子自裁⑬之，于是以见为人臣不敢专权，不亦可乎？"军吏皆曰"善"。遂囚建诣行在所⑭。入塞罢兵。

◎**注释** ①〔明年春〕指元朔六年春。②〔悉〕全部。③〔并军〕把军队合在一起。④〔将〕率领。⑤〔可〕大约。⑥〔正〕军正，军中的法官。⑦〔云何〕怎么办。意谓按军法应定什么罪。⑧〔裨将〕副将。⑨〔兵法〕指中国现存最早的兵书《孙子兵法》。⑩〔小敌之坚，大敌之禽也〕出自《孙子兵法·作战篇》，意谓小的部队虽然顽强抵抗大的敌人，但终究将被大的敌人擒获。禽，"擒"的古字，俘获。⑪〔当〕抵挡，对抗。⑫〔明威〕表明威信，树立威严。⑬〔裁〕处理。⑭〔行在所〕指天子巡行时所在之地。

◎**大意** 第二年的春季，大将军卫青从定襄郡出兵，合骑侯公孙敖任中将军，太仆公孙贺任左将军，翕侯赵信任前将军，卫尉苏建任右将军，郎中令李广任后将军，右内史李沮任强弩将军，都隶属大将军统领，斩杀敌军几千人后返回。一个多月后，全部军队再次从定襄郡出兵攻打匈奴，斩杀俘获敌军一万多人。右将军苏建、前将军赵信的军队共有三千多骑兵，单独遇上了单于大军，跟他们交战一天多，汉军几乎全军覆没。前将军赵信原是匈奴人，降汉后封为翕侯。他看到情况危急，匈奴又来引诱他，就率领他的残余骑兵大约八百人，向单于投降了。右将军苏建全军覆没，只身脱逃，回来向卫青自首。卫青根据苏建所犯罪行询问军正闳、长史安和议郎周霸等人说："苏建该当何罪？"周霸说："自从大将军出兵以来，还没有杀过副将。现在苏建丢弃军队，可以斩杀他来表明将军的威严。"军正闳、长史安说："不能这样！兵法说'小股军队战斗力再强，也要被强大的军队打败'。现在苏建用几千人抵挡单于几万人，力战一天多，士兵战死了，他不敢有二心，逃回来自首。回来自首了而斩杀他，这种做法是告诉以后作战失败的人不要再回来。不应当斩杀。"卫青说："我有幸以皇上亲戚的身份在军队里任职，不怕没有威严，而周霸以树立威严劝说我，不合我的意思。况且我的职权虽可斩将，但我不敢擅自将其诛杀于国境之外，还是把情况详细报给皇上，让皇上自己去处理，以此表明我不敢专权，不也可以吗？"军官们都说："好。"于是把苏建装进囚车，送到武帝巡行的地方。卫青领兵入塞休整。

是岁①也，大将军姊子霍去病年十八，幸②，为天子侍中。善骑射，再从大将军，受诏与壮士，为剽姚校尉，与轻勇骑八百直弃大军③数百里赴利④，斩捕首虏过当⑤。于是天子曰："剽姚校尉去病斩首虏二千二十八级，及相国、当户⑥，斩单于大父行⑦籍若侯产，生捕季父⑧罗姑，比再冠军，以千六百户封去病为冠军侯。上谷太守郝贤四从大将军，捕斩首虏二千余人，以千一百户封贤为众利侯。"是岁，失两将军军，亡翕侯，军功不多，故大将军不益封。右将军建至，天子不诛，赦其罪，赎为庶人。

◎**注释** ①〔是岁〕指元朔六年。②〔幸〕受宠幸。③〔直弃大军〕径直离开大部队，孤军深入。④〔赴利〕奔向有利之处，指杀敌立功。⑤〔过当〕指杀伤敌军的数目超过了自己军队的伤亡数目。⑥〔相国、当户〕均为匈奴的低级官名。⑦〔大父行〕祖父辈。⑧〔季父〕叔父。

◎**大意** 这一年，卫青姐姐的儿子霍去病十八岁，很受武帝宠爱，担任侍中。他善于骑马射箭，两次跟从卫青出征。卫青接受诏令拨给他一些壮士，让他担任剽姚校尉。他和八百名轻捷勇猛的骑兵径直离开大军行进几百里夺取战功，斩杀俘获敌兵超过了己方损失的人数。于是武帝说："剽姚校尉霍去病斩杀俘获敌兵两千零二十八人，还有匈奴的相国、当户，斩杀单于祖父一辈的籍若侯产，活捉单于的叔父罗姑，两次功劳在全军第一，用一千六百户封霍去病为冠军侯。上谷郡太守郝贤四次跟随大将军，斩杀俘获敌军两千多人，用一千一百户封郝贤为众利侯。"这一年，汉朝损失两位将军所领的军队，翕侯赵信又投降了匈奴，对匈作战军功不多，所以卫青没有增加食邑。右将军苏建被押到，武帝没诛杀他，赦免了他的罪过，他出钱赎罪成为平民。

　　大将军既还，赐千金。是时王夫人①方幸于上，宁乘说大将军曰："将军所以功未甚多，身食万户②，三子皆为侯者，徒以皇后故也。今王夫人幸而宗族未富贵，愿将军奉所赐千金为王夫人亲③寿。"大将军乃以五百金为寿。天子闻之，问大将军，大将军以实言④，上乃拜宁乘为东海都尉。

◎**注释**　①〔王夫人〕汉武帝宠姬，生齐王刘闳。②〔食万户〕享受万户封邑的赋税和物产。③〔亲〕指父母。④〔以实言〕把实情说出来。

◎**大意**　卫青回朝以后，武帝赏赐他一千金。这时，王夫人正受武帝的宠爱。宁乘游说卫青说："将军之所以立功不是很多，却享受万户的食邑，三个儿子都封为侯，只因皇后是您的姐姐。现在王夫人受宠而她的家族没有富贵，希望将军将皇上赐给的千金给王夫人的双亲做寿礼。"卫青就拿出五百金去祝寿。武帝听到这件事，询问卫青，卫青照实说了。武帝就任命宁乘为东海郡都尉。

　　张骞从大将军，以尝使大夏，留匈奴中久，导军①，知善水草处，军得以无饥渴，因前使绝国②功，封骞博望侯。

◎**注释**　①〔导军〕为军队当向导。②〔绝国〕极远的国家。

◎**大意** 张骞跟随卫青，因为曾出使大夏，在匈奴的部落中滞留了很久，所以给军队当向导，知道水草充足的地方，使汉军免遭饥渴，再加上以前出使远方异国的功劳，张骞被封为博望侯。

冠军侯去病既侯三岁，元狩二年春，以冠军侯去病为骠骑将军，将万骑出陇西，有功。天子曰："骠骑将军率戎士逾乌盭①，讨遬濮②，涉狐奴③，历五王国，辎重人众慑慴④者弗取⑤，冀⑥获单于子。转战六日，过焉支山千有余里，合短兵⑦，杀折兰王，斩卢胡王，诛全甲⑧，执浑邪王子及相国、都尉，首虏八千余级，收休屠祭天金人，益封去病二千户。"

◎**注释** ①〔乌盭（lì）〕山名。②〔遬（sù）濮〕匈奴部族名。③〔狐奴〕河名。④〔慑慴（shè）〕畏惧。⑤〔弗取〕不掠取。⑥〔冀〕希望。⑦〔合短兵〕以刀、剑之类的短兵器交战。合，交锋。⑧〔全甲〕指全副武装的敌人。一说为国名。

◎**大意** 冠军侯霍去病封侯三年后，在元狩二年的春天，被武帝任命为骠骑将军，率领一万骑兵从陇西郡出兵，立了战功。武帝说："骠骑将军率领战士越过乌盭山，讨伐遬濮，渡过狐奴河，经过五个王国，不掠取畏服者的物资人口，希望捕获单于的儿子。大军转战六天，越过焉支山一千多里，和敌人短兵接战，杀死折兰王，斩了卢胡王，诛杀全身披甲的敌兵，捉住浑邪王的儿子和相国、都尉，斩杀俘获八千多敌人，缴获休屠王的祭天金人，因此加封霍去病食邑二千户。"

其夏，骠骑将军与合骑侯敖俱出北地，异道；博望侯张骞、郎中令李广俱出右北平，异道①：皆击匈奴。郎中令将四千骑先至，博望侯将万骑在后至。匈奴左贤王将数万骑围郎中令，郎中令与战二日，死者过半，所杀亦过当。博望侯至，匈奴兵引去。博望侯坐行留②，当斩，赎为庶人。而骠骑将军出北地，已遂（邃）③深入，与合骑侯失道④，不相得，骠骑将军逾居延至祁连山，捕首虏甚多。天子曰："骠骑将军逾居延，遂过小月氏，攻祁连山，得酋涂王，以⑤众降者二千五百人，斩首虏三万二百级，获五王，五王母，单于阏氏、王子五十九人，相国、将军、当户、都尉六十三人，师⑥大率⑦减什三⑧，益封去病五千户。赐校尉从至小月氏⑨爵左庶长。鹰击司马破奴再从骠骑将军斩遬濮王，捕稽沮王，千骑将得王、王母各一人，王子以下四十一人，捕虏三千三百三十人，前行⑩捕虏千四百人，以千五百户封破奴为从骠侯。校尉句王高不识，从骠骑将军捕呼于屠王王子以下十一人，捕虏千七百六十八人，以千一百户封不识为宜冠侯。校尉仆多有功，封为辉渠侯。"合骑侯敖坐行留不与骠骑会，当斩，赎为庶人。诸宿将⑪所将士马兵⑫亦不如骠骑，骠骑所将常选⑬，然亦敢深入，常与壮骑先其大军⑭，军亦有天幸，未尝困绝也。然而诸宿将常坐⑮留落⑯不遇⑰。由此骠骑日以亲贵，比⑱大将军。

◎**注释** ①〔异道〕指分道进军。②〔坐行留〕因行军迟缓贻误战机而获罪。坐，犯罪。行留，行军时滞留不进。③〔遬〕通"邀"，远。④〔失道〕迷路。⑤〔以〕率领。⑥〔师〕军队。⑦〔大率〕大抵。⑧〔什三〕十分之三。⑨〔校尉从至小月氏〕即"从至小月氏之校尉"，意谓跟随霍去病到过小月氏的校尉。⑩〔前行〕先头部队。⑪〔宿将〕资深的将军。⑫〔士马兵〕战士、马匹、兵器。⑬〔常选〕经常挑选的精兵。⑭〔先其大军〕跑在大军的前面。⑮〔坐〕因为。⑯〔留落〕行动迟缓，落在后边。⑰〔不遇〕遇不到好的战机。⑱〔比〕并列。

◎**大意** 这年夏天，骠骑将军霍去病和合骑侯公孙敖一起从北地郡出兵，分两路走。博望侯张骞和郎中令李广一块从右北平郡出兵，也分两路走，一齐攻打匈奴。郎中令李广率领四千骑兵先到，博望侯张骞率领一万骑兵随后到来。匈奴左贤王率领几万骑兵围攻郎中令李广，郎中令李广跟他们交战两天，汉军战死过半，杀死的敌人也很多。博望侯张骞赶到，匈奴军队撤退。博望侯张骞因犯行军迟缓罪，论处斩刑，出钱赎罪成为平民。霍去病从北地郡出兵，随后就向前深入，由于公孙敖走错了路，两军没能会合，霍去病越过居延，到达祁连山，斩杀俘获敌兵很多。武帝说："骠骑将军越过居延，进而经过小月氏，攻打祁连山，俘获酋涂王，成群投降的有两千五百人，斩杀俘获敌军三万零二百人，俘获五个小王和五个小王的母亲，以及单于阏氏、王子五十九人，还有相国、将军、当户、都尉六十三人，汉军大约减损十分之三，加封骠骑将军食邑五千户。赐予跟随骠骑将军到达小月氏的校尉左庶长的爵位。鹰击司马赵破奴两次跟随骠骑将军出兵，斩遬濮王，捕捉稽沮王，他的部下千骑将俘获匈奴小王、小王的母亲各一人，王子以下四十一人，俘虏敌兵三千三百三十人，他的先锋将领俘获敌兵一千四百人，用一千五百户封赵破奴为从骠侯。校尉句王、高不识跟随骠骑将军俘获呼于屠王王子以下十一人，俘获敌兵一千七百六十八人，用一千一百户封高不识为宜冠侯。校尉仆多立有战功，封为辉渠侯。"合骑侯公孙敖犯行军迟缓未能与霍去病会合之罪，论处斩刑，出钱赎罪成为平民。各位老将统领的士兵、马匹和武器装备不如霍去病，霍去病统领的军队中多精兵强将，他也敢于深入作战，常常和精壮骑兵跑在大军的前头，他的军队也有上天给予的好运气，没有遭遇到大危险。而各位老将经常迟缓落后，遇不到好的战机。从此霍去病越来越被宠信，与卫青不相上下。

其秋，单于怒浑邪王居西方数为汉所破，亡数万人，以骠骑之兵也。单于怒，欲召诛浑邪王。浑邪王与休屠王等谋欲降汉，使人先要（邀）边①。是时大行李息将城河上②，得浑邪王使，即驰传以闻③。天子闻之，于是恐其以诈降而袭边，乃令骠骑将军将兵往迎之。骠骑既渡河，与浑邪王众相望。浑邪王裨将见汉军而多欲不降者，颇遁去。骠骑乃驰入与浑邪王相见，斩其欲亡者八千人，遂独遣浑邪王乘传先诣行在所④，尽将其众渡河，降者数万，号称十万。既至长安，天子所以赏赐者数十巨万。封浑邪王万户，为漯阴⑤侯。封其裨王呼毒尼为下摩⑥侯，鹰庇为辉渠侯，禽犁为河綦⑦侯，大当户铜离为常乐侯。于是天子嘉骠骑之功，曰："骠骑将军去病率师攻匈奴西域王浑邪，王及厥⑧众萌（氓）⑨咸相奔⑩，率以军粮接食⑪，并将控弦⑫万有余人，诛骁骍⑬，获首虏八千余级，降异国之主三十二人，战士不离（罹）⑭伤，十万之众咸怀集⑮服⑯，仍与之劳⑰，爰及河塞⑱，庶几⑲无患，幸既永绥⑳矣。

14

以千七百户益封骠骑将军。"减陇西、北地、上郡戍卒之半，以宽天下之繇（徭）。

◎**注释** ①〔要边〕到边境迎接。要，通"邀"，迎接。②〔河上〕黄河岸边。③〔闻〕传报朝廷知道。④〔行在所〕帝王临时驻留的地方。⑤〔漯（tà）阴〕封地名。在今山东禹城。⑥〔下摩〕封地名。《建元以来侯者年表》作"下麾"。⑦〔河綦（qí）〕封地名。⑧〔厥〕代词，其。⑨〔众萌〕犹众民。萌，通"氓"，民众，百姓。⑩〔奔〕投奔。⑪〔接食〕接济。⑫〔控弦〕拉弓。此指拉弓的战士。⑬〔骁駻（xiāo hàn）〕本为剽悍勇敢之人，此指妄图逃亡的匈奴人。⑭〔离〕通"罹"，遭受。⑮〔怀集〕归来。按，《玉篇》曰："怀，归也。"《国语》"不其集亡"，韦昭注："集，至也。"⑯〔服〕承担。按，泷川资言《史记会注考证》："服，犹任也；任频兴之劳。"据此，此"服"字当属下句，应于"怀集"之后断句。⑰〔仍与之劳〕频繁承受战争之劳苦。仍，频繁。与，《汉书》作"兴"，是。为军事活动而征聚物资曰兴。实指战争而言。劳，苦。⑱〔河塞〕泛指黄河以北至塞外地区。⑲〔庶几〕差不多、几乎。⑳〔绥〕安定。

◎**大意** 这一年的秋天，单于因浑邪王在西方多次被汉军打败，损失几万人而恼怒，这是霍去病出兵所致。单于发怒，想召浑邪王来杀掉他。浑邪王与休屠王商量要投降汉朝，于是派人先到边境与汉兵联络。这时大行令李息率兵在黄河边上修筑城堡，见到了浑邪王的使者，于是立即派快马向朝廷报告。武帝听到此消息，怕他们用诈降手段偷袭边境，就派霍去病率军前去接应他们。霍去病渡过黄河，与浑邪王兵众相互观望。浑邪王的部将看到汉军后，多数人不想投降，纷纷逃走。霍去病就骑马直接奔入匈奴军营，与浑邪王在阵中相见，斩杀掉想要逃跑的八千人，随后打发浑邪王乘坐馆驿传车先到武帝巡行的驻地，而自己率领浑邪王的全部人马渡过黄河，投降汉朝的匈奴兵士有几万人，号称十万。到达长安后，武帝用于赏赐他们的钱物价值几十万。封浑邪王食邑一万户，称为漯阴侯。封浑邪王的副王呼毒尼为下摩侯，鹰庇为辉渠侯，禽犁为河綦侯，大当户铜离为常乐侯。这时武帝嘉奖霍去病的功劳说："骠骑将军霍去病率军攻打匈奴西方的浑邪部。浑邪王及其民众都来投降，骠骑将军用军粮维持他们的给养，并率领他们的射手一万多人，诛杀骁勇凶悍不想归服的人，斩杀了八千多人，降服异国之王三十二人，汉兵没有遭受伤亡，十万大军全都回归，由于骠骑将军出兵作战，不辞劳苦，因而黄河沿岸的边塞地区，几乎再无忧患，获得了永久的安定。所以要用一千七百户加封骠骑将军。"武帝又减少陇西郡、北地郡、上郡一半的驻防士兵，用来减轻天下百姓的徭役。

居顷之，乃分徙降者边五郡①故塞外，而皆在河南，因其故俗，为属国②。其明年，匈奴入右北平、定襄，杀略汉千余人。

◎注释 ①〔边五郡〕边境上的五个郡，指陇西、北地、上郡、云中、朔方。②〔为属国〕做汉朝的属国。当时汉将匈奴降民安置在上述五郡之中，设五属国，各派都尉监护他们。
◎大意 不久之后，汉朝廷就把投降的匈奴人迁徙到边疆五个郡原先的边境外面，都住在黄河河套南岸，仍保留他们原来的习俗，作为汉朝的属国。第二年，匈奴入侵右北平郡、定襄郡，杀戮掳掠汉人一千多人。

其明年，天子与诸将议曰："翕侯赵信为单于画计①，常以为汉兵不能度幕（漠）②轻留③，今大发士卒，其势必得所欲。"是岁元狩四年也。

◎注释 ①〔画计〕出谋划策。②〔度幕〕越过沙漠。幕，通"漠"。③〔轻留〕轻易滞留。
◎大意 第二年，武帝与诸将商议说："翕侯赵信为单于出谋划策，一直以为汉军不能渡过大沙漠，更不敢在那里轻易停留。现在大举发兵出击，形势必然能朝我们想要的方向发展。"这年是元狩四年。

元狩四年春，上令大将军青、骠骑将军去病将各五万骑，步兵转者①踵军②数十万，而敢力战深入之士皆属骠骑。骠骑始为出定襄，当单于。捕虏③言单于东，乃更令④骠骑出代郡，令大将军出定襄。郎中令⑤为前将军，太仆⑥为左将军，主爵⑦赵食其为右将军，平阳侯襄为后将军，皆属大将军。兵即⑧度幕（漠），人马凡⑨五万骑，与骠骑等咸击匈奴单于。赵信为单于谋曰："汉兵既度幕（漠），人马罢（疲），匈奴可坐收虏耳。"乃悉远北⑩其辎重，皆以精兵待幕（漠）北。而适值大将军军出塞千余里，见单于兵陈（阵）而待，于是大将军令武刚车⑪自环为营⑫，而纵五千骑往当匈奴。匈奴亦纵可万骑。会日且入⑬，大风起，沙砾击面，两军不相见，汉益⑭纵左右翼绕单于⑮。单于视汉兵多，而士马尚强，战而匈奴不利，薄莫（暮）⑯，单于遂乘六骡⑰，壮骑可数百，直冒⑱汉围西北驰去。时已昏，汉匈奴相纷挐⑲，杀伤大当⑳。汉军左校捕虏，言单于未昏而去，汉军因发轻骑夜追之，大将军军因随其后。匈奴兵亦散走。迟明㉑，行二百余里，不得单于，颇捕斩首虏万余级，遂至窴颜山㉒赵信城，得匈奴积粟食军。军留一日而还，悉烧其城余粟以归。

◎**注释** ①〔转者〕负责转运军需物资者，即今所谓后勤部队。②〔踵（zhǒng）军〕紧随大军之后。踵，脚后跟，此指跟随其后。③〔捕虏〕捉到的俘虏。④〔更令〕改变命令。⑤〔郎中令〕指李广。⑥〔太仆〕指公孙贺。⑦〔主爵〕即主爵都尉。⑧〔即〕立刻。⑨〔凡〕共。⑩〔远北〕远远地运到北方。⑪〔武刚车〕有防护的军车。⑫〔自环为营〕自己排成环形阵营。⑬〔日且入〕太阳将要落山。⑭〔益〕更。⑮〔绕单于〕包抄单于。⑯〔薄莫〕傍晚。莫，同"暮"。⑰〔六骡〕指六匹骡子拉的车。⑱〔冒〕冲。⑲〔纷挐（rú）〕混乱。这里是扭打的意思。⑳〔大当〕大致相当。㉑〔迟明〕天将亮时。㉒〔窴（tián）颜山〕即今蒙古国杭爱山。

◎**大意** 元狩四年的春天，武帝命令大将军卫青、骠骑将军霍去病各率领五万骑兵，紧随大军负责军需转运的步兵共计几十万，而敢于力战深入的士兵都隶属霍去病。霍去病开始是从定襄郡出兵，直接攻击单于。匈奴俘虏说单于向东去了，就改派霍去病由代郡出兵，而让卫青由定襄郡出兵。郎中令李广任前将军，太仆公孙贺任左将军，主爵都尉赵食其任右将军，平阳侯曹襄任后将军，都隶属卫青。军队随即越过大沙漠，总共五万骑兵，跟霍去病都去攻打匈奴单于。赵信给单于出主意说："汉军过大沙漠后，人乏马疲，我们可以轻松抓获俘虏了。"单于就把全部军需物资远远地运到北方，带着全部精兵在沙漠北边等待。而正值卫青率领的军队出塞一千多里，看到单于兵马列队等待，这时卫青命令用有防护的军车围成营栅，且放出五千骑兵前去冲击匈奴。匈奴方面也放出大约一万骑兵。正好在太阳快落山的时候刮起大风，沙石扑面，两军相互看不清，汉军便派左右两翼包抄单于。单于看见汉兵众多，而且兵强马壮，作战对匈奴不利，天快黑时，单于便乘坐六匹骡子拉的车子，带着大约几百精壮骑兵，直冲出汉军的包围向西北奔去。这时天已黑下来，汉军和匈奴兵士互相扭打，双方死伤大致相当。汉军左校尉捉到的俘虏说单于在天黑前已离去，汉军随即派出轻装骑兵乘夜追击单于，卫青的军队就跟在他们后面。匈奴兵也溃散逃走。将近天亮时，汉军行进二百多里，没捉到单于，俘虏斩杀敌兵一万多人，终于到达窴颜山赵信城，获得匈奴储积的粮食以供军队食用，汉军停留一天，把城里剩余的粮食全部烧掉后才返回。

大将军之与单于会①也，而前将军广、右将军食其军别从东道，或失道，后击单于。大将军引②还，过幕（漠）南，乃得前将军、右将军。大将军欲使使归报，令长史簿责③前将军广，广自杀。右将军至，下吏，赎为庶人。大将军军入塞，凡斩捕首虏万九千级。

◎**注释**　①〔会〕会战。②〔引〕领兵。③〔簿责〕依文书上所列罪状审问。

◎**大意**　卫青与单于会战时，前将军李广和右将军赵食其的军队另从东路前进，迷了路，落在后面不能攻击单于。卫青退兵到沙漠南面，才碰上前将军李广、右将军赵食其。卫青准备派人把情况回报武帝，命令长史根据文书所列罪状去审问前将军李广，李广自杀了。右将军赵食其返回后，交给了法官定罪，出钱赎罪成为平民。卫青率军进入塞外。总共斩杀、捕获匈奴一万九千人。

是时匈奴众失单于十余日，右谷蠡王闻之，自立为单于。单于后得其众，右王乃去单于之号。

◎**大意** 这时，匈奴部众和单于失去联系十多天，右谷蠡王听到这个消息，自立为单于。单于后来找到了他的部众，右谷蠡王才去掉单于称号。

骠骑将军亦将五万骑，车重①与大将军军等，而无裨将。悉以李敢等为大校，当裨将，出代、右北平千余里，直②左方兵③，所斩捕功已多大将军。军既还，天子曰："骠骑将军去病率师，躬将④所获荤粥⑤之士，约⑥轻赍（赉）⑦，绝大幕（漠），涉获章渠，以诛比车耆⑧，转击左大将⑨，斩获旗鼓，历涉离侯⑩。济弓闾⑪，获屯头王、韩王等三人，将军、相国、当户、都尉八十三人，封狼居胥山，禅⑫于姑衍⑬，登临翰海。执卤（虏）获丑⑭七万有四百四十三级，师率减什三，取食于敌，逴⑮行殊远而粮不绝，以五千八百户益封骠骑将军。"右北平太守路博德属骠骑将军，会与城⑯，不失期，从至梼余山，斩首捕虏二千七百级，以千六百户封博德为符离侯。北地都尉邢山从骠骑将军获王，以千二百户封山为义阳侯。故归义⑰因淳王复陆支、楼专王伊即靬皆从骠骑将军有功，以千三百户封复陆支为壮侯，以千八百户封伊即靬为众利侯。从骠侯破奴、昌武侯安稽从骠骑有功，益封各三百户。校尉敢得旗鼓，为关内侯，食邑二百户。校尉自为⑱爵大庶长。军吏卒为官，赏赐甚多。而大将军不得益封，军吏卒皆无封侯者。

◎**注释** ①〔车重〕指军需物资。②〔直〕面对。③〔左方兵〕匈奴的左面军队，即左贤王的军队。④〔躬将〕亲自率领。⑤〔荤粥（xūn yù）〕指匈奴。殷代称匈奴为荤粥。⑥〔约〕捆束。⑦〔轻赍〕少量财物。⑧〔比车耆〕匈奴王名。⑨〔左大将〕匈奴高级将官名，非人名。⑩〔历涉离侯〕经过离侯山。⑪〔济弓闾〕渡过弓闾河。⑫〔禅〕在山上祭地的仪式。⑬〔姑衍〕山名。⑭〔执卤获丑〕捉到俘虏，问知消息，进而俘获大量敌兵。卤，通"虏"。丑，对匈奴的蔑称。⑮〔逴（chuō）〕远。⑯〔会与城〕在与城会师。⑰〔归义〕归附正义，此指投降汉朝。⑱〔自为〕人名，即徐自为。

◎**大意**　霍去病也率领五万骑兵，军需物资与卫青相等，但没有副将。全以李敢等人为大校尉，充作副将，从代郡、右北平郡出塞一千多里，直扑左贤王的军队，所斩杀俘获敌军的功劳已经远远超过卫青。军队返回后，武帝说："骠骑将军霍去病率军出征，亲自带领所俘获的匈奴士兵，携带少量军需物资，横穿大沙漠，渡水俘获匈奴大臣章渠，斩杀比车耆王，转攻左大将，夺得军旗战鼓，越过离侯山，渡过弓闾水，俘获屯头王、韩王等三人，以及将军、相国、当户、都尉八十三人，在狼居胥山祭天，在姑衍山祭地，登山眺望大沙漠，捉到俘虏问明敌兵之所在，进而俘获、斩杀敌兵七万零四百四十三人，汉军大约减损十分之三。从敌国夺取军粮，行军极远而军粮不绝。用五千八百户加封骠骑将军。"右北平郡太守路博德隶属霍去病，与霍去病会师与城，不误军期，跟随霍去病直到梼余山，斩杀俘获敌军两千七百人，用一千六百户封路博德为符离侯。北地都尉邢山跟随霍去病俘获匈奴小王，用一千二百户封邢山为义阳侯。原归降汉朝廷的因淳王复陆支、楼专王伊即靬，都跟随霍去病立了战功，用一千三百户封复陆支为壮侯，用一千八百户封伊即靬为众利侯。从骠侯赵破奴、昌武侯赵安稽跟随霍去病立有战功，各加封食邑三百户。校尉李敢夺得军旗战鼓，封为关内侯，赐给食邑二百户。赐给校尉徐自为大庶长的爵位。霍去病所属军队的官兵升迁官职，赏赐很多。而卫青没有得到加封。所属军队的官兵都没有封侯的。

　　两军之出塞，塞阅①官及私马凡十四万匹，而复入塞者不满三万匹。乃益置大司马位②，大将军、骠骑将军皆为大司马。定令③，令骠骑将军秩禄④与大将军等。自是之后，大将军青日退，而骠骑日益贵。举⑤大将军故人门下⑥多去事骠骑，辄得官爵，唯任安不肯。

◎**注释**　①〔塞阅〕出塞时检阅军队。②〔益置大司马位〕益置，增设。位，官位。按，大司马一职是武帝元狩四年所设，后来掌权的外戚常被授予此官，故卫青、霍去病在本官大将军、骠骑将军之外加大司马之称。③〔定令〕确定法令。④〔秩禄〕官吏的品级与俸禄。⑤〔举〕全部。⑥〔故人门下〕老朋友和门客。

◎ **大意** 卫青、霍去病两支大军出塞时，在塞上登记官马和私马共十四万匹，而返回塞内的马不足三万匹。朝廷于是增设大司马职位。卫青、霍去病都任大司马。随后又确定法令，使霍去病的官阶俸禄同卫青一样。从此之后，卫青的权势日益减退，而霍去病日益尊贵。卫青的老友门客，有许多离开他而去服侍霍去病的，总能得到官爵，只有任安不肯这样做。

骠骑将军为人少言不泄①，有气敢任②。天子尝欲教之孙、吴兵法，对曰："顾方略③何如耳，不至④学古兵法。"天子为治第⑤，令骠骑视之，对曰："匈奴未灭，无以家为⑥也。"由此上益重爱之。然少而侍中，贵，不省士⑦。其从军，天子为遣太官赍⑧：数十乘，既还，重车⑨余弃粱肉⑩，而士有饥者。其在塞外，卒乏粮，或不能自振⑪，而骠骑尚穿域蹋鞠⑫。事多此类。大将军为人仁善退让，以和柔自媚于上，然天下未有称也。

◎ **注释** ①〔少言不泄〕寡言少语，胆识内藏。②〔有气敢任〕有气魄敢作敢为。③〔方略〕战略、谋略。④〔不至〕不必。⑤〔治第〕建造府第。⑥〔无以家为〕不经营自家之事。家为，即为家，经营自家之事。⑦〔不省士〕不关心士卒。⑧〔赍（jī）〕携带。⑨〔重车〕装载军需品的车辆。⑩〔粱肉〕泛指精美的饭食。⑪〔振〕站立。⑫〔穿域蹋鞠〕开辟场地踢球。穿域，画定地段为球场。蹋鞠，古代的一种踢球游戏。

◎ **大意** 霍去病为人少言寡语而胆识内藏，有气魄而敢作敢为。武帝曾想教他孙武、吴起的兵法，他说："作战只看谋略怎样就是了，不必学习古代兵法。"武帝给他建造府第，让他去看看，他说："匈奴没有消灭，不用考虑家室。"因而武帝更加宠信看重他。但他少年时就在武帝左右伺候，贵宠惯了，不关心士卒。他率军出征时，武帝给他派遣太官，携带生活用品几十车，返回后，从运输车上扔下剩余的米肉，但士兵有挨饿的。他在塞外时，兵士缺粮，有的人饿得爬不起来，而他还开辟球场踢球。此类事情很多。卫青为人仁爱善良，谦和退让，用柔顺宽和讨取武帝喜欢，但天下贤人君子没有赞许的。

骠骑将军自四年军①后三年，元狩六年而卒。天子悼之，发属国玄甲军②，陈（阵）自长安至茂陵，为冢象祁连山。谥之，并武与广地曰景桓侯③。子嬗代侯。嬗少，字子侯，上爱之，幸其壮而将之。居六岁，元封元年，嬗卒，谥哀侯。无子，绝，国除。

◎**注释** ①〔军〕军事行动，指率兵出击匈奴。②〔发属国玄甲军〕调集附属国的铁甲军。发，调遣。属国，指匈奴浑邪王率众来降时分置的五个边郡属国。玄甲，铁甲。③〔并武与广地曰景桓侯〕封建谥法规定，"布义行刚曰景""辟土服远曰桓"，霍去病的一生兼有此二者，故谥为景桓侯。武与广地，勇武与扩大国土。

◎**大意** 霍去病在元狩四年出兵后的第三年，即元狩六年逝世。武帝哀悼他，调发附属国的铁甲军，从长安排到茂陵，给他修建的墓冢像祁连山。给他制定谥号，同时包含勇武和扩大国土的意思，称为景桓侯。他儿子霍嬗接替侯位。霍嬗年纪小，字子侯，武帝喜爱他，希望他长大后任将军。过了六年，即元封元年，霍嬗逝世，谥号哀侯。他没有儿子，断绝了继承，封国被废除。

自骠骑将军死后，大将军长子宜春侯伉坐法失侯。后五岁①，伉弟二人，阴安侯不疑及发干侯登皆坐酎金②失侯。失侯后二岁③，冠军侯国除。其后四年，大将军青卒，谥为烈侯。子伉代为长平侯。

◎**注释** ①〔后五岁〕元鼎五年。②〔酎（zhòu）金〕汉朝举行宗庙祭祀，诸侯和列侯皆要献出助祭之金，称酎金。如酎金成色不佳，或者斤两不足，都算献金者犯法。在元鼎五年这次宗庙祭祀活动中，有一百零六人"坐酎金"而被削去爵位。③〔失侯后二岁〕指武帝元封元年。

◎**大意** 霍去病死后，卫青的长子宜春侯卫伉因犯罪丢掉侯爵。过后五年，卫伉的两个弟弟，阴安侯卫不疑和发干侯卫登都因助祭金不足而获罪，丢掉了侯爵。他们丢掉侯爵两年后，冠军侯霍去病的封国被废除。这以后四年，大将军卫青逝世，谥号烈侯。儿子卫伉接替为长平侯。

自大将军围单于之后，十四年而卒，竟不复击匈奴者，以汉马少，而方南诛两越，东伐朝鲜，击羌、西南夷，以故久不伐胡。

◎**大意**　自从卫青围攻单于，直到十四年后他逝世，其间汉朝不再攻打匈奴，因为汉军缺少马匹，而且正向南讨伐两越，向东攻打朝鲜，攻打羌人和西南夷人，因此很长时间不攻打匈奴。

　　大将军以其得尚①平阳公主故，长平侯伉代侯。六岁②，坐法③失侯。

◎**注释**　①〔尚〕娶公主为妻曰尚。汉武帝姐姐平阳公主，先嫁平阳侯曹寿，因曹寿有"恶疾"，汉武帝就下令卫青娶平阳公主为妻。②〔六岁〕指武帝天汉二年。按，《汉书·外戚恩泽侯表》载卫伉"太初元年嗣侯，五年，入宫，完为城旦"。则卫伉犯法当在天汉元年。③〔坐法〕即指"入宫"事。按汉代法律规定，进入宫门，必有符籍，无符籍随便进入则犯法。
◎**大意**　由于卫青娶了平阳公主，长平侯卫伉才得以接替侯位，六年以后，卫伉由于犯法丢了侯爵。

　　左方①两大将军②及诸裨将名：

◎**注释**　①〔左方〕古代文字由右向左竖书，所以古之"左方"就相当于今之"下列"。②〔两大将军〕指卫青、霍去病。按，霍去病未封大将军，但其秩禄皆同大将军，故这里称其为"大将军"。
◎**大意**　以下是两位大将军的主要战功和各位副将的名单：

　　最①大将军青，凡七出击匈奴②，斩捕首虏五万余级。一与单于战，收河南地，遂置朔方郡，再益封，凡万一千八百户③。封三子为侯，侯千三百户。并之，万五千七百户④。其校尉裨将以从大将军侯者⑤九人。其裨将及校尉已为将者十四人。为裨将者曰李广，自有传。无传者曰：

◎**注释** ①〔最〕总计。②〔凡七出击匈奴〕共七次出兵攻打匈奴。即元光五年首次出上谷击胡，元朔元年第二次出雁门击胡，元朔二年第三次出云中击胡，元朔五年第四次出高阙击胡，元朔六年二月第五次出定襄击胡，元朔六年四月第六次出定襄击胡，元狩四年第七次出定襄击胡。③〔万一千八百户〕当为"万二千八百户"。元朔二年武帝"以三千八百户封青为长平侯"，同年"益封青三千户"，元朔五年"益封青六千户"，共一万二千八百户。④〔万五千七百户〕当为"万六千七百户"。卫青自己受封一万二千八百户，其三子各受封一千三百户，四人共受封一万六千七百户。⑤〔侯者〕被封侯的人。

◎**大意** 总计大将军卫青出击匈奴七次，斩杀俘获敌军五万多人。与单于会战一次，收复河套以南地区，进而设置朔方郡。两次加封，食邑共一万一千八百户。封他的三个儿子为侯，每个侯享有食邑一千三百户。合计他们父子的食邑，是一万五千七百户。他部下的校尉、副将因跟随他出征有功而被封侯的有九人。他部下的副将和校尉已经任将军的有十四人。任副将的有位叫李广，自有传记。没有立传的是：

　　将军公孙贺。贺，义渠人，其先胡种①。贺父浑邪，景帝时为平曲侯，坐法失侯。贺，武帝为太子时舍人。武帝立八岁，以太仆为轻车将军，军马邑。后四岁②，以轻车将军出云中。后五岁③，以骑将军从大将军有功，封为南窌侯。后一岁④，以左将军再从大将军出定襄，无功。后四岁⑤，以坐酎金失侯。后八岁⑥，以浮沮将军出五原二千余里，无功。后八岁⑦，以太仆为丞相，封葛绎侯。贺七为将军，出击匈奴无大功，而再侯⑧，为丞相。坐子敬声与阳石公主奸，为巫蛊⑨，族灭，无后。

◎**注释** ①〔胡种〕属匈奴种族。②〔后四岁〕当作"后三岁"，指元光五年。③〔后五岁〕当指元朔五年。④〔后一岁〕元朔六年。⑤〔后四岁〕指元狩四年。⑥〔后八岁〕指元鼎六年。⑦〔后八岁〕指太初二年。⑧〔再侯〕第二次封侯。⑨〔坐子敬声与阳石公主奸，为巫蛊〕公孙贺的儿子公孙敬声曾犯法入狱，公孙贺请求追捕阳陵大侠朱安世来赎罪。武帝征和二年，公孙贺捕得朱安世后，朱安世在狱中诬告公孙敬声与武帝女儿阳石公主通奸，且以"巫蛊"谋害武帝。公孙贺被捕入狱，与其子死在狱中，其家被灭族。

◎**大意**　将军公孙贺。公孙贺是义渠县人。他的祖先是胡族。公孙贺的父亲浑邪在景帝时为平曲侯，因犯法丢掉侯爵。公孙贺在汉武帝做太子时任舍人。汉武帝即位后八年，公孙贺以太仆身份任轻车将军，驻军马邑。过后四年，以轻车将军身份从云中郡出兵。过后五年，以骑将军身份跟随卫青立有战功，封为南窌侯。过后一年，以左将军身份两次跟随卫青从定襄郡出兵，没有立功。过后四年，因助祭金不足而获罪丢掉侯爵。过后八年，以浮沮将军身份从五原郡出兵二千多里，没有立功。再过八年，由太仆升任丞相，封为葛绎侯。公孙贺七次做将军，出击匈奴，没有立过大功，却两次封侯，做丞相。因儿子公孙敬声被诬告与阳石公主通奸而获罪，又受"巫蛊"案牵连，全家被诛灭，没有后代。

　　将军李息，郁郅人。事景帝。至武帝立八岁，为材官将军，军马邑；后六岁①，为将军，出代；后三岁②，为将军，从大将军出朔方：皆无功。凡三为将军，其后常为大行。

◎**注释**　①〔后六岁〕指武帝元朔元年。②〔后三岁〕指元朔五年。
◎**大意**　将军李息，是北地郁郅县人。服侍汉景帝。到汉武帝即位八年后，任材官将军，驻军马邑。过后六年，任将军，从代郡出兵；过后三年，任将军，跟随卫青从朔方郡出兵：都没有战功。他总共三次任将军。后来经常任大行令。

　　将军公孙敖，义渠人。以郎事武帝。武帝立十二岁，为骑将军，出代，亡卒七千人，当斩，赎为庶人。后五岁，以校尉从大将军有功，封为合骑侯。后一岁，以中将军从大将军，再出定襄，无功。后二岁，以将军出北地，后骠骑期，当斩，赎为庶人。后二岁，以校尉从大将军，无功。后十四岁，以因杅将军筑受降城①。七岁，复以因杅将军再出击匈奴，至余吾，亡士卒多，下吏，当斩，诈死，亡居②民间五六岁。后发觉，复系③。坐妻为巫蛊，族④。凡四为将军，出击匈奴，一侯。

◎**注释** ①〔筑受降城〕元封六年匈奴乌维单于死去，其子乌师庐继任单于，他虽年龄小，但喜攻杀，常扣留汉使者。匈奴左大都尉欲杀乌师庐单于，便暗与汉朝联系，欲取得帮助，汉朝即命因杅将军公孙敖筑受降城以相助。见《匈奴列传》。②〔亡居〕逃亡匿居，以避死亡之祸。③〔系〕拘捕。④〔族〕灭族。按清梁玉绳《史记志疑》以为本文自"七岁"至"族"四十四字当删，因所记诸事不合逻辑，恐系后人所妄续。

◎**大意** 将军公孙敖，是义渠县人。以郎官身份侍奉汉武帝。汉武帝即位十二年，他任骑将军，从代郡出兵，损失兵士七千人，论处斩刑，出钱赎罪成为平民。过后五年，他以校尉身份跟随卫青立了战功，封为合骑侯。过后一年，又以将军身份跟随卫青，两次从定襄出兵，没有战功。过后两年，以将军身份从北地郡出兵，延误了与霍去病约定的会合日期，论处斩刑，出钱赎罪成为平民。过后两年，以校尉身份跟随卫青，没有战功。过后十四年，以因杅将军的身份率军修筑受降城。过后七年，又以因杅将军的身份两次出击匈奴，到达余吾水，损失很多士兵，交由司法官吏审问，论处斩刑，假装已死，躲藏在民间五六年。后来他被发觉，又被拘捕起来。因为他妻子参与"巫蛊"案，全家被处死。他总共四次任将军，出击匈奴，一次封为侯。

将军李沮，云中人。事景帝。武帝立十七岁①，以左内史为强弩将军。后一岁，复为强弩将军。

◎**注释** ①〔武帝立十七岁〕指元朔五年。

◎**大意**　将军李沮是云中郡人。侍奉汉景帝。汉武帝即位第十七年，他以左内史身份任强弩将军，过后一年，又任强弩将军。

　　将军李蔡，成纪人也。事孝文帝、景帝、武帝。以轻车将军从大将军有功，封为乐安侯。已①为丞相，坐法死②。

◎**注释**　①〔已〕随后、旋即。②〔坐法死〕因犯法而死。按，李蔡因盗卖坟地和侵占汉景帝陵园墓道外的土地的罪过自杀身亡。
◎**大意**　将军李蔡，是成纪县人。侍奉汉文帝、汉景帝、汉武帝。以轻车将军的身份跟随卫青立有战功，封为乐安侯。随后他任丞相，因犯罪被处死。

　　将军张次公，河东人。以校尉从卫将军青有功，封为岸头侯。其后太后崩①，为将军，军北军。后一岁，为将军，从大将军，再为将军，坐法失侯。次公父隆，轻车武射②也。以善射，景帝幸近之也。

◎**注释**　①〔太后崩〕武帝之母王太后死去。按，王太后死于元朔三年。②〔轻车武射〕轻车上的武射之士。轻车，轻便的战车。武射，指勇武而善于射击的士兵。
◎**大意**　将军张次公，是河东人。他以校尉身份跟随卫青立有战功，被封为岸头侯。其后太后逝世，他任将军，驻守北军。过后一年，任将军，跟随卫青出征。先后两次任将军，后因为犯法丢掉侯爵。张次公的父亲张隆，是轻便战车上的勇武射手。因为善于射箭，汉景帝便宠信亲近他。

　　将军苏建，杜陵人。以校尉从卫将军青，有功，为平陵侯，以将军①筑朔方。后四岁②，为游击将军，从大将军出朔方。后一岁③，以右将军再从大将军出定襄，亡翕侯，失军，当斩，赎为庶人。其后为代郡太守，卒，冢在大犹乡。

◎**注释** ①〔以将军〕凭将军的身份。②〔后四岁〕苏建于元朔元年封平陵侯，其后四岁当为元朔五年。这年春天苏建做游击将军随大将军出征匈奴。③〔后一岁〕指元朔六年。这年春天，苏建为右将军从大将军出击匈奴。

◎**大意** 将军苏建，是杜陵县人。他以校尉身份跟随卫青立了战功，被封为平陵侯，以将军身份主持修筑朔方城。过了四年，他任游击将军，跟随卫青从朔方郡出兵。过后一年，他又以右将军身份跟随卫青从定襄郡出兵。翕侯叛逃，苏建损失了军队，按罪当斩，出钱赎罪成为平民。此后他任代郡太守，死后，坟墓在大犹乡。

将军赵信，以匈奴相国降，为翕侯。武帝立十七岁①，为前将军，与单于战，败，降匈奴。

◎**注释** ①〔武帝立十七岁〕当为"武帝立十八岁"，即元朔六年。这一年赵信以前将军身份随卫青击匈奴，兵败投降匈奴。

◎**大意** 将军赵信以匈奴相国身份前来投降，被封为翕侯。汉武帝即位十七年，赵信任前将军，与单于交战，打了败仗，投降匈奴。

将军张骞，以使①通大夏，还，为校尉。从大将军有功，封为博望侯。后三岁②，为将军，出右北平，失期，当斩，赎为庶人。其后③使通乌孙，为大行而卒，冢在汉中。

◎**注释** ①〔以使〕凭使者身份。按，张骞两次出使西域，第一次为武帝建元二年至元朔三年。第二次为元狩四年至元鼎二年。②〔后三岁〕指元狩二年。③〔其后〕指元狩四年，张骞第二次出使西域，通乌孙。

◎**大意** 将军张骞，以汉廷使者身份出使大夏，回来后，任校尉。他跟随卫青立有战功，封为博望侯。过后三年，任将军，从右北平郡出兵，延误了军期，论处斩刑，出钱赎罪成为平民。后来又出使乌孙，任大行令时去世，坟墓在汉中郡。

将军赵食其，祋祤①人也。武帝立二十二岁，以主爵为右将军，从大将军出定襄，迷失道，当斩，赎为庶人。

◎**注释** ①〔祋祤（duì yǔ）〕县名，即今陕西耀州。
◎**大意** 将军赵食其，是祋祤县人。武帝即位二十二年，他以主爵都尉身份任右将军，跟随卫青从定襄郡出兵，因迷路耽误了军期，论处斩刑，出钱赎罪成为平民。

将军曹襄，以平阳侯为后将军，从大将军出定襄。襄，曹参孙也。

◎**大意** 将军曹襄，以平阳侯身份任后将军，跟随卫青从定襄出兵。曹襄是曹参的孙子。

将军韩说，弓高侯①庶孙也。以校尉从大将军有功，为龙额侯，坐酎金失侯。元鼎六年，以待诏为横海将军，击东越有功，为按道侯。以②太初三年为游击将军，屯于五原外列城。为光禄勋，掘蛊③太子宫，卫太子④杀之。

◎**注释** ①〔弓高侯〕即韩颓当。②〔以〕在。③〔掘蛊〕挖掘木偶人。按《汉书·武五子传》载江充欲害卫子夫与太子刘据，"上使按道侯韩说、御史章赣、黄门苏文等助充。充遂至太子宫掘蛊，得桐木人……征和二年七月壬午，（太子）仍使客为使者收捕江充等。按道侯说疑使者有诈，不肯受诏，客格杀说"。④〔卫太子〕武帝太子刘据，因其是皇后卫子夫所生，故称卫太子。

◎**大意**　将军韩说，是弓高侯的庶出孙子，以校尉身份跟随卫青立有战功，封为龙额侯。他因助祭金不足而获罪丢掉了侯爵。元鼎六年，他以候补官员身份任横海将军，攻打东越有功，封为按道侯。太初三年他任游击将军，屯驻在五原塞外的城堡防御地带。任光禄勋时，曾到卫太子宅第挖掘木偶人，为卫太子所杀。

将军郭昌，云中人也。以校尉从大将军。元封四年，以太中大夫为拔胡将军，屯朔方。还击昆明，毋功，夺印①。

◎**注释**　①〔夺印〕收回印信，即被罢官。
◎**大意**　将军郭昌，是云中郡人。他以校尉身份跟随卫青。元封四年，他以太中大夫身份任拔胡将军，驻防朔方郡。回来后去攻打昆明，没有立战功，被罢免。

将军荀彘，太原广武人。以御见①，侍中，为校尉，数从大将军。以元封三年为左将军击朝鲜，毋功。以捕楼船将军②坐法死。

◎**注释**　①〔以御见〕以善于驾车得见皇上。御，驾车。②〔捕楼船将军〕逮捕楼船将军杨仆。按，荀彘讨伐朝鲜时，与友军杨仆发生矛盾。武帝派济南太守公孙遂前去处理此事时，荀彘又片面告状，使公孙遂逮捕了杨仆，合并其军。公孙遂回京被杀，平定朝鲜后，荀彘也被处死。参见《朝鲜列传》。
◎**大意**　将军荀彘，是太原郡广武人。以擅长驾车觐见皇上。在宫中侍候，任校尉，多次随卫青出征。在元封三年任左将军出击朝鲜，没有战功。在逮捕楼船将军杨仆时因犯法而被处死。

最骠骑将军去病，凡六出击匈奴①，其四出以将军，斩捕虏首十一万余级。及浑邪王以众降数万,遂开河西酒泉之地,西方益少胡寇。四益封,凡万五千一百户②。其校吏有功为侯者凡六人,而后为将军二人。

◎**注释** ①〔六出击匈奴〕霍去病六次出击匈奴,即元朔六年二月、四月两次出定襄击匈奴,元狩二年三月出陇西击匈奴,元狩二年夏季出北地击匈奴,元狩二年秋季渡黄河击匈奴,元狩四年春出代郡击匈奴。②〔万五千一百户〕当为"万六千一百户"。元朔六年霍去病受封冠军侯,食邑一千六百户,元狩二年以后四次益封,增加一万四千五百户,总计一万六千一百户。

◎**大意** 总计骠骑将军霍去病,共出击匈奴六次,其中四次以将军身份出击,斩杀俘获敌军十一万多人。到浑邪王带领几万部众来投降后,开拓河西酒泉的土地,汉朝的西部受匈奴的侵扰减少了。四次加封,共计食邑一万五千一百户。他部下的校尉军官立功封侯的共六人,后来任将军的有两人。

将军路博德,平州人。以右北平太守从骠骑将军有功,为符离侯。骠骑死后,博德以卫尉为伏波将军,伐破南越,益封。其后坐法失侯。为强弩都尉,屯居延,卒。

◎**大意** 将军路博德,是平州县人。他以右北平太守的身份跟随霍去病立有战功,被封为符离侯。霍去病死后,路博德以卫尉身份任伏波将军,攻下南越,加封食邑。这以后他因犯法丢失侯爵。后又任强弩都尉,驻防居延,直至逝世。

将军赵破奴,故九原人。尝亡入匈奴,已而归汉,为骠骑将军司马①。出北地时有功,封为从骠侯。坐酎金失侯。后一岁②,为匈河将军,攻胡至匈河水,无功。后二岁③,击虏楼兰王,复封为浞野侯。后六岁④,为浚稽将军,将二万骑击匈奴左贤王,左贤王与战,兵八万骑围破奴,破奴生为虏所得,遂没其军。居匈奴中十岁⑤,复与其太子⑥安国亡入汉。后坐巫蛊,族。

◎**注释** ①〔为骠骑将军司马〕元狩二年，赵破奴任骠骑将军司马，再从霍去病出征匈奴，立大功被封为从骠侯，食邑一千五百户。②〔后一岁〕指元鼎六年。③〔后二岁〕指武帝元封二年。④〔后六岁〕指武帝太初二年。⑤〔十岁〕当为四岁。⑥〔太子〕指赵破奴的长子。

◎**大意** 将军赵破奴，原是九原郡人，曾逃入匈奴，不久回到汉朝，任霍去病的司马。从北地郡出击立有战功，被封为从骠侯。因助祭金不足而获罪丢掉侯爵。过后一年，他任匈河将军，攻打匈奴直到匈河水，但没有立功。过后二年，攻打并活捉了楼兰王，又封浞野侯。过后六年，任浚稽将军，率领二万骑兵攻打匈奴左贤王。左贤王与他交战，用八万骑兵围攻他。赵破奴被匈奴人活捉，于是全军覆没。在匈奴那里居住四年，又和长子安国逃入汉朝。后来因巫蛊事件获罪，被灭族。

　　自卫氏兴，大将军青首封①，其后枝属②为五侯。凡二十四岁而五侯尽夺，卫氏无为侯者。

◎**注释** ①〔首封〕第一个封侯。②〔枝属〕指子孙和亲属。

◎**大意** 自从卫氏家族兴起，大将军卫青首先封侯，他的子孙亲属有五人封侯。前后二十四年，五侯侯爵全被剥夺，卫氏家族再无封侯的了。

　　太史公曰：苏建语①余曰："吾尝责大将军至尊重，而天下之贤大夫毋称焉，愿将军观古名将所招选择贤者，勉之哉。大将军谢②曰：'自魏其、武安③之厚宾客，天子常切齿④。彼亲附⑤士大夫，招贤绌（黜）⑥不肖者，人主之柄⑦也。人臣奉法遵职而已，何与招士！'"骠骑亦放（仿）⑧此意，其为将如此。

◎**注释** ①〔语〕告诉。②〔谢〕拒绝。③〔魏其、武安〕指魏其侯窦婴和武安侯田蚡。④〔切齿〕咬牙，形容极端愤慨。⑤〔亲附〕亲近安抚。⑥〔绌〕通"黜"，废黜。⑦〔柄〕权力。⑧〔放〕通"仿",效法。

◎ **大意**　太史公说:苏建对我说:"我曾经指责大将军,地位极为尊贵,而天下的贤士大夫都不称誉,希望将军借鉴古代招选贤能之士的名将,努力招纳贤士。大将军谢绝说:'自从魏其侯、武安侯优待宾客,天子就常常切齿痛恨。笼络士大夫、招纳贤才、贬退不肖的人,是人主的权力。人臣奉守法度、遵循职责就行了,何必招纳贤士!'"骠骑将军也仿效这种态度,他们就是这样做将军的。

◎ **知识拓展**

　　李广、卫青一生都在为抗击匈奴而努力。卫青一生战功赫赫,封侯拜将;李广的人生却是另一番景象,他给后人留下的不只是"李广难封"的感慨,还有对他自杀的扼腕叹息。李广、卫青在汉匈战争中同样做出巨大贡献,却在封侯之路上有着截然不同的命运。汉武帝时期,一大批将领在汉匈战争中得以施展抗击匈奴、保家卫国的抱负,并因功获赏,实现了自己的价值。卫青无疑是其中的佼佼者:"最大将军青,凡七出击匈奴,斩捕首虏五万余级。一与单于战,收河南地,遂置朔方郡,再益封,凡万一千八百户。封三子为侯,侯千三百户。并之,万五千七百户。"李广就没有那么幸运了。他对王朔说:"自汉击匈奴而广未尝不在其中,而诸部校尉以下,才能不及中人,然以击胡军功取侯者数十人,而广不为后人,然无尺寸之功以得封邑者,何也?岂吾相不当侯邪?"(《李将军列传》)李广一生最大的理想就是解除匈奴对西汉政权的威胁,同时借军功封侯,却始终未能如愿以偿。李广难封的客观原因是封建官场上的各种不定因素,但主要原因是其不谙官场政治,自负其能等。尤为重要的是李广只是汉初战略防御指导思想下的名将,擅长防御作战,不适应汉武帝积极主动的进攻战略,所以当卫青、霍去病等青年将领出击匈奴屡建奇功的时候,他却不知所措,以至败多胜少。除此之外,还有一个很重要的原因,就是冯唐对汉武帝说的:"愚以为陛下法太明,赏太轻,罚太重。"综观李广一生的经历,从汉文帝到汉武帝,对他无不是"赏轻罚重"。因此,李广虽然在平定"七国之乱"中战功卓著,但因为接受了梁王的将印,与爵位失之交臂。除时代背景等客观因素之外,李广与卫青自身的因素也起了重要作用,尤其是两人的性格,在其不同的人生遭际中,影响亦不可忽视。

平津侯主父列传第五十二

本篇是公孙弘和主父偃的合传,并附徐乐与严安的两篇奏疏。传中记述了平津侯公孙弘以布衣而封侯,官至丞相,位列三公的经历,肯定了他官高戒奢、躬行节俭、倡导儒学,有益于教育事业发展的功绩,也肯定了他谏止征伐匈奴和罢通西南夷,关心民间疾苦的思想和行为,同时也指斥了他曲学阿世,"为人意忌"等缺失。公孙弘在武帝时以贤良征为博士。后因出使匈奴不合武帝旨意,称病免归。元光五年再度应征贤良文学,因对策第一,拜为博士,待诏金马门。公孙弘熟悉法律政事,并以儒术加以文饰。每逢朝会,他善于体察武帝心意,提出各种意见以供武帝选择,如果不合旨意,他也不坚持己见,因此博得武帝的欢心,不久被提拔为左内史。元朔三年他迁任御史大夫,后来又代薛泽为丞相。汉初常以功臣列侯或其后嗣充任丞相，公孙弘是第一个以布衣擢居相位的人。为此，武帝特地下诏以高成平津乡的六百五十户封弘为平津侯，丞相封侯遂成定例。公孙弘为人忌刻，外宽内深，睚眦必报。但他生活节俭，虽位居三公，俸禄丰厚，仍用布被，吃的也是普通饭菜，俸禄都用来供养故人宾客。淮南王、衡山王谋反后，公孙弘自以奉职不称，上书归侯印辞职，武帝不许，任丞相四年，元狩二年卒。主父偃出身贫寒，早年学长短纵横之术，后来听说汉武帝重视儒术，就改学《周易》《春秋》和百家之言。在齐受到儒生的排挤，于是北游燕、赵、中山等诸侯国，但都未受到礼遇。元光元年，主父偃抵达长安。他得到武帝重用后，对当时的政治颇有影响，几次上书，都能切中时弊。他认为，诸侯王连城数十，地方千里，缓则骄奢而为淫乱，急则合纵以反抗朝廷，不利于中央政令的推行。因此他向武帝建议，令诸侯得推恩分封子弟为侯，诸侯王的权力也随之削弱。他还提出，徙天下豪强巨富于茂陵，内实京师，外销奸猾，以达到强干弱枝的目的；设置朔方郡，以省内地转输戍漕，加强防御匈奴等建议。这些建议迎合了汉武帝强化专制主义中央集权的需要，因此多被采纳。传中虽对主父偃骄横之势有所讽刺，但对他的不幸也表示同情，特别是对当时的世态炎凉深有感慨，寓含着司马迁自己的身世之感。公孙弘和主父偃虽有共同的政治态度，但是冤家对头，把两人放到同一传中加以记述，从中能看出封建统治阶级内部的矛盾和斗争的尖锐性、复杂性。传文中插入徐乐和严安的奏疏，是因其思想与主父偃和公孙弘的思想一致，起到了强化主旨的作用，显示出司马迁谋篇布局的缜密性和处理材料的灵活性。另外本文记事简约，前后照应紧凑。特别是论说的内容多以奏疏形式出现，使叙论相间，浑融交错，既突出了史实，又很好地阐明了司马迁的观点。"太史公曰"一段，作者以"悲夫"二字收束全文，增强了文章的感情色彩和艺术效果。

丞相公孙弘者，齐①菑川国②薛县人也，字季。少时为薛狱吏，有罪，免。家贫，牧豕③海上④。年四十余，乃学《春秋》杂说⑤。养后母孝谨。

◎**注释** ①〔齐〕指战国时齐国的旧地。②〔菑川国〕汉朝初年的封国，建都于剧县（今山东寿光）。③〔牧豕〕放猪。④〔海上〕海边。⑤〔《春秋》杂说〕解释《春秋》的各家学说。

◎**大意** 丞相公孙弘是齐地菑川国薛县人，字季。他年轻时做过薛县的狱吏，有罪，被免职。他家境贫寒，在海边靠放猪谋生。四十多岁，他才开始学习解释《春秋》及各家学说。他奉养后母孝顺谨慎。

建元元年，天子初即位，招贤良文学①之士。是时弘年六十，征以贤良为博士②。使匈奴，还报，不合上意，上怒，以为不能，弘乃病免归。

◎**注释** ①〔贤良文学〕汉代选拔官吏的科目。建元元年十月，武帝亲自招考贤良文学，董仲舒等一百余人前来应考。②〔博士〕学官名。知识渊博、学有专长者得任此职，以备天子所用，或传授弟子。文帝时就已设《诗经》等博士，武帝建元五年乃设五经博士。

◎**大意** 建元元年，武帝刚刚即位，招贤良文学之士。这时公孙弘六十岁，以贤良身份被征召为博士。出使匈奴，返回报告情况，不合武帝旨意，武帝恼怒，认为他无能，公孙弘便假借有病辞官回家。

元光五年，有诏征文学，菑川国复推上①公孙弘。弘让谢国人曰："臣已尝西应命②，以不能罢归，愿更推选。"国人固推弘，弘至太常。太常令所征儒士各对策③，百余人，弘第居下。策奏，天子擢④弘对为第一。召入见，状貌甚丽，拜为博士。是时通西南夷⑤道，置郡，巴蜀民苦⑥

之，诏使弘视之。还奏事，盛毁⁷西南夷无所用，上不听。

◎**注释** ①〔推上〕推举。②〔西应命〕到西边的长安去接受皇帝的诏命。③〔对策〕指应考的贤良文学等人回答皇帝所提的治国方策。④〔擢〕提拔。⑤〔通西南夷〕武帝元光年间，唐蒙、司马相如等出使西南夷，夜郎等归附汉朝，汉在上述地区设立犍为郡等。详见《西南夷列传》。⑥〔苦〕感到困苦。⑦〔盛毁〕极度诋毁。

◎**大意** 元光五年，武帝下诏书，征召文学之士，菑川国又把公孙弘推荐上去。公孙弘推让说："我曾西去京城应征召之命，由于无能而罢官回来，希望更换推举的人选。"菑川国人坚持推荐公孙弘，公孙弘到太常那里。太常让所有征召来的儒生文士各出对策，在应召的一百多人中，公孙弘排名靠后。对策文章奏上后，武帝却把公孙弘的对策文章提到第一。召他入宫接见，武帝见他长得相貌堂堂，就任命他为博士。这时正开通往西南夷的道路，设置郡县，巴郡、蜀郡的百姓苦不堪言，武帝下令公孙弘去视察那里的情况。他回朝后汇报情况，极力诋毁开通西南夷道路之事，武帝没有听从。

弘为人恢奇①多闻，常称以为人主病不广大②，人臣病不俭节。弘为布被，食不重肉③。后母死，服丧三年。每朝会议，开陈其端，令人主自择，不肯面折庭（廷）争④。于是天子察其行敦厚，辩论⑤有余，习文法吏事，而又缘饰⑥以儒术⑦，上大说（悦）之。二岁中，至左内史。弘奏事，有不可，不庭（廷）辩之。尝与主爵都尉汲黯请间⑧，汲黯先发之，弘推其后，天子常说（悦），所言皆听，以此日益亲贵。尝与公卿约议⑨，至上前，皆倍（背）其约以顺上旨。汲黯庭（廷）诘⑩弘曰："齐人多诈而无情实，始与臣等建此议，今皆倍（背）之，不忠。"上问弘。弘谢⑪曰："夫知臣者以臣为忠，不知臣者以臣为不忠。"上然弘言。左右幸臣每毁弘，上益厚遇之。

◎**注释** ①〔恢奇〕气度恢宏，非同凡响。②〔人主病不广大〕意为做君主的就怕心胸狭小。病，忧虑。不广大，指心胸狭小。③〔重（chóng）肉〕两种肉菜。④〔面折庭争〕当面驳斥，在朝廷争辩。⑤〔辩论〕指言辞。⑥〔缘饰〕装饰。⑦〔儒术〕指儒家思想和治国主张。⑧〔请间（jiàn）〕请求分别觐见皇帝。间，间隔。⑨〔约议〕事前约定某些待议的问题。⑩〔诘〕质问。⑪〔谢〕告知，告诉。

◎**大意**　公孙弘为人气度非凡，见多识广，常常说做君主的就怕心胸狭小，做臣子的就怕生活不节俭。公孙弘用的是布被子，一顿饭不吃两样肉菜。后母死了，他为后母服丧三年。每当朝廷群臣议事，他总是把问题的方方面面讲清，让武帝自己选择，不肯当面反驳，在朝廷之上争辩。于是武帝看他行为敦实朴厚，辩论有余，熟悉文书法令、吏员公务，而且还用儒术加以文饰，很喜欢他。两年内，官位升到左内史。公孙弘论奏事务，武帝不同意的，他从不当面辩白。他曾与主爵都尉汲黯分别觐见武帝，汲黯先把事情及处理意见提出来，公孙弘在后面加以推究分析，武帝常常感到高兴，他所说的武帝都听从，由此日益亲近，地位越来越尊贵。他曾和公卿同意某项建议，到了武帝面前，却完全背弃达成的建议而顺从武帝的旨意。汲黯在朝堂上责备公孙弘说："齐地人大多狡诈而不诚实，开始与臣等一起提出这个建议，现在却完全背弃，不忠诚。"武帝询问公孙弘。公孙弘告知："了解我的认为我是忠诚的，不了解我的认为我是不忠诚的。"武帝同意公孙弘的说法。左右宠臣常常诋毁公孙弘，武帝却更加厚待他。

元朔三年，张欧免，以弘为御史大夫。是时通西南夷，东置沧海，北筑朔方之郡。弘数谏，以为罢（疲）敝中国以奉无用之地，愿罢之。于是天子乃使朱买臣等难①弘置朔方之便。发十策，弘不得一。弘乃谢曰："山东鄙人，不知其便若是，愿罢西南夷、沧海而专奉朔方。"上乃许之。

◎**注释**　①〔难〕驳斥。
◎**大意**　元朔三年，张欧被免职，使公孙弘任御史大夫。这时开通西南夷，在东方设置沧海郡，在北方修筑朔方郡。公孙弘多次劝谏，认为这样会使中原之地疲惫不堪而经营无用之地，希望停止此事。于是武帝让朱买臣等人就设置朔方郡的便利驳难公孙弘。提出十个问题，公孙弘答不出一个。公孙弘于是谢罪说："我这个山东卑陋之人，不知道它的便利是这样的，希望停止西南夷、沧海郡的事务,专力经营朔方郡。"武帝这才准许他的请求。

汲黯曰:"弘位在三公,奉(俸)禄甚多。然为布被,此诈也。"上问弘。弘谢曰:"有之。夫九卿与臣善者无过黯,然今日庭(廷)诘弘,诚①中弘之病。夫以三公为布被,诚饰诈欲以钓名。且臣闻管仲相齐,有三归②,侈拟③于君,桓公以霸,亦上僭④于君。晏婴相景公,食不重肉,妾不衣丝,齐国亦治,此下比于民。今臣弘位为御史大夫,而为布被,自九卿以下至于小吏无差,诚如汲黯言。且无汲黯忠,陛下安得闻此言。"天子以为谦让,愈益厚之。卒以弘为丞相,封平津侯。

◎**注释** ①〔诚〕确实。②〔三归〕三处府第。一说为台名。③〔拟〕比拟,类似。④〔僭(jiàn)〕指封建社会中,地位低者越礼冒用地位高者的名分、礼仪、器物的行为。

◎**大意** 汲黯说:"公孙弘位居三公,俸禄很多,可盖着布被子,这是虚伪。"武帝询问公孙弘。公孙弘请罪说:"有这事。九卿中没有人比汲黯与我的关系更好,然而他今天在朝廷责难我,确实切中了我的缺点。以三公的显赫地位和优厚待遇却使用布被子,确实是虚伪,要借此沽名钓誉。况且我听说管仲任齐国国相,有三处宅第,奢侈比拟于国君,齐桓公靠他辅佐而称霸,排场也僭越了周天子。晏婴为齐景公的相国,一顿饭不吃两种肉菜,他的侍妾不穿丝绸衣服,齐国也治理得很好,这是对下接近百姓。现在臣位居御史大夫,却盖着布被子,从九卿以下直到小吏,都没有了贵贱差别,确实像汲黯说的。况且没有汲黯的忠心,陛下怎能听到这样的话。"武帝认为公孙弘十分谦让,越发厚待他。最终任用公孙弘为丞相,封平津侯。

弘为人意忌①,外宽内深。诸尝与弘有隙者,虽详(佯)与善,阴报其祸。杀主父偃,徙董仲舒于胶西,皆弘之力也。食一肉脱粟②之饭。

故人所善宾客仰③衣食，弘奉（俸）禄皆以给之，家无所余。士亦以此贤之。

◎**注释** ①〔意忌〕猜疑忌恨。②〔脱粟〕去掉谷壳的粗米。③〔仰〕依赖。

◎**大意** 公孙弘为人善猜疑，表面宽宏大度而内心苛刻狠毒。官吏中与公孙弘有过嫌隙的，公孙弘假装与他们友善，暗地里却报复加害于他们。诛杀主父偃，贬迁董仲舒到胶西，都是公孙弘暗中使力。他一顿饭只吃一道肉菜和脱壳的粗米。老朋友和他喜欢的宾客，靠他供给衣食，公孙弘的俸禄全部用来供养他们，自己家里无所剩余。士人也因此认为他贤明。

淮南、衡山①谋反，治党与②方急。弘病甚，自以为无功而封，位至丞相，宜佐明主填（镇）抚国家，使人由臣子之道。今诸侯有畔（叛）逆之计，此皆宰相奉职不称③，恐窃病死，无以塞责。乃上书曰："臣闻'天下之通道五，所以行之者三。曰君臣，父子，兄弟，夫妇，长幼之序，此五者天下之通道也。智，仁，勇，此三者天下之通德，所以行之者也'。故曰'力行近乎仁，好问近乎智，知耻近乎勇。知此三者，则知所以自治；知所以自治④，然后知所以治人'。天下未有不能自治而能治人者也，此百世不易之道也。今陛下躬行大孝，鉴三王，建周道，兼文武，厉贤予禄，量能授官。今臣弘罢（疲）驽⑤之质，无汗马之劳，陛下过意擢臣弘卒伍之中，封为列侯，致位三公。臣弘行能不足以称，素有负薪之病⑥，恐先狗马填沟壑⑦，终无以报德塞责。愿归侯印，乞骸骨⑧，避贤者路。"天子报曰："古者赏有功，褒有德，守成⑨尚文⑩，遭遇右武，未有易此者也。朕宿昔庶几⑪获承尊位⑫，惧不能宁，惟所与共为治者，君宜知之。盖君子善善恶恶，君宜知之，君若谨行，常在朕躬。君不幸罹霜露之病，何恙不已，乃上书归侯、乞骸骨？是章朕之不德也。今事少间⑬，君其省思虑，一精神，辅以医药。"因赐告⑭牛酒杂帛。居数月，病有瘳，视事⑮。

◎**注释** ①〔淮南、衡山〕均为汉初封国名。按，汉武帝元狩元年，淮南王刘安和衡山王刘赐阴谋叛乱，不久阴谋败露，淮南王自杀，先后被株连治罪者达数万人。事详《淮南衡山列传》。②〔治党与〕追究同党。③〔奉职不称〕即不称职。奉职，供职。不称，不合适。④〔自治〕自我约束，提升自身修养。⑤〔罢（pí）驽〕疲惫的劣马，此指才能低下。⑥〔负薪之病〕自称有病，不能胜任职位的谦辞。⑦〔先狗马填沟壑〕谦辞，意谓随时都会突然死去。⑧〔乞骸骨〕乞求保全尸骨。这是封建官员向皇帝请求退休的谦辞。⑨〔守成〕守住先人已得的事业。⑩〔尚文〕崇尚文德教化。⑪〔庶几〕有幸。⑫〔尊位〕指君王的地位。⑬〔少间〕稍得闲暇。⑭〔赐告〕恩准继续休假。⑮〔视事〕办理事务。

◎**大意** 淮南王、衡山王谋反，朝廷正在惩治党羽的紧急时刻。公孙弘病得厉害，自己觉得无功却受封，位至丞相，应该辅佐明君镇抚国家，使人遵循臣子之道。现在诸侯有反叛的阴谋，这都是因为丞相不称职，恐怕自己默默病死，无法尽到责任。于是上书说："臣听说'天下之常道有五个方面，用来实行五方面常道的美德有三点。君臣、父子、兄弟、夫妻、长幼的次序，这五方面是天下的常道；智，仁，勇，这三点是天下的常德，是用来实行常道的。'所以孔子曾说'努力实践近于仁，勤学好问近于智，知道羞耻近于勇。知道这三点，就懂得怎样自我约束；知道怎样自我约束，然后懂得怎样治民'。天下没有不能自我约束却能治民的人，这是百世不能改变的常道。现在陛下亲自奉行大孝道，借鉴三王，建立像周朝那样的完美政令，兼备周文王、周武王的德才，勉励贤能，给予俸禄，衡量才能授予官职。如今臣才能庸劣，没有汗马功劳，陛下破格提拔臣于行伍之中，封为列侯，使官位达到三公，臣的品行才能不足以同这样高的官爵相称。平常身患有病，恐怕突然死去，最终无法报答陛下的恩德，尽到应尽的职责。我愿意交回侯爵印信，辞职退休，给贤能者让位。"武帝答复说："自古以来奖赏有功者，表彰有德者，保持前人事业时崇尚文治，遇到祸乱时则重视武功，没有改变这一原则的。朕获承尊位，心中担忧恐惧不得安宁，只想与各位大臣共同治理好天下，您应该知道我的心意。君子喜欢善美而憎恶丑恶，只要您努力谨言慎行，至于赏罚进退之事，都在朕身上。您不幸身染风寒之病，何愁病不能愈，竟然上书请求交回侯爵印信，辞官退休？这是暴露朕的无德，现在朝中事情稍少，请您少用心思，保养精神，辅之以药物。"于是准许公孙弘续假，赏赐牛酒杂帛。过了几个月，公孙弘病好了，开始办理公事。

元狩二年，弘病，竟以丞相终。子度嗣①为平津侯。度为山阳太守十余岁，坐法失侯。

◎**注释** ①〔嗣〕继承。

◎**大意** 元狩二年，公孙弘病重，最终在丞相位上去世。儿子公孙度继承平津侯的爵位。公孙度任山阳太守十多年，因犯法失去侯爵。

主父偃者，齐临菑人也。学长短纵横之术①，晚乃学《易》、《春秋》、百家言②。游齐诸生③间，莫能厚遇也。齐诸儒生相与排摈④，不容于齐。家贫，假贷⑤无所得，乃北游燕、赵、中山，皆莫能厚遇，为客甚困。孝武元光元年中，以为诸侯莫足游者，乃西入关见卫将军。卫将军数言上，上不召。资用乏，留久，诸公宾客多厌之，乃上书阙下⑥。朝奏，暮召入见。所言九事，其八事为律令，一事谏伐匈奴。其辞曰：

◎**注释** ①〔长短纵横之术〕即战国纵横家的思想学说。据《汉书·艺文志》记载，主父偃著书二十八篇，集为《主父偃》一书。②〔百家言〕诸子百家的学说。③〔诸生〕众多儒生。④〔排摈（bìn）〕排斥、摈弃。⑤〔假贷〕借贷。⑥〔阙下〕官门之下，此指皇帝。

◎**大意** 主父偃，是齐国临菑人。他学习纵横家的学说，晚年才学习《易》、《春秋》、诸子百家学说。他在齐地读书人中间活动，没有遇到厚待他的人。齐地的儒生学士一起排挤他，使他不能在齐地容身。他家境贫穷，无处借贷，便北游燕国、赵国、中山国各地，都无人厚待他，作为宾客十分困窘。汉武帝元光元年，主父偃认为诸侯中没有值得游说的，便西入关中谒见将军卫青。卫青多次对武帝说起他，武帝不召见。主父偃花光了钱，在京城逗留很久，那些官僚门客大多讨厌他，他便上书朝廷。奏书早晨呈送武帝，傍晚就被武帝召进宫中相见。上书谏言了九件事，其中八件事是讲律令的，另外一件事是劝谏攻伐匈奴的。上书中说：

臣闻明主不恶切谏①以博观②，忠臣不敢避重诛③以直谏，是故事无遗策④而功流万世。今臣不敢隐忠避死以效⑤愚计，愿陛下幸赦而少察之。

◎**注释** ①〔切谏〕深切地谏言，意谓毫不避讳地直谏君王。②〔博观〕扩大见识。③〔重诛〕严厉的惩罚。④〔遗策〕失策。⑤〔效〕进献。

◎**大意** 我听说圣明的君主不厌恶直切的劝谏以扩大见识，忠臣不会为了逃避严惩而放弃直言相谏，所以政事决策才能没有遗漏而功名流传万世。如今臣不敢隐瞒忠言逃避死罪，提出我愚拙的意见，希望陛下能宽恕我而稍稍考虑臣的意见。

《司马法》曰："国虽大，好战必亡；天下虽平，忘战必危。天下既平，天子大凯①，春蒐秋狝②，诸侯春振旅③，秋治兵④，所以不忘战也。"且夫怒者逆德也，兵者凶器也，争者末节也。古之人君一怒必伏尸流血，故圣王重行⑤之。夫务战胜穷武事者，未有不悔者也。昔秦皇帝任战胜之威，蚕食天下，并吞战国，海内为一，功齐三代。务胜不休，欲攻匈奴，李斯谏曰："不可。夫匈奴无城郭之居，委积⑥之守，迁徙鸟举⑦，难得而制也。轻兵深入，粮食必绝；踵粮⑧以行，重不及事⑨。得其地不足以为利也，遇其民不可役而守也。胜必杀之，非民父母也。靡獘（弊）中国，快心匈奴，非长策也。"秦皇帝不听，遂使蒙恬将兵攻胡，地千里，以河为境。地固泽卤⑩，不生五谷。然后发天下丁男⑪以守北河。

暴兵露师⑫十有余年，死者不可胜数，终不能逾河而北。是岂人众不足，兵革不备哉？其势不可也。又使天下蜚（飞）刍挽粟⑬，起于黄、腄⑭、琅邪负海⑮之郡，转输北河，率三十钟⑯而致一石。男子疾耕不足于粮饷，女子纺绩⑰不足于帷幕⑱。百姓靡敝，孤寡老弱不能相养，道路死者相望，盖天下始畔（叛）秦也。

◎**注释** ①〔大凯〕周王所奏凯旋班师的军乐。②〔春蒐(sōu)秋狝（xiǎn）〕指春、秋两季的打猎活动。蒐，春天打猎。狝，秋天打猎。③〔振旅〕训练军队。④〔治兵〕修治武器。⑤〔重行〕慎重对待。⑥〔委积〕此泛指仓廪所蓄的粮食和财物。⑦〔鸟举〕像鸟儿飞翔。举，飞起。⑧〔踵粮〕携带粮食行军。⑨〔重不及事〕指行动迟缓，难以成事。⑩〔泽卤〕盐碱地。⑪〔丁男〕成年的男人。⑫〔暴兵露师〕把军队暴露在荒沙野地之中。⑬〔蜚刍挽粟〕飞速转运粮草。蜚，通"飞"。刍，喂牛马之草。⑭〔黄、腄(zhuì)〕指黄县和腄县，两县都在山东半岛的东北沿海。⑮〔负海〕靠海。⑯〔钟〕容量单位，即六斛四斗。⑰〔纺绩〕纺织、绩麻。⑱〔帷幕〕军帐。

◎**大意** 《司马法》上说："国家虽然大，喜好战争必然灭亡；天下虽然太平，忘记战争必然危险。天下已经太平，天子演奏胜利回师的乐舞，按照礼仪春秋应进行打猎活动，诸侯春天整顿军队，秋天练兵，为的是不忘记战事。"况且发怒是悖逆的德行，兵器是不祥的器物，争斗是小事末节。古代人君一旦发怒必定杀人流血，所以圣王慎行其事。专事战争穷兵黩武的人，没有不为此后悔的。从前秦始皇凭借打仗取胜之威，蚕食天下，吞并列国，天下统一，功绩与夏、商、周三代开国之王相同。他好战无休，想攻打匈奴，李斯谏劝说："不可这样做。匈奴没有城邑之居，没有守藏之所，流动迁徙，飘忽如鸟，难以得而制之。轻兵深入，粮草必然接济不上；转运粮草前进，又会行动迟缓，难以成事。得到那里的土地不能用来生利，得到那里的百姓不能役使、占有。要战胜就必定要杀掉他们，这不是为民父母该做的事。使中国财力竭尽衰败，却以攻打匈奴为愉快，这不是长久之计。"秦始皇不听劝谏，于是派蒙恬攻打匈奴，开辟千里土地，以黄河河套为界。此地本来就是盐碱沼泽地带，五谷不生。接着又调动天下的成年男子戍守北河。军队在此露宿十多年，死者不可胜数，终究不能越过黄河北进。这难道是人马不足，装备不够齐备吗？是当时客观形势不允许。又要天下百姓急速运送粮草，从黄、腄、琅邪等临海各郡县起运，辗转运往北河，往往发送三十钟粟而运到时才能得到一石。男子拼命耕种不能满足粮饷之需，女子努力纺线织麻不能满足帷幕之求。百姓精疲力竭，孤寡老弱者得不到养活，路上死者可见，正是由于这些情况，天下才开始反叛秦朝的。

及至高皇帝定天下，略①地于边，闻匈奴聚于代谷②之外而欲击之。御史成进谏曰："不可。夫匈奴之性，兽聚而鸟散，从之如搏影③。今以陛下盛德攻匈奴，臣窃危之。"高帝不听，遂北至于代谷，果有平城之围。高皇帝盖悔之甚，乃使刘敬往结和亲之约，然后天下忘干戈之事。故兵法曰"兴师十万，日费千金"。夫秦常积众暴兵数十万人，虽有覆军杀将系虏④单于之功，亦适足以结怨深仇，不足以偿天下之费。夫上虚府库，下敝百姓，甘心于外国，非完事也。夫匈奴难得而制，非一世也。行盗侵驱，所以为业也，天性固然。上及虞夏殷周，固弗程督⑤，禽兽畜之，不属为人。夫上不观虞夏殷周之统⑥，而下循近世之失，此臣之所大忧，百姓之所疾苦也。且夫兵久⑦则变⑧生，事苦则虑易⑨。乃使边境之民靡獘（弊）愁苦而有离心，将吏相疑而外市⑩，故尉佗、章邯得以成其私也。夫秦政之所以不行者，权分乎二子，此得失之效也。故《周书》曰"安危在出令，存亡在所用"。愿陛下详察之，少加意而熟虑焉。

◎**注释**　①〔略〕攻取。②〔代谷〕代郡的山谷。③〔搏影〕捕捉影子。④〔系虏〕俘虏。系，拴束。⑤〔程督〕按法律和道德的要求加以规范督导。⑥〔统〕经验。⑦〔兵久〕战争持续很久。⑧〔变〕动乱。⑨〔虑易〕想法改变，这里指图谋造反。⑩〔外市〕与敌方勾结。

◎**大意**　等到高皇帝平定天下，攻城略地于边境，听说匈奴聚集在代郡的山谷一带就想去攻打。御史成进劝谏说："不可。匈奴的习性，一会儿好像野兽聚集，一会儿又像鸟雀飞散，追赶他们就像捕捉影子一样。现在以陛下的圣德去攻打鸟兽一般的匈奴，臣私下认为是很危险的。"高皇帝不听，就率军北进到达代郡的山谷，果然发生了被围于平城的事件。高皇帝可能非常悔恨，才派刘敬前往匈奴缔结和亲之约，然后使国家解除了战争的困扰。所以兵法说"兴师十万，日费千金"。秦朝经常在边界上屯驻数十万兵民，虽然有过歼灭敌兵、斩杀敌将、俘虏单于之功，但这也足以结下深仇大怨，并且不足以抵偿天下的耗费。上使府库空虚，下使百姓疲惫，以耀武扬威于外国而称心快意，这并不是什么完美之事。匈奴人难以制服，并非一代如此。他们对中原边境侵犯抢劫，是因为他们天性如此。上至虞、夏、商、周时代，中原帝王从来不向他们征收赋税，都没有对他们严加管理，只把他们当禽兽看待，而不视为人类。上不借鉴虞、夏、商、周各代的经验，而下蹈袭近世之失误，这是为臣深感忧虑之事，也是天下百姓深感痛苦的事。而且战争持续时间长，就会发生变乱；百姓饱受苦难，就会想到造反。结果搞得边境百姓凋敝愁苦而有离散之心，将吏相疑而与敌方暗地相通，因而使得尉佗、章邯实现其野心。秦朝政令之所以不能实行，只因权力被尉佗、章邯二人瓜分，这就是什么是得，什么是失的证明。所以《周书》上说"天下的安危在于天子发出什么号令，国家存亡在于天子用什么样的人物"。希望陛下认真研究，稍微注意而认真思考这一点。

是时赵人徐乐、齐人严安俱上书言世务①，各一事。徐乐曰：

◎ **注释** ①〔世务〕社会事务，即治国之事。

◎ **大意** 这时赵地人徐乐、齐地人严安都上书谈论时世事务，各讲一件。徐乐说：

臣闻天下之患在于土崩①，不在于瓦解②，古今一也。何谓土崩？秦之末世是也。陈涉无千乘之尊③，尺土之地，身非王公大人名族之后，无乡曲④之誉，非有孔、墨、曾子⑤之贤，陶朱、猗顿⑥之富也，然起穷巷，奋棘（戟）矜⑦，偏袒⑧大呼而天下从风⑨，此其故何也？由民困而主不恤⑩，下怨而上不知，俗已乱而政不修⑪，此三者陈涉之所以为资⑫也。是之谓土崩。故曰天下之患在于土崩。何谓瓦解？吴、楚、齐、赵之兵是也。七国谋为大逆，号皆称万乘之君⑬，带甲数十万，威足以严其境内，财足以劝⑭其士民，然不能西攘⑮尺寸之地而身为禽于中原者，此其故何也？非权轻于匹夫而兵弱于陈涉也，当是之时，先帝之德泽未衰而安土乐俗之民众，故诸侯无境外之助。此之谓瓦解。故曰天下之患不在瓦解。由是观之，天下诚有土崩之势，虽布衣穷处⑯之士或首恶⑰而危海内，陈涉是也。况三晋⑱之君或存乎！天下虽未有大治也，诚能无土崩之势，虽有强国劲兵不得旋踵⑲而身为禽矣，吴、楚、齐、赵是也。况群臣百姓能为乱乎哉！此二体者，安危之明要也，贤主所留意而深察也。

◎**注释**　①〔土崩〕土地崩裂，喻百姓造反。②〔瓦解〕屋瓦破碎，喻统治者内部的纷争。③〔千乘之尊〕大国诸侯的尊贵地位。④〔乡曲〕乡里。⑤〔孔、墨、曾子〕指孔子、墨子、曾子三位圣贤。⑥〔陶朱、猗顿〕古代著名的富人。陶朱，即春秋末年越国大夫范蠡。他助越王勾践灭吴后，离越游齐，居于陶地，成为富有的大商人，称陶朱公。猗顿，战国时代的富商，以经营盐池和珠宝驰名。⑦〔奋棘矜〕挥舞戟柄。奋，挥舞。棘，通"戟"，古代兵器。矜，矛柄。⑧〔偏袒〕露着一个膀子。⑨〔从风〕指百姓积极响应。⑩〔恤〕体恤，关照。⑪〔修〕治理。⑫〔资〕凭借。⑬〔万乘之君〕指君王。⑭〔劝〕鼓励。⑮〔攘〕抢夺。⑯〔穷处〕处于困迫之中。⑰〔首恶〕首先作恶，实指率先反抗朝廷。⑱〔三晋〕战国时韩、赵、魏三国的合称。此指想要起事夺权的王公大臣。⑲〔旋踵〕把脚跟掉转过来。此极言时间的短促。

◎**大意**　臣听说天下的祸患在于土崩，而不在于瓦解，古今是一样的道理。什么叫土崩？秦朝的末期就是。陈涉没有大国诸侯的尊位，也没有尺寸的封地，身非王公大臣名门望族之后，没有乡野百姓对他的赞誉，也不具备孔子、墨子、曾子的贤能，陶朱、猗顿的财富，但他起自穷巷，舞动矛戟之柄，赤裸胳膊大呼而天下闻风响应，这是什么原因呢？是由于人民穷困而君主不能体恤，下面怨恨而上面不知道，社会习俗已乱而国家政治不整治，这三条就是陈涉凭借的客观条件。

这就叫土崩。所以说天下的祸患在于土崩。什么叫瓦解呢？吴、楚、齐、赵等国的军事叛乱就是。吴、楚等七国诸侯图谋造反，都号称万乘之君，精兵几十万，威严足以调动整个国家，财富足以奖励他们的士民，但不能向西夺取尺寸之地而自身为朝廷所擒，这是什么原因呢？不是因为权势比匹夫小，也不是兵力比陈涉弱，而是因为在这个时候，先帝的恩德遗泽还未衰减而安居乐业的百姓很多，所以那些叛逆的诸侯没有来自国境外的援助。这就叫瓦解。所以说天下的祸患不在于瓦解。从这些情况看，天下若有土崩之势，即使身着粗布衣服而家住茅草屋的人也敢首先作恶，危害境内，陈涉就是这样，何况还有一些想要夺权的王公大臣呢！即使天下还未大治，只要不产生土崩之势，就算有强国精兵造反，也会在转身之间被消灭，吴、楚、齐、赵等国就是这样，那些普通的百姓又能怎样作乱呢！这两种情况，是关系国家存亡安危的根本，贤明的君主会留心而加以明察。

间者①**关东五谷不登**②**，年岁**③**未复，民多穷困，重**④**之以边境之事**⑤**，推数循理**⑥**而观之，则民且有不安其处者矣。不安故易动。易动者，土崩之势也。故贤主独观万化之原**⑦**，明于安危之机**⑧**，修之庙堂**⑨**之上，而销（消）未形之患**⑩**。其要，期使天下无土崩之势而已矣。故虽有强国劲兵，陛下逐走兽，射蜚（飞）鸟，弘游燕（宴）之囿**⑪**，淫**⑫**纵恣之观，极驰骋之乐，自若也。金石丝竹**⑬**之声不绝于耳，帷帐之私**⑭**俳优**⑮**侏儒**⑯**之笑不乏于前，而天下无宿忧。名何必汤武，俗何必成康！虽然，臣窃以为陛下天然之圣，宽仁之资，而诚以天下为务，则汤武之名不难侔**⑰**，而成康之俗可复兴也。此二体者立，然后处尊安之实，扬名广誉于当世，亲天下而服四夷，余恩遗德为数世隆，南面负扆**⑱**摄袂**⑲**而揖王公**⑳**，此陛下之所服也。臣闻图王不成，其敝**㉑**足以安。安则陛下何求而不得，何为而不成，何征而不服乎哉！**

◎**注释** ①〔间者〕最近。②〔五谷不登〕粮食歉收。③〔年岁〕年景，收成。④〔重〕加上。⑤〔边境之事〕指边境上的军事活动，如守边战争等。⑥〔推数循理〕

按照常理推断。推数，推究事物的发展情势。循理，依照道理。⑦〔万化之原〕各种变化的原因。⑧〔机〕要害、关键。⑨〔庙堂〕指朝廷。⑩〔销未形之患〕消除隐患。销，通"消"，消除。未形，尚未表现出来的。⑪〔弘游燕之囿（yòu）〕扩张游乐的园林。游燕，游玩宴饮。囿，园林。⑫〔淫〕过分。⑬〔金石丝竹〕泛指各种乐器。⑭〔帷帐之私〕指男女情爱之事。⑮〔俳（pái）优〕演杂耍的演员。⑯〔侏儒〕身材矮小的人，统治者常令其逗乐取笑。⑰〔侔（móu）〕相等。⑱〔负扆（yǐ）〕背靠屏风。王宫中门窗之间的屏风称扆，王见诸侯时当负扆而立。⑲〔摄袂〕整理衣服，形容清闲无事的样子。⑳〔揖王公〕指接待王公大臣。㉑〔敝〕此指最差的结果。

◎**大意**　近年来关东地区粮食收成不好，年景没有恢复，百姓大多穷困，加之边境地区的战争，按照常理看，人民可能有不安其居的动向了。不安宁所以容易发生动乱，容易动乱，就形成土崩之势了。因而贤明的君主独观各种变化的原因，明了安危的关键，及时制定拨乱反正的政策，把灾难消除于萌芽状态。其主要方面，就是想办法使天下无土崩之势而已。所以即使有强国劲兵的威胁，而陛下逐走兽、射飞鸟，扩大游宴的园林，无所节制地纵情恣欲，极尽驰马、驱狗、打猎、游玩之乐，也没什么关系。金石丝竹之声不绝于耳，帐帷之乐和俳优侏儒之笑不乏于前，天下也不会有值得忧虑的。名声何必一定要像商汤王、周武王那么高，民俗何必要像周成王、周康王时代那么好！虽然这样，臣私下认为陛下天然圣明，有宽厚仁慈的资质，果真能以治理天下为首务的话，那么不难赶上商汤王、周武王的声誉，而且周成王、周康王时的淳厚世风可以复兴。抓住防止土崩、避免瓦解两个根本，然后身居尊贵安逸之实，扬名广誉于当世，亲近天下百姓，降服四方蛮夷，余恩遗德盛传数世，面南而立，背靠屏风，端整衣服，接待王公大臣，这是陛下所做的事。臣听说，谋求王道即使不成，最差也足以使天下得到安宁。天下安宁，而陛下求什么不能得到，干什么不能成功，征服谁不能获胜呢！

严安上书曰：

◎**大意**　严安上书说：

臣闻周有天下，其治三百余岁①，成康其隆也，刑错（措）②四十余年而不用。及其衰也，亦三百余岁，故五伯（霸）更③起。五伯（霸）者，常佐天子兴利除害，诛暴禁邪，匡正海内，以尊天子。五伯（霸）既没（殁）④，贤圣莫续，天子孤弱，号令不行。诸侯恣行，强陵⑤弱，众暴寡，田常篡齐，六卿分晋，并为战国，此民之始苦也。于是强国务攻⑥，弱国备守，合从连横，驰车击毂⑦，介胄⑧生虮虱，民无所告愬（诉）。

◎**注释** ①〔其治三百余岁〕指西周前、中期的稳定时代。治，太平。②〔刑错〕即"刑措"，刑法被搁置不用，言社会安宁，犯法之事极少。③〔更〕相继出现。④〔没〕通"殁"，死去。⑤〔陵〕侵犯，欺负。⑥〔务攻〕致力于攻伐征战。⑦〔击毂（gǔ）〕车毂相撞，极言车多。毂，车轮的中心部分，有圆孔，可以插轴。⑧〔介胄（zhòu）〕介，铠甲。胄，头盔。

◎**大意** 臣听说周朝统治天下，治世共三百多年，周成王、周康王在位时是其中的鼎盛时期，刑罚搁置四十多年而不用。等到周朝衰落了，也经过三百多年，因而五霸轮流兴起。五霸，经常辅佐天子兴利除害，诛暴禁邪，匡扶正道于海内，使天子享有尊贵。五霸消失后，没有贤君圣主继起，天子孤立衰弱，号令不行。诸侯恣意妄为，强者欺凌弱者，人多者损害人少者，田常篡夺了齐国政权，六卿瓜分了晋国政权，都成了好战之国，这就是人民痛苦的开始。于是强国致力于攻伐征战，弱国设法防守，出现合纵连横的策略，车马驰骋，来往相撞，兵士的盔甲生满了虮虱，百姓无处诉苦。

及至秦王，蚕食天下，并吞战国，称号曰皇帝，主海内之政，坏诸侯之城，销其兵，铸以为钟虡①，示不复用。元元②黎民得免于战国，逢明天子，人人自以为更生。乡（向）使秦缓其刑罚，薄赋敛，省繇（徭）役，贵仁义，贱权利，上笃厚，下智巧，变风易俗，化于海内，则世世必安矣。秦不行是风而循其故俗，为智巧权利者进，笃厚忠信者退；法严政峻，谄谀者众，日闻其美，意广心轶（溢）③。欲肆威④海外，乃使蒙恬将兵

◎ 平津侯主父列传第五十二

以北攻胡，辟地进境⑤，戍于北河，蜚刍抚粟以随其后。又使尉佗屠睢将楼船之士⑥南攻百越，使监禄⑦凿渠运粮，深入越，越人遁逃。旷日持久，粮食绝乏，越人击之，秦兵大败。秦乃使尉佗将卒以戍越。当是时，秦祸北构于胡，南挂于越，宿兵⑧无用之地，进而不得退。行十余年，丁男被甲，丁女转输，苦不聊生，自经⑨于道树，死者相望。及秦皇帝崩，天下大叛。陈胜、吴广举陈，武臣、张耳举赵，项梁举吴，田儋举齐，景驹举郢，周市举魏，韩广举燕，穷山通谷⑩豪士并起，不可胜载也。然皆非公侯之后，非长官之吏也。无尺寸之势，起闾巷，杖棘（戟）矜，应时而皆动，不谋而俱起，不约而同会，壤长地进，至于霸王，时教使然也。秦贵为天子，富有天下，灭世绝祀⑪者，穷兵之祸也。故周失之弱，秦失之强，不变之患也。

◎ **注释**　①〔钟虡（jù）〕钟，古代乐器。虡，悬挂钟磬的木架两侧的柱子。②〔元元〕平民。此指善良。③〔意广心轶（yì）〕野心极大。轶，通"溢"，满。④〔肆威〕扬威。⑤〔进境〕向前推进扩展边境。⑥〔楼船之士〕指水兵。⑦〔监禄〕监，指监御史。禄为其名。⑧〔宿兵〕驻军。⑨〔经〕上吊。⑩〔穷山通谷〕全部的山谷。极言遍地皆为起义者。⑪〔灭世绝祀〕世系政权全被断绝。

◎ **大意**　直到秦王嬴政，蚕食天下，吞并六国，号称皇帝，掌握天下政权，拆除诸侯的城郭，销毁他们的兵器，铸造成钟架，表示不再使用。广大百姓得以免除战国动乱之苦，遇到圣明的天子，人人自以为获得了新生。如果秦朝放宽刑罚，轻赋薄敛，重视仁义，轻视钻营谋利，崇尚忠厚，鄙弃智巧，移风易俗，化于海内，那么秦朝天下必定世世代代太平。秦朝不倡导这样的社会风气而沿袭其旧俗，弄智巧耍心机者得到进用，行笃厚忠信者被斥退。法律严厉，政治残酷，很多谄媚阿谀者，秦始皇天天听他们的美言美语歌功颂德。志得意满而想入非非，想在海外逞威风，便派蒙恬率军北攻匈奴，扩大疆土，在北河戍守，让百姓急送粮草紧随其后。又派尉佗、屠睢率领水军南攻百越，派监御史禄开渠运送粮草，深入越地，越人逃跑了。天长日久，粮草接济不上，越人起而抵抗，秦军大败。秦朝于是派尉佗率兵屯戍越地。在这个时候，秦朝的祸患北起于匈奴，南结于越人，驻兵于无用之地，进取而不得退守。经过了十多年，成年男子当兵打仗，女子辗转运输，痛苦不堪，在路边树上上吊自杀的人一个接一个。等到秦始皇死去，天下人大量叛变，陈胜、吴广起事于陈，武臣、张耳起事于赵，项梁起事于吴，田儋起事于齐，景驹起事于郢，周市起事于魏，韩广起事于燕，漫山遍野豪杰并起，不可胜计。然而都不是公侯的后代，也非长官要员。他们没有一点权势，起于闾巷，手执去掉矛头、戟头的柄杖，顺应时势一齐行动，未经谋划而行动一致，不约而同全部起事，攻城略地，直至称王称霸，是时势使他们这样。秦朝皇帝贵为天子，富有天下，国家灭亡，祭祀断绝，是穷兵黩武所造成的祸害。因而周朝失之于衰弱，秦朝失之于恃强逞威，都是不能变通的灾难。

今欲招南夷，朝夜郎①，降羌僰②，略濊州③，建城邑，深入匈奴，燔其茏城④，议者美之。此人臣之利也，非天下之长策也。今中国无狗吠之惊，而外累于远方之备，靡敝国家，非所以子民⑤也。行无穷之欲，甘心快意，结怨于匈奴，非所以安边也。祸结而不解，兵休而复起，近者愁苦，远者惊骇，非所以持久也。今天下锻甲砥剑，桥（矫）箭累弦⑥，转输运粮，未见休时，此天下之所共忧也。夫兵久而变起，事烦而虑生。今外郡之地或几千里，列城数十，形束壤制⑦，旁胁诸侯，非公室之利也。上观齐晋之所以亡者，公室卑削⑧，六卿大盛也；下观秦之所以灭者，严法刻深，欲大无穷也。今郡守之权，非特⑨六卿之重也；地几千里，非特闾巷之资也；甲兵器械，非特棘（戟）矜之用也；以遭万世之变⑩，则不可称讳也。

◎**注释** ①〔朝夜郎〕使夜郎来朝拜。夜郎，汉代南方（今贵州、云南一带）古国名，武帝时归服汉朝。②〔僰（bó）〕部族名。③〔濊（huì）州〕地名。④〔燔（fán）其茏城〕燔，烧。茏城，或作"龙城"，匈奴单于王庭所在的地方。⑤〔子民〕爱抚百姓。⑥〔锻甲砥（dǐ）剑，桥箭累弦〕谓加强战备，亦即厉兵秣马之意。砥剑,磨剑。桥箭,矫正箭杆。桥,通"矫"。累弦,聚积弓弦。⑦〔形束壤制〕土地山川的形势可以控制百姓。⑧〔公室卑削〕王室衰微。⑨〔非特〕不只。⑩〔万世之变〕此为"天下变乱"的委婉说法。

◎ **大意** 现在朝廷想招抚西南夷,使夜郎来朝拜,降服羌、僰,攻取濊州,建筑城邑,深入匈奴,烧掉匈奴的茏城,议事者赞美这些事。但这只是人臣之利,并非天下的长久之计。现在国内太平、百姓安乐,而偏要挑起边境纠纷,使国家凋敝衰败,这不是养育人民的办法。为了满足无穷的欲望,图一时之快意,结怨于匈奴,这不是安定边境的办法。战祸接连不断而不能化解,罢兵后又起兵,内地百姓为此而愁苦,边地百姓闻此而惊骇,这不是持久之计。现在天下百姓都要锻造铠甲,磨砺刀剑,矫正箭杆,积聚弓弦,转运军粮,不见休止之时,这是天下人所共同忧苦的事情。用兵时间长了,就会引起变乱,做的事情多了就要出乱子。现在外郡有的占地千里,列城几十个,山川形势和土地足以挟制郡内百姓,威胁附近诸侯,这不是宫室皇族的利益。上观齐、晋灭亡的原因,在于公室衰弱,六卿太盛;下观秦朝灭亡的原因,在于严刑酷法,欲望大得无穷无尽。现在郡守手中的权力,不只是当年六卿那么大;土地千里,不只是闾巷那么点儿凭借的资本;武器装备,不只是无头矛柄、戟柄那么点儿作用:以这些有利条件,如遇上天下变乱之时,将出现何种局面,那就非常明显了。

书奏①天子,天子召见三人,谓曰:"公等皆安在?何相见之晚也!"于是上乃拜主父偃、徐乐、严安为郎中②。偃数见,上疏言事,诏拜偃为谒者③,迁为中大夫④。一岁中四迁偃。

◎ **注释** ①〔奏〕进献。②〔郎中〕皇帝身边的侍从官员,秩比三百石。③〔谒者〕皇帝身边的侍从官员,掌管收发传达与赞礼等,秩比六百石。④〔中大夫〕皇帝身边的顾问人员,掌议论,秩比八百石。

◎ **大意** 奏书呈报武帝,武帝召见三人,对他们说:"诸位都在哪里?为什么我们相见这么晚啊!"于是武帝就任命主父偃、徐乐、严安为郎中。主父偃多次觐见武帝,上疏言事,武帝下诏任命主父偃为谒者,迁任中大夫。一年中四次升迁主父偃的官职。

偃说上曰："古者诸侯不过百里，强弱之形易制。今诸侯或连城数十，地方千里，缓则骄奢易为淫乱，急则阻①其强而合从以逆京师。今以法割削之，则逆节②萌起，前日晁错是也。今诸侯子弟或十数，而適（嫡）嗣③代立，余虽骨肉，无尺寸地封，则仁孝之道不宣④。愿陛下令诸侯得推恩分子弟，以地侯之。彼人人喜得所愿，上以德施，实分其国，不削而稍弱矣。"于是上从其计。又说上曰："茂陵⑤初立，天下豪桀并兼之家⑥，乱众⑦之民，皆可徙茂陵，内实京师，外销奸猾，此所谓不诛而害除。"上又从其计。

◎**注释** ①〔阻〕依仗。②〔逆节〕叛逆之事。指吴楚七国反叛事。③〔適嗣〕即"嫡嗣"，正妻所生的长子。④〔宣〕显示。⑤〔茂陵〕汉武帝陵墓名，也是县名。按，建元二年，武帝在槐里茂乡预修陵墓，并设县，迁豪杰富绅之家至茂陵，充实那里的人口。⑥〔豪桀并兼之家〕指豪强巨富。豪桀，即"豪杰"，指豪强。并兼之家，指富人。⑦〔乱众〕使民众作乱。

◎**大意** 主父偃劝说武帝道："古时候，诸侯之地不过百里，无论势力强弱，都容易控制。现在诸侯有的连城几十座，土地方圆千里，平常他们骄奢放纵易于淫乱，危急时他们仗恃强大联合起来反叛朝廷。用法令强行分割削弱他们，他们叛乱思想就会萌生，从前晁错就是这样。现在诸侯王的子弟有的多达数以十计，而只有嫡长子世代继立，其余的人虽然是诸侯王的亲生骨肉，但没有寸尺土地的封国，那么仁孝之道就不能畅达体现。希望陛下让诸侯推恩均及子弟，分封诸侯国的土地，让他们都成为侯。他们人人喜得所愿，陛下施以恩德，实际上却分割了诸侯的封国，不削其封地而诸侯就会逐渐削弱了。"于是武帝听从了他的计策。主父偃又劝说武帝道："茂陵刚刚置县，可将天下豪强和富人、聚众作乱之人，都迁到茂陵，内可以充实京师，外可以消除奸猾，这是所说的不用诛杀而祸害消除。"武帝又采纳了他的计谋。

尊立卫皇后，及发燕王定国阴事①，盖偃有功焉。大臣皆畏其口，赂遗②累千金。人或说偃曰："太横矣。"主父曰："臣结发③游学四十余年，身不得遂，亲不以为子，昆弟不收，宾客弃我，我厄日久矣。且丈夫生不五鼎食④，死即五鼎烹⑤耳。吾日暮途远，故倒行暴施⑥之。"

◎**注释** ①〔及发燕王定国阴事〕燕王刘定国与其父康王刘嘉的姬妾通奸，又与三个女儿通奸，还夺取弟妻为妾，元朔元年，主父偃揭发此事，武帝令大臣议其死罪，燕王自杀。事见《荆燕世家》。发，揭发。阴事，隐私之事。②〔赂遗〕贿赂和赠送。③〔结发〕束发，指年轻时代。④〔五鼎食〕指侈奢的生活和显赫的政治地位。按，古代诸侯举行祭祀，用五个鼎分盛牛羊猪鹿鱼肉，以显示高贵。⑤〔烹〕用鼎将人煮死，这是古代的酷刑。⑥〔倒行暴施〕悖逆情理急促行事。

◎**大意** 尊立卫皇后，以及揭发燕王刘定国的犯罪阴私之事，主父偃都是有功的。大臣都害怕主父偃的嘴，贿赂他的钱财累计有千金。有人劝诫主父偃说："你太强横了。"主父偃说："我束发游学四十多年，自己不得志，父母不把我当作儿子，兄弟也不收留，朋友抛弃我，我穷困潦倒的时间很久了。况且大丈夫如果活着不能列五鼎而食，那就宁可受五鼎烹煮之刑而死！我年纪渐大而未有成就，所以悖逆情理急促行事。"

　　偃盛言朔方地肥饶，外阻河①，蒙恬城之以逐匈奴，内省转输戍漕②，广中国，灭胡之本也。上览其说，下公卿议，皆言不便。公孙弘曰："秦时常（尝）发三十万众筑北河，终不可就，已而弃之。"主父偃盛言其便，上竟用主父计，立朔方郡。

◎**注释** ①〔阻河〕以黄河为险阻。②〔漕〕水上运输。

◎**大意** 主父偃大讲朔方土地肥沃，物产丰饶，外凭黄河，蒙恬在那里筑城用以驱逐匈奴，可以节省辗转运输和戍守漕运的人力物力，扩大中国的疆土，是消灭匈奴的根本。武帝看了他的奏议，下发公卿议论，都说不便利。公孙弘说："秦朝时曾经征发三十万人在北河筑城，始终没有筑成，后来就放弃了。"主父偃大讲那里的便利，武帝最终采纳主父偃的主张，设立朔方郡。

元朔二年，主父言齐王内淫佚行僻①，上拜主父为齐相。至齐，遍召昆弟宾客，散五百金予之，数之曰："始吾贫时，昆弟不我衣食②，宾客不我内（纳）门③；今吾相齐，诸君迎我或千里。吾与诸君绝矣，毋复入偃之门！"乃使人以王与姊奸事动④王，王以为终不得脱罪，恐效⑤燕王论死⑥，乃自杀。有司以闻。

◎**注释** ①〔主父言齐王内淫佚行僻〕齐王刘次景与其姊通奸，主父偃向武帝揭发，被派任齐国相，穷究其事，齐王恐而自杀。事见《齐悼惠王世家》。内，指宫内私生活。淫佚，淫乱放荡。僻，邪僻。②〔不我衣食〕不给我衣食。③〔不我内门〕不许我进门。内，同"纳"。④〔动〕触动。⑤〔效〕仿效。⑥〔论死〕判为死刑。

◎**大意** 元朔二年，主父偃对武帝讲了齐王刘次景在王宫内淫乱放荡而行为邪僻的事，武帝任命主父偃为齐国相。主父偃到齐国后，遍召兄弟朋友，散发五百金给他们，并数落他们说："当初我贫贱时，兄弟不给我衣食，朋友不让我进门；现在我做齐国相，诸位之中有人跑到千里以外迎接我。我要同诸君绝交了，诸君不要再登我的家门！"就派人将齐王与其姊通奸的事向齐王挑明，齐王以为最终不能逃脱罪责，害怕会像燕王刘定国一样论处死罪，就自杀了。主管官吏把这事呈报朝廷。

主父始为布衣时，尝游燕、赵，及其贵，发燕事。赵王恐其为国患，欲上书言其阴事，为偃居中①，不敢发。及为齐相，出关，即使人上书，告言主父偃受诸侯金，以故诸侯子弟多以得封者。及齐王自杀，上闻大怒，以为主父劫②其王令自杀，乃征③下吏治④。主父服⑤受诸侯金，实不劫王令自杀。上欲勿诛，是时公孙弘为御史大夫，乃言曰："齐王自杀无后，国除为郡，入汉，主父偃本首恶，陛下不诛主父偃，无以谢天下。"乃遂族主父偃。

◎**注释** ①〔居中〕身处朝廷之中。②〔劫〕要挟。③〔征〕召回。④〔下吏治〕交给法官治罪。⑤〔服〕认罪。

◎**大意** 主父偃当初为平民时,曾游燕国、赵国,显贵之后,他揭发了燕王犯罪之事。赵王怕他成为赵国的祸患,想上书揭发他的阴私之事,因为主父偃身居朝中,不敢发难。等主父偃做了齐国相,出了函谷关,赵王即派人上书,告发主父偃接受诸侯贿赂,因此诸侯子弟多能被封侯。齐王自杀后,武帝闻讯大怒,认为主父偃威胁齐王使他自杀,就把主父偃召回交法官治罪。主父偃承认他接受诸侯王贿赂的事实,但确实没有威胁齐王使他自杀。武帝不想杀主父偃,这时公孙弘任御史大夫,便说:"齐王自杀而没继承人,封国废除为郡,归入汉朝廷,主父偃本是首恶,陛下不杀主父偃,就无法向天下人交代。"于是就灭了主父偃全族。

　　主父方贵幸时,宾客以千数,及其族死,无一人收①者,唯独洨②孔车收葬之。天子后闻之,以为孔车长者也。

◎**注释** ①〔收〕收尸。②〔洨(xiáo)〕县名。

◎**大意** 主父偃被宠幸的时候,门客以千计数,但他被灭族后,没有一人去收殓的,唯独洨县人孔车把他收葬了。武帝后来听到这件事,认为孔车是个忠厚长者。

　　太史公曰:公孙弘行义虽修①,然亦遇时。汉兴八十余年矣,上方乡(向)文学②,招俊乂③,以广儒墨,弘为举首④。主父偃当路⑤,诸公皆誉之,及名败身诛,士争言其恶。悲夫!

◎**注释** ①〔修〕美。②〔乡文学〕崇尚儒学。乡,同"向",此指崇尚。文学,此指儒家学说及其典籍。③〔俊乂(yì)〕具有超众才能的人。乂,才能出众。④〔举首〕第一。⑤〔当路〕身居要职,担任举足轻重的高官。

◎ **大意**　太史公说：公孙弘品行道义虽然好，但也是因为遇上了好时机。汉朝兴起八十多年了，武帝正注重文学，招引才智之士，以发展儒墨之学，公孙弘首先被选拔。主父偃掌权，大臣都称赞他；等到他名败身亡，士大夫争相说他的坏话。可悲啊！

太皇太后①诏大司徒大司空："盖闻治国之道，富民为始；富民之要，在于节俭。《孝经》曰'安上治民，莫善于礼'。'礼，与奢也，宁俭'。昔者管仲相齐桓，霸诸侯，有九合一匡之功，而仲尼谓之不知礼，以其奢泰侈拟于君故也。夏禹卑宫室，恶衣服，后圣不循。由此言之，治之盛也，德优矣，莫高于俭。俭化俗民，则尊卑之序得，而骨肉之恩亲，争讼②之原息。斯乃家给人足，刑错（措）之本也欤？可不务哉！夫三公者，百寮（僚）之率③，万民之表也。未有树直表④而得曲影⑤者也。孔子不云乎，'子率而正，孰敢不正'。'举善而教不能则劝⑥'。维汉兴以来，股肱宰臣⑦身行俭约，轻财重义，较然著明，未有若故丞相平津侯公孙弘者也。位在丞相而为布被，脱粟之饭，不过一肉。故人所善宾客皆分奉（俸）禄以给之，无有所余。诚内自克约⑧而外从制⑨。汲黯诘之，乃闻于朝，此可谓减于制度⑩而可施行者也。德优则行，否则止，与内奢泰而外为诡服⑪以钓⑫虚誉者殊科⑬。以病乞骸骨，孝武皇帝即制曰'赏有功，褒有德，善善恶恶，君宜知之。其省思虑，存精神，辅以医药'。赐告治病，牛酒杂帛。居数月，有瘳，视事。至元狩二年，竟以善终于相位。夫知臣莫若君，此其效也。弘子度嗣爵，后为山阳太守，坐法失侯。夫表德章（彰）义，所以率俗厉（励）化⑭，圣王之制，不易之道也。其赐弘后子孙之次当为后者⑮爵关内侯⑯，食邑三百户，征诣公车⑰，上名尚书，朕亲临拜焉。"

◎ **注释** ①〔太皇太后〕当朝皇帝的祖母。此指汉平帝的祖母王政君,她是汉成帝的生母,汉元帝的皇后。②〔争讼〕打官司。③〔百寮之率〕即百官之长。④〔直表〕直的标杆。⑤〔曲影〕弯曲的影子。⑥〔举善而教不能则劝〕此句引自《论语·为政》。举,选拔。善,指贤能的人。不能,无能的人。劝,鼓励。⑦〔股肱宰臣〕指宰辅大臣。股肱,大腿和胳膊,喻得力重臣。宰臣,统帅百官的长官,此指丞相。⑧〔克约〕克制约束。⑨〔从制〕遵循法制行事。⑩〔减于制度〕比法制规定的标准降低了一些。⑪〔诡服〕虚假的行为。⑫〔钓〕以手段谋取。⑬〔殊科〕不同类。⑭〔厉化〕勉励教化。⑮〔次当为后者〕按次序当为后代者,意谓嫡系子孙。⑯〔爵关内侯〕封关内侯的爵位。⑰〔征诣公车〕用公车召其进京。征,召。诣,往。公车,官车。

◎ **大意** 太皇太后给大司徒、大司马的诏书说:"听说治国之道,是以使人民富足为第一步;而使人民富足的关键,则在于厉行节俭。《孝经》上说'安上治民,没有比礼更好的东西','就礼仪活动来说,与其奢侈,宁可俭约'。从前管仲辅佐齐桓公,称霸诸侯,有多次会合四方诸侯和匡正天下的功劳,孔子却说他不懂得礼,因为他过分奢侈,比拟于君。夏禹住的宫室低矮简陋,平常穿的衣服也很粗劣朴素,后世帝王不遵循他这种节俭之道。从这方面说,天下大治臻于鼎盛之时,德政厚施,却没有能高过节俭的。用节俭的品德教化百姓,则尊卑之序井然,骨肉之恩加深,争讼根源消除。这就是实现家给人足、不用刑罚这种大治局面的根本吧?怎能不尽力去做呢!三公是百官之长、万民的表率。没有树立了垂直的标杆却产生弯曲的影子的道理。孔子不是说过吗,'您带头走正道,谁敢不走正路'。'选用贤能的人,又教育能力差的人,老百姓就会努力做事'。汉朝兴起以来,身为宰辅大臣而能躬行节俭、轻财重义,表现特别突出者,没有像已故丞相平津侯公孙弘一样的人。他位居丞相之职却用布被子,吃脱壳的粗米饭,每顿饭不过一个肉菜。对老朋友和相好的门客,他都分给俸禄来供给他们,自己家里却无余财。这确实是克制自己而遵守制度。汲黯责难他,有关情况才被朝廷闻知,这可说是低于制度规定的标准而可施行的。只有像公孙弘那样德高的人才能做到,否则不行。与那种背地奢侈无度而表面上假装节俭来沽名钓誉的人是不同的。后来,公孙弘因病请求辞官退休,武帝即下令说'奖赏有功者,表彰有德者,扬善罚恶,您应当知道这些。请您少用心思,保养精神,辅之以药物'。又赐予假期使他用心治病,并赐给牛酒杂帛等物。过了几个月,公孙弘病好了，才办理公事。到元狩二年，他在丞相官位上善终。知臣者莫如君，这就是证明。公孙弘的儿子公孙度承袭爵位，后来做了山阳郡太守，因犯法而失去爵位。表彰德义，为的是引导流俗、激励风化，这是圣王的遗制和不可改变的原则。请你们找到公孙弘子孙中的嫡系者，封他为关内侯，封食邑三百户，用公车送他进京，把他的姓名报到尚书那里，我亲自授予他官职。"

班固称曰①：公孙弘、卜式、兒宽皆以鸿渐之翼②困于燕雀，远迹羊豕之间，非遇其时，焉能致此位乎？是时汉兴六十余载，海内又安，府库充实，而四夷未宾，制度多阙，上方欲用文武③，求之如弗及。始以蒲轮迎枚生④，见主父而叹息。群臣慕向，异人⑤并出。卜式试于刍牧⑥，弘羊擢于贾竖⑦，卫青奋于奴仆⑧，日䃅出于降虏⑨，斯亦曩时⑩版筑⑪饭牛⑫之朋⑬矣。汉之得人，于兹为盛。儒雅则公孙弘、董仲舒、兒宽，笃行则石建、石庆，质直则汲黯、卜式，推贤则韩安国、郑当时，定令⑭则赵禹、张汤，文章则司马迁、相如，滑稽⑮则东方朔、枚皋，应对则严助、朱买臣，历数⑯则唐都、落下闳，协律则李延年，运筹则桑弘羊，奉使则张骞、苏武，将帅则卫青、霍去病，受遗⑰则霍光、金日䃅。其余不可胜纪。是以兴造功业⑱，制度遗文⑲，后世莫及。孝宣承统⑳，纂修洪业㉑，亦讲论六艺，招选茂异㉒，而萧望之、梁丘贺、夏侯胜、韦玄成、严彭祖、尹更始以儒术进，刘向、王褒以文章显。将相则张安世、赵充国、魏相、邴吉、于定国、杜延年，治民则黄霸、王成、龚遂、郑弘、邵信臣、韩延寿、尹翁归、赵广汉之属，皆有功迹见述于后。累其名臣，亦其次也。

◎**注释** ①〔班固称曰〕以下这段文字是《汉书·公孙弘卜式兒宽传》的"赞曰"部分，个别文字稍异。②〔鸿渐之翼〕喻超凡的才能。③〔文武〕有文才武略的人。④〔始以蒲轮迎枚生〕蒲轮，用蒲草缠轮的安稳之车。枚生，指西汉著名赋家枚乘。他曾规劝吴王刘濞切勿反叛，吴王不听。吴王谋反后，他致书吴王再行劝谏。武帝即位后慕其名而以安车蒲轮征召他进京，病死于途中。⑤〔异人〕有特殊才能的人。⑥〔卜式试于刍牧〕刍牧，割草放牧。卜式出身于畜牧主，故称"试于刍牧"。⑦〔弘羊擢于贾（gǔ）竖〕弘羊，即桑弘羊，武帝时官至御史大夫。他出身于洛阳商人之家，故称"擢于贾竖"。贾竖，对商人的蔑称。⑧〔卫青奋于奴仆〕卫青贵为大将军，但出身微贱，原先只是平阳侯家的奴仆，故称"奋于奴仆"。⑨〔日䃅（mì dī）出于降虏〕日䃅，即金日䃅。他原为匈奴休屠王太子，后来降汉，故称其"出于降虏"。⑩〔曩（nǎng）时〕从前。⑪〔版筑〕以版筑（修墙工具）修墙。指商代武丁时的名臣傅说。他原为傅岩的筑墙奴隶，商王武丁用为辅弼之臣，政绩显著。⑫〔饭牛〕喂牛。此指春秋时期齐桓公名臣宁戚。他本是卫国商人，曾宿于齐国都城东门下，时值齐桓公夜出，听到他喂牛时唱的怀才不遇的歌，知其为贤人，于是重用他为客卿。⑬〔朋〕同类。⑭〔定令〕制定刑法政令。⑮〔滑（gǔ）稽〕本为盛酒器，用以比喻能言善辩，语言诙谐幽默者。⑯〔历数〕指天文、数算之学。⑰〔受遗〕指接受皇帝的遗命，辅佐幼主。后元二年汉武帝病笃，霍光涕泣问曰："如有不讳，谁当嗣者？"武帝曰："立少子，君行周公之事。"光顿首让曰："臣不如金日䃅。"日䃅亦曰："臣外国人，不如光。"武帝以霍光为大司马大将军，日䃅为车骑将军，太仆上官桀为左将军，搜粟都尉桑弘羊为御史大夫，皆拜卧武帝床前，"受遗诏辅少主"。武帝去世以后，昭帝年幼，"政事一决于光"，日䃅亦竭忠尽虑辅政。事见《汉书·霍光金日䃅传》。⑱〔兴造功业〕创建功业。⑲〔遗文〕留下来的文章典籍。⑳〔孝宣承统〕汉宣帝刘询继位。承统，指继承皇位。㉑〔纂修洪业〕继续推行武帝创建的大业。洪业，大业。㉒〔茂异〕优秀特异的人才。

◎ **大意** 班固赞曰：公孙弘、卜式、儿宽都曾以鸿雁奋飞之翼受困于燕雀之群，远远混迹于猪羊之间，假若不遇时机，怎能取得公卿之位呢？当时，汉朝兴国六十多年，海内安定，府库充实，但四方蛮夷尚未归服，制度也多不健全，武帝正想选用有文才武略的人，求索他们像怕追不到似的。开始曾以安车蒲轮迎接枚乘，后来召见主父偃而赞叹不已。于是，群臣羡慕向往，有特殊才能的人同时出现。卜式用自牧人，桑弘羊拔自商贾，卫青举于奴仆，金日䃅出于归降之虏，他们相当于古代盛传的傅说、宁戚那种人。汉朝得到的人才，以这个时候为最多，学问深湛气度雍容的有公孙弘、董仲舒、儿宽，忠诚老实勤劳奉公的有石建、石庆，质朴正直的有汲黯、卜式，荐贤举能的有韩安国、郑当时，制定法令的有赵禹、张汤,擅长文学的有司马迁、司马相如,能言善辩诙谐幽默的有东方朔、枚皋,善于应对的有严助、朱买臣,精通天文历算的有唐都、落下闳,协调乐律的有李延年,精于筹划国计的有桑弘羊,奉命出使而不辱君命的有张骞、苏武,著名的将帅有卫青、霍去病,接受遗诏辅弼新君的有霍光、金日磾。其他各种人才,数不胜数。所以创立的功业和传下来的制度典籍,后世没有比得上的。孝宣皇帝继承皇位,继续弘扬武帝创建的伟业,也宣扬儒家"六经",招选优秀人才,而萧望之、梁丘贺、夏侯胜、韦玄成、严彭祖、尹更始以精于儒术被选用,刘向、王褒以长于文辞扬名于世。著名的将相有张安世、赵充国、魏相、邴吉、于定国、杜延年,治理百姓而成效卓著的有黄霸、王成、龚遂、郑弘、邵信臣、韩延寿、尹翁归、赵广汉一类人,都有功勋事迹被后世称述。名臣之盛,也仅次于武帝时。

◎知识拓展

《史记》对公孙弘的记载,淡化其优点,放大其劣处,令公孙弘"曲学阿世"的形象深入人心。司马迁生于西汉,经历了前代学识教育、社会环境思想的熏陶,接受了"直臣"思想。《佞幸列传》贬斥佞臣邓通、赵同和李延年三人,还在最能体现其真实想法的论赞中感慨佞臣的荣宠无常:"甚哉爱憎之时!弥子瑕之行,足以观后人佞幸矣。虽百世可知也。"其化用弥子瑕与卫灵公之典,指出佞臣的可悲,亦可从侧面看出司马迁对直臣的推崇。司马迁如此坚持直臣之论,面对虽然忠君爱国,但行事委婉,并非直臣的公孙弘,自然无法认同。公孙弘在政事上过于审慎,所以并未有突出的政绩流传。如淮南、衡山谋反案,淮南王刘安为报父仇,联合刘赐共同谋反。此事举朝哗然,公孙弘位居丞相,却因病重未能及时处理。公孙弘觉得自己未有大功,却得以封赏至丞相,故向武帝上书检讨自己失职。一方面,公孙弘作为文官之首的丞相,此时必须站出来,因为这是丞相之责。另一方面,公孙弘此举并未试图遮掩、拖延,而是主动向武帝承认其错,凭此掌握先机,既得武帝怜悯,又保住了自己丞相之位,不至于被治罪免职。司马迁记叙公孙弘当时的心情,"恐窃病死,无以塞责",反映了公孙弘自身政绩不突出,应对谋反时的惶惶不安。武帝随后回言安慰公孙弘,给予其假期静养,赏赐他牛酒绢帛,以示皇恩浩荡、君臣相谐。司马迁在《平津侯主父列传》中用很大的篇幅记此次政治事件的经过，并全录公孙弘上书武帝之策，除展现其承担责任、保全自我的智慧以外，也说明了其政绩实在没有说服力。

主父偃上书共含"九事"，其中八事属法制律令方面的，《史记》《汉书》均未介绍，本传只引录了他"谏伐匈奴"的文字。也许就是因为这些议论特别引起了武帝的注意。主父偃反对"好战"，不赞成发动对匈奴的战争。他说："怒者逆德也，兵者凶器也，争者末节也。古之人君一怒必伏尸流血，故圣王重行之。夫务战胜穷武事者，未有不悔者也。"又针对匈奴"无城郭之居，委积之守，迁徙鸟举，难得而制"的特性，指出"得其地不足以为利也，遇其民不可役而守也"的实情，强调对匈奴的战争劳民伤财，徒耗国力，得不偿失。他还用秦王朝不采纳李斯建议而强与匈奴争锋，导致国匮民乏、"天下始畔"的历史教训，以证伐匈奴之不可取。实事求是地说，主父偃的分析是明智的，有利于社会稳定和经济发展。但此时汉武帝已经下定以军事手段解决匈奴问题的决心，不可能因主父偃的谏言而改变自己的战略决策。尽管主父偃的意见不合口味，武帝还是充分肯定了他的深虑卓识，果断地委以重任，显示了武帝的非凡胸怀。

南越列传

第五十三

　　本传记述了南越王赵佗建国的史实及四位继承者同汉王朝的关系，描述了汉武帝出师攻灭南越，将南越置于汉王朝直接统治下的过程。司马迁没有把边疆的少数民族视为"种别域殊"的异族，而肯定"佗能集杨越以保南藩"的功劳，将南越视为汉王朝的一部分，视其民为汉王朝的同等臣民，把南越统一和南越归汉视为各民族走向统一的必然趋势，有一定的进步意义。赵佗原是秦朝的一员大将，历经了秦始皇时期、秦二世时期、以及西汉时期。秦始皇统一六国之后，就展开了对百越之地的征服。任嚣与赵佗受秦始皇之命，率领五十万大军企图统一南越。经过四年时间，岭南地区终于归顺大秦，从此成了大秦的郡。秦始皇在岭南地区设置了四个县，即番禺、龙川、博罗、四会，任嚣为郡尉，赵佗为龙川县令。并在岭南地区实行了"和集百越"的政策，安抚当地的越人，防止他们反抗。秦军就在岭南地区和当地的越人一起生活，教给他们中原先进的汉文化以及农耕的好处，岭南地区在汉越融合的过程中逐渐强大起来。任嚣死后，赵佗自称为王，宣布独立，杀掉了秦朝在当地安排的官员，并在岭南地区设置了重重关卡防止外部势力入侵。后中原地区处于混战状态，秦朝暴政，各地起义，无暇顾及岭南地区。汉初，赵佗接受了归顺大汉的建议，从此成为大汉的诸侯国，他也被刘邦封为"南越王"。之后赵佗和吕后交恶，于是南越又独立于汉朝，甚至攻占了汉朝的土地，成了和汉朝比肩的另外一个国家。赵佗从公元前219年作为秦始皇平定南越的五十万大军的副帅，一直到汉武帝建元四年去世，一共治理岭南八十一年。其间由于他一直实行"和集百越"的政策，促进了汉越民族的融合，并把中原地区的先进文化带到了南越之地，使南越得到了更好的发展。整篇传文记事"简括"（李景星《史记评议》），重点突出，于赵佗建国、武帝兴师则详写，余者略述，"条理井井"（吴见思《史记论文》）。此文善于描摹军威气势，如写伏波将军和楼船将军率师南征，浩浩荡荡，水陆并进，所向披靡，"声势赫奕"，"极其神妙，可云神化之笔"（吴见思《史记论文》）。本传太史公赞语用四字句韵语，不但形式整齐，而且声韵和谐，显示了作者赞语风格的多样性。

南越[1]王尉佗[2]者，真定人也，姓赵氏。秦时已并天下，略定[3]杨越[4]，置桂林、南海、象郡，以谪徙[5]民，与越杂处十三岁。佗，秦时用为南海龙川令。至二世时，南海尉任嚣病且死，召龙川令赵佗语曰："闻陈胜等作乱，秦为无道，天下苦之，项羽、刘季、陈胜、吴广等州郡各共兴军聚众，虎争天下，中国扰乱，未知所安，豪杰畔（叛）秦相立。南海僻远，吾恐盗兵⑥侵地至此，吾欲兴兵绝新道⑦，自备，待诸侯变，会病甚。且番禺负山险，阻南海，东西数千里，颇有中国人相辅，此亦一州之主也，可以立国。郡中长吏无足与言者，故召公告之。"即被佗书⑧，行南海尉事。嚣死，佗即移檄⑨告横浦、阳山、湟溪关⑩曰："盗兵且至，急绝道聚兵自守！"因稍以法诛秦所置长吏，以其党为假守⑪。秦已破灭，佗即击并桂林、象郡，自立为南越武王。高帝已定天下，为中国劳苦，故释佗弗诛。汉十一年，遣陆贾因立佗为南越王，与剖符⑫通使，和集百越⑬，毋为南边患害，与长沙⑭接境。

◎**注释** ①〔南越〕一作"南粤"，是越人的一支。又是南越王赵佗所建的国名。其地在今广东与广西一带，南至今越南中部，北至今湖南南部。②〔尉佗〕即赵佗。秦时在南越设立桂林、南海、象郡，三郡长官不称守，而称尉。赵佗曾任南海郡尉，故称"尉佗"。③〔略定〕攻取平定。④〔杨越〕即"扬越"。南越人所居住之地属古九州之一的扬州，故称。⑤〔谪徙〕被判刑而迁徙。⑥〔盗兵〕强盗之兵。这是赵佗对秦末反秦义军的蔑称。⑦〔新道〕秦朝所修的通到南越的道路。⑧〔被佗书〕向赵佗颁布任命文书。被，加。⑨〔移檄〕传递檄文。⑩〔横浦、阳山、湟（huáng）溪关〕皆为关名。⑪〔假守〕代理长官。⑫〔剖符〕此处的剖符就是汉朝确认赵佗为南越王的一种表示。符是古代君臣间的一种信物，皇帝分封诸侯或封赏功臣，或遣将出征等，将金、玉、铜、木制成的一符一分为二，君臣各持其半，以备合符相验。⑬〔和集百越〕和集，又作"和辑"，和睦安定。百越，指南越的各个分支。⑭〔长沙〕汉代封国名。

◎**大意** 南越王尉佗是真定人，姓赵。秦朝吞并六国，统一天下后，攻占杨越，设置桂林郡、南海郡和象郡，把犯罪而被迁徙的百姓安置到这些地方，与越人杂居十三年。赵佗在秦朝时被任命为南海郡龙川县令。到秦二世时，南海郡尉任嚣病重将要死去，召来龙川令赵佗说："听说陈胜等人犯上作乱，秦朝暴虐无道，天下人深受其苦，项羽、刘邦、陈胜、吴广等人各在州郡兴兵聚众，像猛虎一样地争夺天下，中原扰攘混乱，不知所安，豪杰背叛秦朝廷，相互对立。南海郡偏僻遥远，我怕盗贼在侵占土地时会攻到这里。我想兴兵切断新道，御敌自卫，等待诸侯之变,不巧病得厉害。番禺背靠山岭艰险,阻隔南海,东西数千里,还有些中原人士辅佐,这样能成一州之主,可以立国。军中官吏当中没有值得相谈的,所以召您来说这些话。"任嚣当即把有关文书颁给赵佗,让他代理南海尉职务。任嚣死后,赵佗即派人传递檄文通告横浦、阳山、湟溪关说:"盗匪军队将要来了,要急速切断通道,保卫自己!"赵佗借此机会,逐渐用法律杀了秦朝安置的官吏,而任用他的亲信为代理长官。秦朝被灭后,赵佗便攻打吞并桂林郡、象郡,自立为南越武王。汉高祖平定天下后,因为中原百姓劳顿困苦,所以放过了赵佗,没有杀他。汉高祖十一年,派遣陆贾去南越,命令赵佗因袭南越王的称号,同他剖符定约,互通使者,让他协调百越,使其和睦相处,不要成为汉朝南边的祸患。南越边界与北方的长沙国接壤。

高后时,有司请禁南越关市①铁器。佗曰:"高帝立我,通使物,今高后听谗臣,别异蛮夷,隔绝器物,此必长沙王计也,欲倚中国,击灭南越而并王之,自为功也。"于是佗乃自尊号为南越武帝,发兵攻长沙边邑,败数县而去焉。高后遣将军隆虑侯灶往击之。会暑湿,士卒大疫②,兵不能逾岭。岁余,高后崩,即罢兵③。佗因此以兵威边④,财物赂遗闽越⑤、西瓯⑥、骆⑦,役属焉,东西万余里。乃乘黄屋左纛⑧,称制⑨,与中国侔⑩。

◎**注释** ①〔关市〕在边境所设的贸易市场。②〔大疫〕重病。③〔罢兵〕停止军事行动。④〔威边〕在边境显示军威。⑤〔闽越〕越人的一支。汉初其首领无诸被封为闽越王。后来分为东越和繇。⑥〔西瓯(ōu)〕越人的一支。⑦〔骆〕即骆越,越人的一支。⑧〔黄屋左纛(dào)〕秦汉时皇帝的车饰。黄屋,以黄绸做车盖的里子。左纛,插在车厢左边的用牦牛尾或雉尾装饰的旗子。⑨〔称制〕自称皇帝,发号施令。⑩〔侔〕相等。

◎**大意** 高后时,有关官员奏请禁止南越在关市上买卖铁器。赵佗说:"高帝立我为南越王,双方互通使节和物资,如今高后听从谗臣的意见,把蛮夷视为异类,断绝我们所需要的器物的来源,这一定是长沙王的主张,他想依仗中原之国,攻灭南越而一并加以统治,自谋功利。"于是赵佗便自加尊号,自称为南越武帝,发兵攻打长沙国边境城镇,打败几个县才离去。高后派将军隆虑侯周灶去攻打南越。正碰上酷暑潮湿的天气,士兵中发生大瘟疫,汉军不能越过阳山岭。过了一年多,高后崩逝,汉朝廷便停止了军事行动。赵佗趁机派兵扬威于边界,用财物贿赂闽越、西瓯、骆越,使其都归属南越,使他的领地从东到西长达一万余里。赵佗竟然乘坐黄屋左纛之车,以皇帝的名义发号施令,同汉朝皇帝地位相等。

及孝文帝元年,初镇抚天下,使告诸侯四夷从代来即位意,喻盛德焉。乃为佗亲①冢在真定,置守邑②,岁时奉祀③。召其从昆弟④,尊官厚赐宠之。诏丞相陈平等举可使南越者,平言⑤好畤陆贾,先帝时习使⑥南越。乃召贾以为太中大夫,往使,因让佗自立为帝,曾无一介之使报者⑦。陆贾至南越,王甚恐,为书谢,称曰:"蛮夷大长老夫⑧臣佗,前日高后隔异南越,窃疑长沙王谗臣,又遥闻高后尽诛佗宗族,掘烧先人冢,以故自弃,犯长沙边境。且南方卑湿,蛮夷中间,其东闽越千人众⑨号称王,其西瓯骆裸国⑩亦称王。老臣妄窃帝号,聊以自娱,岂敢以闻天王哉!"乃顿首谢,愿长为藩臣,奉贡职⑪。于是乃下令国中曰:"吾闻两雄不俱立,两贤不并世。皇帝,贤天子也。自今以后,去帝制黄屋左纛。"陆贾还报,孝文帝大说(悦)。遂至孝景时,称臣使人朝请⑫。然南越其居国,窃如故号名,其使天子,称王朝命如诸侯。至建元四年卒。

◎**注释** ①〔佗亲〕指赵佗的父母亲。②〔守邑〕犹"守冢",指守墓的人家。③〔奉祀〕举行祭祀。④〔从昆弟〕堂兄弟。⑤〔言〕推荐。⑥〔习使〕屡次出使。⑦〔曾无一介之使报者〕此句极言其礼节之简略。曾,竟然。一介之使,派一个人作为使者。⑧〔大长老夫〕赵佗自称其身世,意谓年老的大君长。⑨〔人众〕民众,百姓。⑩〔裸国〕赤身裸体的国家。因其地炎热,人们穿衣少,故称为裸国。⑪〔奉贡职〕遵从纳贡的职责。⑫〔朝请〕汉时诸侯王朝见天子,在春天时叫朝，在秋天时叫请。

◎**大意**　待到孝文帝元年，文帝刚开始统治天下，便派出使者告知诸侯和四方蛮夷的君长他从代国来京即位的想法，让他们知道天子的圣明美德。于是为赵佗父母在真定的坟墓设置守护的人家，四季节日供奉祭祀。把赵佗的堂兄弟召来，用尊贵的官职、优厚的待遇笼络他们。文帝命令丞相陈平等举荐可以出使南越的人，陈平推荐好畤县人陆贾，称他先帝时就熟悉出使南越的事。文帝就召见陆贾，任命他为太中大夫，前往南越当使者，借机责备赵佗自立为皇帝，竟然不派一名使者向天子报告。陆贾到了南越，南越王赵佗特别恐惧，向文帝写信道歉，说："蛮夷年老的头领臣佗，从前高后歧视南越，我私下疑心长沙王是个善进谗言的臣子，又在这遥远之地听说高后杀尽了赵佗的宗族，挖掘并烧毁祖先的坟墓，因此自暴自弃，侵犯长沙国的边境地区。而且南方低湿之地，在蛮夷中间，东边的闽越只有上千民众，却称其君长为王；西面的西瓯和骆越这样的裸体之国也称王。所以我狂妄地窃取皇帝的尊号，聊以自我安慰，怎敢把这事禀告天子呢！"赵佗深深叩头谢罪，表示要长久做汉朝的属国之臣，遵守向汉朝天子纳贡的职责。于是赵佗就向辖境发布命令，说："我听说两个英雄豪杰是不能并存的，两个贤哲之人也不能共同生活在同一世界。汉朝皇帝，是贤明的天子。从今以后，我去掉帝制，不再乘坐黄屋左纛的车子。"陆贾回京报告此事，汉文帝非常高兴。直到汉景帝时代，赵佗向汉朝称臣，春秋两季派人到长安朝见天子。但是在南越国内，赵佗一直窃用南越武帝的名号，只是他派使者朝见天子时才称王，接受天子的命令同诸侯一样。建元四年，赵佗去世。

　　佗孙胡为南越王。此时①闽越王郢兴兵击南越边邑，胡使人上书曰："两越俱为藩臣，毋得擅兴兵相攻击。今闽越兴兵侵臣，臣不敢兴兵，唯天子诏之。"于是天子多②南越义，守职约，为兴师，遣两将军③往讨闽越。兵未逾岭④，闽越王弟馀善杀郢以降，于是罢兵。

◎**注释**　①〔此时〕指汉武帝建元六年。②〔多〕赞美。③〔两将军〕指王恢和韩安国。建元六年八月，武帝派大行王恢和大农令韩安国前去讨伐闽越王郢。④〔岭〕指阳山岭。

◎**大意** 赵佗的孙子赵胡为南越王。这时闽越王郢发兵攻打南越边境城邑,赵胡派人到朝廷上书说:"两越都是藩臣,不得擅自兴兵互相攻打。现在闽越发兵侵略臣下,臣下不敢动兵,只有请天子下诏令处理。"于是武帝赞许南越王有义,恪守盟约,为他出兵,派遣王恢、韩安国两位将军前去讨伐闽越。汉军尚未越过阳山岭,闽越王的弟弟馀善杀死郢而投降,于是汉朝收兵。

天子使庄助往谕①意南越王,胡顿首曰:"天子乃为臣兴兵讨闽越,死无以报德!"遣太子婴齐入宿卫②。谓助曰:"国新被寇③,使者行矣。胡方日夜装④入见天子。"助去后,其大臣谏胡曰:"汉兴兵诛郢,亦行以惊动南越。且先王昔言,事天子期⑤无失礼,要之不可以说好语入见。入见则不得复归,亡国之势也。"于是胡称病,竟不入见。后十余岁,胡实病甚,太子婴齐请归。胡薨,谥为文王。

◎**注释** ①〔谕〕说明白。②〔宿卫〕官中的侍卫。③〔被寇〕遭受侵害。被,遭。④〔装〕整装待发。⑤〔期〕希望。

◎**大意** 武帝派庄助去向南越王说明朝廷的意思,赵胡磕头说:"天子竟能为臣发兵讨伐闽越,臣虽死也无法报答天子的恩德!"赵胡就派太子婴齐到朝廷充当宫中的侍卫。他又对庄助说:"国家刚刚遭受敌人的侵略,请使者先走吧。赵胡正在日夜整装待发,去京城朝见天子。"庄助离开后,他的大臣向赵胡进谏说:"汉朝发兵诛杀郢,也是用这个行动来警告南越。而且先王过去曾说过,侍奉天子,只希望不要失礼,重要的是不可因为爱听使者的好话而去朝见天子。要是去朝见天子就不能回来了,这是亡国的形势啊。"于是赵胡就以生病为借口,最终也没去朝见武帝。过了十多年,赵胡真病得很严重,太子婴齐便请求回国。赵胡死了,朝廷追赐他文王的谥号。

婴齐代立,即藏其先武帝玺①。婴齐其入宿卫在长安时,取(娶)邯郸樛氏女②,生子兴。及即位,上书请立樛氏女为后,兴为嗣③。汉数使使者风（讽）谕婴齐，婴齐尚乐④擅杀生⑤自恣⑥，惧入见要⑦用汉法，比⑧内诸侯⑨，固（故）称病，遂不入见。遣子次公入宿卫。婴齐薨，谥为明王。

◎**注释** ①〔即藏其先武帝玺〕意为去掉私自称帝的帝号，表示不再称帝。其先祖自称南越武帝，"武帝玺"指此。②〔樛（jiū）氏女〕姓樛的女子。③〔嗣〕指王位继承人。④〔尚乐〕喜欢。⑤〔杀生〕指杀人。⑥〔恣〕放纵。⑦〔要〕要挟，强迫。⑧〔比〕比况，比照。⑨〔内诸侯〕汉朝国内的诸侯。

◎**大意** 赵婴齐代立为南越王后，就把他祖先的武帝印玺藏了起来。婴齐到长安做宫中侍卫时，娶了邯郸樛氏做妻子，生了儿子叫赵兴。待到他即位后，便上书汉朝廷，请求立樛氏为王后，赵兴为太子。汉朝廷多次派遣使者或明或暗地劝说赵婴齐进京拜见武帝，而赵婴齐仍然喜欢独揽生杀予夺大权而为所欲为，惧怕进京朝见武帝会被强迫使用汉朝法度，等同于国内的诸侯，因此他一直假称有病，始终未入京拜见武帝，只派遣儿子赵次公进京当侍卫。赵婴齐去世后，朝廷赐其谥号为明王。

太子兴代立，其母为太后。太后自未为婴齐姬时，尝与霸陵人安国少季通。及婴齐薨后，元鼎四年，汉使安国少季往谕王、王太后以入朝，比内诸侯；令辩士谏大夫终军等宣其辞，勇士魏臣等辅其缺①，卫尉路博德将兵屯桂阳，待使者。王年少，太后中国人也，尝与安国少季通，其使，复私焉。国人颇知之，多不附太后。太后恐乱起，亦欲倚汉威，数劝王及群臣求内属。即因使者上书，请比内诸侯，三岁一朝，除边关。于是天子许之，赐其丞相吕嘉银印，及内史、中尉、太傅印，余得自置。除其故黥劓②刑，用汉法，比内诸侯。使者皆留填（镇）抚之。王、王太后饬治③行装重赍（赀）④，为入朝具⑤。

◎**注释** ①〔缺〕缺失、不足。《汉书·南越传》作"决"，意为决策，也讲得通。②〔黥劓（qíng yì）〕二者皆为古代的酷刑。黥，用刀刺刻犯人的面额，再涂上墨，又叫"墨刑"。劓，割掉犯人的鼻子。③〔饬（chì）治〕整治。④〔重赍（zī）〕贵重的财物。⑤〔具〕准备。

◎ **大意**　太子赵兴代立为南越王，他的生母当了太后。太后还未做赵婴齐的姬妾时，曾和霸陵人安国少季私通。待到赵婴齐死后，汉武帝元鼎四年，汉朝廷派遣安国少季前往南越劝说南越王和王太后入朝，让他们比照内地的诸侯，进京朝见武帝。命令辩士谏大夫终军等人宣读其辞，勇士魏臣等辅助弥补不足之处，卫尉路博德率兵驻扎在桂阳郡，等待使者。南越王赵兴年少，太后樛氏是中原人，曾经和安国少季私通，而安国少季这次出使时又和太后私通。南越国人都清楚这事，大多不依附太后。太后恐怕出乱子，也想依仗汉朝的威力，多次劝说南越王以及群臣归属汉朝。于是就通过使者上书，请求比照内地诸侯，三年拜见一次武帝，撤除边境关防。于是武帝答应了他们的请求，赐给南越国丞相吕嘉银印，以及内史、中尉、太傅印信，其余的官职允许南越王自己选择设置。废除南越原有的黥刑、劓刑，使用汉朝廷的法律，比照内地诸侯。汉朝廷的使者全部留下镇抚南越，南越王、王太后整治行装和贵重的财物，为朝见武帝做准备。

其相吕嘉年长矣，相三王，宗族官仕①为长吏者七十余人，男尽尚王女，女尽嫁王子兄弟宗室，及苍梧秦王有连②。其居国中甚重，越人信之，多为耳目者，得众心愈于王。王之上书，数谏止王，王弗听。有畔（叛）心，数称病不见汉使者。使者皆注意嘉，势未能诛。王、王太后亦恐嘉等先事发，乃置酒，介汉使者权，谋诛嘉等。使者皆东乡（向），太后南乡（向），王北乡（向），相嘉、大臣皆西乡（向），侍坐饮。嘉弟为将，将卒居宫外。酒行，太后谓嘉曰："南越内属，国之利也，而相君③苦④不便者，何也？"以激怒使者。使者狐疑相杖⑤，遂莫敢发。嘉见耳目非是⑥，即起而出。太后怒，欲钦⑦嘉以矛，王止太后。嘉遂出，分其弟兵就舍⑧，称病，不肯见王及使者。乃阴与大臣作乱。王素无意诛嘉，嘉知之，以故数月不发。太后有淫行，国人不附，欲独诛嘉等，力又不能。

◎**注释** ①〔官仕〕当官。②〔及苍梧秦王有连〕与苍梧秦王有婚姻关系。苍梧秦王，即赵光。他是越人之王，居住于汉朝所设的苍梧郡，自称秦王。③〔相君〕对丞相的尊称。④〔苦〕不满意。⑤〔相杖〕相持。⑥〔耳目非是〕跟前的人皆不同于以往。⑦〔鏦（cōng）〕用矛戟刺击。⑧〔就舍〕回到家中。

◎**大意** 南越丞相吕嘉年纪大了，先后辅佐过三代国王，他的宗族中做大官的有七十多人，儿孙都娶王女做妻子，女子全嫁给王子及其兄弟和宗室贵族，又与苍梧秦王联姻。吕嘉在南越国内地位很重要，越人十分信赖他，很多人都成了他的亲信，在得民心方面超过了南越王。南越王上书时，吕嘉多次劝阻，南越王不听。他有反叛之心，多次假称有病不见汉使者。使者都注意吕嘉的举动，而情势所限又不能诛杀他。南越王、王太后也怕吕嘉等人在事前首先发难，于是摆设酒宴，想通过汉使者的权威，谋划诛杀吕嘉等人。汉使者都面向东，太后面向南，南越王面向北，丞相吕嘉、大臣都面向西，奉陪饮酒。吕嘉的弟弟为将军，带兵守候在宫外。依次斟过酒后，太后对吕嘉说："南越归属朝廷，对国家有益，而您嫌不便利，为什么呢？"以此来激怒汉使者。使者犹豫不定，双方僵持不下始终没敢发作。吕嘉发现宴席上的侍者不是自己的亲信，当即起身出去。太后发怒，想要用矛投刺吕嘉，南越王阻止了太后。吕嘉于是出了宫门，分取他弟弟的兵士护卫着回府，装病不肯见南越王和汉朝使者。之后他又在背地里与大臣勾结作乱。南越王一向没有诛杀吕嘉的意思，吕嘉知道，所以好几个月未曾发难。太后有淫乱行为，国人不依附她，她想独自杀掉吕嘉等人，力量又不够。

　　天子闻嘉不听王，王、王太后弱孤不能制，使者怯无决。又以为王、王太后已附汉，独吕嘉为乱，不足以兴兵，欲使庄参以二千人往使。参曰："以好往，数人足矣；以武往，二千人无足以为也。"辞不可①，天子罢参也。郏壮士故济北相韩千秋奋曰："以区区之越，又有王、太后应，独相吕嘉为害，愿得勇士二百人，必斩嘉以报。"于是天子遣千秋与王太后弟樛乐将二千人往，入越境。吕嘉等乃遂反，下令国中曰："王年少。太后，中国人也，又与使者乱，专欲内属，尽持先王宝器入献天子以自媚，多从人，行至长安，虏卖以为僮仆。取自脱一时之利，无顾赵氏社稷,为万世虑计之意。"乃与其弟将卒攻杀王、太后及汉使者。遣人告苍梧秦王及其诸郡县,立明王长男越妻子术阳侯建德②为王。而韩千秋兵入,破数小邑。其后越直开道给食③,未至番禺四十里,越以兵击千秋等,遂灭之。使人函封④汉使者节置塞上,好为谩辞⑤谢罪,发兵守要害处。于是天子曰:"韩千秋虽无成功,亦军锋之冠。"封其子延年为成安侯。樛乐,其姊为王太后,首愿属汉,封其子广德为龙亢侯。乃下赦曰:"天子微,诸侯力政(征)⑥,讥臣不讨贼。今吕嘉、建德等反,自立晏如⑦,令罪人及江淮以南楼船十万师往讨之。"

◎**注释**　①〔辞不可〕推辞不同意。②〔明王长男越妻子术阳侯建德〕指明王赵婴齐的长子赵建德。他是明王所娶南越女子(不同于中原女子樛氏)生的儿子。赵建德后来降汉,被封为术阳侯。③〔直开道给(jǐ)食〕径直让开道路,供给饮食。按,这是为引敌深入,以便聚歼。④〔函封〕用木匣装好封上。⑤〔谩辞〕骗人的文辞。⑥〔力政〕大力征战。政,通"征"。或释为极力干预政事,亦通。⑦〔晏如〕安然的样子。

◎**大意**　武帝听说吕嘉不服从南越王,南越王与王太后孤弱,不能控制吕嘉,使者又怯懦而不能决断。又认为南越王和王太后已经归附汉朝廷,唯独吕嘉作乱,不值得兴师动众,打算派庄参带两千人出使南越。庄参说:"若是为了和好前去,几人就够了;若是为了动武前去,两千人不足以干什么大事。"庄参推辞不答应,武帝就罢免了庄参的官。郏县壮士、原济北国相韩千秋奋然说道:"以小小南越,又有南越王、王太后为内应,只有丞相吕嘉捣乱,希望得到二百勇士前去,一定斩杀吕嘉后回报。"于是武帝派遣韩千秋与王太后的弟弟樛乐带领两千人马前往,进入南越境内。吕嘉等人就造反了,并向国人下令说:"国王年少,太后是中原人,又跟使者淫乱,一心要归属汉,将先王珍宝重器全部献给汉天子用来谄媚,带领很多随从人员,走到长安后,便将他们掠卖作为僮仆。她只想得到自己逃脱一时的好处,没有顾及赵氏的国家政权,没有为后世永久之计而谋划的意思。"于是吕嘉和他的弟弟一起带兵攻杀南越王、王太后及汉使者。他派人告知苍梧秦王赵光及其各郡县长官,立明王长子与越籍妻子所生的儿子赵建德为南越王。这时韩千秋军队进入南越境内，攻下几个小城。之后南越人径直让开道路，供给饮食，让韩千秋的军队顺利前进，走到离番禺四十里的地方，南越用兵攻击韩千秋等，把他们全部消灭了。吕嘉让人把汉朝使者的符节用木匣装好封上，放置到边塞，并说了些好听的骗人的话向汉朝谢罪，同时派兵守卫在要害的地方。于是武帝说："韩千秋虽说没有成功，但能够得上军中的先锋！"封他的儿子韩延年为成安侯。樛乐的姐姐是王太后，王太后首先愿意归属汉朝，因此武帝封樛乐的儿子樛广德为龙亢侯。随后又下令说："天子衰微，诸侯相互攻伐，人们讥讽人臣不为君主讨伐贼子。现在吕嘉、赵建德等人反叛，心安理得地自立为王，命令犯罪之人及江淮以南楼船水师十万人前去讨伐他们。"

元鼎五年秋，卫尉路博德为伏波将军，出桂阳，下汇水①；主爵都尉杨仆为楼船将军，出豫章，下横浦②；故归义越侯二人为戈船、下厉将军③，出零陵，或下离水④，或抵苍梧；使驰义侯⑤因巴蜀罪人⑥，发夜郎兵，下牂柯江⑦：咸会番禺。

◎**注释** ①〔汇水〕古水名。一作"洭水"。《汉书·西南夷两粤朝鲜传》作"湟水"。②〔横浦〕关名。③〔归义越侯二人为戈船、下厉将军〕指降汉而被封侯的越人严和甲。严为戈船将军，甲为下厉将军。归义，归向大义，此指投降汉朝。④〔离水〕即今漓江。⑤〔驰义侯〕南越人，其名为遗。⑥〔因巴蜀罪人〕指调发巴、蜀两郡的罪犯。⑦〔牂（zāng）柯江〕即今北盘江。

◎**大意** 元鼎五年秋天，卫尉路博德任伏波将军，从桂阳郡出兵，直下汇水；主爵都尉杨仆任楼船将军，从豫章郡出兵，直下横浦；原先归降汉朝廷而被封侯的两位南越人当了戈船将军和下厉将军，从零陵郡出兵，有一支直下离水，有一支抵达苍梧；派驰义侯利用巴蜀犯罪之人，调发夜郎兵，直下牂柯江：最后都在番禺会合。

元鼎六年冬，楼船将军将精卒先陷寻陕（峡）①，破石门，得越船粟，因推而前，挫越锋，以数万人待伏波。伏波将军将罪人，道远，会期后^②，与楼船会，乃有千余人，遂俱进。楼船居前，至番禺。建德、嘉皆城守。楼船自择便处，居东南面；伏波居西北面。会暮，楼船攻败越人，纵火烧城。越素闻伏波名，日暮，不知其兵多少。伏波乃为营，遣使者招降者，赐印，复纵令相招。楼船力攻烧敌，反驱而入伏波营中。犁（黎）旦^③，城中皆降伏波。吕嘉、建德已夜与其属数百人亡入海，以船西去。伏波又因问所得降者贵人，以知吕嘉所之，遣人追之。以其故校尉司马苏弘得建德，封为海常侯；越郎都稽得嘉，封为临蔡侯。

◎**注释** ①〔陷寻陕〕攻陷寻峡。寻陕，即"寻峡"，指浈阳峡，赵佗在浈水上所修的险要关口。②〔期后〕过了约定的期限。③〔犁旦〕黎明。犁，通"黎"。

◎**大意** 元鼎六年冬天，楼船将军杨仆率领精兵首先攻下寻峡，占领石门，俘获南越舟船粮食，乘势向前推进，挫败南越先头军队，率数万人等候伏波将军路博德。伏波将军率领犯罪的人，道路遥远，而过了约定的期限，因此与楼船将军会合的只有一千多人，于是一起前进。楼船将军走在前头，到达番禺。赵建德、吕嘉都据城防守。楼船将军自择有利地形，驻兵东南面，伏波将军驻兵西北面。正值天黑，楼船将军打败南越人，放火烧城。南越人一向听说伏波将军的威名，如今天黑，不知道汉兵有多少。伏波将军便安营，派使者招来投降的人，赐给他们印信，又放他们回去招降别的人。楼船将军奋力攻打并火烧敌军，反而驱使敌军进入伏波将军营中投降。黎明时分，城中越人都向伏波将军投降。吕嘉、赵建德已在夜里与他们的部属几百人逃入海中，乘船西去。伏波将军又通过询问投降者中的贵人，得知吕嘉逃走的方向，派兵去追捕。原任校尉而现任军司马的苏弘抓到赵建德，被封为海常侯；南越国郎官都稽抓到吕嘉，被封为临蔡侯。

苍梧王赵光者，越王同姓，闻汉兵至，及越揭阳令定^①自定^②属汉；越桂林监居翁^③谕瓯骆属汉：皆得为侯。戈船、下厉将军兵及驰义侯所发夜郎兵未下，南越已平矣。遂为九郡。伏波将军益封^④。楼船将军兵以陷坚为将梁侯。

◎**注释** ①〔越揭阳令定〕南越国揭阳县的县令，名定。②〔自定〕自行决定。③〔越桂林监居翁〕南越国桂林郡的监郡，姓居名翁。④〔益封〕增加食邑户数。

◎**大意** 苍梧王赵光与南越王同姓，听说汉军到来，同南越揭阳县令定自行决定归属汉朝；南越桂林郡监居翁告知瓯骆归降汉朝。他们都被封了侯。戈船将军和下厉将军的军队，以及驰义侯所调动的夜郎军队还未到达，南越已经被平定了。于是汉朝在此设置了九个郡。伏波将军增加了封邑，楼船将军的军队攻破了敌人的坚固防守，因而被封为将梁侯。

自尉佗初王后，五世①九十三岁而国亡焉。

◎**注释** ①〔五世〕五代。

◎**大意** 自从赵佗开始做南越王后，经历五世，九十三年而南越国灭亡了。

太史公曰：尉佗之王，本由任嚣。遭汉初定，列为诸侯。隆虑离（罹）湿疫①，佗得以益骄。瓯骆相攻，南越动摇。汉兵临境，婴齐入朝。其后亡国，征自樛女；吕嘉小忠，令佗无后。楼船从欲，怠傲失惑②；伏波困穷③，智虑愈殖，因祸为福④。成败之转，譬若纠墨（缪）⑤。

◎**注释** ①〔离湿疫〕遭遇湿热瘟疫的恶劣情况。离，通"罹"，遭遇。湿疫，指天热地湿、疾病盛行的情况。②〔怠傲失惑〕怠惰傲慢、放荡惑乱。据《汉书·酷吏传》记载，汉武帝曾令杨仆伐东越，杨仆自夸伐南越之功，遭武帝训斥。《史记·朝鲜列传》载杨仆与荀彘共击朝鲜，杨仆擅自行动，而不与荀彘同心合作，造成重大损失，被判死罪，赎为庶民。此句所言当指上述诸事。③〔困穷〕不得志。④〔因祸为福〕指伏波将军路博德的曲折经历。据《史记》《汉书》记载，路博德于元狩四年因打匈奴有功被封为邳离侯，元鼎六年因打南越有功而益封，太初元年因罪失侯，三年后又被任为强弩都尉，驻军居延至死。⑤〔纠墨〕同"纠缪"。三股绳拧到一起称"纠",两股绳拧到一起称"纆"。

◎**大意**　太史公说:赵佗当上南越王,本是由于任嚣的提拔和劝说。遇上汉朝廷刚刚平定天下,他被列为诸侯。隆虑侯周灶出兵讨伐而遭遇湿热瘟疫,尉佗因此更加骄傲。瓯骆互相攻打,南越国势动摇。汉军临境,太子赵婴齐入京朝拜。这以后南越的亡国,在赵婴齐娶樛氏女时已有征兆;吕嘉小忠,不识大体,使赵佗断绝了王位的继承人。楼船将军杨仆放纵欲望,变得怠惰傲慢、放荡惑乱。伏波将军路博德大志不顺,智谋思虑却越来越丰富,因祸得福。可见成败的转换,就如同几股绳搓在一起,是难以分开的。

◎知识拓展

赵佗在多种场合宣示南越的"蛮夷"身份和自身的"蛮夷"形象。如《郦生陆贾列传》记载,陆贾初使南越,"尉他(佗)魋结箕倨见陆生",完全一副"蛮夷"的架势。在陆贾告之中原局势,晓以利害关系后,赵佗向陆贾谢罪说:"居蛮夷中久,殊失礼义。"又如本篇所载:"高后时,有司请禁南越关市铁器。佗曰:'高帝立我,通使物,今高后听谗臣,别异蛮夷,隔绝器物……'"在给文帝的文书中,赵佗自称"蛮夷大长老夫臣佗"。赵佗宣示"蛮夷"有别于汉朝廷之异性,实际上是在为独立于汉朝寻找借口。赵佗上书文帝称西瓯、闽越为"蛮夷",长沙为"半蛮夷"。在他看来,"半蛮夷"之地都可以称王,更何况自己与汉朝隔有边关,仅称王不足以彰显自己特异之处,故敢"妄窃帝号"。赵佗此言,与楚君熊渠之语"我蛮夷也,不与中国之号谥"颇有相同之意味,因为"半蛮夷"长沙在地域上正是与"中国"相互关联的。

在南越成为汉朝外臣后,除高后时期独立于汉王朝以外,其他时间均在努力维系对外称臣、对内独立的局面。在文帝即位以前,因政治形势的复杂多变,南越既认同汉朝,又维持其自身独立地位。文帝之后,汉越关系趋于稳定,南越开始尽力维持两种认同之间的平衡。随着汉越之间往来的深入,南越国内可被汉朝利用来促使南越内属的资源越来越多,其独立性也渐趋弱化。四主赵兴即位后,汉越政治关系空前亲密,武帝派遣使者讽喻南越内属。但由于长久以来历任南越王对"独立天下"的追求及国内称帝、不入长安等实际行为的影响,在其国内,主张维持南越相对独立局面的势力一直相当强大。再加上吕嘉、南越太后的个人因素，使南越国内力主独立的势力远强于力主内属的势力，故而让南越成为"内诸侯"注定是要失败的。赵兴时，南越太后力主内属，却无力压制主张维持独立的吕嘉一派势力，吕嘉一味斩断南越与汉朝之间的政治联系，过于追求自我独立，无视长久以来汉朝对南越的政治攻势，当然为武帝所不容。最终，南越灭亡，其地分为汉郡，成为汉朝统治区域。

东越列传

第五十四

《东越列传》记述东越的变迁史,可分为两部分。前段写秦末汉初时,东越由郡县变为闽越国和东海国,句践的后裔无诸成为闽越王,摇成为东海王。后来,东海王助汉诛杀叛乱首领吴王濞而迁处江淮间。馀善杀闽越王郢而得立东越王。后段写馀善谋反而被杀,东越国重新变为郡县,其民迁处江淮间。全篇仅千余字,杨琪光《史汉求是》卷五一云:"此传班仍史文,无多增易。然史亦无佳文,岂以闽越无奇足采耶!"司马迁在该传开头便指出:"闽越王无诸及越东海王摇者,其先皆越王句践之后也,姓邹氏。"篇末"太史公曰"亦云:"越虽蛮夷,其先岂尝有大功德于民哉,何其久也!历数代常为君王,句践一称伯。然馀善至大逆,灭国迁众,其先苗裔繇王居股等犹尚封为万户侯,由此知越世世为公侯矣。盖禹之余烈也。"

毫无疑问，司马迁认为东越、闽越都是黄帝的子孙，与其他篇目中的记载是一致的。文章接下来用极其简练的文字，着重叙述了秦汉以来，特别是汉武帝时东越、闽越民族的发展历程，展示了他们如何走向与汉王朝日益加强联系和一统的道路。秦之后，楚汉相争，项羽暴虐，汉王仁德，结果楚灭汉兴。司马迁对越族参加秦汉之际反暴政的斗争，做了肯定的评价。建元三年，闽越围东瓯，发兵前太尉田蚡和中大夫庄助各有一番议论，他们的意见实则代表了汉初几十年及武帝建元以来汉朝处理与周边民族关系的不同政策。武帝出于"德润四海、泽臻草木"的思想，倾向于庄助的意见，但最终采取了一个折中的办法：未出虎符发兵郡国，而是遣庄助以节发兵会稽。结果不战而胜，东瓯举国徙江淮之间。第二次战争发生在建元六年，"闽越击南越……上遣大行王恢出豫章，大农韩安国出会稽"，最终闽越王郢为其弟馀善所杀，汉军不战而胜，立无诸孙繇君丑为越繇王，后又立馀善为东越王。第三次战争是在元鼎六年，东越王馀善因闻楼船将军请诛之而反，拒汉道，杀汉校尉，自号其将军为"吞汉将军"，气焰一度十分嚣张。汉兵分三路，经过一番曲折，在东越内部一些人的倒戈帮助下，杀掉馀善，取得了胜利。最终多人封侯，东越、闽越徙江淮间，"东越地遂虚"。本文揭示了东越与中原的历史渊源和密切关系，表现了中华民族这个大家庭逐渐走向统一的历史趋势，反映了作者维护中央政权的大一统思想。文章叙事有分有合，主线分明，重点突出。文字朴实而简练，在平淡中显示出特异的风采。

闽越王无诸及越东海①王摇者，其先皆越王句践之后也，姓邹氏。秦已并天下，皆废为君长②，以其地为闽中郡。及诸侯畔（叛）秦，无诸、摇率越归鄱阳令吴芮,所谓鄱君者也,从诸侯灭秦。当是之时,项籍主命③,弗王④,以故不附楚。汉击项籍,无诸、摇率越人佐汉。汉五年,复立无诸为闽越王,王闽中故地,都东冶。孝惠三年,举高帝时越功⑤,曰闽君摇功多,其民便附⑥,乃立摇为东海王,都东瓯,世俗号为东瓯王。

◎**注释** ①〔东海〕指今浙江南部靠海的地区。②〔君长〕此指少数民族的首领。③〔主命〕把持向诸侯发布命令的大权。④〔弗王〕没有封无诸和摇为王。⑤〔越功〕指越人帮助刘邦开国的功劳。⑥〔便附〕愿意归附。

◎**大意** 闽越王无诸同越东海王摇,他们的祖先都是越王句践的后代,姓邹。秦朝吞并天下后,都被废除王号,成为君长,他们所管辖的地方被划为闽中郡。待到诸侯反叛秦朝,无诸和摇便率领越人归附鄱阳县令吴芮,就是人们所说的鄱君,跟随诸侯灭了秦朝。当时,项羽把持向诸侯发布命令的大权,没有立无诸和摇为王,因此,他们没有归附楚王。汉王刘邦攻击项羽,无诸和摇就率领越人辅助刘邦。汉五年,重新立无诸为闽越王,在原先的闽中称王,建都在东冶。汉惠帝三年,列举高祖刘邦开国时越人的援助之功,认为闽君摇功劳多,他的百姓愿意归附,于是立摇为东海王,建都东瓯,民间称为东瓯王。

后数世,至孝景三年,吴王濞反,欲从闽越①,闽越未肯行,独东瓯从吴。及吴破,东瓯受汉购②,杀吴王丹徒,以故皆得不诛,归国。

◎**注释** ①〔欲从闽越〕意谓想让闽越跟随他造反。②〔购〕以重金收买。
◎**大意** 后来过了几代,到汉景帝三年时,吴王刘濞谋反,想让闽越随他反叛汉朝,闽越不肯采取行动,唯独东瓯随从吴国。吴国被攻破后,东瓯接受朝廷的重金收买,在丹徒杀死吴王。因此闽越王、东瓯王都没有受到责罚,各自返国。

吴王子子驹亡走闽越,怨东瓯杀其父,常劝闽越击东瓯。至建元三年，闽越发兵围东瓯。东瓯食尽，困，且降，乃使人告急天子。天子问太尉田蚡，蚡对曰："越人相攻击，固其常，又数反覆，不足以烦中国往救也。自秦时弃弗属。"于是中大夫庄助诘蚡曰："特患力弗能救，德弗能覆；诚能，何故弃之？且秦举咸阳而弃之，何乃①越也！今小国以穷困来告急天子，天子弗振②，彼当安所告愬（诉）③？又何以子④万国乎？"上曰："太尉未足与计⑤。吾初即位，不欲出虎符发兵郡国。"乃遣庄助以节⑥发兵会稽。会稽太守欲距（拒）不为发兵，助乃斩一司马，谕意指（旨）⑦，遂发兵浮海救东瓯。未至，闽越引兵而去。东瓯请举国徙中国，乃悉举众来，处江淮之间。

◎**注释** ①〔何乃〕何况。②〔振〕救助。③〔安所告愬（sù）〕去哪里哭告呢？愬，同"诉"，求告。④〔子〕这里是养育、爱护的意思。⑤〔与计〕同他商量事情。⑥〔以节〕犹"持节"。节，使者信物。⑦〔意指〕此指皇帝的命令。

◎**大意** 吴王的儿子刘子驹逃到闽越，怨恨东瓯杀了他的父亲，经常劝说闽越攻打东瓯。到建元三年，闽越发兵围攻东瓯。东瓯的粮食耗尽，受困，将要投降，就派人向武帝告急。武帝询问太尉田蚡，田蚡回答说："闽人相互攻打，本来就是常事，又反复无常，不值得烦劳中原前往救助。从秦朝时它就不隶属中原了。"这时中大夫庄助质问田蚡说："只是担心力量小而不能援救，恩德薄而不能覆育；如果能够办到，为什么要放弃它？而且秦朝把国都咸阳都丢弃了，何况是越人呢？现在小国因走投无路来向天子告急，天子不予援助，它应当到哪里去告急诉苦？天子又怎么能养育保护天下万国呢？"武帝说："太尉不足以商讨大事。我刚刚即位，也不打算发出虎符从郡国调遣军队。"于是派庄助用符节从会稽发兵。会稽太守想要拒不发兵，庄助便斩杀一位司马，宣示朝廷旨意，于是发兵渡海援救东瓯。汉军尚未到达，闽越就退兵离去了。东瓯请求把族人全部迁往中原，于是朝廷将东瓯人迁移到江淮一带。

至建元六年，闽越击南越。南越守天子约，不敢擅发兵击，而以闻①。上遣大行王恢出豫章，大农韩安国出会稽，皆为将军。兵未逾岭，闽越王郢发兵距（拒）险。其弟馀善乃与相、宗族谋曰："王以擅发兵击南越，不请②，故天子兵来诛。今汉兵众强，今即幸胜之，后来益多，终灭国而止。今杀王以谢天子。天子听，罢兵，固一国完；不听，乃力战；不胜，即亡入海。"皆曰"善"。即鈠杀王，使使奉（捧）其头致大行。大行曰："所为来者诛王。今王头至，谢罪，不战而耘③，利莫大焉。"乃以便宜④案兵⑤告大农军⑥，而使使奉（捧）王头驰报天子。诏罢两将兵，曰："郢等首恶，独无诸孙繇君丑不与谋焉。"乃使郎中将立丑为越繇王，奉闽越先祭祀。

◎**注释**　①〔闻〕把事情报告给上级。②〔不请〕指不向汉武帝请示。③〔耘〕锄草。此指消除。④〔便宜〕方便灵活地处理事情。⑤〔案兵〕停止军事活动。⑥〔大农军〕指韩安国的军队。

◎**大意**　到建元六年，闽越攻打南越。南越遵守与武帝的条约，不敢擅自发兵还击，而把这事上报朝廷。武帝派遣大行王恢率军从豫章郡出兵，大农令韩安国率军从会稽郡出兵，两人都任将军。汉军还未越过阳山岭，闽越王郢发兵把守险要之地。他的弟弟馀善便与国相、宗族商量说："大王因擅自发兵攻打南越，不向天子请示，所以天子的军队前来讨伐。现在汉军人多势强，即使侥幸战胜，后面汉军会来得更多，最终消灭我们国家后才停止。现在杀掉大王来向天子谢罪。天子接受了，停止用兵，自然保全闽越一国；天子不接受，就跟汉军拼到底；不能取胜，就逃入大海。"大家都说"好"。当即用铁柄小矛刺死闽越王，并派使者带着他的头送到大行王恢那里。大行王恢说："我军来这里就是为了诛杀东越王，现在他的头已经送到，东越也已谢罪，没有打仗就消除了祸患，没有比这再大的好处了。"于是见机行事而按兵不动，并通知大农令韩安国，又派遣使者带上闽越王的首级速报武帝。武帝下令停止两位将军的军事行动，并说："闽越王郢等首先作恶，只有无诸的孙子繇君丑不参与阴谋。"便派郎中将前去册立丑为越繇王，奉行对闽越祖先的祭祀之礼。

余善已杀郢，威行①于国，国民多属，窃自立为王。繇王不能矫其众持正②。天子闻之，为余善不足复兴师，曰："余善数与郢谋乱，而后首诛郢，师得不劳。"因立余善为东越王，与繇王并处。

◎ **注释** ①〔行〕传布。②〔持正〕保持正道。
◎ **大意** 余善杀了郢后，威望遍布闽越国，国内百姓大多归属他，他就暗中自立为王。繇王丑不能纠正部众的过失而使之保持正道。武帝听说了这种情况，认为余善不值得再兴师动众，说："余善屡屡与郢谋划叛乱，但后来带头诛杀郢，我们的军队得以不受劳苦。"于是册立余善为东越王，和繇王并处。

至元鼎五年，南越反，东越王余善上书，请以卒八千人从楼船将军击吕嘉等。兵至揭扬，以海风波①为解②，不行，持两端③，阴使南越。及汉破番禺，不至。是时楼船将军杨仆使使上书，愿便引兵击东越。上曰士卒劳倦，不许，罢兵，令诸校屯豫章梅领（岭）待命。

◎ **注释** ①〔海风波〕海风掀起大浪。②〔解〕解释，此指借口。③〔持两端〕采取两不得罪的政策。
◎ **大意** 到元鼎五年，南越反叛，东越王余善上书武帝，请求带领八千士兵跟随楼船将军杨仆攻打南越相吕嘉等人。东越的军队到达揭阳时，便以海上风浪大为借口，不再前行，持观望态度，暗中派人出使南越。等到汉军攻下番禺，东越军队还没到。这时楼船将军杨仆派使者上书，希望顺便率军攻打东越。武帝说士卒辛苦疲倦，没有答应，要他停止用兵，命令各位校官在豫章的梅岭驻军待命。

元鼎六年秋，余善闻楼船请诛之，汉兵临境，且往，乃遂反，发兵距（拒）汉道①。号②将军邹力等为"吞汉将军"，入白沙、武林、梅岭，杀汉三校尉。是时汉使大农张成、故山州侯齿③将屯④，弗敢击，却就便处⑤，皆坐畏懦诛⑥。

◎**注释** ①〔汉道〕汉军经过的道路。②〔号〕加封名号。③〔故山州侯齿〕指刘齿，元朔四年受封山州侯，元鼎五年被免去侯爵。所以这里称"故山州侯"。④〔将屯〕率兵驻防。⑤〔便处〕方便有利的地方。⑥〔坐畏懦诛〕因犯怯懦惧敌之罪被诛杀。

◎**大意** 元鼎六年的秋天，馀善听说楼船将军请求讨伐他，汉军已临近国境，将要打过来，于是就造反了，派遣军队扼守汉军要经过的道路。馀善给将军邹力等人加号"吞汉将军"，派他们攻进白沙、武林、梅岭，杀死汉军的三个校尉。这时汉朝廷派遣了大农令张成和原山州侯刘齿带兵屯驻那里，他们不敢反击，退到安全地带，结果全因怯懦畏敌被杀。

馀善刻"武帝"玺自立，诈其民，为妄言①。天子遣横海将军韩说出句章，浮海从东方往；楼船将军杨仆出武林；中尉王温舒出梅岭；越侯②为戈船、下濑将军，出若邪、白沙。元封元年冬，咸入东越。东越素发兵距（拒）险，使徇北将军守武林，败楼船军数校尉，杀长吏。楼船将军率钱唐辕终古斩徇北将军，为御兒侯。自兵未往。

◎**注释** ①〔妄言〕虚妄不实的言论。②〔越侯〕降汉后被封为侯的两个南越人，即严和甲。一任戈船将军，一任下濑将军。按，《南越列传》"下濑将军"作"下厉将军"。

◎**大意** 馀善镌刻了"武帝"字样的印玺而自立为帝，欺骗百姓，散布诽谤朝廷的言论。武帝派遣横海将军韩说从句章出兵，从东方渡海去攻打东越；楼船将军杨仆从武林出兵；中尉王温舒从梅岭出兵；降汉后被封侯的南越人严、甲分别任戈船将军、下濑将军，从若邪、白沙出兵。元封元年冬天，各路兵马都攻入东越。东越原先就派兵据守险要之处，派徇北将军守卫武林，打败了楼船将军的几个校尉，杀死了长吏。楼船将军率领钱唐人辕终古杀了徇北将军，被封作御兒侯。他自己的军队却没有前往武林。

故越衍侯吴阳前在汉，汉使归谕馀善，馀善弗听。及横海将军先至，越衍侯吴阳以①其邑七百人反，攻越军于汉阳。从建成侯敖，与其率从繇王居股谋曰："馀善首恶，劫守②吾属。今汉兵至，众强，计杀馀善，自归诸将，傥（倘）③幸得脱④。"乃遂俱杀馀善，以其众降横海将军，故封繇王居股为东成侯，万户；封建成侯敖为开陵侯；封越衍侯吴阳为北石侯；封横海将军说为案道侯；封横海校尉福为缭嫈⑤侯。福者，成阳共王子，故为海常侯，坐法失侯。旧从军无功，以宗室故侯。诸将皆无成功，莫封。东越将多军，汉兵至，弃其军降，封为无锡侯。

◎**注释**　①〔以〕犹"率"。②〔劫守〕劫持。③〔傥〕通"倘"，或许。④〔脱〕指逃脱被杀的命运。⑤〔缭嫈（yíng）〕封地名。

◎**大意**　原越衍侯吴阳在此之前留在汉朝，这时汉朝廷派他回东越劝说馀善，馀善不听。等横海将军韩说的军队先到东越，越衍侯吴阳率领他封邑内的七百人反叛东越，在汉阳攻打东越的军队。他和建成侯敖及其部众，跟繇王居股商量说："馀善首先作恶，挟持我们。现在汉军到来，人多势强，我们设法杀掉馀善，自动投归汉军各位将军，或许侥幸能逃脱被杀的命运。"于是就一起杀了馀善，带领他的部众投降了横海将军，因此封繇王居股为东成侯，食邑一万户；封建成侯敖为开陵侯，封越衍侯吴阳为北石侯；封横海将军韩说为案道侯；封横海校尉刘福为缭嫈侯。刘福是成阳共王刘喜的儿子，原为海常侯，因犯法失去侯爵。他以前从军没立下军功，因为宗室成员的缘故封为侯。其他各位将军都无战功，无人封侯。东越的将领多军，在汉军到来时，丢下军队向汉军投降，被封为无锡侯。

　　于是天子曰东越狭多阻①，闽越悍，数反覆，诏军吏皆将其民徙处江淮间。东越地遂虚②。

◎**注释**　①〔阻〕山势险要。②〔虚〕空。
◎**大意**　这时武帝说东越狭小而且多是险要地势，闽越人强悍难制，反复无常,诏令军事长官,把那里的民众迁移到江淮之间。东越之地就空无人烟了。

太史公曰:越虽蛮夷,其先岂尝有大功德于民哉,何其久也!历数代常为君王,句践一称伯(霸)。然馀善至大逆,灭国迁众,其先苗裔繇王居股等犹尚封为万户侯,由此知越世世为公侯矣。盖禹之余烈①也。

◎ **注释** ①〔余烈〕遗留下来的功业。

◎ **大意** 太史公说:虽然东越是蛮夷部族,但他们的祖先大概对百姓曾有大功大德吧,不然为什么世代相传那么久远!经历了几代都常常当君王,而句践竟一度称霸。然而馀善竟然做出大逆不道的事情,于是国家被消灭,百姓被迁徙。他们祖先的后代子孙繇王居股等还被封为万户侯,由此可知,东越世世代代都当公侯。大概是大禹所留下的功业吧。

◎ **知识拓展**

汉武帝即位伊始,东越间再次爆发战争,汉武帝当即派汲黯前去查究。然而,汲黯只到吴地就返朝复命说:"越人相攻,固其俗,不足以辱天子使者。"劝汉武帝不予理睬。虽然汉武帝接受了大臣的劝阻,但这件事也反映出他对闽越王积极扩展势力一事的关注。建元三年,闽越王郢向东越国发动军事进攻,并迅速围困了东越王军队,东越王慌忙派人北上求助汉王朝。汉武帝力排众议,委派庄助发会稽郡之兵,救援东越国。这时闽越王郢听说汉朝出兵干预,自料难敌汉军,便急忙撤军。汉军为东越国解了围,但东越王仍心有余悸,惧怕闽越国卷土重来,就主动向汉王朝请求举国内迁。这对汉武帝来说自然求之不得,既能不费一兵一戟就消除了一个异族王国,又扼制了闽越王势力的扩张。最后汉王朝把东越迁徙到江淮一带安置。汉武帝两次决定出兵南下打击闽越王,但都没有借机侵入东越之地。闽越王郢死后,馀善人多势众,自立为王,威行闽越,越繇王大权旁落。汉武帝闻知后,并不恼怒,而是追封馀善为东越王,使之与越繇王并处。这阶段汉武帝对东越的政治态度,是在继续奉行以往的分而治之、让其自治的政策基础上，逐步采取对东越进行干预的方针，而不像过去那样任其自然，不闻不问。这不仅有效地阻止了闽越王势力的扩张，而且使中央王朝在东越地区的影响日益扩大，进一步加强了西汉王朝与东越间的政治关系，迫使闽越的反汉活动有所收敛。其后南越国的灭亡，使闽越国完全陷入孤立。与此同时，汉军在北边对匈奴也连战告捷，在这种形势下，汉武帝再也不能容忍闽越作为一支独立的政治力量存在，决意用武力来消除这个隐患多年的异己力量，最终平定闽越，消除了地方割据势力，加强了中央集权，巩固了国家统一。

朝鲜列传 第五十五

此传名为《朝鲜列传》，实则只写卫满及其子孙之事，着重记述朝鲜变为汉朝四郡的过程，显示了朝鲜与中国密切的历史关系。文中记事简约，但事情原委交代极清楚。作者善用对照写法：写涉何出使，又写卫山出使；写卫山被诛，又写公孙遂被诛；写楼船之疑，则续以左将军之疑；等等。两两对照，"节节相配，段段相生，极递换脱卸之妙"，"在诸传中，又是一格"（李景星《史记评议》）。本传的"太史公曰"，采用押韵之语，韵味深长，增强了本文的文学情趣。

◎ 朝鲜列传第五十五

朝鲜王满者①，故燕人也。自始全燕②时，尝略属③真番、朝鲜，为置吏，筑鄣塞④。秦灭燕，属辽东外徼⑤。汉兴，为其远，难守，复修辽东故塞，至浿水⑥为界，属燕⑦。燕王卢绾反，入匈奴，满亡命⑧，聚党千余人，魋（椎）结⑨蛮夷服而东走出塞，渡浿水，居秦故空地上下鄣，稍役属真番、朝鲜蛮夷及故燕、齐亡命者王之，都王险。

◎ **注释**　①〔朝鲜王满者〕秦末汉初，燕人卫满率民建立了卫氏朝鲜。满，即卫满。②〔全燕〕燕国全盛时期。③〔属〕使……归属。④〔鄣塞〕边塞御敌的城堡。⑤〔徼（jiào）〕边界。⑥〔浿水〕即今朝鲜国之清川江。⑦〔属燕〕归燕国管辖。按，燕为汉代诸侯王国之一。⑧〔亡命〕流亡。⑨〔魋（chuí）结〕古代少数民族的一种发式，结发如椎，上细下粗。

◎ **大意**　朝鲜王卫满，原本是燕国人。当初燕国全盛时，曾经攻占真番、朝鲜，使它们隶属燕国，并在那里设置官吏，在边界险要地方修筑防御城堡。秦国灭亡燕国后，朝鲜是从属辽东郡的边界国家。汉朝建立，因为朝鲜偏远难守，重新修筑辽东郡原来边塞御敌的城堡，一直到浿水为界，隶属诸侯王国中的燕国。燕王卢绾反叛，逃入匈奴，卫满也流亡在外，聚集亲族同党一千多人，梳着椎髻，穿上蛮夷的衣服而向东逃出边塞，渡过浿水，住在秦朝原先空旷之地的上下城堡中，渐渐役使统领真番、朝鲜蛮夷部族以及原燕国、齐国的逃亡者，在那里称王，建都王险城。

会孝惠、高后时天下初定，辽东太守即约满为外臣①，保塞外蛮夷，无使盗边；诸蛮夷君长欲入见天子，勿得禁止。以闻，上许之，以故满得兵威财物侵降②其旁小邑，真番、临屯皆来服属，方数千里。

◎ **注释**　①〔外臣〕属国的君主。②〔侵降〕侵略，降服。
◎ **大意**　正值惠帝、高后时期，天下刚刚平定，辽东郡太守就约定卫满作为外藩之臣，保护塞外蛮夷部族，不要让他们侵扰边地；各蛮夷部族的君长想要入京拜

91

见天子，也不要禁止他们。辽东郡太守把这事报告朝廷，天子表示同意，因此卫满得以用兵威、财物侵占降服附近小国之地，真番、临屯都来归附他，所辖地域方圆几千里。

传子至孙右渠，所诱汉亡人滋多①，又未尝入见；真番旁众国欲上书见天子，又拥阏②不通。元封二年，汉使涉何谯谕③右渠，终不肯奉诏。何去至界上，临浿水，使御刺杀送何者朝鲜裨王④长，即渡，驰入塞，遂归报天子曰"杀朝鲜将"。上为其名美⑤，即不诘⑥，拜⑦何为辽东东部都尉。朝鲜怨何，发兵袭攻杀何。

◎**注释**　①〔滋多〕越来越多。②〔拥阏（è）〕堵塞，阻拦。③〔谯（qiào）谕〕责问并晓谕。谯，责备。④〔裨王〕小王。⑤〔名美〕美名。⑥〔诘〕追究。⑦〔拜〕授予官职。

◎**大意**　卫满传位给儿子，再传到孙子右渠，这时被朝鲜所引诱的汉朝流亡百姓越来越多，而右渠又未曾入京朝拜。真番附近众多小国想要上书拜见天子，右渠阻拦不准上报。元封二年，汉朝廷派遣涉何前往朝鲜责问并晓谕右渠，右渠始终不肯遵奉诏令。涉何离开到达边界，临近浿水，叫车夫刺杀护送涉何的朝鲜小王长，立即渡过浿水，驱车驰入塞内，于是返回报告武帝，说"我杀了朝鲜的一个将军"。武帝因涉何有杀将军的美名，就不再追究他的过失，任命涉何为辽东东部都尉。朝鲜怨恨涉何，发兵突袭攻杀了涉何。

天子募罪人击朝鲜。其秋，遣楼船将军杨仆从齐浮渤海；兵五万人，左将军荀彘出辽东：讨右渠。右渠发兵距（拒）险①。左将军卒正多②率辽东兵先纵③，败散，多还走④，坐法斩。楼船将军将齐兵七千人先至王险。右渠城守⑤，窥知楼船军少，即出城击楼船，楼船军败散走。将军杨仆失其众，遁山中十余日，稍求收散卒，复聚。左将军击朝鲜浿水西军，未能破自前。

◎**注释** ①〔距险〕在险阻之地抗拒。②〔卒正多〕名字叫多的卒正。卒正是中级军官。③〔纵〕进击敌人。④〔还走〕往回逃跑。⑤〔城守〕即守城。

◎**大意** 武帝征集犯罪的人从军攻打朝鲜。这一年秋天，派楼船将军杨仆从齐地出发渡过渤海；兵士五万人，左将军荀彘从辽东郡出兵：去讨伐右渠。右渠发兵扼守在险要之地，抵抗汉朝军队。左将军部下一个叫多的卒正率领辽东兵首先进击，战败溃散，多往回逃跑，因犯军法而被斩首。楼船将军杨仆率领七千齐兵先到达王险城。右渠据城防守，探知楼船将军兵少，就出城攻打楼船将军，楼船将军兵败逃散。将军杨仆与自己的军队失散，逃到山里十多天，渐渐寻找收拢溃散的士卒，重新聚集起来。左将军荀彘攻打驻防浿水西岸的朝鲜军队，未能从前方击败敌军。

天子为两将未有利，乃使卫山因兵威往谕右渠。右渠见使者，顿首谢："愿降，恐两将诈杀臣；今见信节①，请服降。"遣太子入谢，献马五千匹，及馈军粮。人众万余，持兵，方渡浿水，使者及左将军疑其为变，谓太子已服降，宜命人毋持兵。太子亦疑使者左将军诈杀之，遂不渡浿水，复引归。山还报天子，天子诛山。

◎**注释** ①〔信节〕使者所持的符节印信。

◎**大意** 武帝因两位将军未能取胜，便派卫山借着兵威前去朝鲜晓谕右渠。右渠见到使者卫山就磕头谢罪说："我愿意投降，只是担心两位将军用欺骗的手段杀害我；现在看到符节印信了，请允许我降服。"右渠派太子入朝谢罪，献马五千匹，并馈赠军粮。朝鲜一万多兵众，手持兵器护送太子，正要渡过浿水时，使者卫山和左将军荀彘怀疑太子要发动变乱，说是太子已经降服，应该命令手下人放下兵器。太子也怀疑使者和左将军设圈套杀他，就不渡浿水，又率众返回。卫山返回报告武帝，武帝诛杀了卫山。

左将军破浿水上军，乃前，至城下，围其西北。楼船亦往会，居城南。右渠遂坚守城，数月未能下。

◎**大意** 左将军打败浿水边上的朝鲜军队，随后继续前进，抵达王险城下，包围城西北。楼船将军也前来会合，驻军城南。右渠便坚守城池，汉军几个月未能攻下。

左将军素侍中，幸，将燕代卒，悍，乘胜，军多骄。楼船将齐卒，入海，固已多败亡；其先与右渠战，困辱亡卒①，卒皆恐，将心惭，其围右渠，常持和节②。左将军急击之，朝鲜大臣乃阴间使人私约降楼船，往来言，尚未肯决。左将军数与楼船期战③，楼船欲急就其约，不会④；左将军亦使人求间隙⑤降下朝鲜⑥，朝鲜不肯，心附楼船：以故两将不相能⑦。左将军心意楼船前有失军罪，今与朝鲜私善⑧而又不降，疑其有反计⑨，未敢发⑩。天子曰将率（帅）不能前，乃使卫山谕降右渠，右渠遣太子，山使不能剸（专）决⑪，与左将军计相误，卒沮约⑫。今两将围城，又乖异⑬，以故久不决。使济南太守公孙遂往正之，有便宜得以从事⑭。遂至，左将军曰："朝鲜当下久矣，不下者有状。"言楼船数期不会，具以素所意⑮告遂，曰："今如此不取，恐为大害，非独楼船，又且与朝鲜共灭吾军。"遂亦以为然，而以节召楼船将军入左将军营计事，即命左将军麾下执捕楼船将军，并其军，以报天子。天子诛遂。

◎**注释** ①〔困辱亡卒〕被围困受辱，士卒蒙受伤亡。②〔持和节〕希望议和。③〔期战〕约定作战的日期。④〔不会〕不和左将军相会合。⑤〔求间隙〕寻找机会。⑥〔降下朝鲜〕让朝鲜投降。⑦〔不相能〕不和睦。⑧〔私善〕私下交好。⑨〔反计〕造反的阴谋。⑩〔未敢发〕未敢发动反叛战争。⑪〔剸（zhuān）决〕同"专决"，专断，独自处理。⑫〔沮约〕使朝鲜投降的约定遭到破坏。沮，败坏，毁坏。⑬〔乖异〕相互违背，不能一致行动。⑭〔有便宜得以从事〕意即授予其根据情势自行决断的权力。便宜，方便有利的时机。从事，处理事情。⑮〔素所意〕一向所想的。

◎**大意** 左将军一向在宫中侍奉武帝，得宠，所统率的燕代士卒十分凶悍。打败朝鲜军后，军中大多数人都骄傲起来。楼船将军统率齐地士卒，渡海前来作战，路上已有许多人败逃；他又先与右渠交战，被困受辱，兵力受损，兵卒都感到恐惧，将官心里也很惭愧，因此他围困右渠时，经常希望议和。左将军急攻王险城，朝鲜大臣便偷偷派人私下约定向楼船将军投降，使者往来商谈多次，还没有达成协议。左将军屡次同楼船将军商定同时进击的日期，楼船将军想尽快与朝鲜达成降约，所以不派兵与左将军会合。左将军也派人寻找机会招降朝鲜，朝鲜不肯投降左将军，而想归附楼船将军，因此两位将军不和。左将军揣度楼船将军以前有失散军队之罪，现在与朝鲜私下交好而朝鲜又不投降，于是怀疑楼船将军有反叛的阴谋，只是未敢发动。武帝说，将帅无能，不久前才派卫山去晓谕右渠投降，右渠也派遣太子来谢罪，而卫山不能果断地处理事情，同左将军一起谋事出现了失误，终于破坏了朝鲜投降的约定。现在两位将军围攻王险城，又不能同心协力，因此长时间解决不了问题。于是武帝派遣济南太守公孙遂前去纠正两位将军的错误，如果遇到有利的时机，可以自行处理事务。公孙遂到达朝鲜后，左将军说："朝鲜早就可以攻下了，现在还未攻下是有原因的。"他又说了同楼船将军约定进军日期，而楼船将军不来会师的事，并把他一向怀疑楼船将军谋反的想法都告诉了公孙遂，说："现在到了这种地步还不逮捕他，恐怕会成为大害，楼船将军不仅要谋反，而且要联合朝鲜来消灭我军。"公孙遂也认为是这样，就用符节召楼船将军来左将军军营中商量事情，当场命令左将军的部下捉拿楼船将军，并把他的军队合并到左将军手下，然后把这件事报告给武帝。武帝杀了公孙遂。

　　左将军已并两军，即急击朝鲜。朝鲜相路人[①]、相韩阴、尼溪相参、将军王唊相与谋曰："始欲降楼船，楼船今执[②]，独左将军并将，战益急，恐不能与[③]，王又不肯降。"阴、唊、路人皆亡降汉。路人道死。元封三年夏，尼溪相参乃使人杀朝鲜王右渠来降。王险城未下，故右渠之大臣成巳又反，复攻吏。左将军使右渠子长降、相路人之子最告谕其民，诛成巳，以故遂定朝鲜，为四郡[④]。封参为澅清侯，阴为荻苴侯，唊为平州侯，长降为几侯。最以父死颇有功，为温阳侯。

◎**注释** ①〔相路人〕名字叫路人的相国。相是朝鲜最高的行政长官，如同汉朝的丞相。下文"相韩阴""尼溪相参"之"相"同此。②〔执〕抓住。③〔与〕参战。④〔四郡〕即乐浪郡、真番郡、临屯郡、玄菟郡。

◎**大意** 左将军合并了两支军队以后，立即加急攻击朝鲜。朝鲜国相路人、国相韩阴、尼溪相参、将军王唊（jiā）相互商议说："开始想要投降楼船将军，如今楼船将军已被拘捕，只有左将军统率汉军，攻战更加紧急，恐怕我们不能坚持到底，而大王又不肯投降。"韩阴、王唊、路人都逃亡降汉。路人死在半路上。元封三年夏天，尼溪相参便派人杀死朝鲜王右渠前来投降。王险城还没攻下，所以右渠的大臣成巳又造反，并且攻打不与他造反的朝鲜官吏。左将军让右渠的儿子长降、国相路人的儿子路最晓谕朝鲜的百姓，杀了成巳，因而终于平定了朝鲜，在那里设立四个郡。封参为澅（huà）清侯，韩阴为荻苴侯，王唊为平州侯，长降为几侯，路最因他的父亲死在奔降途中而有功，被封为温阳侯。

左将军征至①，坐争功相嫉，乖计②，弃市③。楼船将军亦坐兵至列口，当待左将军，擅先纵，失亡多，当诛，赎为庶人。

◎**注释** ①〔征至〕召来。②〔乖计〕指违背战争计划。③〔弃市〕在闹市执行死刑，并将尸体曝露在街头。

◎**大意** 左将军被征召到京，因争功嫉妒，违背军事计划而获罪，在集市上被斩杀示众。楼船将军也因率军抵达列口，本应等候左将军，却擅自抢先进攻，士兵损失多而获罪，应处以死刑，他用钱赎罪成为平民。

太史公曰：右渠负固①，国以绝祀。涉何诬功②，为兵发首③。楼船将狭④，及难离（罹）咎⑤。悔失番禺，乃反见疑⑥。荀彘争劳，与遂皆诛。两军俱辱，将率莫侯矣。

◎**注释** ①〔负固〕倚仗地势险要牢固。②〔诬功〕假冒功劳，犹言"骗功"。③〔为兵发首〕为战争爆发开了头。④〔将狭〕处事心胸狭小。⑤〔及难离咎〕遭遇灾祸，指初战被朝鲜打败。及难，遇到危难。离咎，陷入祸患。离，通"罹"。⑥〔悔失番禺，乃反见疑〕《南越列传》载述楼船将军杨仆于武帝元鼎六年冬首先率兵攻至南越都城番禺城下，放火烧城，本当独得大功，可是敌人却跑到伏波将军路博德那里投降，分了杨仆的功劳。杨仆记取这次行动过急的教训，在此次攻朝鲜的战役中，他行事谨慎，约降朝鲜大臣，又被荀彘怀疑为联敌谋反。见疑，被怀疑。

◎ **大意** 太史公说：朝鲜王右渠倚仗地势险要牢固顽抗，致使国家灭亡。涉何骗取功劳，成为战争爆发的开端。楼船将军心胸狭窄，遇到危难身遭不测，悔恨当年攻打番禺时冒进失功，按兵不动单独约降反被怀疑。荀彘争夺功劳，和公孙遂都被诛杀。最终征讨朝鲜的杨仆和荀彘的两支军队都遭受困辱，将帅都没有被封侯。

◎ **知识拓展**

　　汉武帝设置乐浪等四郡主要是因为，西汉之初，秦末战争造成的困顿和凋敝是新生的汉政权无法回避的问题。西汉为发展经济，振兴国力，采取了一系列与民休息、恢复生产的措施。汉朝初期，对于边疆政权的态度是十分宽容的，无论是"藩臣"还是"外臣"，在具体策略上都是安抚多于征伐。如朝鲜在立国之后，为"外臣"八十六年，竟无一次朝觐，而西汉对此也一直采取默然的态度。但西汉对此是颇为不满的，一旦国力允许，以新的统治形式取代旧有的藩属模式便是势之必然。朝鲜虽未曾朝贡于汉，但其"外臣"的地位是双方都不否认的，卫氏也通过这种关系，从汉朝接受大量物质利益和精神财富。比如，以汉之属臣的身份待周边小国，无威而威。但是，当约定的"外臣"规范遭到蔑视，汉天子的威信遇到挑衅时，西汉王朝的治边方略发生转变就在所难免，回归一统的结局成为必然。

西南夷列传

第五十六

《西南夷列传》记述了我国西南地区在秦汉时期许多部落国家的地理位置和风俗民情，描述了夜郎、滇等先后归附汉王朝，变国为郡，设官置吏的过程。为了加强和巩固统一的多民族国家，实现北击匈奴的战略目的，汉武帝派遣张骞出使西域，在大夏发现了蜀身毒道，"于是汉以求大夏道始通滇国"，本传记的历史背景由此展开，所以其主要内容与汉王朝开拓西部边疆和建立巩固统一的多民族国家有关。该传重点记述了汉武帝四次通西南夷的历史过程，自建元六年唐蒙出使夜郎，司马相如、公孙弘和王然于等汉朝名臣先后抚定西南夷，至元封二年汉王朝经过二十六年的经营，在西南夷共设立七个"初郡"，使西南夷大部分地区都纳入全国统一的郡县体制中。这揭示了中国不同地域、不同民族，最终将形成一个和睦统一的多民族国家的必然趋势，反映了司马迁民族一统的历史观念，表现了他维护中央集权和国家统一的思想，有其进步意义。司马迁开篇很有层次地勾勒出了西南夷各民族的经济状况和社会生活。从司马迁的记述中可以看出，西南夷族系繁多，分布地域广阔，按其生产劳作方式主要分为以下三种类型："耕田，有邑聚"，即定居农耕民族，主要分布在夜郎、靡莫、滇、邛都等地区；"随畜迁徙，毋常处"，即游牧民族，主要分布于同师、楪榆、巂、昆明等地区；"其俗或土箸，或移徙"，即半农半牧民族，主要分布在徙、筰都、冉、駹、白马等地区。西南夷又可分为"西夷"和"南夷"。在《西南夷列传》中有六次提到"南夷"，四次提到"西夷"。巴蜀之南的"南夷"，以夜郎、滇为代表，包括劳浸、靡莫、昆明；"西夷"在蜀之西，包括徙、邛、筰、冉、駹、白马。当然，本篇中所涉及的"西南"并不是现代的西南，司马迁所说的西南是以巴郡、蜀郡为基点，即"巴蜀西南外蛮夷"，也就是将巴郡、蜀郡之西北、之西、之南的地区称为"西南"，分布在这些地区的少数民族遂被称为"西南夷"。具体来说，本篇所说的"西南"地区相当于今天甘肃、四川、云南、贵州等省的相关地区。文章头绪甚多，但结构安排井然有序，前后映照，重点突出（主要写夜郎和滇），"文章之精密"（吴见思《史记论文》），达到"无隙可蹈，无懈可击"（李景星《史记评议》）的程度，有较高的艺术性。

西南夷君长以什数，夜郎最大；其西靡莫之属以什数，滇最大；自滇以北君长以什数，邛都最大：此皆魋（椎）结，耕田，有邑聚[①]。其外西自同师以东，北至楪榆，名为巂[②]、昆明，皆编（辫）发[③]，随畜迁徙，毋常处，毋君长，地方可数千里。自巂以东北，君长以什数，徙、筰都[④]最大；自筰以东北，君长以什数，冉、駹[⑤]最大。其俗或土箸（著）[⑥]，或移徙，在蜀之西。自冉、駹以东北，君长以什数，白马最大，皆氐⑦类也。此皆巴蜀西南外蛮夷也。

◎**注释** ①〔邑聚〕村落。②〔嶲(xī)〕古民族名。③〔编发〕把头发梳成辫。④〔筰(zuó)都〕古民族名。⑤〔冉、駹(máng)〕古民族名。⑥〔土箸〕定居某地，长期不移动。箸，通"著"。⑦〔氐(dī)〕古民族名。

◎**大意** 西南夷的民族部落多得以十计数，其中夜郎最大；它西面的靡莫一类的部落，多得以十计数，其中滇最大；从滇以北的民族部落以十计数，其中邛都最大：这些夷人都结着椎形发髻，耕种田地，有村落。这些部落以外，从西边的同师往东，北边到楪(yè)榆，称为嶲、昆明，这些部落的人都结发为辫，随着放牧的畜群到处迁徙，没有固定的住处，没有部落君长，土地方圆几千里。从嶲向东北，民族部落多得以十计数，其中徙、筰都最大；从筰都向东北，民族部落多得以十计数，其中冉、駹最大。那里的习俗有的定居，有的迁徙，在蜀郡的西面。从冉、駹向东北，民族部落多得以十计数，其中白马最大，都是氐族的同类。这些都是巴郡、蜀郡西南以外的蛮夷。

始楚威王①时，使将军庄蹻②将兵循江上，略巴、黔中以西。庄蹻者，故楚庄王苗裔③也。蹻至滇池，方三百里，旁平地，肥饶数千里，以兵威定属楚。欲归报，会秦击夺楚巴、黔中郡，道塞不通，因还，以其众王滇，变服④，从其俗以长之⑤。秦时常頞略通五尺道⑥，诸此国颇置吏焉。十余岁，秦灭。及汉兴，皆弃此国而开蜀故徼⑦。巴蜀民或窃出商贾，取其筰马、僰僮⑧、髦牛⑨，以此巴蜀殷富。

◎**注释** ①〔楚威王〕楚国国君，前339年~前329年在位。②〔庄蹻(jiǎo)〕关于庄蹻其人，历来众说纷纭，一般认为他是先秦时期楚国大盗，常与盗跖并称。③〔苗裔〕后代子孙。④〔变服〕改变楚的服饰，穿起当地人的服装。⑤〔长之〕给当地人当长帅。⑥〔五尺道〕道路名。按，秦统一中国后，为控制西南地区，在四川宜宾和云南曲靖间修了一条大道，路面宽五尺，故称五尺道。⑦〔徼（jiào）〕边界。⑧〔僰（bó）僮〕僰族奴婢。僰，古代部族名。⑨〔髦牛〕即牦牛。

◎**大意**　当初楚威王时，曾派遣将军庄蹻率领军队沿长江而上，攻取巴郡、黔中郡以西地区。庄蹻，是从前楚庄王的后代。庄蹻到达滇池，看到这里方圆三百里，四周是平地，肥沃富饶的地方有几千里，于是庄蹻凭借军威平定这里并使之归属楚国。他想返回楚国报告这里的情况，正赶上秦国进攻夺取楚国的巴郡、黔中郡，道路阻塞不通，因而又退回滇池，依仗军队在滇池称王，改变服饰，顺从当地的习俗，从而统治滇地人。秦朝时，常頞大略开通了五尺宽的栈道，在这些地方设置了官吏。十余年后，秦朝灭亡了。汉朝建立后，舍弃了这些地方而开通了蜀地原来的边关。巴蜀地区的百姓中有的暗中出关做买卖，换取那里的筰马、僰奴、牦牛，因此巴蜀地区兴旺富裕。

　　建元六年，大行王恢击东越，东越杀王郢以报。恢因兵威使番（鄱）阳令唐蒙风指晓南越。南越食蒙蜀枸酱①，蒙问所从来，曰"道西北牂柯，牂柯江广数里，出番禺城下"。蒙归至长安，问蜀贾人，贾人曰："独蜀出枸酱，多持窃出市夜郎。夜郎者，临牂柯江，江广百余步，足以行船。南越以财物役属②夜郎，西至同师，然亦不能臣使③也。"蒙乃上书说上曰："南越王黄屋左纛，地东西万余里，名为外臣，实一州主也。今以长沙、豫章往，水道多绝，难行。窃闻夜郎所有精兵，可得十余万，浮船牂柯江，出其不意，此制越一奇也。诚以汉之强，巴蜀之饶，通夜郎道，为置吏，易甚。"上许之。乃拜蒙为郎中将，将千人，食重万余人，从巴蜀筰关④入，遂见夜郎侯多同。蒙厚赐，喻以威德，约为置吏，使其子为令。夜郎旁小邑皆贪汉缯帛，以为汉道险，终不能有也，乃且听蒙约。还报，乃以为犍为郡。发巴蜀卒治道，自僰道指牂柯江。蜀人司马相如亦言西夷邛、筰可置郡。使相如以郎中将往喻，皆如南夷，为置一都尉，十余县，属蜀。

◎**注释** ①〔枸（jǔ）酱〕用枸的果实做的酱。枸，树名，即蒌叶，又名蒟酱、扶留藤，其果实绿黄色，可制酱。②〔役属〕归属而服役。③〔臣使〕像臣下那样驱使。④〔巴蜀莋关〕当作"巴符关"。

◎**大意** 建元六年，大行令王恢攻打东越，东越人将杀死东越王郢的事上报朝廷。王恢借军队的威势让鄱阳县令唐蒙把朝廷出兵的打算委婉地告诉南越。南越人把蜀地产的枸酱送给唐蒙吃，唐蒙问从哪里来的，说是"取道西北的牂柯江而来的，牂柯江宽几里，从番禺城下流过"。唐蒙回到长安，询问蜀地的商人，商人说："只有蜀地出产枸酱，许多人带着它偷偷到夜郎卖。夜郎靠近牂柯江，江面宽一百多步，完全可以行船。南越人想用钱财收买夜郎使其归附，西面直到同师，可还是不能像对臣属国那样使唤它。"唐蒙就上书劝说武帝道："南越王使用黄屋左纛，土地从东至西一万多里，名义上是外国藩臣，实际是一州之主。现在由长沙国、豫章郡前往，水路多数断绝，难以航行。臣私下听说夜郎的精兵有十余万，如果他们乘船沿牂柯江而下，出其不意，这是制服南越的一条奇计。如果真能利用汉朝的强威、巴蜀的富饶，开通夜郎的道路，在那里设置官吏，容易得很。"武帝接受唐蒙的建议。就委任唐蒙为郎中将，率领兵士一千多人，运输粮食军需品的民夫一万多人，从巴蜀莋关进入夜郎，随即会见夜郎侯多同。唐蒙用威势恩德开导，约定给夜郎设置官吏，让多同的儿子任县令。夜郎周围的小国都贪图汉朝的丝绸，以为汉人来这里的道路艰险，最终不能占有，就暂且接受唐蒙的盟约。唐蒙返回朝廷上报武帝，就在那里设置犍为郡。征调巴蜀地区的兵士修筑道路，从僰开通道路直到牂柯江。蜀地人司马相如也上书说西夷的邛、莋地区可以设郡。武帝派司马相如以郎中将的身份前往宣谕当地百姓，让他们和南夷一样，为他们设置一个都尉、十多个县，归蜀郡管辖。

当是时，巴蜀四郡①通西南夷道，戍转相饷。数岁，道不通，士罢（疲）饿离（罹）湿，死者甚众；西南夷又数反，发兵兴击②，耗费无功。上患之，使公孙弘往视问焉。还对，言其不便。及弘为御史大夫，是时方筑朔方以据河逐胡，弘因数言西南夷害，可且罢，专力事匈奴。上罢西夷，独置南夷夜郎两县一都尉，稍令犍为自葆（保）就③。

◎**注释** ①〔四郡〕指巴郡、蜀郡、广汉、汉中。②〔兴击〕发动攻击。③〔葆就〕保卫城池，修成郡县。葆，通"保"。

◎**大意** 在这个时候，巴、蜀等四郡要开通到西南夷的道路，戍边的士卒、运送物资和军粮的人很多。过了几年，道路也没修通，士卒疲惫饥饿，很多人遭受潮湿而死。西南夷又屡次造反，调遣军队去打击，耗费钱财和人力，却无成果。武帝忧虑此事，便派公孙弘去亲自观察询问。公孙弘回京禀告武帝，声称形势不利。等到公孙弘当了御史大夫，这时汉朝正修筑朔方郡城，以便凭借黄河驱逐匈奴，公孙弘乘机屡次陈说开发西南夷的害处，武帝同意了暂时停止开发西南夷的活动，集中力量对付匈奴。武帝下令停止对西夷的活动，只在南夷的夜郎设置两个县和一个都尉，让犍为郡保卫城池，并逐渐完善自己的郡县体制。

及元狩元年，博望侯张骞使大夏来，言居①大夏时见蜀布、邛竹杖，使问所从来②，曰"从东南身毒国③，可数千里，得蜀贾人市"。或闻邛西可二千里有身毒国。骞因盛言大夏在汉西南，慕中国，患匈奴隔其道，诚通蜀，身毒国道便近，有利无害。于是天子乃令王然于、柏始昌、吕越人等，使间出西夷西，指求身毒国。至滇，滇王尝羌乃留，为求道西十余辈④。岁余，皆闭昆明⑤，莫能通身毒国。

◎**注释** ①〔居〕生活，居住。②〔从来〕来路，来源。③〔身毒国〕古代国名。或译作"天竺""天毒""乾毒"等，即今印度。④〔为求道西十余辈〕指滇国派出找寻西去之路的有十多批人。辈，批，群。⑤〔皆闭昆明〕意为都被昆明人阻拦。闭，阻塞。

◎**大意** 待到元狩元年，博望侯张骞出使大夏国归来后，说他生活在大夏时曾经看到过蜀郡出产的布帛、邛都的竹杖，让人询问这些东西的来历，回答的人说："从东南边的身毒国弄来的，从这儿到那里的路途有数千里，可以和蜀地的商人做买卖。"有人听说邛地以西大约两千里处有个身毒国。张骞乘机大谈大夏在汉朝西南方，仰慕中国，忧虑匈奴阻隔他们与中国的交通要道，假若能开通蜀地的道路，使去往身毒国的路既方便又近，对汉朝有利无害。于是武帝就命令王然于、柏始昌、吕越人等，让他们寻找捷径从西夷的西边出发，去寻找身毒国。他们到达滇国，滇王尝羌就留下了他们，并为他们派出十多批到西边去寻找道路的人。过了一年多，寻路之人全被昆明国阻拦，没能通往身毒国。

滇王与汉使者言曰："汉孰与我大？"及夜郎侯亦然。以道不通故，各自以为一州主，不知汉广大。使者还，因盛言滇大国，足事亲附①。天子注意焉②。

◎**注释**　①〔足事亲附〕值得让他们亲近归附汉朝。②〔注意焉〕专注留意这件事。焉，兼词，相当于"于是（此）"。
◎**大意**　滇王问汉使者说："汉朝与我们相比谁的疆域更大？"汉使者到夜郎，夜郎侯也这样问。由于道路不通，这些少数民族都自以为是一州之主，不知道汉朝疆域的广大。使者回来后，就极力宣称滇是大国，值得让他们亲近和归附汉朝。于是武帝便对这事留心了。

及至南越反，上使驰义侯因犍为发南夷兵。且兰君①恐远行，旁国②虏其老弱，乃与其众反，杀使者及犍为太守。汉乃发巴蜀罪人尝击南越者八校尉击破之。会越已破，汉八校尉不下③，即引兵还，行诛头兰④。头兰，常隔滇道者也。已平头兰，遂平南夷为牂柯郡。夜郎侯始倚南越，南越已灭，会还诛反者，夜郎遂入朝。上以为夜郎王。

◎**注释**　①〔且（jū）兰君〕且兰国的国君。②〔旁国〕附近国家。③〔不下〕没有沿牂柯江南下击南越。④〔行诛头兰〕在行军中诛灭了头兰国。
◎**大意**　等到南越造反时，武帝派驰义侯用犍为郡的名义调遣南夷的军队。且兰君害怕他的军队远行后，附近的国家会乘机掳掠他的老弱之民，于是就同他的军队谋反，杀了汉朝使者和犍为郡的太守。于是汉朝调动巴郡和蜀郡原先准备攻打南越的八个校尉，率领被赦从军的罪犯去攻打且兰，把它平定了。正赶上南越已被攻破，汉朝的八个校尉尚未沿牂柯江南下，就领兵撤回，在行军中诛灭了头

◎ 西南夷列传第五十六

兰。头兰是经常阻隔汉朝与滇国交通道路的国家。平定头兰后，就平定了南夷，在那儿设置了牂柯郡。夜郎侯起初依靠南越，南越被消灭后，正赶上汉军回来诛杀反叛者，夜郎侯就随军入京朝见武帝。武帝封他为夜郎王。

南越破后，及汉诛且兰、邛君，并杀筰侯，冉、駹皆振（震）恐，请臣置吏。乃以邛都为越嶲郡，筰都为沈犁郡，冉、駹为汶山郡，广汉西白马为武都郡。

◎ **大意** 南越破灭之后，汉朝又诛杀且兰君、邛君，并且杀了筰侯，冉、駹都震动、惊恐，便向汉朝请求称臣，为他们设置官吏。汉朝就把邛都设置为越嶲郡，筰都设置为沈犁郡，冉、駹设置为汶山郡，广汉西边的白马设置为武都郡。

上使王然于以越破及诛南夷兵威风（讽）喻①滇王入朝。滇王者，其众数万人，其旁东北有劳浸、靡莫，皆同姓相扶，未肯听。劳浸、靡莫数侵犯使者吏卒。元封二年，天子发巴蜀兵击灭劳浸、靡莫，以兵临滇。滇王始首善②，以故弗诛。滇王离难西南夷③，举国降，请置吏入朝。于是以为益州郡，赐滇王王印，复长④其民。

◎ **注释** ①〔风喻〕委婉劝告。风，通"讽"。用含蓄的话暗示或劝告。②〔首善〕开始有善意。③〔滇王离难西南夷〕言滇王离开西夷，向东侍奉汉朝。④〔长〕做一国之长。此言统领其民。

◎ **大意** 武帝派王然于利用破南越及诛杀南夷君长的兵威，委婉劝告滇王进京朝见。滇王有数万军队，滇国东北方有劳浸和靡莫，这两个部落都和滇王同姓，相互依靠，不愿滇王进京。劳浸和靡莫屡次侵犯汉朝使者和吏卒。元封二年，武帝调动巴郡和蜀郡的军队攻打并消灭了劳浸和靡莫，大军逼近滇国。滇王开始对汉朝怀有善意，因此没有被诛杀。滇王于是离开西夷，率领全国向汉朝投降，请求为他们设置官吏，并进京朝见武帝。于是汉朝就把滇国设置为益州郡，赐给滇王

105

王印，让他继续统治他的百姓。

西南夷君长以百数，独夜郎、滇受王印。滇小邑，最宠焉。

◎**大意**　西南夷的君长多得以百计数，只有夜郎、滇的君长得到王印。滇是小国，最受汉朝廷的宠信。

太史公曰：楚之先岂有天禄①哉？在周为文王师，封楚②。及周之衰，地③称五千里。秦灭诸侯，唯楚苗裔尚有滇王。汉诛西南夷，国多灭矣，唯滇复为宠王。然南夷之端，见枸酱番禺，大夏杖邛竹。西夷后揃④，剽⑤分二方，卒为七郡。

◎**注释**　①〔天禄〕上天所赐的俸禄。②〔封楚〕受封于楚。《楚世家》记载，楚先人"熊绎当周成王之时，举文、武勤劳之后嗣，而封熊绎于楚蛮，封以子男之田，姓芈氏，居丹阳"。③〔地〕国土。④〔揃（jiǎn）〕分割。⑤〔剽〕分开。

◎**大意**　太史公说：楚国的祖先难道有上天赐给的禄位吗？在周朝时，他们的先祖鬻熊当了周文王的老师，后来的熊绎又被周成王封到楚蛮之地而立国。等到周朝衰微之时，楚国领土号称五千里。秦国灭亡诸侯，唯独楚国的后代子孙中还有滇王存在。汉朝讨伐西南夷，那里的国家多半被消灭，只有滇王又受到汉天子的宠爱。但是平定南夷的开始，是在番禺见到了枸酱，在大夏看到了邛竹杖。西夷后来被分割，分成西、南两方，最后被汉分设为七个郡。

◎**知识拓展**

　　司马迁善于将复杂繁乱的历史问题叙述得条理分明，一丝不乱。民族问题原本就很复杂，再加上民族种类繁多、地处分散，一般很难理清头绪，但司马迁把它们写得有条不紊，明明白白。梁启超对《西南夷列传》的叙事艺术评价说："这篇传叙的川边川南、云南、贵州一带氐、羌、苗、蛮诸种族，情形异常复杂，虽在今日，尚且很难理清头绪，太史公却能用极简净的笔法把形势写得了如指掌，他把它们分为三大部，用土著游牧及头发的装束等等做识别，每一大部中复分为若干小部，每小部举出一个或两个部落为代表。代表之特殊地位固然见出，其他散部落亦并不挂漏。到下文虽然专记几个代表国，如滇、夜郎等的事情，然已显出这些事情与西南夷全体的关系，这是详略繁简的最好标准。"司马迁不愧为擅长描写复杂历史事件的能手。《西南夷列传》写了西南各少数民族错综复杂的民族特色和地理状况以及汉三次通西南夷的情况，没有高屋建瓴的叙事本领和对西南地理状况、风俗人情的了解，是无法写得如此条理分明的。近人李景星说，《西南夷列传》是最有结构的文字，总起总结，中间分叙："传之起首，如晴天霹雳，如平地奇峰，突兀得势；入后步步照应，有破竹之妙。"写其地理之文字能"于僻处见曲折"，写其特产之文字又"于细处见风致"。起以夜郎国、滇国为题展开，末又以夜郎国、滇国为结收尾；开始用"以什数"，结尾以"以百数"，这样就"篇如节，节如句，无隙可蹈，无懈可击，极精极密，又极道紧"。司马迁在《西南夷列传》中的这种因类相连、因事相连的布局结构，反映了他匠心独运的艺术技巧。

司马相如列传

第五十七

　　《司马相如列传》是《史记》七十篇列传中篇幅最长的一篇，记述了"赋圣"司马相如传奇的一生。在撰写《司马相如列传》时，司马迁采取了"以文传人"的写作手法。司马迁之所以这样做，主要是出于以下两点考虑。

　　其一，司马相如是当时最伟大的文学家之一，他的文学作品具有珍贵的艺术价值和崇高的历史地位。同为伟大文学家的司马迁很清楚地认识到了这一点。如《子虚赋》是司马相如早期的赋作，也是他的辞赋代表作。此赋借子虚之口表现了汉王朝的强大声势和雄伟气魄，极尽铺张扬厉之能事，辞藻丰富，描写工丽，散韵相间，是汉大赋的代表作。而在赋的结尾，司马相如又借乌有先生之口，展现了"其要归引之节俭"的中心思想。后来，司马相如又为汉武帝创作了表现天子游猎情景的《上林赋》。此赋依次夸饰天子上林苑中的山水、禽鸟、草木、走兽、台观、宫殿之胜,极言上林苑之巨丽;接着由状物转入渲染天子校猎的场面,最后写天子猎余庆功,将奢华的场面推向高潮。然后突然转折,写天子怅然长叹:"此大奢侈。"全然推翻了前文的夸扬,又巧借天子之口提出了治国安民的政治主张,言褒意贬,委婉深刻。然后借题发挥,劝谏天子要以礼仪为准则,以圣王为榜样,广收贤才。最后叙述天子行仁义而天下大悦,正反对照,总结全文,首尾呼应。确如司马迁所说"此与《诗》之风谏何异!"

其二,司马相如还深入参与了汉武帝对于西南地区的治理。他的《难蜀父老文》和《喻巴蜀檄》是阐释汉武帝西南政策的重要文献,具有极高的历史价值,因此司马迁同样将其收入传中。而《封禅书》是司马相如的遗作,并非辞赋而是散文。该文叙述了古代君王封禅泰山的事迹;汉武帝之文治武功、雄才大略,可与历代明君圣主媲美,司马相如事实上是借此文劝汉武帝进行封禅。这篇作品对汉武帝此后多次举行封禅仪式的行为影响很大。《谏猎书》则对天子沉迷游猎之事进行劝说,很好地体现了司马相如"讽谏"的创作理念,也开创了后世"谏猎"题材文学作品的先河。

司马迁对司马相如的评价很高,既肯定了他出使西南夷所取得的成绩,又肯定了司马相如的文学创作成就。尤其是他对司马相如辞赋创作"讽谏之旨"的赞美,直接奠定了司马相如在中国辞赋史上的崇高地位。在这篇列传中,司马迁所载录的司马相如的作品以辞赋为主,其中有许多奇字僻典,识读和掌握它们是首先需要解决的难点。

司马相如者，蜀郡成都人也，字长卿。少时好读书，学击剑，故其亲名之曰犬子。相如既学，慕蔺相如之为人，更名相如。以赀（资）为郎①，事孝景帝，为武骑常侍②，非其好也。会景帝不好辞赋，是时梁孝王③来朝，从游说之士齐人邹阳、淮阴枚乘、吴庄忌夫子之徒，相如见而说（悦）之，因病免④，客游梁。梁孝王令与诸生同舍，相如得与诸生游士居数岁，乃著《子虚》之赋。

◎**注释** ①〔以赀为郎〕赀，通"资"，财产。郎，郎官，是汉代的宫廷宿卫官。②〔武骑常侍〕皇帝的骑兵侍卫，侍从皇帝出巡、打猎。③〔梁孝王〕梁孝王刘武，汉文帝刘恒嫡次子，汉景帝刘启同母弟。④〔因病免〕借口生病，辞去官职。

◎**大意** 司马相如是蜀郡成都人，字长卿。少年时喜爱读书、学习击剑，他的父母给他取名"犬子"。相如完成学业后，因仰慕蔺相如的为人，改名相如。他依靠家资成为郎官，侍奉汉景帝，做了武骑常侍，但这原非他的志向。适值景帝不喜欢辞赋，当时梁孝王来京城朝拜景帝，随从来京的有邹阳、枚乘、庄忌等游说之士，相如一见就喜欢上了他们，于是借口有病辞去了官职，旅居梁国。梁孝王让他和那些文人住在一起，相如得以和那些文人及游说之士相处多年，在此期间写下了《子虚赋》。

会①梁孝王卒，相如归，而家贫，无以自业②。素与临邛令王吉相善，吉曰："长卿久宦游不遂，而来过我。"于是相如往，舍都亭。临邛令缪③为恭敬，日往朝相如。相如初尚见之，后称病，使从者谢吉，吉愈益谨肃。临邛中多富人，而卓王孙家僮八百人，程郑亦数百人，二人乃相谓曰："令有贵客，为具④召之。"并召令。令既至，卓氏客以百数。至日中，谒司马长卿，长卿谢病不能往，临邛令不敢尝食，自往迎相如。相如不得已，强往，一坐尽倾⑤。酒酣，临邛令前奏琴曰："窃闻长卿好之，愿以自娱。"相如辞谢，为鼓一再行⑥。是时卓王孙有女文君新寡，好音，故相如缪与令相重，而以琴心挑之。相如之临邛，从车骑，雍容闲雅甚都⑦；及饮卓氏，弄琴，文君窃从户窥之，心悦而好之，恐不得当也。既罢，相如乃使人重赐文君侍者通殷勤⑧。文君夜亡奔⑨相如，相如乃与驰归成都。家居徒四壁立。卓王孙大怒曰："女至不材，我不忍杀，不分一钱也。"人或谓王孙，王孙终不听。文君久之不乐，曰："长卿第⑩俱如临邛，从昆弟假贷犹足为生，何至自苦如此！"相如与俱之临邛，尽卖其车骑，买一酒舍酤酒，而令文君当炉。相如身自著犊鼻裈⑪，与保庸杂作，涤器于市中。卓王孙闻而耻之，为杜门不出。昆弟诸公更谓王孙曰："有一男两女，所不足者非财也。今文君已失身于司马长卿，长卿故倦游⑫，虽贫，其人材足依也，且又令客，独奈何相辱如此！"卓王孙不得已，分予文君僮百人，钱百万，及其嫁时衣被财物。文君乃与相如归成都，买田宅，为富人。

◎ **注释**　①〔会〕恰好遇到。②〔业〕财产，此处指谋生。③〔缪（miù）〕假装。④〔为具〕置办酒席。⑤〔一坐尽倾〕在座的所有客人都惊服羡慕。⑥〔为鼓一再行〕鼓，弹奏。行，曲调名。一再行，一两首。⑦〔甚都〕非常美好。⑧〔通殷勤〕表达倾慕之情。⑨〔亡奔〕私奔。⑩〔第〕但，只要。⑪〔犊鼻裈（kūn）〕围裙。形如犊鼻，故名。⑫〔倦游〕厌倦官场宦游。

◎ **大意**　后来梁孝王去世，相如只好回到成都，而家中贫穷，没有维持生计的事可做。他一向与临邛县令王吉有交情，王吉曾经说："长卿如果多年做官不满意，可以到我这儿来。"于是相如到了临邛，住在城郭下的一座小亭中。王吉假装对相如很恭敬，每天去拜访他。起初相如还接见他，后来就称说有病，让随从谢绝王吉，王吉反而对相如更加恭敬小心了。临邛城中富人很多，其中卓王孙有家奴八百人，程郑也有数百人。两人相互商量说："县令有贵客，我们应办酒席宴请人家。"同时邀请了县令王吉。王吉来到后，卓家的宾客已到了数百人。到了中午，去请司马长卿，长卿推说有病不能前去，王吉因此不敢进食，便亲自去请相如，相如不得已，勉强前往，满座的客人都为他的风采所倾倒。饮酒到尽兴时，王吉捧琴走上前对相如说："我私下听说长卿喜爱弹琴，请弹一曲以助兴。"相如推辞一番，便弹奏了一两首曲子。当时卓王孙有个名叫文君的女儿寡居，她喜爱音乐，所以相如伴装与王吉相互尊重，实际上想用琴声挑逗文君。相如到临邛来的时候，大方文雅，非常英俊，在卓王孙家饮酒鼓琴时，文君从门缝偷看，心中高兴而爱上了他，担心没有相见的机会。宴会结束后，相如托人以重金赐赠文君的侍者以表达他的思慕之情。于是晚上文君逃出私奔到相如那里，相如遂与她驱车回到成都。然而家中一无所有，徒有四壁。卓王孙知道后大怒，说道："女儿太不成器，我不忍心杀她，但不分给她一文钱！"有人劝说王孙，王孙始终不听。生活了很长一段时间后，文君感到不满意，对相如说道："长卿只要和我回到临邛，就是向兄弟们借贷也能够生活，何至于像现在这个样子自找苦吃！"于是和相如一起到了临邛，将自己的车马全部卖掉，买了一个酒店做卖酒的生意，文君坐在炉前卖酒，相如自己穿上围裙，和雇工一起劳作，在大街市上洗涮餐具。卓王孙听说后感到很羞耻，为此闭门不出。兄弟和长辈轮番劝王孙说："你只有一儿两女，所缺的不是钱财。现在文君已成了司马长卿的人，长卿本来是懒于做官，虽然贫穷，但他的才能是足以立身的。况且他又是县令的客人，为什么要如此委屈他呢？"卓王孙不得已便分给文君一百个奴仆，钱一百万，以及她出嫁时的衣物钱财等。文君遂与相如回到成都，买了土地和房屋，成为富人。

居久之，蜀人杨得意为狗监[①]，侍上。上读《子虚赋》而善之，曰："朕独[②]不得与此人同时哉！"得意曰："臣邑人司马相如自言为此赋。"上惊，乃召问相如。相如曰："有是。然此乃诸侯之事，未足观也。请为天子游猎赋，赋成奏之。"上许，令尚书给笔札[③]。相如以"子虚"，虚言也，为楚称；"乌有先生"者，乌有此事也，为齐难[④]；"无是公"者，无是人也，明天子之义。故空藉[⑤]此三人为辞，以推[⑥]天子诸侯之苑囿。其卒章归之于节俭，因以风（讽）谏。奏之天子，天子大说（悦）。其辞曰：

◎**注释** ①〔狗监〕为天子掌管猎狗的官员。②〔独〕难道。③〔笔札〕书写工具。④〔难〕诘难。⑤〔空藉〕虚构。⑥〔推〕推演，论述。

◎ **大意** 过了许久，蜀郡人杨得意成为掌管猎犬的官员，侍奉武帝。武帝读到《子虚赋》，认为写得好，说道："我难道不能与这个作者生活在同一个时代吗？"杨得意对武帝说："臣的同乡司马相如自称这篇赋是他所写。"武帝大惊，于是召见相如加以询问。相如回答说："有这回事。但这篇赋写的是有关诸侯的事情，不值得一看。请允许我写一篇关于天子的游猎之赋，写成后献上。"武帝同意了。命令尚书发给他书写工具。相如给赋中的第一个人物起名"子虚"，意思是虚言，是为了借以称说楚国；给赋中的另一个人物起名"乌有先生"，意思是无有此事，是为了借以替齐国诘难；给赋中的第三个人物起名"无是公"，意思是没有此人，是为了借以说明做天子的道理。虚构此三人写成文章，目的在于推想天子诸侯苑囿的壮观。这篇赋的结尾将中心思想归结为提倡节俭之意，想借此达到讽谏的目的。进献给武帝，武帝十分喜欢。这篇赋写道：

楚使子虚使于齐，齐王悉发境内之士，备车骑之众，与使者出田①。田罢，子虚过诧②乌有先生，而无是公在焉。坐定，乌有先生问曰："今日田乐乎？"子虚曰："乐。""获多乎？"曰："少。""然则何乐？"曰："仆乐齐王之欲夸仆以车骑之众，而仆对以云梦③之事也。"曰："可得闻乎？"

◎ **注释** ①〔田〕射猎。②〔诧〕夸耀。③〔云梦〕楚国境内的大泽。
◎ **大意** 楚国派子虚出使齐国，齐王发动境内所有的兵士，准备了许多车马，请楚使者一起出外打猎。打猎结束后，子虚去拜访乌有先生，向他夸耀一番，当时无是公也在场。坐定后，乌有先生向子虚问道："今日打猎快乐吗？"子虚回答说："快乐。""猎获的禽兽多吗？"回答说："不多。""既然如此怎么说快乐呢？"子虚回答说："我感到快乐是因为齐王想以他众多的车马向我夸耀，而我用楚国云梦之事回答了他。"乌有先生问道："可以让我听听吗？"

子虚曰："可。王驾车千乘，选徒万骑，田于海滨。列卒满泽，罘罔①

113

弥山，揜（掩）②兔辚鹿，射麋脚③麟。骛④于盐浦，割鲜染轮。射中获多，矜而自功。顾谓仆曰：'楚亦有平原广泽游猎之地饶乐若此者乎？楚王之猎何与寡人？'仆下车对曰：'臣，楚国之鄙人也，幸得宿卫十有余年，时从出游，游于后园，览于有无，然犹未能遍睹也，又恶足以言其外泽者乎！'齐王曰：'虽然，略以子之所闻见而言之。'

◎ **注释** ①〔罘（fú）罔〕捕兔的网。②〔揜（yǎn）〕同"掩"，用网拦堵捕捉。③〔脚〕名词作动词，用绳索绊脚。④〔骛〕驰骋。

◎ **大意** 子虚说："可以。齐王驾驭千辆兵车，选拔万名骑士，在海边打猎。士卒布满了大泽，捕猎的罗网撒遍了山冈。以网捕兔，以车逐鹿，以箭射麋，以绳绊麟，纵横驰骋于海滨的盐滩之上，击杀鸟兽，血染车轮。猎获很多，因而对自己的功劳沾沾自喜。齐王回过头来问我：'楚国也有这样令人快乐的平原大泽作为游猎之地吗？楚王的打猎和我相比怎么样？'我下车回答说：'臣是楚国一个卑贱的人，有幸能够在宫中掌管侍卫十多年，常从楚王出游，在后园游览，见到的可谓不少，但还是未能全部看遍，又怎么能够去谈楚宫以外的平原大泽呢？'齐王说：'虽然这样，也请将您的所闻所见略谈一二。'

"仆对曰：'唯唯。臣闻楚有七泽，尝见其一，未睹其余也。臣之所见，盖特其小小者耳，名曰云梦。云梦者，方九百里，其中有山焉。其山则盘纡茀郁①，隆崇嵂崒②；岑岩参差，日月蔽亏；交错纠纷，上干青云；罢池陂陁③，下属江河。其土则丹青赭垩④，雌黄白坿⑤，锡碧金银，众色炫耀，照烂龙鳞。其石则赤玉玫瑰，琳珉琨珸⑥，瑊玏玄厉（砺）⑦，瓀石武夫⑧。其东则有蕙圃衡兰，芷若射干，芎藭昌蒲，江离蘪芜，诸蔗猼且⑨。其南则有平原广泽，登降陁靡，案衍坛曼，缘以大江，限以巫山。其高燥则生葳蘛苞荔，薛莎青薠⑩。其卑湿则生藏莨蒹葭，东蔷雕胡，莲藕觚芦，菴䕡轩芋，众物居之，不可胜图⑪。其西则有涌泉清池，激水推移；外发芙蓉菱华，内隐巨石白沙。其中则有神龟蛟鼍，玳瑁鳖鼋⑫。其北则有阴林巨树，梗楠豫章⑬，桂椒木兰，檗离朱杨，楂梸（梨）樗栗⑭，橘柚芬芳。其上则有赤猨（猿）蠷蝚⑮，鹓雏孔鸾，腾远射干。其下则有白虎玄豹，蟃蜒貙犴⑯，兕象野犀，穷奇獌狿。

◎**注释** ①〔盘纡弗（fú）郁〕山势曲折的样子。②〔隆崇律崒（lǜ zú）〕挺拔陡峭。③〔罢（pí）池陂陁（pō tuó）〕山坡倾斜，山势宽广。④〔丹青赭垩（zhě è）〕可制染料的四种土。丹，朱砂，可制红染料。青，石青，可制青颜料。赭，红黄色的土。垩，白土，泛指可用来涂饰的土。⑤〔雌黄白坿（fú）〕雌黄，可制黄颜料。白坿，即白石英。⑥〔琳珉（mín）琨珸（kūn wú）〕琳，玉名。珉、琨珸，皆为像玉的美石。⑦〔瑊玏（jiān lè）玄厉〕瑊玏，似玉的美石。玄厉，磨刀的黑石。厉，通"砺"。⑧〔瑌（ruán）石武夫〕瑌石，一种次于玉的石，白中带赤。武夫，又作"碱砆"，赤中带白的玉石。⑨〔诸蔗猼且（pò jū）〕甘蔗和芭蕉。⑩〔葴蔪（zhēn sī）苞荔，薛莎青薠（fán）〕皆草名。⑪〔图〕描述。⑫〔神龟蛟鼍（tuó），玳瑁（dài mào）鳖鼋（yuán）〕鼍，即扬子鳄。玳瑁，形似龟，甲上有花纹，可作为装饰品。鼋，大鳖。⑬〔梗楠豫章〕四种树名。⑭〔楂梸（lí）樗（yǐng）栗〕四种木名。⑮〔蠷蝚（jué náo）〕猿类动物。⑯〔蟃蜒（wàn yàn）貙犴（chū àn）〕两种大型猛兽。

◎**大意** "我回答说：'好，好。臣听说楚国有七个大泽，臣曾经见过其中一个，没见过其余的。臣所见到的，大概只是其中最小的一个。其名叫云梦，方圆九百里，其中有大山。那山山势曲折，高耸险峻；参差错落，蔽日遮月；重峦叠嶂，上接青云；山坡倾斜，山势宽广，连接江河。其矿藏有朱砂、石青、赤土、白土、石黄、石灰石、锡、玉、金、银，色彩绚烂，如龙鳞照耀。其玉石有赤玉、玫瑰、琳、珉、琨珸、瑊玏、瑌石、碱砆。其东部有蕙草之园的杜衡、兰草、白芷、杜若、射干、穹穷、菖蒲、江离、麋芜、甘蔗和芭蕉。其南部有平原大泽，高低起伏，绵延宽广，大江是它的边缘，巫山是它的极限。其干燥的地方生长着葴、蔪、苞、荔、薛、莎和青薠。其低湿的地方生长着藏莨、芦苇、东蔷、雕胡、莲藕、葫芦、菴蕳和轩芋，各种植物应有尽有，不可胜计。其西部有喷泉和清池，激流回荡；表面开着荷花和菱花，里面藏着巨石和白沙。其中部有神龟、蛟龙、灵鼍、玳瑁、大鳖。其北部则有密林、大树，生长着梗、楠、豫、章、桂、椒、木兰、檗、离、朱杨、山楂、梨树、黑枣树、栗树及散发着芳香的橘树和柚子树。其上部则有赤猿、猕猴、鹓雏、孔雀、鸾鸟、腾远和射干。其下部则有白虎、黑豹、蝘蜓、貙豻、雌犀、大象、野犀、穷奇和獌狿。

"'于是乃使专诸之伦,手格此兽。楚王乃驾驯驳①之驷,乘雕玉之舆,靡(麾)鱼须之桡旃②,曳明月之珠旗,建干将之雄戟,左乌嗥之雕弓,右夏服(箙)③之劲箭。阳子骖乘,纤阿为御;案节④未舒,即陵狡兽,辚邛邛,蹴距虚,轶野马而辖騊駼⑤,乘遗风而射游骐;倏眒⑥凄浰,雷动熛(飙)⑦至,星流霆击,弓不虚发,中必决眦,洞胸达腋,绝乎心系,获若雨兽,掩草蔽地。于是楚王乃弭节裴回,翱翔容与,览乎阴林,观壮士之暴怒,与猛兽之恐惧,徼郄受诎⑧,殚⑨睹众物之变态。

◎**注释** ①〔驳〕毛色不纯的马。②〔靡(huī)鱼须之桡旃(náo zhān)〕挥动鱼须做的曲柄的旗。靡,通"麾"。桡,弯曲。旃,一种旗。③〔服〕通"箙",箭袋。④〔案节〕使马行走缓慢而有节奏。⑤〔辖(wèi)騊駼(táo tú)〕辖,车轴头,名词作动词。騊駼,良马名。⑥〔倏眒(shū shēn)〕迅疾貌。⑦〔熛(biāo)〕通"飙",疾风。⑧〔徼郄(yāo jí)受诎(qū)〕拦阻疲乏过度而力尽的野兽。徼,拦截。郄,疲劳。诎,困乏。⑨〔殚〕尽。

◎**大意** "'于是楚王命令专诸一类的勇士,赤手与这些猛兽格斗。楚王则驾着训练有素的杂色驷马,坐上美玉装饰的兵车,挥动用鱼须装饰的曲柄旗,悬起明月之珠点缀的旌旗,高举干将一样锋利的大戟,左手提着乌嗥般的良弓,右手拿着夏箙盛装的利箭。伯乐是其骖乘,纤阿是其车手。车马起步尚未驰骋,就已追及凶狡的野兽。车轮碾压邛邛,铁蹄踏过距虚,猎车超过野马,轴头撞倒騊駼,乘上千里马去射击飞奔的骐。车骑迅疾异常,有如迅雷狂飙,星流电击。弓无虚发,箭箭射裂禽兽的眼眶,或穿胸达腋,射断动脉。击中的禽兽如同落雨,满山遍野。到这时楚王才按辔缓行,悠然自得,在密林中赏景,观赏壮士们的勇敢及猛兽的恐惧。拦捉精疲力竭的走兽,尽览各种景物的变化。

"'于是郑女曼姬，被阿锡①，揄②纻缟，杂纤罗，垂雾縠③；襞积褰绉④，纡徐委曲，郁桡⑤溪谷；衯衯裶裶⑥，扬袘戌削⑦，蜚纤垂髾；扶与猗靡⑧，噏呷萃蔡⑨，下摩兰蕙，上拂羽盖，错翡翠之葳蕤，缪（缭）绕玉绥⑩；缥乎忽忽，若神仙之仿佛。

◎**注释** ①〔阿（ē）锡〕细布。②〔揄（yú）〕挥舞。③〔雾縠（hú）〕烟雾般轻薄的丝织品。④〔襞（bì）积褰绉（qiān zhòu）〕极言衣衫褶皱繁多。⑤〔郁桡（náo）〕深而曲折。⑥〔衯衯（fēn）裶裶（fēi）〕衣裙很长的样子。⑦〔扬袘（yì）戌削〕裙边飞扬齐整。⑧〔扶与猗靡〕形容衣服合身，体态姣好。⑨〔噏呷（xī xiā）萃蔡〕皆象声词，形容衣服飘动的声音。⑩〔缪绕玉绥（suí）〕衣服上用玉缀饰的璎珞纠结在一起。缪，通"缭"。

◎**大意**　　"'此刻众美女娇姿，身穿软缯细布缝制的上衣，腰围麻纱素绢制作的裙子，身前披挂着鲜艳夺目的罗绮，身后拖着薄雾般的轻纱；脚步轻盈，屈曲上前，那衣褶线条深曲流畅犹如溪谷。其长袖上举，整齐如削，飘带轻扬，形若燕尾。其体态柔美，衣裙轻擦，声响宜人，飘带下拂兰花蕙草，上拭羽饰华盖。她们头上插着翡翠鸟的羽毛，衣服上的玉饰璎珞纠缠在一起。飘忽不定，恰似仙女下凡那样若隐若现。

　　"'于是乃相与獠于蕙圃，媻珊勃窣①，上金堤，掩翡翠，射鵔鸃②。微矰出，纤缴施，弋白鹄，连驾鹅，双鸧下，玄鹤加③。怠而后发，游于清池；浮文鹢，扬桂枻，张翠帷，建羽盖，罔玳瑁，钓紫贝；摐金鼓④，吹鸣籁，榜人歌，声流喝，水虫骇，波鸿沸，涌泉起，奔扬会，礧石⑤相击，硠硠礚礚⑥，若雷霆之声，闻乎数百里之外。

◎**注释**　①〔媻（pán）珊勃窣（sū）〕缓慢。②〔鵔鸃（jùn yí）〕雉一类的鸟，羽毛五彩斑斓。③〔加〕被射中。④〔摐（chuāng）金鼓〕击钲。摐，撞击。⑤〔礧（lèi）石〕众石。⑥〔硠硠（láng）礚礚（kē）〕水石撞击声。

◎**大意**　"'于是楚王便和众多美女在树林和深草间行走,君臣从容不迫,走上坚如铁壁的堤塘,用网捕捉翡翠鸟,用箭射取锦鸡。放出短箭,拖着细丝,射中白鹄,击落野鹅。鸧鸹双双坠地,玄鹤应声而落。打猎疲倦之后,泛舟于清池之中。划着绘有鹢鸟的彩船,扬起桂木制作的船桨,张挂翠幔,搭起华盖。用网捞取玳瑁,用钩钓取紫贝。摇动金钲,吹起排箫,船夫引吭,歌声悲咽,鱼鳖惊骇,波涛滚动,泉水涌出,与波涛汇合。众石撞击,轰轰隆隆,如雷霆轰鸣,传到百里之外。

"'将息獠者,击灵鼓,起烽燧,车案行,骑就队,纚①乎淫淫,班乎裔裔②。于是楚王乃登阳云之台,泊乎无为,澹乎自持,勺药之和具而后御之。不若大王终日驰骋而不下舆,脟割③轮淬,自以为娱。臣窃观之,齐殆不如。'于是王默然无以应仆也。"

◎**注释**　①〔纚(xǐ)〕连续不断。②〔班(bān)乎裔裔〕依次相连,向前移动。③〔脟(luán)割〕把肉切成块。

◎**大意**　"'夜猎将要结束的时候,敲起六面鼓,点燃火把,兵车依次排列而行。队伍浩浩荡荡,依次相连,向前移动。接着楚王便登上阳云之台,心情安然,宁静自若,等待芍药调和的食物准备好后享用。不像大王您终日驰骋不离战车,把肉切成块,在车轮边烧烤,自以为乐。在我看来,齐国恐怕不如楚国。'此时齐王默不作声,无以应对。"

乌有先生曰:"是何言之过也!足下不远千里,来况(贶)①齐国,王悉发境内之士,而备车骑之众,以出田,乃欲戮力致获,以娱左右也,何名为夸哉!问楚地之有无者,愿闻大国之风烈,先生之余论也。今足下不称楚王之德厚,而盛推云梦以为高,奢言淫乐而显侈靡,窃为足下不取也。必若所言,固非楚国之美也。有而言之,是章(彰)君之恶;无而言之,是害足下之信。章(彰)君之恶而伤私义,二者无一可,而先生行之，必且轻于齐而累于楚矣。且齐东陼（渚）巨海，南有琅邪，观乎成山，射乎之罘，浮勃澥，游孟诸，邪（斜）与肃慎为邻，右以汤谷为界，秋田乎青丘，傍偟乎海外，吞若云梦者八九，其于胸中曾不蒂芥。若乃俶傥瑰伟，异方殊类，珍怪鸟兽，万端鳞萃②，充仞③其中者，不可胜记，禹不能名，契不能计。然在诸侯之位，不敢言游戏之乐，苑囿之大；先生又见客，是以王辞而不能复，何为无用应哉！"

◎**注释** ①〔来况〕犹今所谓"光临"。况，通"贶"，赠给。②〔鳞萃〕群集。③〔充仞〕充满。

◎**大意** 乌有先生说："这话为什么说得如此过分呢？您不远千里，光临齐国。齐王发动境内所有的士卒，准备了众多车马，出外打猎，是想协力猎获禽兽，以使您高兴，怎么能视为向您夸耀呢？询问楚国有没有游猎的平原大泽，是想得知泱泱大国的教化与功业，听听先生的高明言论。现在您不称颂楚王的美德，却竭力夸大楚王在云梦泽狩猎的事，侈谈淫乐，宣扬奢靡，我认为您这样做事不可取。如果确实像您所说的那样，那绝非楚国的美事。如果有这些事而您把它说出来，那是在宣扬楚王的丑恶；如果没有您却这样说，那就会损害您的威信。宣扬国君的丑恶或损害自己的威信，两者无一可取，而先生做了，这必将遭到齐国的轻视而使楚国受到损害。况且齐国东临大海，南有琅邪山，可在成山赏景，在之罘山射猎，在渤海泛舟，在孟诸泽游玩。侧面与肃慎为邻，右以汤谷为界，秋天在青丘打猎，驰骋于海外，其地可吞下云梦那样的大泽，而胸中没有任何感觉。至于那些贵重奇伟之物，各方特产，珍禽异兽，充塞其中，不可胜计，就是大禹也叫不上它们的名字，契也算不清它们的数目。但是身处在诸侯之位，齐王不敢谈及游猎的快乐、园林的宏大，先生又是受到接待的宾客，所以齐王辞让而不回答，怎么能认为他是无言以对呢？"

无是公听然①而笑曰："楚则失矣，齐亦未为得也。夫使诸侯纳贡者，非为财币，所以述职也；封疆画界者，非为守御，所以禁淫也。今齐列为东藩，而外私肃慎，捐②国逾限，越海而田，其于义故未可也。且二君之论，不务明君臣之义而正诸侯之礼，徒事争游猎之乐，苑囿之大，欲以奢侈相胜，荒淫相越，此不可以扬名发誉，而适足以贬君自损也。

◎**注释** ①〔听(yǐn)然〕笑的样子。②〔捐〕离开。

◎**大意** 无是公笑着说："楚固然错了，齐也谈不上正确。天子所以让诸侯交纳贡品，并不是为了财物，而是旨在使他们述职。划分疆界，不是为了守卫边境，而是为了禁止侵犯别国。现在齐国被列为卫护中央的东藩之国，而同境外的肃慎国私下往来，离国越境，过海打猎，这种做法按道理来说是不允许的。况且二位的高论，不是去努力阐明君臣之间的大义，端正诸侯之间的礼仪，而只是争论游猎的快乐、园林的广大，想以奢侈争强斗胜，以荒淫比高下，这不能宣扬美名扩大声誉，而恰恰只会贬低君主并损害自己。

"且夫齐楚之事又焉足道邪！君未睹夫巨丽也，独不闻天子之上林乎？左①苍梧，右西极，丹水更其南，紫渊径其北；终始霸、浐，出入泾、渭；酆、鄗、潦、潏，纡余委蛇，经营②乎其内。荡荡兮八川分流，相背而异态。东西南北，驰骛往来，出乎椒丘之阙，行乎洲淤之浦，径乎桂林之中，过乎泱莽之野。汨乎浑流，顺阿而下，赴隘陕之口。触穹石，激堆埼，沸乎暴怒，汹涌滂（澎）湃（湃），滭浡滵汩③，湢测泌瀄④，横流逆折，转腾潎洌，澎濞沆瀣，穹隆云挠，蜿灗胶戾，逾波趋浥，莅莅下濑，批岩冲壅，奔扬滞沛，临坻注壑，瀺灂⑤霣（陨）坠，湛湛隐隐，砰磅訇礚，潏潏淈淈，湁潗⑥鼎沸，驰波跳沫，汨漯漂疾，悠远长怀，寂漻无声，肆乎永归。然后灏溔潢漾⑦，安翔徐徊，翯⑧乎滈滈，东注大湖，衍溢陂池。于是乎蛟龙赤螭，魱䲛鰽魶，鰅鳙鳔魠，禺禺鱸魶⑨，揵鳍擢尾，振鳞奋翼，潜处于深岩；鱼鳖欢声，万物众伙，明月珠子，玓瓅江靡，蜀石黄碝，水玉磊砢，磷磷烂烂，采色澔旰，丛积乎其中。鸿鹄鹔鸨，鸱鹅䴔䴖，鵁鹳鸊鶂，烦鹜鹔鸘，䴋䴏䴘鸬⑩，群浮乎其上，泛淫泛滥,随风澹淡⑪,与波摇荡,掩薄水渚,唼喋⑫菁藻,咀嚼菱藕。

◎ **注释** ①〔左〕指东方。后面的"右"指西方。②〔经营〕周旋。③〔潎(bì)洌(mì)汨〕大水迅疾地流动。④〔湢(bì)测泌滐(bì zhì)〕水流相击。⑤〔瀺灂(chán zhuó)〕小水声。⑥〔湁潗(chì jí)〕水沸腾状。⑦〔灏溔(yǎo)潢漾〕水浩荡无际的样子。⑧〔鹗(hè)〕白而有光泽的样子。⑨〔鮩鳙(gèng méng)蜥(jiàn)离,鳁鳙(yú yōng)鲢魠(qián tuō),禺禺(yóng)魼魶(qū nà)〕皆鱼或水虫名。⑩〔鸿鹄鹔(sù)鸨,鴐(gē)鹅鹔鹖(zhú yù),鵁鶄(jiāo jīng)䴉(huán)目,烦鹜鷛渠(yōng qú),鵷鶿(zhēn cí)鵁鸬(xiāo lú)〕皆为鸟名。⑪〔澹淡〕在水上漂动。⑫〔唼(shà)喋〕水鸟聚食状。

◎ **大意** "况且齐、楚两国的事情又哪里值得一提呢?你们没有见过真正巨大壮丽的场面,难道没有听说过天子的上林苑吗?上林苑的东方是苍梧山,西方是西极河,丹水流过它的南方,紫渊直通它的北方。霸水、浐水没有流出苑中,泾水、渭水注入而又复出。酆水、鄗水、潦水、潏水,迂回曲折,在苑中回环。浩浩荡荡的八条大川,流向相背而各呈异态。东西南北,奔流往复,从椒丘山的阙门中冲出,流经沙洲的水边,穿过桂树林中,越过无垠的原野。水势汹涌,沿山而下,直奔山隘。撞击巨石,拍打曲岸,波涛怒起,汹涌澎湃。水大流急,翻滚激荡,横流急转,轰轰作响,翻滚而去,浪卷如云,蜿蜒曲折,推波助澜,急湍冲来,拍岸击石,奔腾飞扬,越过沙滩进入谷地后,水势逐渐回落,这时水深浪大,轰轰隆隆,气势汹汹,如水沸腾,水沫四溅,漩涡急转,接着流向远方,寂然无声,无尽无穷。然后是浩渺无际的大水,迂回缓慢,白光闪闪,向东注入太湖,湖水涨溢,注满周围的池塘。于是蛟龙、赤螭、鮩鳙、蜥离、鳁、鳙、鲢、魠、禺禺、鲢魶等都扬鳍摆尾,振鳞奋翼,潜藏于岩窟深处;鱼鳖惊跳、成群结队,明月与宝珠在江边交相辉映,蜀石、黄硬与水晶,种类繁多,璀璨夺目,光芒四射,聚藏在其中。天鹅、鹔鸨、野鹅、鹔鹖、鵁鶄、䴉目、烦鹜、鷛渠、鵷鶿、鵁鸬,一群群地在水面上浮游,击水戏游,随水漂流,与波上下。或聚藏于小洲,争吃菁藻,咀嚼菱藕。

"于是乎崇山巃嵷①,崔巍嵯峨,深林巨木,崭(巉)岩②参嵯,九嵏、嶻嶭③，南山峨峨，岩陁甗锜④，嶊（崔）崣（巍）崛崎，振溪通谷，蹇产沟渎，谽呀豁閜⑤，阜陵别岛，崴磈嵬瘣⑥，丘虚崛礨，隐辚郁㠝，登降施靡，陂池（陀）貏豸⑦，沇溶淫鬻⑧，散涣夷陆，亭皋千里，靡不被筑。掩以绿蕙，被以江离，糅以蘼芜，杂以流（留）夷。專（布）结缕，攒戾莎，揭车衡兰，槁本射干，茈姜蘘荷，葴橙若荪，鲜枝黄砾，蒋芧青䔣，布濩闳泽，延曼太原，丽靡广衍，应风披靡，吐芳扬烈，郁郁斐斐，众香发越，肸蠁布写（泄）⑨，晻薆苾勃⑩。

◎**注释** ①〔龍嵸（lóng zōng）〕高峻耸立。②〔嶄（chán）岩〕通"巉岩"，险峻的山岩。③〔九嵏（zōng）、嶻嶭（jié niè）〕皆山名。④〔岩陁（yǐ）甗锜（yǎn qí）〕岩，险峻。陁，倾斜。甗锜，形容山岩倾斜如甗或锜。甗、锜皆古代器皿名。⑤〔谽（hān）呀豁閜（xiǎ）〕广阔空虚状。⑥〔崴磈（wěi wěi）嵬瘣（wèi huì）〕山高峻貌。⑦〔陂池（pō tuó）貏豸（bǐ zhì）〕陂池，山势倾斜貌。貏豸，山势渐平貌。⑧〔沇（wěi）溶淫鬻（yù）〕水缓流貌。⑨〔肸蠁（xī xiǎng）布写〕香气四散。⑩〔晻薆（yè ài）苾（bì）勃〕香气浓郁盛大。

◎**大意** "此地崇山耸立，崔巍嵯峨，林深树大，峰峦起伏。九嵏山、嶻嶭山、终南山高峻巍峨，有的山岩如甗如锜，有的崎岖多姿，溪流穿谷，曲折通幽。峡谷空廓，丘裂似鸟，挺拔矗立。重岩叠嶂，连绵不断，高低不同。山势渐缓，溪水出谷，浸润平原。千里平地，尽被开拓。到处覆盖着绿蕙，披戴着江离，混长着蘼芜，夹杂着留夷。结缕满地，戾莎丛生。又有揭车、杜衡、兰草、槁本、射干、茈姜、蘘荷、葴、橙、若、荪、鲜枝、黄砾、蒋芧、青䔣等花木，遍布于广大的水泽，蔓延到辽阔的平原，茁壮成长，随风摆动，散发着芬芳，馥郁浓烈。尤其是百花齐放之时，遍地飘香，沁人心脾。

"于是乎周览泛观，瞋盼轧沕①，芒芒恍忽，视之无端，察之无崖。日出东沼，入于西陂。其南则隆冬生长，踊水跃波；兽则镛旄獏犛②，沈牛麈麋③，赤首圜题，穷奇象犀。其北则盛夏含冻裂地，涉冰揭河④。兽则麒麟角䚢⑤，騊駼橐驼，蛩蛩驒騱⑥，駃騠驴骡。

◎**注释** ①〔瞑盼轧汒(wù)〕繁盛而难以分别。②〔㺎(yōng)旄獏犛(mò máo)〕皆为野兽名。③〔麈(zhǔ)麋〕鹿类兽名。④〔揭(qì)河〕提起衣服过河。⑤〔角䚢(duān)〕传说中的兽名。⑥〔驒騱(tuó xí)〕野马名。

◎**大意** "在这里环顾四周，事物纷繁难以分辨，各种景色使人眼花缭乱，视之不见其端，望之不见其涯。早晨太阳从苑东的池边升起，傍晚从苑西的山坡落下。上林苑的南面即使在隆冬也草木丛生，碧波荡漾；这里的兽类有㺎、旄、獏、犛、沈牛、麈、麋、赤首、圜题、穷奇、大象、犀牛。上林苑的北面即使在盛夏也是天寒地冻，可以提起衣服踏冰过河。这里的兽类有麒麟、角䚢、騊駼、骆驼、蛩蛩、驒騱、駃騠、毛驴和骡子。

"于是乎离宫别馆，弥山跨谷，高廊四注，重坐①曲阁，华榱②璧珰，辇道䌩属③，步檐周流，长途中宿。夷嵏筑堂，累台增成，岩突④洞房，俯杳眇而无见，仰攀橑⑤而扪天，奔星更于闺闼，宛虹拖于楯轩⑥。青虬蚴蟉⑦于东箱，象舆婉蝉于西清，灵圉燕于闲观，偓佺⑧之伦暴于南荣，醴泉涌于清室，通川过乎中庭。盘石裖⑨崖，嵚岩⑩倚倾，嵯峨磼礏⑪，刻削峥嵘，玫瑰碧琳，珊瑚丛生，珉玉旁唐，玢豳⑫文鳞，赤瑕驳荦，杂臿⑬其间，垂绥琬琰，和氏出焉。

◎**注释** ①〔重坐〕两层的楼房。②〔华榱(cuī)〕雕绘花纹的屋椽。③〔䌩属(lí zhǔ)〕连绵不断。④〔岩突(yào)〕幽深貌。⑤〔橑(lǎo)〕屋椽。⑥〔楯(shǔn)轩〕有栏杆的长廊或小室。⑦〔蚴蟉(yǒu liú)〕屈曲行动。⑧〔偓佺(wò quán)〕仙人名。⑨〔裖(zhěn)〕重密而累积。⑩〔嵚(qīn)岩〕高峻的山岩。⑪〔磼礏(zá yè)〕山势高峻陡峭。⑫〔玢豳(bīn bān)〕玉的花纹。⑬〔杂臿(chā)〕错综夹杂。

◎**大意** "在这里离宫别馆，满山遍野，横跨溪谷，高廊相连，层楼宽敞，阁道曲折，雕梁画栋，红墙碧瓦。辇道逶迤，长廊环绕，路程遥远，中途需要歇息。削山筑堂，层台高耸，依岩凿洞，洞房相通，从台上俯视，幽深不见其底；沿屋椽仰攀，高得几乎可以摸到苍天。流星从宫门前飞过，曲虹在栏杆上横卧。青虬盘旋于东厢，象舆行在西厢。众位道长在清观中安居闲谈，仙人偓佺在南檐下沐浴阳光。甘泉在清室喷涌，大川流过中庭。以磐石作堤岸，参差错落，险峻嵯峨，如刻如削。满目玫瑰碧琳，珊瑚丛生，美石遍地，斑纹如鳞。更有赤玉陆离，夹杂其间，垂绥、琬琰及和氏璧在此出现。

"于是乎卢橘夏孰（熟），黄甘橙楱①，枇杷橪②柿，亭③奈厚朴，梬枣④杨梅，樱桃蒲陶，隐夫郁棣⑤，榙㮙⑥荔枝，罗乎后宫，列乎北园。貤⑦丘陵，下平原，杨翠叶，杌紫茎，发红华，秀朱荣，煌煌扈扈，照曜巨野。沙棠栎槠⑧，华氾檘栌⑨，留落胥余⑩，仁频并闾⑪，欃檀木兰，豫章女贞，长千仞，大连抱，夸条直畅，实叶葰茂⑫，攒立丛倚，连卷累佹，崔错癹骫⑬，坑衡閜砢⑭，垂条扶於，落英幡纚，纷容萧蓡⑮，旖旎从风，浏莅芔歙⑯，盖象金石之声，管龠之音。柴池茈虒⑰，旋环后宫，杂遝累辑，被山缘谷，循阪下隰，视之无端，究之无穷。

◎**注释** ①〔楱（còu）〕小橘子。②〔橪（rǎn）〕酸枣。③〔亭（tíng）〕山梨。④〔梬（yǐng）枣〕黑枣。⑤〔隐夫郁棣〕棠棣、郁李。⑥〔榙㮙（dá tà）〕果木名。⑦〔貤（yì）〕延续。⑧〔槠（zhū）〕一种常绿乔木。⑨〔檘栌（píng lú）〕两种树木名。⑩〔留落胥余〕留落，木名。一说留即刘子，落即檴；一说留落即今之石榴。胥余，椰子树。⑪〔仁频并闾〕槟榔树和棕榈树。⑫〔实叶葰（jùn）茂〕乃"实葰叶茂"之倒装。葰，大。⑬〔癹骫（bá wěi）〕迂回屈曲。⑭〔坑衡閜砢（ě luǒ）〕坑衡，树干直立的样子。閜砢，树干枝条重叠累积、盘结倾侧的情况。⑮〔纷容萧蓡（shēn）〕草木茂盛的样子。⑯〔浏莅芔（huì）歙〕象声词，风动树木之声。⑰〔茈虒（cǐ zhì）〕参差不齐。

◎**大意** "这里有卢橘在夏天成熟，黄柑、柚子、楱、枇杷、酸枣、柿子、山梨、苹果、厚朴、黑枣、杨梅、樱桃、葡萄、棠棣、榙㮙和荔枝等果树，罗布于后宫，遍植于北园，绵延于丘陵，下至于平原。绿叶摆动，紫茎轻摇，沙棠、栎木、楮、桦树、枫树、银杏、黄栌、留落、椰子、槟榔、棕榈、檀树、木兰、樟树、冬青等树，有的高达千尺，数人合抱，枝条扶疏，叶实并茂。有的并立丛生，曲卷相连，纠结交横。有的挺枝扶持，垂条四布。每当落花飘零，柔条轻摆，摇曳随风，沙沙成韵，有如钟磬之鸣，箫管之声。林木参差错落，环绕后宫，相依成片，遮山缘谷，上至高坡，下至低地，望之不见其端，求之没有穷尽。

"于是玄猿素雌，蜼玃飞鸓①，蛭蜩蠼蝚②，螹胡縠蛫③，栖息乎其间；长啸哀鸣，翩幡互经，夭蛴（矫）④枝格，偃蹇杪颠⑤。于是乎隃（逾）绝梁⑥，腾殊榛，捷垂条，踔⑦稀间，牢落陆离⑧，烂曼远迁。

◎**注释** ①〔蜼玃（wèi jué）飞鸓（lěi）〕蜼，一种长尾猿。玃，大母猴。飞鸓，鼯鼠。②〔蛭蜩（zhì tiáo）蠼蝚（zhuó náo）〕蛭，兽名。蜩，兽名，大如驴，状如猴。蠼、蝚，皆猿猴类。③〔螹（chán）胡縠蛫（hù guǐ）〕螹胡，猿类。縠，似鼬而大。蛫，古籍中的兽名。④〔夭蛴（jiǎo）〕即"夭矫"，屈伸貌。⑤〔杪（miǎo）颠〕树木末梢。⑥〔绝梁〕断桥，此指无桥可渡的山涧。⑦〔踔（chuō）〕跳跃。⑧〔牢落陆离〕牢落，野兽奔走的样子。陆离，参差不齐。
◎**大意** "这里有黑色的雄猿和白色的雌猿，又有长尾猿、大母猴、鼯鼠、蛭、蜩、猕猴、螹胡、縠及蛫等动物，栖息在林间。有的长啸哀鸣，有的轻捷好动。上下于枝干，跳跃于树巅。随后它们跨过山涧，腾于丛林之间，扯着垂下的枝条嬉戏，在枝条稀疏处腾跃，一会儿四散奔跑，一会儿呼朋引伴。

"若此辈者①，数千百处。嬉游往来，宫宿馆舍，庖厨不徙，后宫不移，百官备具。

◎**注释** ①〔若此辈者〕像这样的地方。
◎**大意** "像这样的地方，有成百上千处。游乐往来，可住于离宫，食于别馆。食堂不必搬迁，嫔妃不必相随，百官一应俱全。

"于是乎背秋涉冬①，天子校猎。乘镂象，六玉虬②，拖霓旌③，靡云旗，前皮轩④，后道游⑤；孙叔奉辔，卫公骖乘，扈从横行，出乎四校之中。鼓严簿，纵猎者，江河为阹⑥，泰山为橹⑦，车骑雷起，隐⑧天动地，先后陆离，离散别追，淫淫裔裔，缘陵流泽，云布雨施。

◎**注释** ①〔背秋涉冬〕秋末冬初。②〔玉虬〕此处指以玉装饰辔络的马。③〔霓旌〕皇帝出行时的一种仪仗。④〔皮轩〕虎皮装饰的车子。⑤〔道（dǎo）游〕导车和游车。帝王出行时的先导之车。⑥〔阹（qū）〕围猎禽兽之圈。⑦〔橹〕望楼。⑧〔隐〕震动。

◎**大意** "于是秋末冬初，天子校猎。乘坐饰有象牙的大车，驾驭着六匹如龙的骏马，挂起以羽为饰的旌旗，挥动绘有彩图的云旗。前有虎皮之车开道，后有导游之车相随。太仆孙叔敖驾车，大将军卫青陪坐，侍卫队左右搜索，在猎场的四周巡逻。然后在庄严的仪仗队中击鼓，放手让猎手们狩猎。江河是校猎的栅栏，泰山是观察禽兽的望楼。车马奔腾，震天动地，前后相继，分头追捕，纷纷攘攘，沿山顺河，如云布雨落。

"生貔豹①，搏豺狼，手熊罴，足野羊，蒙鹖苏，绔（裤）白虎，被豳（斑）文，跨野马。陵三嵕之危，下碛历之坻②；俓峻赴险，越壑厉水。推蜚廉③，弄解豸④，格瑕蛤，铤猛氏⑤，罥騕褭⑥，射封豕。箭不苟⑦害，解脰⑧陷脑；弓不虚发，应声而倒。于是乎乘舆弥节裴回，翱翔往来，睨部曲之进退，览将率之变态。然后浸潭促节，倏夐⑨远去，流离轻禽，蹴履狡兽，轊⑩白鹿，捷狡兔，轶赤电，遗光耀，追怪物，出宇宙，弯繁弱，满白羽，射游枭，栎蜚虡⑪，择肉后发，先中命处，弦矢分，艺殪仆⑫。

◎**注释** ①〔生貔（pí）豹〕生，生擒。貔豹，两种猛兽名。②〔下碛（qì）历之坻（dǐ）〕碛历，不平的样子。坻，山坡。③〔推蜚廉〕推，击杀。蜚廉，异禽名。④〔解（xiè）

豸〕神兽名。⑤〔铤（chán）猛氏〕铤，名词作动词，以矛刺杀。猛氏，兽名，状如熊而小，毛短有光泽。⑥〔胃（juàn）騕褭（yǎo niǎo）〕胃，用绳索绊。騕褭，骏马名。⑦〔苟〕任意。⑧〔解胆（dòu）〕解，破。胆，脖颈。⑨〔倏夐（xiòng）〕疾速远去的样子。⑩〔轊（wèi）〕碾压，践踏。⑪〔栎（lì）蜚遽（jù）〕栎，打击。蜚遽，怪兽名。⑫〔艺殪（yì）仆〕艺，箭靶，这里指猎物。殪仆，倒下。

◎**大意**　"活捉貔豹，搏击豺狼，手擒熊罴，脚踢野羊。猎手们头戴鹖尾冠，身穿虎文裤，肩披彩色衣，乘坐野性马。登上三峰并峙的高山，下到坎坷不平的山坡，跨过沟壑蹚过溪水。搏击蜚廉，擒拿解豸，格杀瑕蛤，刺杀猛氏，绊倒骏马，射中野猪。箭不随便射出，射必穿颈陷脑；弓不白白引发，发必应声而倒。接着车驾按节缓步徐行，随意往来。巡视部队进退的军容，观察将帅应变的神态。随后加鞭疾行，忽然远去。惊散飞禽，踩死狡兽，碾压白鹿，追上野兔。其速度超过红色的闪电，将电光远远抛在后面。追上了怪兽，超出了宇宙。拉弯繁弱良弓，张满白羽之箭，射落飞动的枭鸟，击中翱翔的蜚遽。选择禽兽身上一定的部位射击，命中之处正是预定的部位。当箭离弦之时，禽兽应声而倒地。

"然后扬节而上浮，陵惊风，历骇飙，乘虚无，与神俱。轔玄鹤，乱昆鸡，遒①孔鸾，促②鵕鸃，拂鹥鸟③，捎凤皇，捷鸳雏，掩焦明④。

◎**注释**　①〔遒（qiú）〕迫近。②〔促〕接近。③〔鹥（yì）鸟〕传说中凤凰一类的鸟。④〔焦明〕传说中的神鸟，凤凰属。

◎**大意**　"然后扬旗飞奔，驾惊风，过狂飙，登太空，与神同游。踏玄鹤，惊昆鸡，捕孔雀、鸾鸟，捉鵕鸃，击鹥鸟，打凤凰，取鸳雏，扑焦明。

"道尽涂（途）殚，回车而还。招摇乎襄（徜）羊（徉），降集乎北纮①，率乎直指，闇（奄）乎反乡（向）②。蹷石关③，历封峦，过鳷鹊，望露寒，下棠梨，息宜春，西驰宣曲，濯（棹）鹢牛首④，登龙台，掩细柳，观士大夫之勤略⑤，钧（均）獠者之所得获。徒车之所辚轹⑥，乘骑之所蹂若，人民之所蹈躤⑦，与其穷极倦䬄⑧，惊惮慴（慑）伏，不被创刃而死者，佗佗籍籍，填坑满谷，掩平弥泽。

◎**注释** ①〔北纮（hóng）〕极北之处。②〔閜（yǎn）乎反乡〕閜，通"奄"，忽然。反乡，即"反向"，顺着来时的道路往回走。③〔蹶（jué）石关〕蹶，踏。石关，台观名。下文"封峦""鸤（zhī）鹊""露寒"皆为台观名。④〔濯鹢（zhào yì）牛首〕持棹行船。濯，通"棹"，此指以棹划船。鹢，指绘有鹢鸟的龙舟。牛首，池名。⑤〔略〕收获。⑥〔轥轹（lì）〕以车轮碾压。⑦〔蹈躤（jí）〕践踏。⑧〔穷极倦衇（jí）〕穷极，走投无路。倦衇，极度疲倦。

◎**大意** "直到道尽途穷，才回车而还。逍遥漫步，来到上林苑的极北之地，随意前行，忽然返回家园。踏上石关观，走过封峦观，来到鸤鹊观，望着露寒观，下到棠梨宫，憩于宜春苑，然后策马向西来到宣曲园，在牛首池划起鹢船，接着向北登上龙台阁，到细柳亭赏景，慰问士大夫的辛苦，分配猎手们的所获。那些被兵车碾死的，飞骑踢死的，随员踩死的，以及穷途疲极、惊恐倒地，未受刀剑而死去的野兽，纵横狼藉，填满了深壑和山谷，覆盖了平原和川泽。

"于是乎游戏懈怠，置酒乎昊天之台，张乐乎轇輵①之宇；撞千石之钟，立万石之钜（虡）；建翠华之旗，树灵鼍之鼓。奏陶唐氏之舞，听葛天氏之歌，千人唱，万人和，山陵为之震动，川谷为之荡波。巴俞宋蔡②，淮南《于遮》，文成颠（滇）歌，族举递奏③，金鼓迭起，铿锵（锵）铛鞳④，洞心骇耳。荆、吴、郑、卫之声，《韶》《濩》《武》《象》之乐，阴淫案衍⑤之音，鄢、郢缤纷，《激楚》结风，俳优侏儒，狄鞮⑥之倡，所以娱耳目而乐心意者，丽靡烂漫于前，靡曼美色于后。

◎**注释** ①〔轇輵（jiāo gé）〕空旷深远。②〔巴俞宋蔡〕巴俞舞和先秦宋国、蔡国的音乐。③〔族举递奏〕各种乐器一会儿同时演奏，一会儿交错演奏。④〔铿锵（qiāng）铛鞳（dāng tà）〕形容乐器的声音响亮有力。⑤〔阴淫案衍〕淫靡放纵。⑥〔狄鞮（dī）〕古代少数民族名。

◎**大意** "此时游兴渐怠,遂在高耸入云的台榭摆下酒宴,在广大无边的寰宇中演奏乐曲。敲打千石大钟,竖起万石钟架,高擎翠羽彩旗,架设灵鼍大鼓。奏响唐尧时的舞曲,聆听葛天氏的歌声,千人齐唱,万人相和,高山为此震动,河川为此起波。巴人与俞人的舞蹈、宋国和蔡国的音乐、淮南的地方小调、《于遮》之曲、辽西文成县的乡音、西南滇池的民歌,递相演奏,轮番献技,铿锵作响,惊心震耳。有荆、吴、郑、卫的歌声,《韶》《濩》《武》《象》的舞曲,淫靡放荡的音乐,鄢、郢之曲绕梁,《激楚》之舞回风。优伶、侏儒同台表演,西戎女乐,独领风骚,均是可以娱人耳目、快人心意的表演。前有美妙动听的歌曲,后有柔曼妖艳的美色。

"若夫青琴宓妃之徒,绝殊离俗,姣冶娴都,靓庄刻饰,便嬛①绰约,柔桡嬛嬛,妩媚姌袅②;曳独茧之褕袘③,眇阎易④以戌削,媥姺徶㡭⑤,与世殊服;芬香沤郁,酷烈淑郁;皓齿粲烂,宜笑旳皪⑥;长眉连娟,微睇绵藐⑦;色授魂与,心愉于侧。

◎**注释** ①〔便嬛(pián xuān)〕轻盈美好。②〔姌(rǎn)袅〕细长柔弱貌。③〔独茧之褕袘(yú yì)〕独茧,纯色的丝茧。褕袘,襜褕(一种长的单衣)之袖。④〔眇阎易〕眇,美好。阎易,衣长大的样子。⑤〔媥姺(piān xiān)徶㡭(bié xiè)〕旋转的舞态,飞扬的衣服。⑥〔旳皪(dì lì)〕牙齿洁白的样子。⑦〔微睇(dì)绵藐〕目光美好的样子。

◎**大意** "有天仙青琴、宓妃般的美女,超群脱俗,举世无双,端庄华贵,轻盈柔曼,绰约多姿,妩媚娇弱,身着一色直襟薄纱,长袖轻拖,动作舒缓,整齐如削,婆娑蹁跹,世间罕见。身上馥郁芬芳,皓齿如玉,宜于巧笑。长眉如月,凝目含情。使人魂牵意动心驰神往。

"于是酒中乐酣,天子芒然而思,似若有亡。曰:'嗟乎,此泰奢侈!朕以览听余间,无事弃日,顺天道以杀伐,时休息于此,恐后世靡丽,遂往而不反,非所以为继嗣创业垂统也。'于是乃解酒罢猎,而命有司曰：'地可以垦辟，悉为农郊，以赡萌（氓）隶；隤①墙填堑，使山泽之民得至焉。实陂池而勿禁，虚宫观而勿仞②。发仓廪以振（赈）贫穷，补不足，恤鳏寡，存孤独。出德号③，省刑罚，改制度，易服色，更正朔，与天下为始。'

◎**注释** ①〔隤（tuí）〕坠落。②〔仞〕满。③〔号〕政令。

◎**大意** "到了酒酣乐极之时，天子怅然若失。对臣下说说道：'唉呀，这太奢侈了！朕在听政余暇，不愿虚度时日，顺天之道来狩猎，于是在这里休息。朕担心后代子孙奢侈浪费，继续这样做下去而不肯休止，这不是继承大业保有天下的方法。'于是便罢宴休猎，命令主管官员说：'苑内可以开垦的土地，都要变为农田，以供养黎民百姓。推倒围墙，填平沟池，让山野之民可以到这里来生活。让捕捞的人充满沼池而不必禁止，让离宫别馆空闲起来而不要占用，打开官仓以赈济贫困的百姓。要补助不足之民，体恤鳏夫和寡妇，哀怜孤儿和老人。要发布仁德的政令，减轻刑罚，改革制度，变易服饰，更换年号，重新开始，除旧布新。'

"于是历①吉日以齐（斋）戒，袭朝衣，乘法驾②，建华旗，鸣玉鸾，游乎六艺之囿，骛乎仁义之涂，览观《春秋》之林，射《狸首》，兼《驺虞》，弋玄鹤，建干戚，载云罕③，掩群雅④，悲《伐檀》，乐乐胥⑤，修容乎《礼》园，翱翔乎《书》圃，述《易》道，放怪兽，登明堂，坐清庙⑥，恣群臣，奏得失，四海之内，靡不受获。于斯之时，天下大说（悦），乡（向）风而听，随流而化，喟然兴道而迁义，刑错（措）⑦而不用，德隆乎三皇，功羡⑧于五帝。若此，故猎乃可喜也。

◎**注释** ①〔历〕选择。②〔法驾〕天子的车驾。③〔云罕〕天子出行时前驱者所持的旌旗。④〔掩群雅〕招揽众多贤能之人。⑤〔胥〕有才智的人。⑥〔清庙〕太庙。⑦〔错〕通"措"，搁置。⑧〔羡〕富饶。

◎ **大意** "于是选择吉日斋戒，穿上朝服，乘坐宝驾，竖起彩旗，摇动鸾铃，游学于六艺的苑囿，行走于仁义的大道，观看《春秋》的经义，演奏《狸首》的乐章，学习《驺虞》的射礼。舞玄鹤，挥干戚，演奏古乐。旌旗开道，广收天下贤才。对《伐檀》中不遇明主的志士表示伤悲，为天子得到辅国栋梁感到欢心。在《礼记》的花园内修饰仪表，在《尚书》的蕙圃中赏景游遨。讲论《周易》之道，放归珍禽异兽，登上天子的明堂，坐在太庙中，让群臣任意进谏，奏明得失，使四海之内，无不受益。当此之时，百姓欢悦，闻风听命，随流而变。仁政勃然兴起，人民归向道义，于是刑罚弃置而不用。天子的道德高过三皇，功业超越五帝。如果达到这样的政绩，游猎才称得上是可喜的事情。

"若夫终日暴露驰骋，劳神苦形，罢（疲）车马之用，抏①士卒之精，费府库之财，而无德厚之恩，务在独乐，不顾众庶，忘国家之政，而贪雉兔之获，则仁者不由也。从此观之，齐楚之事，岂不哀哉！地方不过千里，而囿居九百，是草木不得垦辟，而民无所食也。夫以诸侯之细②，而乐万乘③之所侈，仆恐百姓之被其尤④也。"

◎ **注释** ①〔抏（wán）〕损耗。②〔细〕地位低。③〔万乘〕天子。④〔尤〕祸。

◎ **大意** "假使终日顶风冒雨奔驰，劳神辛苦，使车马疲惫，使士卒消耗精力，浪费国库的资财，对百姓没有大的恩德，只是志在一个人的享乐，不顾庶民百姓，忘掉国家的大政，而探求野鸡和兔子的猎获，这是仁爱之君不愿做的事情。由此看来，齐、楚两国的游猎之事，难道不令人感到可悲吗？土地方圆不足千里，而王室园林竟占九百，结果草木之地得不到开垦，使百姓没有谋食之所。诸侯国的地位低下，却要享受天子的奢侈之乐，我担心百姓将会遭灾呀！"

于是二子愀然①改容，超若②自失，逡巡③避席，曰："鄙人固陋，不知忌讳，乃今日见教，谨闻命矣。"

◎**注释** ①〔愀（qiǎo）然〕容色改变貌。②〔超若〕怅然。③〔逡（qūn）巡〕向后退。

◎**大意** 于是子虚和乌有两位先生脸色改变，怅然若失，恭敬地退离座席，说道："鄙人浅薄无知，不懂顾忌，而在今日受到教导，已认真领教了。"

赋奏，天子以为郎。无是公言天子上林广大，山谷水泉万物，及子虚言楚云梦所有甚众，侈靡过其实，且非义理所尚①，故删取其要，归正道而论之。

◎**注释** ①〔非义理所尚〕指司马相如在赋中的铺陈言过其实，不是道义所崇尚的内容。

◎**大意** 这篇赋献上以后，武帝任命相如为郎官。无是公称说上林苑的广大，有山谷、水泉及万物，子虚称说云梦泽景物众多，浮夸奢靡，皆言过其实，况且不是道义所崇尚的，所以选取要点，归于正道后加以论述。

相如为郎数岁，会唐蒙使略通夜郎西僰中，发巴蜀吏卒千人，郡又多为发转漕万余人，用兴法诛其渠帅①，巴蜀民大惊恐。上闻之，乃使相如责唐蒙等，因喻告巴蜀民以非上意。檄曰：

◎**注释** ①〔用兴法诛其渠帅〕指汉朝用军兴法诛杀西南夷的酋长。《汉书》作"用军兴法"。军兴法，指战时的法令。渠帅，大首领。

◎**大意** 相如担任郎官数年，碰上唐蒙奉命夺取并开通夜郎和西部的僰中。他征发巴、蜀二郡的上千士卒，郡中又多为他征调一万多人负责从水、陆两路转送粮草。他用战时军法诛杀了其首领，巴、蜀的百姓大为惊恐。武帝听说后，便派相如前往责备唐蒙，顺便告谕巴、蜀百姓，唐蒙所为并非武帝的旨意。文告说：

告巴蜀太守：蛮夷自擅①不讨之日久矣，时侵犯边境，劳士大夫。陛下即位，存抚天下，辑安②中国。然后兴师出兵，北征匈奴，单于怖骇，交臂③受事，诎膝请和。康居西域，重译请朝，稽首来享。移师东指，闽越相诛。右吊番禺，太子入朝。南夷之君，西僰之长，常效贡职，不敢怠堕，延颈举踵，喁喁然皆争归义，欲为臣妾，道里辽远，山川阻深，不能自致。夫不顺者已诛，而为善者未赏，故遣中郎将往宾之，发巴蜀士民各五百人，以奉币帛，卫使者不然④，靡有兵革之事，战斗之患。今闻其乃发军兴制，惊惧子弟，忧患长老，郡又擅为转粟运输，皆非陛下之意也。当行者或亡逃自贼⑤杀，亦非人臣之节也。

◎**注释** ①〔自擅〕自作主张。②〔辑安〕安定团结。③〔交臂〕两臂相交，犹拱手。④〔不然〕事有不测。⑤〔贼〕残伤。

◎**大意** 兹告巴、蜀太守：蛮夷拥兵自重，已久未讨伐了。经常侵犯边境，使官吏不得安宁。今上即位以来，安抚天下，稳定中原。然后兴师出兵，北征匈奴，单于震恐，俯首称臣，屈膝求和。康居和西域诸国，辗转翻译，请求朝拜，叩首纳贡。遂移师东征，闽、越遭诛。接着安抚番禺，南粤王派太子入朝。南夷的君主，西僰的首领，经常纳贡述职，不敢怠慢。翘首企足，纷纷争着归附朝廷，欲做臣妾。道路遥远，山川阻隔，不能亲自前来致意。那些不顺从的人已被诛灭，而为善恭敬的人尚未得到奖赏，所以特派遣中郎将唐蒙前往安抚。征发巴、蜀士卒百姓各五百人，使他们供奉币帛，卫护使者以防不测，本没有兴师动众，交兵打仗的祸患。现在听说中郎将竟使用战时军法，使巴、蜀子弟担惊受怕，使父老尊长心存忧患，并且二郡又擅自为中郎将运送粮草，这些都不是皇上的旨意。至于被征发的人有的逃跑，有的自杀，这也不是人臣应做的事。

夫边郡之士，闻烽举燧燔①，皆摄弓而驰，荷兵而走，流汗相属，唯恐居后，触白刃，冒流矢，义不反顾，计不旋踵②，人怀怒心，如报私仇。彼岂乐死恶生，非编列③之民，而与巴蜀异主哉？计深虑远，急国家之难，而乐尽人臣之道也。故有剖符之封，析珪而爵，位为通侯④，居列东第，终则遗显号于后世，传土地于子孙，行事甚忠敬，居位甚安佚，名声施于无穷，功烈著而不灭。是以贤人君子，肝脑涂中原，膏液润野草而不辞也。今奉币役至南夷，即自贼杀，或亡逃抵诛，身死无名，谥为至愚，耻及父母，为天下笑。人之度量相越⑤，岂不远哉！然此非独行者之罪也，父兄之教不先，子弟之率⑥不谨也；寡廉鲜耻，而俗不长厚也。其被刑戮，不亦宜乎！

◎**注释** ①〔烽举燧燔（fán）〕烽，指昼日生烟。燧，指夜间举火。燔，烧。②〔旋踵〕后退。③〔编列〕编组而列入户籍。④〔通侯〕秦汉爵位名。⑤〔相越〕互相间的距离。⑥〔率〕遵循。

◎**大意** 那些边疆郡县的士卒，一听说烽烟又起，都张弓策马，拿起兵器奔向战场，汗流不断，争先恐后。在战场上冒白刃，迎飞箭，义无反顾，决不后退。人人心怀愤怒，个个如报私仇。他们难道喜欢死而讨厌生，不是国家的臣民，而与巴、蜀不同属一个君主吗？他们是境界高远，把国家的祸患放在首位，乐于尽人臣的职责。所以能够建立剖符大功，获得析珪之爵，位至列侯，身居大宅，死后留美名于后世，将封地传给子孙后代，他们平时做事忠诚恭敬，居官安然无事，声名永远流传，功业显赫不灭。所以有才德的君子，都愿献身于沙场，甘洒热血肥野草而在所不辞。现在仅仅是供奉币帛到南夷，便畏惧自杀，或逃跑被诛，身死无名，可称得上是最愚蠢的人，耻辱连累父母，被天下人嘲笑。一个人见识的高低，不是相差太远了吗？不过这并不完全是应征者的罪过，和父兄没有对他们事先施教、弟兄的表率作用没有做好也有很大的关系。人们寡廉鲜耻，世风也就不会淳厚了。所以他们遭到诛灭，不也是应该的吗！

陛下患使者有司之若彼，悼不肖愚民之如此，故遣信使晓喻百姓以发卒之事，因数①之以不忠死亡之罪，让三老孝弟以不教诲之过。方今田时②，重③烦百姓，已亲见近县，恐远所溪谷山泽之民不遍闻，檄到，亟④下县道，使咸知陛下之意，唯毋忽也。

◎**注释**　①〔数〕责备。②〔田时〕耕作时节。③〔重〕多。④〔亟（jí）〕急。

◎**大意**　现在皇上担心使者和官员像中郎将及二郡那样的做法，又痛心不肖愚民的如此行为，所以派遣可靠的使者向百姓说明为何要征发士卒之事，同时指出他们不忠于国家临阵自杀逃亡的罪行，责备地方官员不加教诲的过错。如今正当农时，多次打扰百姓，我已亲自面见了临近郊县的人，担心远处溪谷、山泽间的百姓不能尽知，所以文告一到，应迅速下发到县里和道里，使百姓都知道皇上的旨意，希望不要忽视怠慢。

相如还报。唐蒙已略通夜郎，因通西南夷道，发巴、蜀、广汉卒，作者数万人。治道二岁，道不成，士卒多物故①，费以巨万计。蜀民及汉用事者②多言其不便。是时邛、筰之君长闻南夷与汉通，得赏赐多，多欲愿为内臣妾，请吏，比南夷。天子问相如，相如曰："邛、筰、冉、駹者近蜀，道亦易通，秦时尝通为郡县，至汉兴而罢。今诚复通，为置郡县，愈于南夷。"天子以为然，乃拜相如为中郎将，建节③往使。副使王然于、壶充国、吕越人驰四乘之传，因巴蜀吏币物以赂西夷。至蜀，蜀太守以下郊迎，县令负弩矢先驱，蜀人以为宠。于是卓王孙、临邛诸公皆因门下献牛酒以交欢。卓王孙喟然而叹，自以得使女尚④司马长卿晚，而厚分与其女财，与男等同。司马长卿便略定西夷，邛、筰、冉、駹、斯榆之君皆请为内臣。除边关，关益斥⑤，西至沫、若水，南至牂柯为徼⑥，通零关⑦道，桥孙水⑧以通邛都。还报天子，天子大说（悦）。

◎**注释**　①〔物故〕死亡。②〔用事者〕执政者。③〔建节〕执持符节。④〔尚〕仰攀婚姻。⑤〔斥〕拓宽。⑥〔徼（jiào）〕边界。⑦〔零关〕即灵关，在今四川峨边南。⑧〔孙水〕若水的支流。

◎**大意**　等到相如回朝复命之时，唐蒙已打通了夜郎，随后准备开通去西南夷的道路。于是他又征发巴、蜀及广汉郡的士卒，投入数万筑路的人。修筑了两年，路未完工，许多士卒死了，耗资以万计。蜀地百姓和汉朝大臣中的多数人都说这样做不好。当时邛、筰两夷国的君长听说南夷已和汉朝来往，得到许多赏赐，也想成为汉朝的臣属，就像南夷那样。武帝向相如征求意见，相如说："邛、筰、冉、駹四夷靠近蜀郡，道路容易开通。秦时曾开通设置郡县，到汉朝建立时废置。现在如果真的再次开通设置郡县，其利胜过南夷。"武帝认为他说得对，于是拜相如为中郎将，使他持节出使西夷，副使是王然于、壶充国和吕越人。他们乘坐四匹马驾的传车前往，打算通过巴、蜀的官吏和财物笼络西夷。到达蜀郡后，蜀太守及所属官员都赶到郊外去迎接，县令亲自背上弓箭在前面引路，蜀郡人都以此为荣。这时卓王孙和临邛的名流都登门献上牛酒以讨相如的欢心。卓王孙慨叹万千，自以为让女儿嫁给相如嫁得太晚了，于是分给女儿许多财产，其数量和分给儿子的相等。司马相如随后和西夷建立了关系，邛、筰、冉、駹和斯榆等国的君主都请求做汉朝的臣属。于是拆除旧关卡，将边关扩大，西部到达沫水、若水，南部以牂柯江为边界，又凿开零关道，在孙水上架设桥梁，连通邛都。司马相如回到朝廷后报告武帝，武帝非常满意。

相如使时，蜀长老多言通西南夷不为用，唯大臣亦以为然。相如欲谏，业已建之①，不敢，乃著书，籍以蜀父老为辞，而己诘难之，以风（讽）天子，且因宣其使指②，令百姓知天子之意。其辞曰：

◎**注释**　①〔业已建之〕指汉武帝已发布了通西南夷的命令。②〔宣其使指〕阐明开通西南夷的意义。

◎**大意**　相如出使时，蜀郡的父老多数说开通西南夷的道路没有用处，即使是朝廷中的大臣也这样认为。相如也想劝谏，考虑到武帝已经下旨，所以就不敢多言，于是将自己的想法写成了文章。文章中借蜀地父老之口提出看法，自己进行反驳，用来讽喻武帝，同时借此说明自己出使的目的，让百姓知道武帝的意图。文章说：

汉兴七十有八载，德茂存乎六世，威武纷纭①，湛恩汪濊②，群生澍濡③，洋溢乎方外。于是乃命使西征，随流而攘，风之所被，罔不披靡。因朝冉从駹，定筰存邛，略④斯榆，举苞满⑤，结轶⑥还辕，东乡(向)将报,至于蜀都。

◎**注释** ①〔纷纭〕盛多。②〔湛恩汪濊(huì)〕湛,深。汪濊,深广。③〔澍(shù)濡〕雨水滋润万物,比喻承受恩惠。④〔略〕攻取。⑤〔举苞满〕举,攻打。苞满,又作"苞蒲",汉代西南少数民族名。⑥〔结轶〕车辆返回。

◎**大意** 汉朝建立已有七十八年,德政延续了六代,国势强盛,皇恩浩荡,众生被泽,惠及域外。于是才派遣使者西征,顺势开拓,如风所及,无不披靡。遂使冉夷入朝,駹夷顺服,平定了筰地,安抚了邛民,夺取了斯榆,占领了苞满,然后调转车辕,东向报捷,到达蜀郡。

耆老大夫荐(搢)绅^①先生之徒二十有七人,俨然造焉。辞毕,因进曰:"盖闻天子之于夷狄也,其义羁縻^②勿绝而已。今罢(疲)三郡之士,通夜郎之涂(途),三年于兹,而功不竟,士卒劳倦,万民不赡,今又接以西夷,百姓力屈,恐不能卒业,此亦使者之累也,窃为左右患之。且夫邛、筰、西僰之与中国并也,历年兹(滋)^③多,不可记已。仁者不以德来,强者不以力并,意者其殆不可乎!今割齐民^④以附夷狄,弊^⑤所恃以事无用,鄙人固陋,不识所谓。"

◎**注释** ①〔荐绅〕即"搢绅",又作"缙绅",指有官职或做过官的人。②〔羁縻〕控制,束缚。③〔兹〕通"滋",增加。④〔齐民〕平民。⑤〔弊〕疲困。

◎**大意** 蜀郡长老、大小官员及缙绅先生等二十七人隆重地前来拜见使者。礼毕,大家向使者进言道:"听说天子对夷狄的态度,旨在控制它们不使断绝关系而已。现在使三郡的士卒忍受疲劳,去开辟通往夜郎的道路,至今三年,而未见功效,士卒劳累,万民穷困。目前又接着要去开通西夷,百姓已疲惫不堪,恐怕难以完成此事,这也是使者的麻烦,因此我私下替你担心。况且邛、筰、西僰与中原地位等同,已有许多年代,无法记清了。仁慈的君主不能用道德使它们归顺,强大的君主不能用武力将它们兼并,我们猜想开通之事恐怕不可行吧。如今却要夺取百姓的财物以利夷狄，使所依靠的人民穷困而供养无用的夷狄，我等见识短浅，不知这样做的奥秘。"

使者曰："乌谓此邪？必若所云，则是蜀不变服而巴不化俗也。余尚①恶闻若说。然斯事体大，固非观者之所觏②也。余之行急，其详不可得闻已，请为大夫粗陈其略。

◎ **注释** ①〔尚〕犹。②〔觏（gòu）〕见。
◎ **大意** 使者回答说："话怎么能这样说呢？如果一定照你们所说的，那么蜀地就不会改变服饰，而巴地也不会改行中原的习俗。就是我本人也不愿意听到你们所说的这种话。不过事关重大，本不是旁观者所能看得准确的。我的行程紧急，不能详加解释，请允许我为诸位粗略地说明一下事情的大概。

"盖世必有非常之人，然后有非常之事；有非常之事，然后有非常之功。非常者，固常人之所异也。故曰非常之原①，黎民惧焉；及臻②厥成，天下晏如③也。

◎ **注释** ①〔原〕开始。②〔臻〕达到。③〔晏如〕平静。
◎ **大意** "大凡世上有了异乎寻常的人，然后才会出现异乎寻常的事；有了异乎寻常的事，然后才能建立异乎寻常的功劳。所谓异乎寻常，本来就是一般人所感到奇怪的。所以说，在异乎寻常的事开始出现的时候，老百姓都感到害怕；等到它获得成功的时候，天下人只会安然地享受其利。

"昔者鸿水浡①出，泛滥衍溢，民人登降移徙，崎岖②而不安。夏后氏戚之③，乃堙④鸿水，决江疏河，漉沈赡菑（灾）⑤，东归之于海，而天下永宁。当斯之勤，岂唯民哉。心烦于虑而身亲其劳，躬胝无胈⑥，肤不生毛。故休烈⁷显乎无穷,声称浃⁸乎于兹。

◎**注释** ①〔浡(bó)〕沸涌。②〔崎岖〕处境困难。③〔夏后氏戚之〕夏后氏,指禹。戚,忧愁。④〔堙(yīn)〕堵塞。⑤〔滜沈赡菑〕疏通洪水,稳定灾情。⑥〔躬胝(zhī)无胈(bá)〕亲历劳作而手脚磨起厚茧,皮肤不生汗毛。胝,茧。胈,人大腿上的细毛。⑦〔休烈〕盛美的事业。⑧〔浃(jiā)〕周遍。

◎**大意** "从前洪水滔滔,泛滥成灾,人民四处逃难,奔波不安。夏禹为此而忧愁,于是填塞洪水,疏导江河,分洪救灾,使江河东注于海,天下从此永保安宁。当时的辛苦,难道只是老百姓吗?夏禹既要费神考虑天下大事,又要亲自参加劳动,以致手脚磨出了老茧,皮不长毛。所以他的大功能够永远使后世获益,他的美名直到今天还被人颂扬。

"且夫贤君之践位也。岂特委琐龌龊,拘文牵俗,循诵习传,当世取说(悦)云尔哉!必将崇论闳议,创业垂统,为万世规。故驰骛乎兼容并包,而勤思乎参天贰地①。且《诗》不云乎:'普天之下,莫非王土;率土之滨,莫非王臣。'是以六合之内,八方之外,浸浔衍溢,怀生之物有不浸润于泽者,贤君耻之。今封疆之内,冠带之伦,咸获嘉祉,靡有阙遗矣。而夷狄殊俗之国,辽绝②异党之地,舟舆不通,人迹罕至,政教未加,流风犹微。内之则犯义侵礼于边境,外之则邪行横作,放③弑其上。君臣易位,尊卑失序,父兄不辜④,幼孤为奴,系累号泣,内乡(向)而怨,曰'盖闻中国有至仁焉,德洋而恩普,物靡不得其所,今独曷为遗己'。举踵思慕,若枯旱之望雨。戾⑤夫为之垂涕,况乎上圣,又恶能已?故北出师以讨强胡,南驰使以诮⑥劲越。四面风德⑦,二方之君鳞集⑧仰流,愿得受号者以亿计。故乃关沫、若,徼牂柯,镂零山,梁孙原。创道德之涂(途),垂仁义之统。将博恩广施,远抚长驾⑨,使疏逖⑩不闭,阻深暗昧得耀乎光明,以偃甲兵于此,而息诛伐于彼。遐迩一体,中外禔福^⑪，不亦康^⑫乎？夫拯民于沈溺，奉至尊之休德，反衰世之陵迟，继周氏之绝业，斯乃天子之急务也。百姓虽劳，又恶可以已哉？

◎**注释** ①〔参天贰地〕指人的德行可以与天地相比。②〔辽绝〕遥远。③〔放〕驱逐。④〔不辜〕无罪。⑤〔鸷(lì)〕凶狠，暴戾。⑥〔诮(qiào)〕责问。⑦〔风德〕被其德行感化。⑧〔鳞集〕群集。⑨〔驾〕控御。⑩〔遰(tì)〕远。⑪〔禔(zhī)福〕幸福。⑫〔康〕乐。

◎**大意** "况且贤明的君主即位后，难道只是为琐碎事务所缠身，被文法和世俗所束缚，诵习古训，循规蹈矩，取悦于当世而已吗？应当深谋远虑，建功立业，做子孙万代的榜样。所以在行动上要能够包容众物，在思想上要同时考虑到天、地和人事。况且《诗经》中不是这样说吗：'普天之下，没有什么地方不是王的领土；四海之内，没有哪一个人不是王的臣民。'所以天地之内，八方之内，恩泽四布，如果生灵之中尚有未受到恩泽滋润者，贤明的君王将感到羞耻。现在疆土之内，所有戴冠着衣之民，都得到了嘉福，没有遗漏。而夷狄是风俗不同的国家，遥远的异族之地，舟车不通，人迹罕至，政治教化尚未施及，社会风尚较为低下。如果接受他们，他们就会不讲礼仪地侵犯边境；如果不接受他们，则可能会在自己的国内横行霸道，犯上作乱。颠倒君臣的地位，改变尊卑等级，使父兄无罪被杀，孤幼变为奴隶。遭囚禁的人痛哭流涕，面向汉朝发出怨诉，说道：'听说汉朝有最佳的仁政，道德广大而恩泽普及，万物各得其所，如今为什么偏偏要遗漏我们呢？'他们抬脚仰望中国，若久旱以望雨露。即使凶暴的人也会为此而感动流涕，更何况皇上圣明，又怎么会就此作罢？所以向北方出师讨伐强胡，向南方派使者责问南越。四面八方都受到仁德的教化，南夷与西夷的君长如群鱼涌向流水，数以万计的盼望得到汉朝封号者。所以就以沫水、若水作为关塞，以牂柯江作为边界，开凿零山通路，在孙水源头架桥。凿通了道德的坦途，树立了仁义的风范。行将广施恩德，安抚远方，长期治理，使边远之民不被隔绝，使偏僻黑暗之处见到光明，在此地消灭战争，在彼地停止征伐。远近一体，内外安乐，这样不是很快意的事吗？拯救百姓于水火之中，奉行天子的仁德美意，振兴逐渐衰败的社会，继承周代即将断绝的基业，这乃是天子的当务之急。百姓即使劳苦，又怎么可以停止呢？

"且夫王事固未有不始于忧勤,而终于佚乐者也。然则受命之符,合在于此矣。方将增泰山之封①,加梁父之事②,鸣和鸾③,扬乐颂,上咸五,下登三④。观者未睹指,听者未闻音,犹鹪明⑤已翔乎寥廓,而罗者犹视乎薮泽。悲夫!"

◎**注释** ①〔增泰山之封〕登泰山祭天。②〔加梁父之事〕在泰山南边的梁父山祭地。③〔鸣和鸾〕指车驾前行。和鸾,古代车上的铃铛。④〔上咸五,下登三〕指汉之德赶超三皇五帝。咸,同。⑤〔鹪(jiāo)明〕传说中的神鸟。

◎**大意** "况且没有一个帝王的事业不是从忧劳开始,而以安乐告终的。如此看来受命于天的祥瑞之兆,正应在通西夷这件事上。如今皇上将要封禅泰山,在泰山南边的梁父山祭地,车驾前行,颂扬乐章,上同五帝之德,下立三王之业。旁观者未知其旨,倾听者未得其音,就像鹪明已翱翔于辽阔的天空,而捕鸟者还盯着湖泽一样,实在可悲啊!"

于是诸大夫芒然丧其所怀来而失厥所以进,喟然并称曰:"允①哉汉德,此鄙人之所愿闻也。百姓虽怠,请以身先之。"敞罔靡徙②,因迁延③而辞避。

◎**注释** ①〔允〕诚信。②〔敞罔靡徙〕失意而退避。③〔迁延〕后退。

◎**大意** 此时诸位大夫茫然忘却来意,不知要说些什么,只是感慨万千地同声说道:"令人信服啊,汉朝的盛德,这正是我们这些鄙陋之人希望知道的。百姓即使疲困,请让我们为他们做出榜样。"于是个个神情沮丧,稍作停留就疾行告退了。

其后人有上书言相如使时受金①,失官。居岁余,复召为郎。

◎**注释** ①〔受金〕受贿。
◎**大意** 此后有人上书告相如出使期间接受了别人的贿金,相如因此被免官。过了一年多,又被朝廷召回任为郎官。

相如口吃而善著书。常有消渴疾①。与卓氏婚,饶②于财。其进仕宦,未尝肯与公卿国家之事,称病闲居,不慕官爵。常从上至长杨③猎,是时天子方好自击熊彘,驰逐野兽,相如上疏谏之。其辞曰:

◎**注释** ①〔消渴疾〕糖尿病。②〔饶〕富有。③〔长杨〕离宫名,在陕西周至。
◎**大意** 相如口吃,但善于写文章。他患有糖尿病。他和卓文君结婚后,富有钱财。他担任官职以来,未曾愿意和公卿一起商议大事,而是托病闲居家中,不追求高官厚禄。他曾跟随武帝到长杨宫打猎,当时武帝喜欢亲自击杀熊和野猪,追赶野兽,相如上疏劝谏,疏上写道:

臣闻物有同类而殊能者,故力称乌获,捷言庆忌,勇期贲、育。臣之愚,窃以为人诚有之,兽亦宜然。今陛下好陵①阻险,射猛兽,卒(猝)然遇轶材之兽②,骇不存③之地,犯属车之清尘,舆不及还辕,人不暇施巧,虽有乌获、逢蒙之伎,力不得用,枯木朽株尽为害矣。是胡越起于毂下,而羌夷接轸也,岂不殆哉!虽万全无患,然本非天子之所宜近也。

◎**注释** ①〔陵〕登。②〔轶材之兽〕本事超群、凶猛异常的野兽。③〔不存〕意想不到。
◎**大意** 臣听说有些东西虽属同类而能力完全不同,所以谈到力气则称乌获,谈到轻捷则称庆忌,谈到勇猛则称孟贲、夏育。下臣愚陋,私下以为人所具有的这种情况,野兽同样具有。现在突然遇到凶猛异常的野兽,在意想不到的地方发怒,冲向陛下的车驾,一时车辕来不及调转,侍从来不及动手,此刻即使有乌获、逢蒙的勇猛,而威力无法施展,枯木朽树都会成为危害了。这就像胡越之兵突然出现在车下,而羌夷之兵冲到了车后,岂不是太危险了吗?即使万无一失,但这本不是天子应该接近的地方。

且夫清道而后行,中路而后驰,犹时有衔橛之变①,而况涉乎蓬蒿,驰乎丘坟,前有利②兽之乐而内无存变之意,其为祸也不亦难矣!夫轻万乘之重不以为安,而乐出于万有一危之涂(途)以为娱,臣窃为陛下不取也。

◎**注释** ①〔衔橛(jué)之变〕指车马倾覆。衔橛,马嚼子。②〔利〕贪。
◎**大意** 况且清理道路然后行走,在路的中间驰马,尚且会有轴断翻车的事故,何况穿于蓬蒿之间,驰于高丘之上,只顾眼前猎获野兽的快乐而内心没有应付意外事故的防备,恐怕灾祸也不难发生了。如果看轻帝王的尊位,不以此为安适,而把行走在危险的道路上当作乐事,臣以为陛下不应该这样做。

盖明者远见于未萌而智者避危于无形,祸固多藏于隐微而发于人之所忽者也。故鄙谚曰"家累千金者,坐不垂堂①"。此言虽小,可以喻大。臣愿陛下之留意幸察。

◎**注释** ①〔垂堂〕靠近堂屋檐下。
◎**大意** 圣明的人在事态尚未萌发之前就能够看到它的出现,而聪慧的人在毫无形迹之时就能够避开灾祸。祸患实际上多藏在隐蔽之处而发生于人们疏忽之时。所以谚语说"家中富有千金的人,不坐在屋檐下"。这话虽然说的是小事,但可以用来比喻大道理。臣希望陛下能够留心。

上善①之。还过宜春宫②,相如奏赋以哀二世行失也。其辞曰:

◎**注释** ①〔善〕赞许。②〔宜春宫〕秦时离宫,在今陕西长安东部。

◎**大意** 武帝对司马相如的劝谏很赞赏。返回时路过宜春宫,相如向武帝献赋,对秦二世行为的过失表示惋惜。赋的原文是:

登陂阤①之长阪兮,坌入曾(层)宫②之嵯峨。临曲江之隑州③兮,望南山之参差。岩岩深山之谾谾④兮,通谷豁兮谽谺⑤。汩淢噏习⑥以永逝兮,注平皋之广衍。观众树之塕薆⑦兮,览竹林之榛榛。东驰土山兮,北揭石濑。弥节容与兮,历吊二世。持身不谨兮,亡国失势。信谗不寤兮,宗庙灭绝。呜呼哀哉!操行之不得兮,坟墓芜秽而不修兮,魂无归而不食。敻邈绝而不齐兮,弥久远而愈休(昧)⑧。精罔阆⑨而飞扬兮,拾⑩九天而永逝。呜呼哀哉!

◎**注释** ①〔陂阤(pō tuó)〕倾斜不平。②〔坌(bèn)入曾宫〕坌入,并入。曾宫,即"层宫",层叠的宫殿。③〔隑(qí)州〕曲折的堤岸。④〔谾谾(hōng)〕长而大。⑤〔谽谺(hān xiā)〕形容山深。⑥〔汩淢(yù yù)噏(xī)习〕水势迅疾翻滚的样子。⑦〔塕薆(wěng ài)〕草木茂盛。⑧〔休〕通"昧",昏暗。⑨〔罔阆(liǎng)〕心神恍惚而无依靠。⑩〔拾(shè)〕升。

◎**大意** 登上倾斜的山坡,走进层叠嵯峨的宫殿。临近曲江曲折的堤岸,遥望着高低起伏的南山。高峻的深山蜿蜒,通畅的空谷一望无边。疾逝的流水一去不返,流入广阔平坦的平原。看那树木多么茂盛,又见那草木丛生的竹林。骑马奔上那东边的土山,撩衣走过北边石上的急流。停下来徘徊不前,凭吊秦二世的陵园。呜呼哀哉!他立身太不严谨,终致亡国丧权。他听信谗言而不醒悟,落得个宗庙灭绝。他品行不端啊,致使坟墓荒芜而得不到修整啊,魂魄没有归处而又没有人祭祀。多么久远而没有定限啊,而愈是久远就愈暗淡。

相如拜为孝文园令①。天子既美《子虚》之事,相如见上好仙道,因曰:"上林之事未足美也,尚有靡者②。臣尝为《大人赋》,未就③,

请具而奏之。"相如以为列仙之传居山泽间，形容甚臞④，此非帝王之仙意也，乃遂就《大人赋》。其辞曰：

◎**注释** ①〔孝文园令〕掌管汉文帝陵园维护的官员。②〔尚有靡者〕还有更令人向往的。③〔未就〕没有写完。④〔臞（qú）〕清瘦。
◎**大意** 其后相如被拜为掌管汉文帝陵园维护的官员。武帝赞美《上林赋》中所述的事情，相如发现武帝喜欢成仙之道，便进言道："《上林赋》中谈到的事物并不值得赞美，还有更令人向往的。臣曾经写过一篇《大人赋》，尚未完成，请允许我写完献上。"相如以为传说中的各种仙人都居住在山水之间，形体容貌都很清瘦，这不是帝王想成为的那种仙人，于是写成《大人赋》。赋的原文是：

世有大人兮，在于中州。宅弥万里兮，曾①不足以少留。悲世俗之迫隘兮，朅②轻举而远游。垂绛幡之素蜺兮，载云气而上浮。建格泽③之长竿兮，总④光耀之采旄。垂旬始以为幓兮⑤，曳彗星而为髾⑥。掉指桥⑦以偃蹇兮，又猗旎以招摇。揽欃枪⑧以为旌兮，靡屈虹而为绸。红杳渺以眩湣兮，猋风涌而云浮。驾应龙象舆之蠖略逶丽⑨兮，骖赤螭青虬之蚴蟉⑩蜿蜒。低卬（昂）夭蟜据以骄骜兮⑪，诎折隆穷蠼（躩）⑫以连卷，沛艾赳螑仡以佁儗兮⑬，放散畔岸骧以孱颜⑭。跮踱輵辖⑮容以委丽兮，绸缪偃蹇怵臭以梁倚⑯。纠蓼叫奡（嘿）蹋以艘（艎）路兮⑰，蔑蒙踊跃腾而狂进。莅飒卉翕⑱熛至电过兮，焕然雾除，霍然云消。

◎**注释** ①〔曾〕乃。②〔朅（qiè）〕离去。③〔格泽〕星宿名。④〔总〕系。⑤〔垂旬始以为幓（shān）兮〕旬始，星名。幓，旌旗的飘带。⑥〔髾（shāo）〕旌旗上所垂的羽毛。⑦〔掉指桥〕掉，摆动。指桥，柔弱的样子。⑧〔欃枪（chán chēng）〕指天欃、天枪两星。⑨〔蠖略逶丽〕行步进止貌。逶丽，蜿蜒曲折貌。⑩〔蚴蟉（yǒu liú）〕蛟龙曲折行动貌。⑪〔低卬夭蟜据以骄骜兮〕一低一高、忽曲忽伸地恣意奔驰。⑫〔蠼（jué）〕通"躩"，跳跃。⑬〔沛艾赳螑（xiù）仡（yì）以佁儗（chì yì）兮〕昂首抬头，停滞不前。⑭〔屑颜〕马昂首开口状。⑮〔輵（è）辖〕摇目吐舌。⑯〔绸缪偃蹇怵臭（chuò）以梁倚〕绸缪，掉头。偃蹇，屈曲。臭，一种像兔而比兔大的兽。梁倚，相互倚靠。⑰〔纠蓼叫奡踏以艐（jiè）路兮〕纠蓼，相引。叫奡，相呼。奡，通"嚣"。踏以艐路，踏上征途。⑱〔卉翕（xī）〕奔跑竞逐。

◎**大意** 世界上有位有德行的人啊，他居住在中原。宅第遍布万里啊，都不值得使他留恋。悲世俗难困苦而不自由啊，离去轻飘而远游。其上赤旗为带的白垂挂以白虹为装饰的赤色旗帜啊，驾祥云而凌空。竖起格泽星作为旗杆啊，挂上光芒四射的彩旗。垂挂着旬始星作为旗迎风而摆动啊，拖来彗星，把它当作旗上垂挂的羽毛。旌旗随风飘动，曲折辗转，时而轻飏时而飘飘。取来天欃、天枪星作为旌旗啊，挥动曲虹作为助舞的彩绸。满天红霞浑然一体啊，飙风突起云气飘动。乘坐应龙驾的象牙车逍遥前行啊，驾着赤螭、青虬蜿蜒行进。蛟龙有时昂扬翘首而腾飞啊，有时低回屈身而盘伏。有时伸颈转首环顾四周啊，有时纵情奔驰高下而不齐。忽前忽后、吞云吐雾、气势壮丽啊，逶迤起伏如惊臭呆立、相互倚靠。成群结队，喧嚣嘶鸣于道路啊，尘土飞扬，跳跃奔腾而狂进。互相追逐，迅猛异常，如雷至电过啊，去后云消雾散，突然明亮，阳光灿烂。

　　邪绝少阳而登太阴兮①，与真人乎相求。互折窈窕以右转兮，横厉飞泉以正东。悉征灵圉②而选之兮，部乘众神于瑶光。使五帝先导兮，反（返）太一而从陵阳。左玄冥而右含雷兮，前陆离而后潏湟③。厮征伯侨而役羡门兮，属岐伯使尚方④。祝融惊（警）而跸御兮，清氛气而后行。屯余车其万乘兮，綷⑤云盖而树华旗。使句芒其将行兮，吾欲往乎南嬉。

◎**注释** ①〔邪绝少阳而登太阴兮〕邪，斜。绝，渡。少阳，东方的极地。太阴，北方的极地。②〔灵圉〕神灵的统称。③〔潏湟（jué huáng）〕传说中的神名。④〔尚方〕尚，主持。方，方剂。⑤〔綷（cuì）〕五彩杂合。

◎**大意** 横渡东极而登上北极啊，与众仙人相聚。曲折幽深再向右转啊，横跨飞泉向正东飘去。将众仙全部召来进行推选啊，在北斗的首星瑶光之上排列座位。使五方之帝在前边开路啊，遣归尊神太乙而使陵阳仙人相随。左边是北方神玄冥，右边是造化神含雷啊，前边是陆离神而后边是潏湟神。让仙人征伯侨做小奴而役使仙人羡门啊，命天帝的太医岐伯将医药管好。让火神祝融负责警戒啊，清除妖氛而后前行。汇集成的车驾有万辆之多啊，杂合彩云作为车盖并竖起华丽的旗帜。命青帝的佐神句芒掌管巡行事务啊，我想到南方去旅游。

历唐尧于崇山兮，过虞舜于九疑。纷湛湛其差错兮，杂遝胶葛以方驰①。骚扰冲苁其相纷挐兮②，滂濞泱轧洒以林离。钻罗列聚丛以茏茸兮，衍曼流烂坛以陆离。径入雷室之砰磷郁律兮，洞出鬼谷之崛礨嵬礧③。遍览八纮④而观四荒兮，朅渡九江而越五河。经营炎火而浮弱水兮，杭绝浮渚而涉流沙。奄息总极泛滥水嬉兮，使灵娲鼓瑟而舞冯夷。时若薆薆⑤将混浊兮，召屏翳诛风伯而刑雨师。西望昆仑之轧沕⑥洸忽兮，直径驰乎三危。排阊阖⑦而入帝宫兮，载玉女而与之归。舒阆风而摇集兮，亢乌腾而一止。低回阴山翔以纡曲兮，吾乃今目睹西王母。皬然⑧白首载胜而穴处兮，亦幸有三足乌为之使。必长生若此而不死兮，虽济万世不足以喜。

◎**注释**　①〔杂遝（tà）胶葛以方驰〕杂遝，众多杂乱。胶葛，交错纠缠的样子。方，并排。②〔冲苁（cōng）其相纷挐（rú）兮〕冲苁，冲撞。纷挐，纷纭错杂。③〔洞出鬼谷之崛礨（lěi）嵬礧（wéi huái）〕洞出，穿出。鬼谷，传说中众鬼所聚之地。崛礨嵬礧，错落不平的样子。④〔八纮（hóng）〕八极。⑤〔薆薆（ài）〕阳暗不明貌。⑥〔轧沕〕不清晰。⑦〔阊阖（chāng hé）〕传说中的天门。⑧〔皬（hé）然〕白貌。

◎**大意**　越过崇山见到唐尧啊，于九疑拜访虞舜。车驾众多而交错啊，纷杂纵横而竞驰。骚扰冲撞一片混乱啊，声势浩大气象壮观。罗列丛聚汇集在一起啊，光彩掩映斑驳陆离。直接驰入宏大幽深的雷室啊，然后穿过高低不平的鬼谷。遍观八极而远望四荒啊，飞渡九江又跨越五河。翻过火焰山渡过弱水啊，又横越浮渚涉过流沙。在葱岭之巅歇息戏水啊，使女娲鼓瑟命河伯起舞。天色如果昏黑不明啊，即召雷神诛杀风神并讨伐雨师。西望昆仑山迷离模糊啊，遂径直驰往三危山。推开天门闯入帝宫啊，载上玉女与她同归。来到阆风山安歇啊，就像展翅腾飞的鸟鸟需要稍息。在阴山徘徊留恋啊，我今日才见到西王母。她满头白发、头戴玉簪住在洞穴中啊，幸亏有三足鸟供她役使。如果一定要像这样才能长生不老啊，即使活一万世也不值得高兴。

　　回车朅来兮，绝^①道不周，会食幽都。呼吸沆瀣^②兮餐朝霞，噍咀芝英兮叽琼华^③。嬐（僸）侵浔^④而高纵兮，纷鸿涌而上厉。贯列缺之倒景^⑤兮，涉丰隆之滂沛。驰游道而修降兮，骛遗雾而远逝。迫区中之隘陕（狭）兮，舒节出乎北垠。遗屯骑于玄阙兮，轶先驱于寒门^⑥。下峥嵘而无地兮，上寥廓而无天。视眩眠而无见兮，听惝恍而无闻。乘虚无而上假（遐）兮，超无友而独存。

◎**注释** ①〔绝〕渡过。②〔沆瀣（hàng xiè）〕夜间的水汽、露水。③〔噍（jiào）咀芝英兮叽（jī）琼华〕噍咀，咀嚼。芝英，灵芝。叽，稍微吃一点。琼华，神话中琼树的花蕊。④〔嬐（jìn）侵浔〕嬐，同"僸"，仰。侵浔，渐进。⑤〔倒景〕道家指天上最高的地方。⑥〔寒门〕传说中的地名，在极北。

◎**大意**　掉转车驾返回啊，径直跨过不周山，来到极北的幽都大会餐。呼吸沆瀣啊食朝霞，咀嚼灵芝啊含琼花。抬头仰望飘离地面啊，腾跃盘旋上青天。穿过雷电飞到最高处啊，冒着云神丰隆降下的大雨冲上天。飞驰的游车从天而降啊，将云雾远远地抛在它后方。迫于人间居处狭小啊，放慢车速驶出北边的天际。把随从车骑留在玄阙啊，在寒门超越先行的车骑。下界深险不见底啊，上界寥廓而不见天。视野迷茫而无所见啊，听觉模糊而无所闻。乘虚无而远去啊，无尘世俗友而独存。

相如既奏《大人之颂》，天子大说（悦），飘飘有凌云之气，似游天地之间意。

◎**大意**　相如进献《大人赋》后，武帝非常高兴，有超尘脱俗、腾云驾雾的感觉，好像真的遨游于天地之间那样舒适。

相如既病免，家居茂陵。天子曰："司马相如病甚，可往从悉取其书；若不然，后失之矣。"使所忠①往，而相如已死，家无书。问其妻，对曰："长卿固未尝有书也。时时著书，人又取去，即空居。长卿未死时，为一卷书，曰有使者来求书，奏之。无他书。"其遗札书言封禅事②，奏所忠。忠奏其书，天子异之。其书曰：

◎**注释**　①〔所忠〕人名，汉武帝的宠臣。②〔其遗札书言封禅事〕指司马相如的遗书讲的是关于封禅的事。

◎**大意**　相如因病辞官以后，住在茂陵。武帝说："司马相如病得很厉害，可派人去将他所著的书全部拿回来；如果不这样做，以后就会散失掉。"于是武帝派所忠前往，到时相如已死，家中无书。询问相如的妻子，妻子回答说："长卿确实不曾有书。他不断地写书，但又不断地被人拿走。所以家中总是空的。长卿没死的时候，写过一卷书，说有使者来求书时，把书献上。没有别的书了。"相如在这部遗稿中谈的是封禅之事，书稿献给了所忠。所忠又将书稿献给武帝，武帝读了之后感到很惊奇。书上写道：

伊上古之初肇，自昊穹兮生民，历撰列辟①，以迄于秦。率迩者踵武②，逖听者风声③。纷纶葳蕤④，湮灭而不称者，不可胜数也。续《昭》《夏》⑤，崇号谥，略可道者七十有二君。罔若淑而不昌⑥，畴⑦逆失而能存？

◎**注释** ①〔历撰列辟〕撰，数。辟，君王。②〔率迩者踵武〕迩，近。踵，追随。武，足迹，此指前人遗业。③〔逖（tì）听者风声〕逖，远。风声，指前代帝王的传闻。④〔纷纶葳蕤（wēi ruí）〕众多的样子。⑤〔续《昭》《夏》〕《昭》，舜时乐名。《夏》，禹时乐名。续《昭》《夏》谓继舜、禹而起。⑥〔罔若淑而不昌〕罔，无。若，顺。淑，善。昌，盛。⑦〔畴〕谁。

◎**大意** 从开天辟地的上古，苍天降生了万民，历经各代君王，到了统一的秦朝。各朝君主总是继承近代的法度，而参酌远代的流俗。纷乱繁多，事迹湮没无闻的，不可胜数。继承虞舜、夏禹，崇尚尊号美谥，稍可称道的只有七十二位君主。未遵循善道而不昌盛的，有谁背德而能长存？

轩辕之前，遐哉邈乎，其详不可得闻也。五三①《六经》载籍之传，维②见可观也。《书》曰"元首明哉，股肱良哉"。因斯以谈，君莫盛于唐尧，臣莫贤于后稷。后稷创业于唐，公刘发迹于西戎，文王改制，爰周郅③隆，大行越（粤）④成，而后陵夷衰微，千载无声，岂不善始善终哉。然无异端，慎所由于前，谨遗教于后耳。故轨迹夷易，易遵也；湛恩濛涌，易丰也；宪度著明，易则也；垂统理顺，易继也。是以业隆于襁褓而崇冠于二后⑤。揆厥所元，终都⑥攸卒，未有殊尤绝迹可考于今者也。然犹蹑梁父，登泰山，建显号，施尊名。大汉之德，逢涌原泉，沕潏漫衍⑦，旁魄四塞，云專⑧雾散，上畅九垓，下溯八埏⑨。怀生之类霑濡⑩浸润，协气横流，武节飘逝，迩陕（狭）游原，迥阔泳沫，首恶湮没，暗昧昭晳⑪，昆虫凯泽，回首面内。然后囿驺虞之珍群，徼麋鹿之怪兽，㯌一茎六穗于庖⑫，牺双觡共抵之兽⑬，获周余珍收龟于岐，招翠黄乘龙于沼。鬼神接灵圄，宾于闲馆。奇物谲诡，俶傥穷变。钦⑭哉，符瑞臻兹，犹以为薄，不敢道封禅。盖周跃鱼陨杭⑮，休之以燎⑯，微夫斯之为符也，以登介丘⑰，不亦恧⑱乎！进让之道，其何爽与？

◎**注释** ①〔五三〕三皇五帝。②〔维〕乃。③〔郅（zhì）〕极，大。④〔越〕通"粤"，于是。⑤〔是以业隆于襁褓而崇冠于二后〕襁褓，指周成王时期。二后，指周文王和周武王。⑥〔都〕于。⑦〔汩漷（mì jué）漫衍〕泉流貌。⑧〔尃（fū）〕分布，散布。⑨〔上畅九垓，下溯八埏〕九垓，犹言"九天"。八埏，八方的边际。埏，大地的边际。⑩〔霑（zhān）濡〕浸润。⑪〔昭晢（zhé）〕明白，显著。⑫〔擇（dào）一茎六穗于庖〕擇，选择。一茎六穗，被视为嘉禾。庖，厨房。⑬〔牺双觡（gé）共抵之兽〕牺，祭品，这里用作动词。双觡共抵之兽，指麟。双觡，双角。抵，根。⑭〔钦〕敬。⑮〔陨杭〕落入船中。杭，渡船。⑯〔燎（liào）〕烧柴祭天。⑰〔介丘〕指泰山。介，大。⑱〔恧（nù）〕惭愧。

◎**大意** 轩辕黄帝以前，遥远幽邈，其详细情况已不可得知。五帝三王的事迹，《六经》记载流传，差不多可以看到。《尚书》上说："君主圣明啊！辅臣贤良啊！"据此可以说，君主没有哪个能超过唐尧，大臣没有哪个能贤于后稷。后稷在唐尧时代建立了大功，到公刘时兴起于西戎，文王时改革制度，使周繁荣昌盛，伟业告成。其后虽逐渐衰败微弱，但传千载而无恶声，难道不是善始善终吗？没有别的原因，只是由于前代君主能够谨慎对待他们的事业，又能严格将法度传给后代子孙而已。所以周文王制定的规范平易，容易遵守；恩德深广，容易兴盛；宪章制度显明，容易效法；传业顺理，容易继承。因此周朝的大业鼎盛于成王且超过了文、武之时。考察它的兴起，总结它的败亡，并没有比今天特别突出超绝的功业。但是他们涉足梁父，登上泰山，建立了大号，加上了尊名。大汉的威德，如滚滚泉涌，喷射漫溢，广被四方，如云布雾散，上通九天，下及八荒。一切生灵都得到浸润滋养，协和之气横吹，威武之名远扬。近者游于其恩泽之源头，远者浴于其教化之末流。首作乱者皆被消灭，蒙昧者因教化而明白事理。就连昆虫也乐受恩德，掉转头来面向中国。于是义兽驺虞蓄于苑囿，奇兽麋鹿入于栏中。在厨房选用一茎六穗的嘉禾，以双角并根的麟兽做祭品。在岐山获得了周朝的宝鼎和神龟，从池泽招来了黄帝登仙之黄龙。鬼神迎接仙人灵圉，使其居闲馆。四方贡物精巧珍奇、变化多端。多么令人敬仰啊！吉祥的征兆皆出现，但是汉天子尚以为道德浅薄，不敢言封禅。武王伐纣渡河时，有白鱼出水跳入船中。武王以为很吉利，因此烧柴祭天。多么微小啊！这也算吉祥之兆！因这样的征兆去封禅泰山，岂不羞愧汗颜吗？周武王不当封禅而封禅与汉天子当封禅而谦让的做法，差距何等之大啊！

于是大司马进曰："陛下仁育群生，义征不憓①，诸夏乐贡，百蛮执贽，德侔往初，功无与二，休烈浃洽②，符瑞众变，期应绍至，不特创见。意者泰山、梁父设坛场望幸，盖号以况（贶）③荣，上帝垂恩储祉，将以荐成，陛下谦让而弗发也。挈三神之欢，缺王道之仪，群臣恧焉。或谓且天为质暗，珍符固不可辞；若然辞之，是泰山靡记而梁父靡几④也。亦各并时而荣，咸济世而屈⑤，说者尚何称于后，而云七十二君乎？夫修德以锡符，奉符以行事，不为进越⑥。故圣王弗替，而修礼地祇，谒款天神，勒功中岳，以彰至尊，舒盛德，发号荣，受厚福，以浸黎民也。皇皇哉斯事！天下之壮观，王者之丕⑦业，不可贬也。愿陛下全之。而后因杂荐（搢）绅先生之略术，使获耀日月之末光绝炎，以展采错事，犹兼正列其义，校饬厥文，作《春秋》一艺，将袭旧六为七，摅⑧之无穷，俾万世得激清流，扬微波，蜚英声，腾茂实。前圣之所以永保鸿名而常为称首者用此，宜命掌故悉奏其义而览焉。"

◎ **注释** ①〔憓（huì）〕顺服。②〔浃洽〕遍及。③〔况〕通"贶"，赐予。④〔靡几〕没有希望。⑤〔屈〕绝。⑥〔进越〕逾礼。⑦〔丕〕大。⑧〔摅（shū）〕传播。

◎ **大意** 当时大司马进谏说："陛下以仁德抚育天下百姓，用道义征伐不顺之民，华夏诸国乐意进贡，蛮夷各族执礼朝拜，美德同于古贤，功业当世无二，德政遍及天下，吉兆层出不穷，时至一一应验，并非偶然出现。我想泰山、梁父山上设立坛场大概是希望天子早日幸临，加封尊号以显荣耀。上帝向人间降恩赐福，是要得知成功的报告，陛下如果谦让而不去封禅，就会引起天神、地神和山神的不快，使帝王的礼仪缺漏不全，使群臣对此感到遗憾。有人说天道质朴而难明，所以对珍贵的符兆是不能拒绝的；如果拒之不理，就会使泰山没有刻石而梁父山得不到祭祀了。如果说封禅只是一时的荣耀，年代一过会被遗忘，那么封禅之事为什么还会流传到后代，而有七十二君的事迹呢？加强德政上天就会赐降吉兆，按照吉兆去做事不能认为是越礼。所以圣明的君王不废封禅，而修礼敬祀地神，竭诚拜祭天神，在中岳刻石记功，显示皇帝的地位，宣扬隆盛的德行，显示荣耀的称号，承受丰厚的福运，以利众民。伟大隆重啊这封禅之事！是天下的壮观，帝王的大业，不可等闲视之。希望陛下成就此大典。然后综合缙绅先生之观点，使之获得日月之辉而发扬光大，以展示其能而用于功事。同时使其正确阐释封禅之大义，修饰其文辞，著成像《春秋》一样的经典，继原《六经》而增为《七经》，永远流传。使千秋万世能据以激励忠义，弘扬精神，流传英名，结成硕果。前代圣贤能美名永垂常为后人颂扬的原因正在于此，所以应当命令礼乐之官将封禅的意义全部上奏以供陛下阅览。"

于是天子沛然①改容，曰："愉乎，朕其试哉！"乃迁思回虑，总公卿之议，询封禅之事，诗②大泽之博，广符瑞之富。乃作颂曰：

◎**注释** ①〔沛然〕感动的样子。②〔诗〕歌咏。
◎**大意** 这时天子露出了感动的神色，说："好啊，我就试试吧！"于是改变想法，总结了大臣们的意见，询问封禅的具体事宜，歌颂功德的广大，夸耀吉兆的众多。遂写成颂词道：

自我天覆，云之油油①。甘露时雨，厥壤可游。滋液渗漉，何生不育；嘉谷六穗，我穑曷蓄。

◎**注释** ①〔油油〕云彩飘动。
◎**大意** 自从汉家承天运，祥云调和万象新。甘露更兼及时雨，沃野千里育万民。雨露滋润肥大地，万物长生叶森森；天降嘉谷生六穗，我民勤耕多富殷。

非唯雨之，又润泽之；非唯濡之，泛尃濩之①。万物熙熙，怀而慕思。名山显位，望君之来。君乎君乎，侯②不迈哉！

◎**注释** ①〔泛尃濩（fū hù）之〕大雨下得普遍广泛，比喻恩泽广布。尃濩，散布。②〔侯〕何。

◎**大意** 不但降雨润物，又赐恩惠泽民；非我独享其福，普天同获新生。万物欣欣向荣，戴德思往帝京。名山虚席以待，望君封禅告功。君王啊君王，何不早日启程！

般（斑）般（斑）之兽，乐我君囿；白质黑章，其仪可喜；旼旼①睦睦，君子之能（态）。盖闻其声，今观其来。厥涂（途）靡踪，天瑞之征。兹亦于舜，虞氏以兴。

◎**注释** ①〔旼旼（mín）〕和蔼。
◎**大意** 满身花纹的野兽，在帝王的苑囿中；白底黑纹，仪表令人喜爱；和悦而又静穆，大有君子风范。久闻鼎鼎大名，今日才得亲见。不知从何而至，吉兆当来自天。舜时亦曾出现，使虞氏业绩灿烂。

濯濯①之麟，游彼灵畤②。孟冬十月，君徂郊祀。驰我君舆，帝以享祉③。三代之前，盖未尝有。

◎**注释** ①〔濯濯〕肥而有光泽。②〔灵畤（zhì）〕祭台名，祭祀天地五帝之处。③〔享祉〕指天帝接受祭祀而赐福。
◎**大意** 白麟肥美安闲，来到祭台之处。正当初冬十月，君王郊祀上路。麟奔我君车驾，君王祭天得福。三代之前遥远，此事自古似无。

宛宛黄龙，兴德而升①；采色炫耀，熿炳②辉煌。正阳③显见，觉寤黎烝④。于传载之，云受命所乘。

◎**注释** ①〔兴德而升〕德业兴盛时才出现。②〔熿（huáng）炳〕闪耀。③〔正阳〕指南面。④〔觉寤黎烝〕教化万民。黎烝，黎民。
◎**大意**　盘曲缩居的黄龙，遇盛德而升腾；鳞甲金光闪闪，闪耀万里长空。黄龙南面显身，教化天下众生。典籍曾有记载，言为天子所乘。

　　厥之有章，不必谆谆。依类记寓①，谕以封峦。

◎**注释**　①〔寓〕寄。
◎**大意**　天意已见兆瑞，不必谆谆明言。依事寄其所托，告君登山封禅。

　　披艺观之，天人之际已交，上下相发允①答。圣王之德，兢兢翼翼也。故曰"兴必虑衰，安必思危"。是以汤武至尊严，不失肃祗②；舜在假③典，顾省④厥遗：此之谓也。

◎**注释**　①〔允〕相称，合适。②〔肃祗（zhī）〕恭敬。③〔假〕大。④〔省（xǐng）〕省察。
◎**大意**　翻开文献可以看到，天道和人事已经融通，上位和下民相互表达谐和。圣王的德政，就是兢兢业业、小心谨慎。所以说"兴盛的时候一定要考虑衰败，安定的时候一定要考虑危险"。因此，商汤和周武王虽是万乘之尊，但不忘恭敬；虞舜在主持大典之时，仍然省察自己的缺失：这些说的就是这个道理。

　　司马相如既卒五岁，天子始祭后土①。八年而遂先礼中岳②，封于太山，至梁父禅肃然③。

◎**注释**　①〔后土〕地神。②〔中岳〕嵩山。③〔肃然〕肃然山，在泰山东。
◎**大意**　司马相如死后五年，天子才开始祭祀地神。八年后终于先祭祀了中岳之神，然后在泰山筑坛祭天，接着到梁父祭祀了肃然山。

相如他所著，若《遗平陵侯书》《与五公子相难》《草木书》篇不采，采其尤著①公卿者云。

◎**注释**　①〔著〕声名卓越。
◎**大意**　相如的其他著作，如《遗平陵侯书》《与五公子相难》《草木书》等篇均没有收录，传中只收录了他在公卿中特别著名的作品。

太史公曰：《春秋》推见至隐，《易》本隐之以显，《大雅》言王公大人而德逮①黎庶，《小雅》讥小己之得失，其流②及上。所以言虽外殊③，其合德一也。相如虽多虚辞滥说，然其要归引之节俭，此与《诗》之风（讽）谏何异！杨雄④以为靡丽之赋，劝百风（讽）一，犹驰骋郑卫之声⑤，曲终而奏雅，不已亏乎？余采其语可论者著于篇。

◎**注释**　①〔德逮〕德，本质规律。逮，及，适用于。②〔流〕传播。③〔外殊〕外在形式不同。④〔杨雄〕即扬雄，西汉辞赋家、思想家。⑤〔郑卫之声〕指春秋战国时郑、卫等国的民间音乐。儒家认为其音淫靡，不同于雅乐，故斥之为淫声。
◎**大意**　太史公说：《春秋》由人事之显著推而明天道之隐微，《易》由推算隐微的天道来明了万物的规律，《大雅》讲的是王公大人，但其所说的规律也适用于黎民百姓，《小雅》讽刺个人的得失，其言却能影响到上位者。所以言辞的外在形式虽然不同，但其合于德的教化作用是一致的。相如的文章虽有许多夸张不实的说法，但其宗旨归于节俭，这与《诗经》的讽谏作用有何不同呢？扬雄认为相如的文章是华丽之赋，鼓励奢侈之言极多而劝导节俭之言极少，好像通篇演奏郑、卫的靡靡之音，只是在曲终时奏及雅乐，这不是歪曲了相如的本意吗？我采纳相如言辞中可称道者收录在本篇中。

◎**知识拓展**

在刻画司马相如的形象时，司马迁除了使用前文所说"以文传人"的表现手法之外，还使用了其他艺术手法，如语言描写。司马相如在汉武帝询问《子虚赋》的创作情况时，回答："有是。然此乃诸侯之事，未足观也。请为天子游猎赋，赋成奏之。"不卑不亢，淡定自如，表现了司马相如对自身才华的自信。又如行为描写。通过司马迁的记述，可以知道司马相如在前去卓家赴宴之前是做了相应准备的。他先是通过与王吉的交往抬高自己的身价，在面对卓王孙的邀请时又再三推辞，吊足了众人的胃口，之后的出场则是风采照人、技惊四座，如此一来卓文君对他一见倾心也就毫不奇怪了。通过"既罢，相如乃使人重赐文君侍者通殷勤"等记述可知，司马相如与卓文君的相遇并不全凭天意，人为的因素同样是十分重要的。列传中将司马相如与卓文君婚恋的故事写得婉转秾丽，跌宕起伏，极富故事性，所以清人吴见思称其为"唐人传奇小说之祖"。它为后世文学艺术作品的创作提供了极好的范例和素材。除此之外，司马迁还运用了侧面描写的技巧。他借卓文君之口说司马相如："时时著书，人又取去，即空居。"从侧面反映了司马相如文名之盛，时人对他的追捧是十分热烈的。

司马迁综合运用这些描写手法，成功刻画了司马相如这一丰满的人物形象。

而司马迁本人对于自身所处的这个时代的矛盾心情也在本篇列传中有所流露。司马迁通过收录和评价司马相如的辞赋作品，铺排宫室苑囿的华美和富饶，以显示这个时代物质文明的伟大，表现出他赞美"大一统"的现实和中央集权的思想；但他又主张戒奢持俭，防微杜渐，并婉谏超世成仙之谬。这些矛盾的心情既属于司马相如，也属于司马迁，是那个时代知识分子内心共同的矛盾。

淮南衡山列传

第五十八

　　本传载述的是刘邦少子刘长的世系，是刘长、刘安、刘赐等人的合传。他们谋反被诛，故不立世家而贬为列传。这篇传记可以分为四部分：第一部分叙述淮南厉王刘长的事迹。刘长之母原是赵王张敖的妃嫔，在高祖刘邦经过赵国时，刘长之母被赵王张敖派去服侍刘邦，因此怀上刘邦的骨肉。后来赵国谋反，刘长之母被牵连下狱，审食其、吕后等人明知她怀着高祖的血脉却不愿全力相救，所以她在生下刘长后便悲愤自尽。生母死后，刘长生活在吕后的身边，所以在惠帝、吕后当政时期没有被杀害。因原淮南王黥布谋反，高祖改封刘长为淮南王。文帝即位后，对他宽容放纵，他因此嚣张跋扈，杀审食其以泄私愤，又在封国内制定法令、窝藏逃犯，图谋造反，做了很多大逆不道的事情。文帝不忍将他处死，于是下令将他流放蜀地，途中他绝食而死。汉文帝心中愧疚，处置了苛待刘长

◎ 淮南衡山列传第五十八

的官吏，并且厚葬了刘长。第二部分写刘长之子刘安蓄谋造反之事。文帝忧虑刘长的死会让自己背负杀弟的恶名，于是将淮南国一分为三：封刘长长子刘安为淮南王；次子刘勃为衡山王，后徙为济北王；刘赐为庐江王，后徙为衡山王。在七国之乱中，吴国的使者来到淮南国，劝说刘安举兵响应，刘安意图参与谋反，但被淮南国丞相阻止，因而得以在七国之乱平息之后保住王位。第三部分讲述淮南王刘安谋反的过程。刘安一直对其父刘长之死耿耿于怀，就派遣女儿刘陵去京城长安侦查情况，暗中结交宾客，与吴太子刘迁、吴臣伍被等人日夜谋划，又勾连弟弟衡山王刘赐，蓄谋反汉。刘安一再犹豫不决，迟迟没有起兵，最终消息泄露，刘安畏罪自杀，刘迁等参与谋反之人被灭族。第四部分讲述刘安弟弟衡山王刘赐参与谋反的经过，以及他后宫的矛盾和两位王子的争斗。刘赐想要废掉太子刘爽，改立刘孝，引起了刘爽的愤怒，于是刘爽把刘赐谋反之事上报朝廷。最终衡山王刎颈自杀，其他参与谋反的人被灭族，太子刘爽因举报父亲被其父告为不孝，也被斩首。

本传只写刘长父子三人的变乱，对三个主要人物有三种不同的写法：写淮南厉王刘长时，用"不用汉法""出入骄恣""贼杀不辜"等语言描绘其桀骜之状，突出了他的刚猛狠辣；写淮南王刘安时，用大量笔墨来刻画他的心理活动，通过"欲""畏""恐""念""亦欲""时欲""偷欲""计欲"等字眼体现他在谋反前做贼心虚、愈发又止的心态，又通过引入他与伍被的谈话及"谋为叛逆"等语，突出了他狐疑善变的性格；在写衡山王刘赐时，叙述了他的家庭矛盾从产生到逐渐变得不可调和，又写了他和兄长淮南王刘安忽生嫌隙、忽又联合的关系，突显了他毫无主见、随波逐流、不明事理的性格特点。

淮南厉王长者，高祖少子也，其母故赵王张敖美人①。高祖八年，从东垣②过赵，赵王献之美人。厉王母得幸焉，有身。赵王敖弗敢内宫，为筑外宫而舍之。及贯高等谋反柏人③事发觉，并逮治王，尽收捕王母兄弟美人，系之河内④。厉王母亦系，告吏曰："得幸上，有身。"吏以闻上，上方怒赵王，未理厉王母。厉王母弟赵兼因辟阳侯言吕后，吕后妒，弗肯白，辟阳侯不强争。及厉王母已生厉王，恚，即自杀。吏奉厉王诣上，上悔，令吕后母之，而葬厉王母真定⑤。真定，厉王母之家在焉，父世县也。

◎**注释** ①〔美人〕帝王妃嫔的封号名。②〔东垣〕汉县名，在今河北石家庄东北。③〔柏人〕汉县名，在今河北隆尧西。④〔河内〕汉郡名，郡治怀县，即今河南武陟西南，辖区包括今河南焦作、济源全境和新乡、安阳部分地区。⑤〔真定〕即东垣县。

◎**大意** 淮南厉王刘长是高祖刘邦的小儿子，他母亲曾是赵王张敖的妃妾。高祖八年，高祖从东垣县回京途中路过赵国，赵王把自己的一些姬妾送去侍奉高祖。厉王的母亲得到了高祖的宠幸，怀了身孕。从此赵王张敖不敢再让她当自己的妃嫔，另在宫外建造了一所房子让她居住。到了贯高等人在柏人县谋反之事被发觉的时候，赵王也被捕定罪，赵王的母亲、兄弟及嫔妃全都被拘捕，关押在河内郡。厉王的母亲也被囚禁，她告诉狱吏说："我曾经得到皇帝的宠幸，怀了身孕。"狱吏将此事上报高祖，高祖正为赵王的事情生气，因而没有理会厉王的母亲。厉王母亲的弟弟赵兼通过辟阳侯将此事告诉吕后，吕后心生嫉妒，不愿为厉王母亲向皇帝求情，辟阳侯也没有尽力劝说吕后。厉王母亲生下厉王后，心中恼恨，就自杀了。狱吏抱着厉王到宫中觐见高祖，高祖心生悔意，让吕后当厉王的养母，并将厉王生母安葬在真定县。真定是厉王生母的故乡，是她父祖世代居住的地方。

高祖十一年七月，淮南王黥布反，立子长为淮南王，王黥布故地，凡四郡。上自将兵击灭布，厉王遂即位。厉王蚤（早）失母，常附吕后，孝惠、吕后时以故得幸无患害，而常心怨辟阳侯，弗敢发。及孝文帝初即位，淮南王自以为最亲，骄蹇，数不奉法。上以亲故，常宽赦之。三年，入朝。甚横。从上入苑囿猎，与上同车，常谓上"大兄"。厉王有材力，力能扛鼎，乃往请辟阳侯。辟阳侯出见之，即自袖铁椎椎辟阳侯，令从者魏敬刭之。厉王乃驰走阙下，肉袒谢曰："臣母不当坐赵事，其时辟阳侯力能得之吕后，弗争，罪一也。赵王如意子母无罪，吕后杀之，辟阳侯弗争，罪二也。吕后王诸吕，欲以危刘氏，辟阳侯弗争，罪三也。臣谨为天下诛贼臣辟阳侯，报母之仇，谨伏阙下请罪。"孝文伤其志，为亲故，弗治，赦厉王。当是时，薄太后及太子诸大臣皆惮厉王，厉王以此归国益骄恣，不用汉法，出入称警跸①，称制，自为法令，拟于天子。

◎**注释**　①〔警跸（bì）〕清道戒严。

◎**大意**　高祖十一年七月，淮南王黥布谋反，高祖封立儿子刘长为淮南王，让他管辖原先黥布的封地，一共有四个郡。高祖亲自率军击败了黥布，于是厉王登上了王位。厉王早年失去了母亲，一直跟在吕后身边，因此在惠帝和吕后时期他有幸没有遇到灾祸。他心中怨恨辟阳侯，却又不敢动手杀他。文帝即位之后，淮南王认为自己与文帝关系最亲密，骄纵桀骜，经常不遵守法令。文帝因他是自己的亲兄弟，经常宽恕他。文帝三年，淮南王入京朝见。十分骄横。跟从文帝到上林苑打猎，与文帝坐同一辆车，经常称呼文帝为"大哥"。厉王有力气，可以举起鼎，求见辟阳侯。辟阳侯出门接见他，他立即从袖子中抽出事先藏好的铁锥击打辟阳侯，又让随从魏敬割下了辟阳侯的头。随后厉王骑马疾驰到宫中，赤裸上身向文帝请罪说："我母亲本不该被赵国谋反之事牵连，当时辟阳侯完全有能力说动吕后为我母亲求情，但他没有努力向吕后争取，这是头一桩罪。赵王如意与他的母亲戚夫人没有犯罪，而吕后杀害了他们，辟阳侯没有尽力相救，这是第二桩罪。吕后大封吕氏族人为王，想要夺取刘氏江山，辟阳侯没有反对，这是第三桩罪。我现在既为天下铲除奸贼，又为母亲报了仇，因此到宫门口跪下请皇兄治罪。"文帝哀怜他的心愿，又因为他是亲兄弟，没有治他的罪，赦免了他。在那时，薄太后和太子以及朝臣都忌惮厉王，因此，厉王回到封国之后更加骄横跋扈，不遵守朝廷的法令，出入宫中时要清道戒严，把发布的命令称为"制"，在淮南国内私自制定了一套法令，与文帝的排场相同。

六年，令男子但等七十人与棘蒲侯柴武太子奇谋，以辇车①四十乘反谷口，令人使闽越、匈奴。事觉，治之，使使召淮南王。淮南王至长安。

◎**注释** ①〔辇（jú）车〕马拉的大车。
◎**大意** 文帝六年，厉王让男子但等七十人与棘蒲侯柴武的太子柴奇策划，打算用四十辆大车在谷口造反，又派出使者联络闽越、匈奴。事情被朝廷发觉，要治他们的罪，文帝派使臣召淮南王进京。淮南王来到长安。

"丞相臣张仓、典客①臣冯敬行御史大夫事、宗正②臣逸、廷尉臣贺、备盗贼中尉③臣福昧死言：淮南王长废先帝法，不听天子诏，居处无度，为黄屋盖乘舆，出入拟于天子，擅为法令，不用汉法。及所置吏，以其郎中春为丞相，聚收汉诸侯人及有罪亡者，匿与居，为治家室，赐其财物爵禄田宅，爵或至关内侯，奉以二千石所不当得，欲以有为。大夫但、士五开章等七十人与棘蒲侯太子奇谋反，欲以危宗庙社稷。使开章阴告长，与谋使闽越及匈奴发其兵。开章之淮南见长，长数与坐语饮食，为家室娶妇，以二千石俸奉之。开章使人告但，已言之王。春使使报但等。吏觉知，使长安尉奇等往捕开章。长匿不予，与故中尉蕑忌谋，杀以闭口。为棺椁衣衾，葬之肥陵邑④，谩吏曰'不知安在'。又详（佯）聚土，树表其上，曰'开章死，埋此下'。及长身自贼杀无罪者一人；令吏论杀无罪者六人；为亡命弃市罪诈捕命者以除罪；擅罪人，罪人无告劾系治城旦舂⑤以上十四人；赦免罪人，死罪十八人，城旦舂以下五十八人；赐人

◎ 淮南衡山列传第五十八

爵关内侯以下九十四人。前日长病，陛下忧苦之，使使者赐书、枣脯。长不欲受赐，不肯见拜使者。南海⑥民处庐江界中者反，淮南吏卒击之。陛下以淮南民贫苦，遣使者赐长帛五千匹，以赐吏卒劳苦者。长不欲受赐，谩言曰'无劳苦者'。南海民王织上书献璧皇帝，忌擅燔其书，不以闻。吏请召治忌，长不遣，谩言曰'忌病'。春又请长，愿入见，长怒曰'女（汝）欲离我自附汉'。长当弃市，臣请论如法。"

◎ **注释** ①〔典客〕即大行令，主管少数民族事务。②〔宗正〕主管皇族事务的官职。③〔中尉〕主管皇族事务的官职。④〔肥陵邑〕汉县名，在今安徽六安北。⑤〔城旦舂〕两种刑罚名。当时被判处五年徒刑的犯人，要做三年的苦工：男人的任务是白天巡逻放哨，晚上筑城，此为"城旦"；女人的任务则是舂米。⑥〔南海〕南海郡，郡治在今广东广州。

◎ **大意** "丞相臣张仓、典客臣冯敬行御史大夫事、宗正臣逸、廷尉臣贺、备盗贼中尉臣福冒着死罪大胆上奏：淮南王刘长置先帝法令于不顾，不服从天子命令，生活做派不遵法度，乘坐黄绫做顶盖的车驾，出入的规格和天子相同，擅自制定法令，不使用朝廷的法规。他任命官吏时，让他的郎中春担任淮南国丞相，招揽汉郡县和诸侯国之人以及犯罪逃亡的人，为这些人提供住处，让他们躲藏起来，为他们娶妻，赐给他们财物、爵禄、田地和住宅，有的人爵位高到关内侯，有不该得到的二千石的俸禄，淮南王这样做是想要达到不可告人的目的。大夫但、士五开章等七十人与棘蒲侯的太子柴奇谋反，想要以此危害江山社稷。太子柴奇派遣开章密报刘长，与刘长策划派遣使者联络闽越和匈奴，让他们发兵。开章到淮南国见到了刘长，刘长屡次与他谈话并一起吃饭，还给他娶妻组建家庭，给他二千石的俸禄。开章派人告诉大夫但，说已经见到了淮南王。淮南国丞相春也派遣使者告知了大夫但等。朝廷官员发觉了此事，派出长安尉奇等人前去抓捕开章。刘长将开章藏了起来，不交给长安尉，并与曾经的中尉蔺忌商量，杀掉开章灭口。又做了棺椁和衣被，把他葬在了肥陵邑，哄骗长安尉等朝廷官员说'不知道开章在哪里'。又堆起土堆，伪造坟墓，并在其上竖立墓碑，上面写着'开章死后，埋在这下面'。刘长亲自杀害一个没有犯罪的人；让他的官吏判处并杀害六个没有犯罪的人；为了掩藏真正的逃犯而杀害无罪的百姓让他们顶罪；随意判处别人为罪犯，判人有罪时没有原告，未经审核，就将十四人判处了城旦舂以上的罪名；还任意赦免罪犯，有十八名死刑犯被赦免，有五十八名判处城旦舂的犯人被赦免；随意封赏九十四人关内侯以下的爵位。前几日淮南王刘长患病，陛下为他担忧伤心，派遣使臣送去书信、枣脯。而刘长不愿接受赏赐，拒绝接见使臣。居住在庐江的南海人造反，淮南国的官兵前往讨伐。陛下认为淮南国的百姓贫穷困苦，派遣使臣赐给刘长绢帛五千匹，让刘长发给官员和士兵中劳苦功高的人。刘长不愿接受赏赐，谎称军中'没有劳苦功高的人'。南海郡的百姓王织上书向皇帝进献玉璧，淮南国从前的中尉蕑忌擅自烧了他的上书，没有上报给皇帝。朝廷官员召蕑忌入京要治他的罪，刘长拒绝遣送他入京，撒谎说'蕑忌病了'。淮南国丞相春又向刘长请命，说自己愿意朝见天子，刘长发怒说'你想背叛我去投靠朝廷'。应当判处刘长斩首示众，臣等请求依法予以论处。"

制曰："朕不忍致法于王，其与列侯二千石议。"

◎**大意**　文帝下诏说："我不忍心依法惩治淮南王，请你们和列侯以及二千石的官员讨论一下怎样处理。"

"臣仓、臣敬、臣逸、臣福、臣贺昧死言：臣谨与列侯吏二千石臣婴等四十三人议，皆曰'长不奉法度，不听天子诏，乃阴聚徒党及谋反者，厚养亡命，欲以有为'。臣等议：论如法。"

◎**大意**　"臣仓、臣敬、臣逸、臣福、臣贺冒着死罪大胆上奏：臣等和列侯以及二千石官员婴等四十三人慎重地议论了刘长的罪行，大家都说'刘长不遵守朝廷法度，不服从天子诏令，暗中结党谋反，给亡命之徒优厚的待遇，是想利用他们图谋不轨'。臣等讨论的结果：依法惩处他。"

制曰:"朕不忍致法于王,其赦长死罪,废勿王。"

◎ **大意**　文帝下诏说:"我不忍心依法惩处淮南王,还是赦免他的死罪,废去他的王位好了。"

"臣仓等昧死言:长有大死罪,陛下不忍致法,幸赦,废勿王。臣请处蜀郡严道邛邮①,遣其子母从居,县为筑盖家室,皆廪食给薪菜盐豉炊食器席蓐(褥)。臣等昧死请,请布告天下。"

◎ **注释**　①〔蜀郡严道邛邮〕蜀郡,郡治在今四川成都。严道,县名,县治在今四川荥经。邛邮,在今四川荥经西南。

◎ **大意**　"臣仓等冒着死罪大胆上奏:刘长犯有重罪应当判死刑,陛下不忍心按照法律惩处他,而是赦免了他,只废黜了他的王位。臣等请求将他流放到蜀郡严道县的邛邮,让他的妻子与儿女一同前往,让当地县里给他盖一间房子,朝廷给他提供柴火、蔬菜、食盐、豆豉、炊具、床席、被褥等生活用品。臣等冒着死罪大胆请求,请皇帝发布告示通知天下人。"

制曰:"计食长给肉日五斤,酒二斗。令故美人才人得幸者十人从居。他可。"

◎ **大意**　文帝下诏说:"可以每日给刘长五斤肉,二斗酒。从之前得到宠幸的美人、才人中选出十人,让她们跟随刘长居住。其他事情按照你们奏请的办理。"

尽诛所与谋者。于是乃遣淮南王,载以辎车,令县以次传。是时袁盎谏上曰:"上素骄淮南王,弗为置严傅相,以故至此。且淮南王为人刚,今暴摧折之。臣恐卒（猝）逢雾露病死，陛下为有杀弟之名，奈何！"上曰："吾特苦之耳，今复之。"县传淮南王者皆不敢发车封。淮南王乃谓侍者曰："谁谓乃公勇者？吾安能勇！吾以骄故不闻吾过至此。人生一世间，安能邑邑如此！"乃不食死。至雍①，雍令发封，以死闻。上哭甚悲，谓袁盎曰："吾不听公言，卒亡淮南王。"盎曰："不可奈何，愿陛下自宽。"上曰："为之奈何？"盎曰："独斩丞相、御史以谢天下乃可。"上即令丞相、御史逮考诸县传送淮南王不发封馈侍者，皆弃市。乃以列侯葬淮南王于雍，守冢三十户。

◎**注释** ①〔雍〕雍县，县治在今陕西凤翔西南。

◎**大意** 朝廷处决了所有参与造反的人。之后把淮南王遣送蜀郡，让他坐在有厢篷的载物大车上，命令沿途各县依次负责押送。这时袁盎劝阻文帝说："陛下向来宠爱淮南王，没有给他安排严厉的太傅和国相去管束他，才闹到今天这个地步。况且淮南王性格刚强，如今突然把他打击得过于厉害，我担心他会因无法接受突如其来的变故而死，这样陛下就要背负杀害兄弟的恶名，这可怎么办呢！"文帝说："我只不过想让他吃点苦头，很快就会让他回来的。"沿途各县负责押送淮南王的人都不敢打开辎车的封条。淮南王便对侍从说："谁说你老子我是好汉？我要是好汉还能沦落到今天这个地步吗！我因骄横听不到自己的过错落得如此下场。人生在世，怎么能受这种窝囊气！"于是绝食而死。到达雍县后，雍县县令打开了封条，发现淮南王已死，把消息上报给朝廷。文帝哭得十分伤心，对袁盎说："我没能听从你的劝告，终于失去了淮南王。"袁盎说："这已经是不可挽回的事情了，希望陛下想开些。"文帝问："现在如何是好呢？"袁盎说："只要将丞相和御史大夫斩首，向天下谢罪就可以了。"文帝没有同意，只是下令让丞相和御史大夫调查沿途各县不给淮南王打开封条、不给淮南王送饭的人，将他们斩首示众。随后以列侯的礼仪在雍县安葬了淮南王，并安排了三十户人家为淮南王守墓。

孝文八年，上怜淮南王，淮南王有子四人，皆七八岁，乃封子安为阜陵侯①，子勃为安阳侯②，子赐为阳周侯③，子良为东成侯④。

◎**注释** ①〔阜陵侯〕封地阜陵，在今安徽和县西。②〔安阳侯〕封地安阳，在今河南正阳西南。③〔阳周侯〕封地阳周，在今山东莒县。④〔东成侯〕封地东城，在今安徽定远东南。

◎**大意** 文帝八年，文帝又怜悯起淮南王，淮南王有四个儿子，都是七八岁，于是封长子刘安为阜陵侯，次子刘勃为安阳侯，三子刘赐为阳周侯，四子刘良为东成侯。

孝文十二年，民有作歌歌淮南厉王曰："一尺布，尚可缝；一斗粟，尚可舂。兄弟二人不能相容。"上闻之，乃叹曰："尧舜放逐骨肉，周公杀管蔡，天下称圣。何者？不以私害公。天下岂以我为贪淮南王地邪？"乃徙城阳王王淮南故地，而追尊谥淮南王为厉王，置园复如诸侯仪。

◎**大意** 文帝十二年，民间有人创作了一首关于淮南厉王的歌谣："一尺布，还能缝在一起；一斗谷，还能放在一起捣碎；但是兄弟两人不能相容。"文帝听说了，叹息道："尧流放他的儿子丹朱，舜流放他的弟弟象，周公杀死管叔、蔡叔，天下仍然把尧、舜、周公称为圣人。这是为什么？是因为他们不因私情而损害国家利益。天下人难道认为我废黜淮南王是因贪图他的封地吗？"于是迁城阳王刘喜为淮南王，管辖从前淮南国的领地，追封去世的刘长为淮南厉王，按照诸侯王的规格为他设置了园邑。

孝文十六年，徙淮南王喜复故城阳。上怜淮南厉王废法不轨，自使失国蚤（早）死，乃立其三子：阜陵侯安为淮南王，安阳侯勃为衡山王①，阳周侯赐为庐江王②，皆复得厉王时地，三分之。东城侯良前薨，无后也。

◎ **注释** ①〔衡山王〕国都邾县，在今湖北黄冈西北。②〔庐江王〕国都舒县，在今安徽庐江西南。

◎ **大意** 文帝十六年，文帝命令刘喜回到城阳为城阳王。文帝怜悯淮南厉王不遵朝廷法令，图谋不轨，以至被废黜王位，早早死去，于是重新分封了他的三个儿子：阜陵侯刘安为淮南王，安阳侯刘勃为衡山王，阳周侯刘赐为庐江王，都是在曾经淮南国的领地上，把之前的淮南国领土分成了三份。这时东城侯刘良已经死去，没有后代。

孝景三年，吴楚七国反，吴使者至淮南，淮南王欲发兵应之。其相曰："大王必欲发兵应吴，臣愿为将。"王乃属相兵。淮南相已将兵，因城守，不听王而为汉；汉亦使曲城侯将兵救淮南：淮南以故得完。吴使者至庐江，庐江王弗应，而往来使越。吴使者至衡山，衡山王坚守无二心。孝景四年，吴楚已破，衡山王朝，上以为贞信，乃劳苦之曰："南方卑湿。"徙衡山王王济北，所以褒之。及薨，遂赐谥为贞王。庐江王边越，数使使相交，故徙为衡山王，王江北。淮南王如故。

◎ **大意** 景帝三年，吴、楚等七国造反，吴国的使者来到淮南国，淮南王刘安也想起兵响应。他的国相说："大王如果一定要起兵响应吴国，我愿意当将军。"淮南王就将淮南国的兵权交给国相执掌。淮南国国相得到兵权后，筑城而守，准备抗击吴国叛军，不服从淮南王的命令而站在朝廷一边；这时朝廷也派了曲城侯率军救援淮南国：淮南国因此得以完好无损。吴国的使者到了庐江国，庐江王没有响应，却与闽越、南越国相互勾结。吴国的使者到了衡山国，衡山王坚守城池，对朝廷毫无二心。景帝四年，朝廷平息了吴、楚等七国的叛乱，衡山王入京朝见，景帝认为他忠贞守信，便慰问他说："南方地势低洼潮湿。"迁衡山王到济北为济北王，作为对他的奖赏。济北王去世后，朝廷赐他谥号为贞王。庐江王的领土与南越国接壤，屡次派使者与南越国来往，所以把他迁为衡山王，管辖江北地区。淮南王则没有变动。

　　淮南王安为人好读书鼓琴，不喜弋猎狗马驰骋，亦欲以行阴德拊（抚）循百姓，流誉天下。时时怨望厉王死，时欲畔（叛）逆，未有因也。及建元二年，淮南王入朝。素善武安侯，武安侯时为太尉，乃逆王霸上，与王语曰："方今上无太子，大王亲高皇帝孙，行仁义，天下莫不闻。即宫车一日晏驾，非大王当谁立者！"淮南王大喜，厚遗武安侯金财物。阴结宾客，拊（抚）循百姓，为畔（叛）逆事。建元六年，彗星见（现），淮南王心怪之。或说王曰："先吴军起时，彗星出，长数尺，然尚流血千里。今彗星长竟天，天下兵当大起。"王心以为上无太子，天下有变，诸侯并争，愈益治器械攻战具，积金钱赂遗郡国诸侯游士奇材。诸辨士为方略者妄作妖言，谄谀王，王喜，多赐金钱，而谋反滋甚。

◎**大意**　淮南王刘安喜欢读书弹琴，不喜欢骑马打猎，也想私下做些好事来安抚百姓，以获得好的名声。他经常因厉王的死而怨恨，不时想造反，只是没找到机会。到了建元二年，淮南王入京朝见。淮南王一向和武安侯田蚡交好，当时武安侯任太尉，就到霸上迎接淮南王，对淮南王说："当今皇帝没有太子，大王您是高祖的亲孙子，多行仁义之事，天下人都知道。假如哪天皇帝不幸崩逝，除了大王您谁能被立为皇帝呢？"淮南王十分高兴，赠送武安侯许多财物。此后，淮南王暗中结交宾客，收买人心，策划造反。建元六年，天上出现了彗星，淮南王心中疑惑。有人劝说淮南王："之前吴王举兵造反时，天上也出现了彗星，虽只有数尺长，但发生了血流千里的祸乱。如今出现的彗星横跨整个天空，说明天下将会发生大的战乱。"淮南王认为皇帝没有太子，一旦天下发生战乱，各诸侯王都会争夺王位，于是更加积极地准备兵器和攻城战具，在全天下范围内大肆收买、招揽人才。一些能言善辩又对军事、政治有研究的人编造虚伪的说法，对淮南王说好听的话，淮南王非常高兴，赏赐他们许多金钱，而谋反的念头越来越强烈。

淮南王有女陵，慧，有口辩。王爱陵，常多予金钱，为中诇①长安，约结上左右。元朔三年，上赐淮南王几杖，不朝。淮南王王后荼，王爱幸之。王后生太子迁，迁取（娶）王皇太后外孙修成君女为妃。王谋为反具，畏太子妃知而内泄事，乃与太子谋，令诈弗爱，三月不同席。王乃详（佯）为怒太子，闭太子使与妃同内三月，太子终不近妃。妃求去，王乃上书谢归去之。王后荼、太子迁及女陵得爱幸王，擅国权，侵夺民田宅，妄致系人。

◎**注释** ①〔诇（xiòng）〕侦查，刺探。
◎**大意** 淮南王有个女儿名叫刘陵，聪慧有口才。淮南王非常喜欢刘陵，经常给她很多金钱，派她到长安刺探情况，结交武帝身边的近臣。元朔三年，武帝为了表示对淮南王的关爱，专门赐给他几案和手杖，允许他不必入京朝见。淮南王的王后名荼，很得淮南王宠爱。王后生太子刘迁，刘迁娶王皇太后的外孙女，即修成君的女儿为淮南国太子妃。淮南王为谋反准备各种物资器材，害怕太子妃知道并把消息泄露给朝廷，于是就和太子商量，让他假装不喜欢太子妃，三个月不与她同床而寝。之后淮南王假装生太子的气，把太子和太子妃关在同一间屋子里长达三个月，但太子始终没有靠近太子妃。太子妃要求离去，淮南王便向朝廷上奏致歉，把太子妃送了回去。王后荼、太子刘迁与女儿刘陵得到淮南王的宠幸，掌握封国内的大权，霸占百姓的土地住宅，随意拘捕无辜的人。

元朔五年，太子学用剑，自以为人莫及，闻郎中雷被巧，乃召与戏。被一再辞让，误中太子。太子怒，被恐。此时有欲从军者辄诣京师，被即愿奋击匈奴。太子迁数恶被于王，王使郎中令斥免，欲以禁后，被遂亡至长安，上书自明。诏下其事廷尉、河南①。河南治，逮淮南太子，王、王后计欲无遣太子，遂发兵反，计犹豫，十余日未定。会有诏，即讯太子。当是时，淮南相怒寿春②丞留太子逮不遣，劾不敬。王以请相，相弗听。

王使人上书告相，事下廷尉治。踪迹连王，王使人候伺汉公卿，公卿请逮捕治王。王恐事发，太子迁谋曰："汉使即逮王，王令人衣卫士衣，持戟居庭中，王旁有非是，则刺杀之，臣亦使人刺杀淮南中尉，乃举兵，未晚。"是时上不许公卿请，而遣汉中尉宏即讯验王。王闻汉使来，即如太子谋计。汉中尉至，王视其颜色和，讯王以斥雷被事耳，王自度无何，不发。中尉还，以闻。公卿治者曰："淮南王安拥（雍）阏（遏）③奋击匈奴者雷被等，废格明诏，当弃市。"诏弗许。公卿请废勿王，诏弗许。公卿请削五县，诏削二县。使中尉宏赦淮南王罪，罚以削地。中尉入淮南界，宣言赦王。王初闻汉公卿请诛之，未知得削地，闻汉使来，恐其捕之，乃与太子谋刺之如前计。及中尉至，即贺王，王以故不发。其后自伤曰："吾行仁义见削，甚耻之。"然淮南王削地之后，其为反谋益甚。诸使道从长安来，为妄妖言，言上无男，汉不治，即喜；即言汉廷治，有男，王怒，以为妄言、非也。

◎**注释** ①〔河南〕河南郡，郡治在雒阳，即今河南洛阳东北。②〔寿春〕淮南国国都，即今安徽寿县。③〔拥阏（è）〕同"雍遏"，压制，阻拦。

◎**大意** 元朔五年，淮南王太子刘迁学习剑术，自以为剑术精湛，没有人能赶得上，听说郎中雷被精通剑术，便召他来比试。雷被一再推辞，太子非比不可，比试中雷被失手击中太子。太子发怒，雷被十分惊恐。这时想应募当兵的人可以自行到长安报名，于是雷被提出愿意从军抗击匈奴。太子多次向淮南王说雷被的坏话，淮南王就让郎中令罢免了雷被的职务，想借此禁止人们随意离开淮南国到朝廷应募从军，于是雷被潜逃到长安，向朝廷申诉自己的遭遇。武帝下诏将此事交由廷尉与河南郡守共同处理。河南郡守查办此案，要拘捕淮南王太子到雒阳听候审讯，淮南王与王后商定不交出太子，想趁机举兵造反，又犹豫不决，十多天没有决定。适逢诏书下达，让审案官员到淮南国就地审问太子。这时，淮南国国相对寿春县丞听任太子逗留，不立即押送太子上京的做法十分不满，上书弹劾寿春县丞对武帝的旨意不恭敬。淮南王请求国相不要弹劾寿春县丞，国相没有听从。淮南王便派人上书控告国相,朝廷将此案交给廷尉审理。逐步追查,案件牵涉了淮南王,淮南王就派人打听文武群臣对此事的态度,公卿大臣请求将淮南王逮捕治罪。淮南王害怕谋反的事情被察觉,太子出主意说:"如果朝廷使臣前来逮捕您,您可让亲信穿上卫士的衣服,手持战戟站在院子中,您身旁一旦有紧急情况,就让院子里的亲信刺杀朝廷使臣,我也派人刺杀淮南国的中尉,到那时再举兵造反,也为时不晚。"当时武帝没有批准公卿大臣的请求,而派遣朝中的中尉殷宏前往淮南国盘问调查。淮南王听说朝廷使臣要来,就按照太子的计划做了部署。朝廷中尉到了,淮南王看他的脸色温和,只询问自己罢免雷被的原因,自认为没有什么大问题,就没有下令袭击朝廷的中尉。中尉回到朝廷,把调查的情况上奏武帝。参与审案的公卿说:"淮南王刘安阻拦雷被等人从军抗击匈奴,对抗皇帝的诏令,应该斩首示众。"武帝下诏没有批准。公卿大臣又奏请废黜淮南王的王位,武帝也没有批准。公卿大臣奏请削去淮南国的五个县,武帝下诏只削去两个县。武帝派遣中尉殷宏去宣布赦免淮南王的罪行,只削去封国中的两个县作为处罚。中尉一进入淮南国界,就放出消息说武帝赦免了淮南王。淮南王原先听说朝廷公卿大臣奏请诛杀他,不知道最后只以削地作为处罚,听说朝廷使臣要来,担心被捕,就和太子商量按照上次的计策刺杀使臣。中尉一见到淮南王,就向他表示祝贺,淮南王便没有动手。之后又暗自伤心地说:"我施行仁义还被削地,真是莫大的耻辱。"然而被削地后,淮南王从事谋反的活动更加积极。从长安来的使臣,凡是编造谎言,说武帝生不出儿子,朝廷局势不稳定,淮南王听了就高兴;谁要是说朝廷政局稳定,武帝会有儿子,淮南王就生气,就说他们胡说、不对。

  王日夜与伍被、左吴等案舆地图,部署兵所从入。王曰:"上无太子,宫车即晏驾,廷臣必征胶东王①,不即常山王②,诸侯并争,吾可以无备乎!且吾高祖孙,亲行仁义,陛下遇我厚,吾能忍之;万世之后,吾宁能北面臣事竖子乎!"

◎**注释** ①〔胶东王〕刘寄,景帝之子,其母王皃姁是武帝母王太后之妹。②〔常山王〕刘舜,景帝与王皃姁之子。

◎ 淮南衡山列传第五十八

◎**大意** 淮南王不分昼夜地与伍被、左吴等人对着地图策划，部署军队要从哪里攻入京师。淮南王说："皇帝没有太子，一旦崩逝，朝中大臣一定会请胶东王入京继承皇位，否则就是常山王，到时诸侯王一拥而上争夺皇位，我能不提前准备吗？况且我是高祖的孙子，亲自做仁义之事，陛下待我不错，所以我能够容忍他当皇帝；一旦陛下崩逝，我难道要向这群小孩儿称臣吗！"

王坐东宫，召伍被与谋，曰："将军上。"被怅然曰："上宽赦大王，王复安得此亡国之语乎！臣闻子胥谏吴王，吴王不用，乃曰'臣今见麋鹿游姑苏①之台也'。今臣亦见宫中生荆棘，露沾衣也。"王怒，系伍被父母，囚之三月。复召曰："将军许寡人乎？"被曰："不，直来为大王画耳。臣闻聪者听于无声，明者见于未形，故圣人万举万全。昔文王一动而功显于千世，列为三代，此所谓因天心以动作者也，故海内不期而随。此千岁之可见者。夫百年之秦，近世之吴楚，亦足以喻国家之存亡矣。臣不敢避子胥之诛，愿大王毋为吴王之听。昔秦绝圣人之道，杀术士，燔《诗》《书》，弃礼义，尚诈力，任刑罚，转负海之粟致之西河②。当是之时，男子疾耕不足于糟糠，女子纺绩不足于盖形。遣蒙恬筑长城，东西数千里，暴兵露师常数十万，死者不可胜数，僵尸千里，流血顷亩，百姓力竭，欲为乱者十家而五。又使徐福入海求神异物，还为伪辞曰：'臣见海中大神，言曰："汝西皇之使邪？"臣答曰："然。""汝何求？"曰："愿请延年益寿药。"神曰："汝秦王之礼薄，得观而不得取。"即从臣东南至蓬莱山，见芝成宫阙，有使者铜色而龙形，光上照天。于是臣再拜问曰："宜何资以献？"海神曰："以令名男子若振女与百工之事，即得之矣。"'秦皇帝大说（悦），遣振男女三千人，资之五谷种种百工而行。徐福得平原广泽，止王不来。于是百姓悲痛相思，欲为乱者十家而六。又使尉佗逾五岭攻百越③。尉佗知中国劳极，止王不来，使人上书，求女无夫家者三万人，以为士卒衣补。秦皇帝可其万五千人。于是百姓离心瓦解，欲为乱者十家而七。客谓高皇帝曰：'时可矣。'高皇帝曰：'待之，圣人当起东南。'间不一年，陈胜、吴广发矣。高皇始于丰④沛，一倡天下不期而响应者不可胜数也。此所谓蹈瑕候间，因秦之亡而动者也。百姓愿之，若旱之望雨，故起于行陈（阵）之中而立为天子，功高三王，德传无穷。今大王见高皇帝得天下之易也，独不观近世之吴楚乎？夫吴王赐号为刘氏祭酒，复不朝，王四郡之众，地方数千里，内铸消铜以为钱，东煮海水以为盐，上取江陵⑤木以为船，一船之载当中国数十两（辆）车，国富民众。行珠玉金帛赂诸侯宗室大臣，独窦氏不与。计定谋成，举兵而西。破于大梁⑥，败于狐父⑦，奔走而东，至于丹徒，越人禽之，身死绝祀，为天下笑。夫以吴越之众，不能成功者何？诚逆天道而不知时也。方今大王之兵众不能十分吴楚之一，天下安宁有万倍于秦之时，愿大王从臣之计。大王不从臣之计，今见大王事必不成而语先泄也。臣闻微子过故国而悲，于是作《麦秀》之歌，是痛纣之不用王子比干也。故《孟子》曰'纣贵为天子，死曾不若匹夫'。是纣先自绝于天下久矣，非死之日而天下去之。今臣亦窃悲大王弃千乘之君，必且赐绝命之书，为群臣先，死于东宫也。"于是王气怨结而不扬，涕满匡（眶）而横流，即起，历阶而去。

◎**注释** ①〔姑苏〕吴王夫差的国都，即今江苏苏州。②〔西河〕指今宁夏一带由南向北流的那段黄河，是秦朝西部的前线。③〔逾五岭攻百越〕五岭，即大庾岭、骑田岭、萌渚岭、越城岭、都庞岭。百越，当时岭南地区诸多少数民族的统称。④〔丰〕沛县中的乡邑，刘邦建国后升之为县，即今江苏丰县。⑤〔江陵〕江陵县，县治在今湖北江陵西北。⑥〔大梁〕梁国都城睢阳，在今河南商丘南。⑦〔狐父〕古邑名，在今安徽砀山。

◎**大意** 淮南王坐在东宫，派人请伍被来商量事情，对他说："将军请过来。"伍被不高兴地说："皇帝已经宽赦了大王，大王怎么又说这种亡国的话呢？我听说伍子胥曾劝谏吴王放弃北伐齐国,警惕越王勾践,吴王不听伍子胥的话,伍子胥就说'现在我仿佛看到麋鹿在已成废墟的姑苏台上奔跑了'。现在我仿佛也看到您的宫殿要长满荆棘,荒草上的露水沾湿游人的衣裳了。"淮南王非常生气,逮捕了伍被和他的父母,将他们囚禁三个月之久。然后又召见伍被问道:"将军答应寡人吗?"伍被回答:"不答应,我只是来为大王出主意而已。我听说耳朵好的人在事物没发出动静的时候就能听到声响,眼睛好的人在事物出现以前就能预料得到,所以圣人无论做什么事情都能成功。从前周文王起兵灭商而流传千古,使周朝被后人推崇为美好的'三代'之一,这就是所谓的顺着上天的心意而行动,所以四海之内的诸侯都不约而同地跟从他。这是一千年前的历史经验。百年之前的秦朝灭亡与几十年前吴、楚等七国失败的历史教训,也足以说明国家存亡的道理。我不怕像伍子胥那样被杀,希望大王您不要像吴王夫差那样拒绝正确的谏言。从前秦朝灭绝圣人的道义,坑杀儒生,烧毁《诗经》《尚书》等儒家典籍,不顾礼义廉耻,崇尚诡计和暴力,滥用刑罚,强迫百姓将东部沿海地区所生产的粮食运到西河前线。那时,男子努力耕作还要忍饥挨饿,女子辛苦织布还没衣服穿。秦始皇派遣蒙恬修筑长城,东西绵延数千里,常有多达数十万的军民在野外服役,死去的人不计其数,尸横千里,血流遍地,百姓精疲力竭,想造反的人十家之中就有五家。秦始皇又派徐福到东海访求神仙,徐福回来后撒谎说:'我见到了海中的大神,神问道:"你是西方皇帝派来的使臣吗?"我说:"是的。"海神又问:"你来访求什么东西?"我回答说:"请您赐给我延年益寿的仙药。"神说道:"你们秦王的礼物太少,只能让你看看延年益寿的仙药而不能让你带走。"随后海神让我跟着他向东南走,到了蓬莱山,见到了由灵芝草长成的城墙与宫殿,其中一个神仙使者颜色像铜,身形如龙,他身上的光彩照耀天空。当时我连拜两次问海神:"我应该献上什么样的礼物?"海神说:"带来生于良家的男童和女童以及各种工匠,就可以让你带走灵药了。"'秦始皇听后十分高兴,就遣送童男童女三千人、五谷的种子和各种工匠去见海神。而徐福到一个土地平坦湖泊广大的地方,住下称王不再回来。这又让百姓思念亲人万分痛苦,想造反的人十家之中就有六家。秦始皇又派尉佗翻越五岭攻打百越。尉佗知道当时秦朝的百姓已极端疲惫,便留在当地称王,没有回来,派人上书秦始皇,要求朝廷征募三万名没有出嫁的女人,去给他的将士们缝补衣裳。秦始皇派去了一万五千人。当时百姓更加与秦始皇离心离德,想造反的人十家之中就有七家。

当时有人对高皇帝说：'发动起义的时机成熟了。'高皇帝说：'再等等，应该有圣人在东南方起事。'过了不到一年，陈胜、吴广发动起义。这时高皇帝从沛县丰邑起兵，振臂一呼，天下间不约而同响应的人多得数不清。这就是所谓的应机而动，趁秦朝要灭亡的时候行动。百姓期盼高皇帝这样的人，就像在大旱之年期盼雨露，所以高皇帝即便是普通士兵出身，也能成为天子，他的功业超过了三王，仁德流传千古。如今大王您只看到高皇帝取得天下的容易，为什么看不见近世吴、楚失败灭亡的教训呢？因吴王在皇族中年龄最大、辈分最高，所以是在祭祀中负责酹酒的人，皇帝又特别准许他不必入京朝拜，他管辖东阳、鄣、吴、会稽四郡的百姓，拥有方圆几千里的土地，在国内可以炼铜铸钱，在东边可以把海水熬成盐，在上游可以用江陵产的木材造船，一条船装载的东西抵得上中原地区的几十辆马车，吴国富强且人口众多。于是吴王用珠玉金帛收买各诸侯王、宗室贵族及朝廷大臣，只有窦氏家族没有被贿赂。吴王认为计策已经万无一失，便举兵西进。然而到了大梁就遭遇败仗，在狐父更是一败涂地，于是向东逃窜，到了丹徒被越人擒获，最后身死绝后，成为全天下的笑柄。吴越人多势众，为什么依然没有成功呢？他们实在是违逆了天道而不识时务。如今大王您的人马不到吴、楚叛军的十分之一，而天下安定远远超出秦朝万倍，希望大王听从我的劝告。大王如果不听我的意见，立即就能看到您还没有起事，计划已经泄露出去了。我听说微子路过昔日的国都时心中悲伤，作了《麦秀》之歌，表达对商纣王不听比干忠言的哀痛。所以《孟子》说'纣王是身份尊贵的天子，死的时候竟然不如一个普通的百姓'。这是因为纣王在很久以前已经自绝于天下了，不是到死的时候天下人才厌弃他。现在我也为大王您要抛弃千乘之国的王位而谋反暗自伤心，您要是执意这样做，朝廷一定会勒令您自杀，在处死参与造反的群臣之前先在东宫处死您。"淮南王听后心情郁结，脸色难看，眼泪夺眶而出，横流满面，随即起身，走下台阶离去。

王有孽子不害，最长，王弗爱，王、王后、太子皆不以为子兄数。不害有子建，材高有气，常怨望太子不省①其父；又怨时诸侯皆得分子弟为侯，而淮南独二子，一为太子，建父独不得为侯。建阴结交，欲告败太子，以其父代之。太子知之，数捕系而榜笞建。建具知太子之谋欲杀汉中尉，即使所善寿春庄芷以元朔六年上书于天子曰："毒药苦于口利于病，忠言逆于耳利于行。今淮南王孙建，材能高，淮南王王后荼、荼子太子迁常疾害建。建父不害无罪，擅数捕系，欲杀之。今建在，可征问，具知淮南阴事。"书闻，上以其事下廷尉，廷尉下河南治。是时故辟阳侯孙审卿善丞相公孙弘，怨淮南厉王杀其大父，乃深购（构）②淮南事于弘，弘乃疑淮南有畔（叛）逆计谋，深穷治其狱。河南治建，辞引淮南太子及党与。淮南王患之，欲发，问伍被曰："汉廷治乱？"伍被曰："天下治。"王意不说（悦），谓伍被曰："公何以言天下治也？"被曰："被窃观朝廷之政，君臣之义，父子之亲，夫妇之别，长幼之序，皆得其理，上之举错（措）遵古之道，风俗纪纲未有所缺也。重装富贾，周流天下，道无不通，故交易之道行。南越宾服，羌僰入献，东瓯入降，广长榆，开朔方，匈奴折翅伤翼，失援不振。虽未及古太平之时，然犹为治也。"王怒，被谢死罪。王又谓被曰："山东即有兵，汉必使大将军将而制山东，公以为大将军何如人也？"被曰："被所善者黄义，从大将军击匈奴，还，告被曰：'大将军遇士大夫有礼，于士卒有恩，众皆乐为之用。骑上下山若蜚，材干绝人。'被以为材能如此，数将习兵，未易当也。及谒者③曹梁使长安来，言大将军号令明，当敌勇敢，常为士卒先。休舍，穿井未通，须士卒尽得水，乃敢饮。军罢，卒尽已度（渡）河，乃度（渡）。皇太后所赐金帛，尽以赐军吏。虽古名将弗过也。"王默然。

◎ **注释** ①〔省（xǐng）〕看，理睬。②〔购〕通"构"，罗织罪名。③〔谒者〕帝王身边的侍从官员，主管收发、传达、礼赞等。

◎ **大意** 淮南王有个庶出的儿子叫刘不害，是长子，但不受淮南王喜爱，淮南王、王后不把他当作自己的儿子，太子不把他当作自己的兄长。刘不害有个儿子名叫刘建，才能出众，有怨气，常抱怨太子不尊重他的父亲刘不害；又怨恨诸侯王都分封自己的儿子们为列侯，而淮南王只有两个儿子，除了可以继承淮南王之位的太子，唯独他的父亲刘不害不能封侯。刘建暗中结交了一帮人，想向朝廷提出控告，扳倒太子，使他的父亲成为太子。太子知道后，多次逮捕并拷打刘建。刘建详细地知道太子企图杀害朝廷中尉的阴谋，就派遣和他关系要好的寿春人庄芷在元朔六年向天子上书说："烈性的药物虽然味道极苦但能治病，忠心的言论虽然不好听但能匡正言行。如今淮南王的孙子刘建很有才能，而淮南王的王后荼和荼所生的儿子太子刘迁经常因妒忌而迫害刘建。刘建的父亲刘不害没有犯罪，他们却屡次擅自将刘不害逮捕关押，想杀害他。现在刘建在那里，可以召他来询问，淮南王私下做的不可告人的坏事他全都知道。"奏书呈送朝廷后，皇帝将此事交给廷尉处理，廷尉又交给河南郡审。当时被淮南厉王刘长杀死的老辟阳侯审食其之孙审卿与丞相公孙弘交好，审卿对淮南厉王杀他祖父一事怀恨在心，便极力罗织罪名向公孙弘告发，公孙弘就怀疑淮南王有造反的意图，于是要将这个案件追查到底。河南郡审问刘建，刘建供出了淮南国太子和他的同党。淮南王忧心忡忡，想要起兵，问伍被说："朝廷的政局稳定不稳定？"伍被回答："政局稳定。"淮南王不高兴，问伍被说："您怎么知道朝廷是稳定的？"伍被说："我暗自观察朝廷的政局，君臣之间的礼义、父子之间的感情、夫妇之间的区别、长幼之间的秩序，都有条不紊，皇帝的行为遵循古时的治国方法，风俗法纪都没有缺失。满载货物的富商在天下间往来，道路畅通无阻，所以贸易发达。南越称臣归顺，羌人和僰人入朝进贡，东瓯也来归降，汉朝北部边界扩展到了长榆，开辟了朔方郡，折断了匈奴的羽翼，使其因失去援助而一蹶不振。虽然比不得上古的太平盛世，但也称得上是政局稳定。"淮南王听了十分生气，伍被连忙道歉说自己犯了死罪。淮南王又问伍被说："崤山以东一旦发生动乱，朝廷一定派大将军卫青前去镇压，您认为卫青是个什么样的人？"伍被回答说："有一个叫黄义的人与我交好，他曾跟随大将军讨伐匈奴，从战场回来后他告诉我说：'大将军对士大夫有礼貌，对士卒有恩德，所有将士都乐于听从他的号令。大将军骑马上下山就像飞一样，没人能比得上他的才干。'我以为他有这样的才能，又多次为将，熟悉士兵，十分不好对付。淮南国的谒者曹梁出使长安回来，说大将军号令严明，遇到敌人时勇猛无畏，总能身先士卒。每当军队扎营住宿，水井没有打好时，等到士兵全部喝到了水，他才会喝水。军队撤回时，等到士兵全部渡河后，他才过河。皇太后赏赐他的金钱布匹，他全部赏给手下将士。即便是古代名将也比不上他。"淮南王听后默默无言。

淮南王见建已征治，恐国阴事且觉，欲发，被又以为难，乃复问被曰："公以为吴兴兵是邪非也？"被曰："以为非也。吴王至富贵也，举事不当，身死丹徒，头足异处，子孙无遗类。臣闻吴王悔之甚。愿王孰（熟）虑之，无为吴王之所悔。"王曰："男子之所死者一言耳。且吴何知反，汉将一日过成皋①者四十余人。今我令楼缓先要成皋之口，周被下颍川兵塞轘辕、伊阙②之道，陈定发南阳兵守武关③，河南太守独有雒阳耳，何足忧。然此北尚有临晋关、河东、上党与河内、赵国④。人言曰'绝成皋之口，天下不通'。据三川⑤之险，招山东之兵，举事如此，公以为何如？"被曰："臣见其祸，未见其福也。"王曰："左吴、赵贤、朱骄如皆以为有福，什事九成，公独以为有祸无福，何也？"被曰："大王之群臣近幸素能使众者，皆前系诏狱，余无可用者。"王曰："陈胜、吴广无立锥之地，千人之聚，起于大泽，奋臂大呼而天下响应，西至于戏⑥而兵百二十万。今吾国虽小，然而胜兵者可得十余万，非直适（谪）戍之众，钁凿棘矜也，公何以言有祸无福？"被曰："往者秦为无道，残贼天下。兴万乘之驾，作阿房之宫，收太半之赋，发闾左之戍，父不宁子，兄不便弟，政苛刑峻，天下熬然若焦，民皆引领而望，倾耳而听，悲号仰天，叩心而怨上，故陈胜大呼，天下响应。当今陛下临制天下，一齐海内，泛爱蒸（烝）庶，布德施惠。口虽未言，声疾雷霆，令虽未出，化驰如神，心有所怀，威动万里，下之应上，犹影响也。而大将军材能不特章邯、杨熊也。大王以陈胜、吴广谕之，被以为过矣。"王曰："苟如公言，不可徼（侥）幸邪？"被曰："被有愚计。"王曰："奈何？"被曰："当今诸侯无异心，百姓无怨气。朔方之郡田地广，水草美，民徙者不足以实其地。臣之愚计，可伪为丞相御史请书，徙郡国豪桀任侠及有耐⑦罪以上，赦令除其罪，产五十万以上者，皆徙其家属朔方之郡，益发甲卒，急其会日。又伪为左右都司空上林中都官诏狱逮书⑧，以逮诸侯太子幸臣。如此则民怨，诸侯惧，即使辩武随而说之,傥(倘)可徼(侥)幸什得一乎?"王曰:"此可也。虽然,吾以为不至若此。"于是王乃令官奴入宫,作皇帝玺,丞相、御史、大将军、军吏、中二千石、都官令、丞印,及旁近郡太守、都尉印,汉使节法冠,欲如伍被计。使人伪得罪而西,事大将军、丞相;一日发兵,使人即刺杀大将军青,而说丞相下之,如发蒙耳。

◎ **注释** ①〔成皋〕古城名,在今河南荥阳西北。②〔周被下颍川兵塞轘辕、伊阙之道〕周被,刘安部将。颍川,颍川郡,郡治在今河南禹州。轘辕,关隘名,在今河南登封西北,河南洛阳东南。伊阙,关隘名,在今河南洛阳南。③〔发南阳兵守武关〕南阳,南阳郡,郡治宛县,即今河南南阳。武关,在今陕西丹凤东南,河南南阳西。④〔临晋关、河东、上党与河内、赵国〕临晋关,在今陕西大荔东。河东,河东郡,郡治安邑,在今山西夏县西北。上党,上党郡,郡治长子,在今山西长子西南。河内,河内郡,郡治怀县,在今河南武陟西南。赵国,当时为景帝之子、武帝异母弟刘彭祖的封国,国都在今河北邯郸。⑤〔三川〕即汉时的河南郡,秦时称三川郡,因有黄河、雒河、伊河而得名。⑥〔戏〕戏亭,在当时咸阳东南,即今陕西临潼东,因戏水从此流过得名。⑦〔耐〕一种剃去胡须、头发的刑罚。⑧〔又伪为左右都司空上林中都官诏狱逮书〕左右都司空,指左右司空、都司空,职责都是查办案件、管理罪犯。上林中都官,设在上林苑里主管查办案件与管理犯人的官。诏狱,皇帝下令查办的重大案件。逮书,犹今之逮捕令。

◎ **大意** 淮南王看到刘建已被召去京城审问,担心自己在封国策划谋反的事被发觉,想立即举兵造反,伍被又对他说造反难以成功,于是他再次询问伍被:"您认为吴王刘濞举兵造反是对还是错呢?"伍被回答说:"我认为是错的。吴王的富贵已经到了极点,因为做了不该做的事,而身死丹徒,首足异处,牵连子孙,断了香火。我听说吴王死前十分后悔。希望大王您仔细考虑,不要像吴王那样做出让自己后悔的事。"淮南王说:"男子汉大丈夫,即便要死,也不会更改说出的话。况且吴王哪里懂得造反,竟在一日之内让朝廷四十多个将士打过成皋关。现在我要让楼缓先拦截成皋关口,让周被率轻兵经颍川西下,然后截断轘辕、伊阙两个关隘的通道,让陈定率领南阳郡的军队守卫武关,这样河南郡所管辖的也就只剩雒阳一座孤城罢了,有什么值得担心的。当然这以北还有临晋关、河东郡、上党郡、河内郡及赵国。人们常说'截断成皋的关口，天下将无法通连'。我要凭借成皋关的险要，召集崤山以东的军队，如果我这样安排，您认为怎么样？"伍被回答说："我只看到灾祸，没有看到好处。"淮南王说："左吴、赵贤、朱骄如三人都认为这么做对我们有利，造反的事十拿九稳，只有您认为这样做有祸而无福，为什么？"伍被回答："大王您的亲信和有能力服众的人，都在上次的案件中被逮捕关押了，其余没有可以任用的人了。"淮南王说："陈胜、吴广没有一点领土，只带领着千人的队伍，在大泽乡振臂一呼，天下纷纷响应，向西前进到戏亭时军队人数就到了一百二十万。如今我的封国虽然面积狭小，但可以拿起武器从军的人有十多万，像陈胜、吴广那样被发配戍守边城，拿着镰刀、斧头、锄柄、木棍打仗的人是绝对比不上我的，您为什么说我有祸无福呢？"伍被说："从前秦王残暴无道，残害天下百姓。动用万辆战车讨伐匈奴，又建造阿房宫，将百姓绝大部分收入都作为赋税收走，调发大量百姓去服役戍边，父亲不能使儿子得到安宁，兄长不能给弟弟提供方便，政令刑罚暴虐严酷，百姓被煎熬得像是要糊了。百姓伸长脖子盼望，侧着耳朵倾听，悲痛得仰天大哭，捶着胸口埋怨秦朝皇帝，所以陈胜振臂高呼，天下百姓才会响应。如今皇帝统一天下，安定海内，爱护百姓，广施恩德。即便他没有说话，声音也能比雷电传播得还要迅捷震耳，即使他没有下发诏令，百姓改心向善的速度也如有神助。皇帝心中想做什么，便会威震万里，百姓对他的响应，如影随形，似回声相应。而且大将军卫青的才能不是秦将章邯、杨熊等人能比得上的。大王您把自己比喻为陈胜、吴广，我认为是错的。"淮南王说："如果如您所说，难道我就不可以侥幸成功吗？"伍被说："我有一条不高明的计策。"淮南王说："是什么？"伍被说："现在诸侯王对朝廷没有二心，老百姓对皇帝没有怨气。而朔方郡的土地广阔，水草丰美，虽有百姓迁入，但远远不够。我那不高明的计策就是伪造一份丞相、御史给皇帝的奏章，奏请将中央直辖各郡与各诸侯王封国中豪强、侠士与被判耐刑以上刑罚的囚犯，以及家产在五十万以上的人，连同家属一起迁往朔方郡居住，多派一些军队看守监督，将搬迁的期限定得很急。再伪造一个由左右司空、都司空和上林中都官下达的，奉旨查办案件的逮捕令，用来逮捕诸侯王的太子和宠臣。这样一来就会让百姓怨恨，诸侯恐惧，之后派能言善辩之士去说服他们造反，或许侥幸能有十分之一的把握吧？"淮南王说："这个办法可行。不过，我认为不会仅仅有十分之一的把握。"于是淮南王命令官府的工匠进入宫中，伪造皇帝的印玺,及丞相、御史、大将军、军吏、中二千石级别的官员、京城各官府正副长官的大印,又伪造了淮南国周围各郡太守、都尉的大印,仿制了朝廷使臣的节杖与朝廷御史所戴的官帽,想要按照伍被的计策行事。淮南王又派人假装得罪了他而向西逃往长安,投靠大将军和丞相;一旦起兵造反,就让他们立刻刺杀大将军,而说服丞相投降,他认为成功就像揭去蒙在器物上的布一样毫不费力。

王欲发国中兵,恐其相、二千石不听。王乃与伍被谋先杀相、二千石:伪失火宫中,相、二千石救火,至即杀之。计未决,又欲令人衣求盗①衣,持羽檄②,从东方来,呼曰"南越兵入界",欲因以发兵。乃使人至庐江、会稽③为求盗,未发。王问伍被曰:"吾举兵西乡(向),诸侯必有应我者;即无应,奈何?"被曰:"南收衡山以击庐江,有寻阳④之船,守下雉⑤之城,结九江⑥之浦,绝豫章⑦之口,强弩临江而守,以禁南郡⑧之下,东收江都⑨、会稽,南通劲越,屈(倔)强江淮间,犹可得延岁月之寿。"王曰:"善,无以易此。急则走越耳。"

◎**注释** ①〔求盗〕亭长手下负责缉捕盗贼的小吏。②〔羽檄〕古代插着羽毛的军事文书,插羽毛表示事态紧急。③〔会稽〕会稽郡,郡治在今江苏苏州。④〔寻阳〕寻阳县,县治在今湖北黄梅西南。⑤〔下雉〕下雉县,县治在今湖北阳新东。⑥〔九江〕即寻阳一带。⑦〔豫章〕豫章郡,郡治在今江西南昌。⑧〔南郡〕郡治在今湖北江陵西北。⑨〔江都〕江都国,国都广陵,在今江苏扬州西北。

◎**大意** 淮南王想发动国中的士兵,又担心他的国相和二千石级别的官员不服从。于是与伍被策划,先杀死国相和二千石的官员。于是他们假装宫中失火,让国相和二千石级别的官员来救,等他们到了就杀死他们。计策还没有确定,又想命人穿上求盗小吏的衣服,手持插着羽毛的军事文书,从东边赶来,口中喊"南越国的军队攻入国界了",想借此发动士兵。于是派人到庐江郡、会稽郡冒充求盗小吏惊扰百姓,还没有发兵。淮南王问伍被:"我发兵向西行进,诸侯王中一定有人响应我;万一没人响应,怎么办?"伍被说:"向南先与您的弟弟衡山王合兵一处,再去攻打庐江郡,利用寻阳的战船,据守下雉,在九江一带的岸边集结兵力，掐断由豫章郡进入长江的口岸，用强劲的弓弩临江守卫，阻止南郡军队沿江而下；然后向东攻取江都国和会稽郡，与南方强大的南越国联合，这样即便在西北战场上被朝廷打败，也能在江淮之间坚守一段时间。"淮南王说："很好，没有比这更高明的计策了。一旦有紧急情况可以逃往越国。"

于是廷尉以王孙建辞连淮南王太子迁闻。上遣廷尉监①因拜淮南中尉，逮捕太子。至淮南，淮南王闻，与太子谋召相、二千石，欲杀而发兵。召相，相至；内史以出为解。中尉曰："臣受诏使，不得见王。"王念独杀相而内史、中尉不来，无益也，即罢相。王犹豫，计未决。太子念所坐者谋刺汉中尉，所与谋者已死，以为口绝，乃谓王曰："群臣可用者皆前系，今无足与举事者。王以非时发，恐无功，臣愿会逮。"王亦偷欲休，即许太子。太子即自刭，不殊。伍被自诣吏，因告与淮南王谋反，反踪迹具如此。

◎**注释**　①〔廷尉监〕廷尉的属官。

◎**大意**　廷尉将淮南王的孙子刘建交代出淮南国太子刘迁的事报告给了武帝。武帝派廷尉监趁着任命淮南国中尉的机会，去逮捕太子刘迁。廷尉监来到淮南国，淮南王听说廷尉监来了，就和太子商量将国相、二千石官员招来，想杀掉他们起兵造反。召国相入宫，国相来了；内史则以有事外出为借口没有来。中尉则说："我在迎接皇帝的使臣，不能去见大王。"淮南王心想只杀掉国相而杀不了内史、中尉，是没有用的，于是放国相走了。淮南王犹豫不决，不能决定是否此时起兵。太子想到自己所犯的罪只是谋刺朝廷中尉，而参与策划的人都已死去，没有了口供，便对淮南王说："淮南国的臣子之中可以任用的都已经被朝廷逮捕了，现在已经没有可以一起举事的人了。父王在不恰当的时机发动叛乱，恐怕不会成功，我甘愿接受逮捕。"淮南王内心也想结束此事，就答应了太子。太子随即举刀自刎，但自杀未遂。伍被向朝廷使臣自首，告发了与淮南王谋反的事，详细交代了谋反的经过。

吏因捕太子、王后，围王宫，尽求捕王所与谋反宾客在国中者，索得反具以闻。上下公卿治，所连引与淮南王谋反列侯二千石豪杰数千人，皆以罪轻重受诛。衡山王赐，淮南王弟也，当坐收，有司请逮捕衡山王。天子曰："诸侯各以其国为本，不当相坐。与诸侯王列侯会肄丞相诸侯议。"赵王彭祖、列侯臣让等四十三人议，皆曰："淮南王安甚大逆无道，谋反明白，当伏诛。"胶西王臣端议曰："淮南王安废法行邪，怀诈伪心，以乱天下，荧惑百姓，倍（背）畔（叛）宗庙，妄作妖言。《春秋》曰'臣无将，将而诛'。安罪重于将，谋反形已定。臣端所见其书节印图及他逆无道事验明白，甚大逆无道，当伏其法。而论国吏二百石以上及比者，宗室近幸臣不在法中者，不能相教，当皆免官削爵为士伍，毋得宦为吏。其非吏，他赎死金二斤八两。以章臣安之罪，使天下明知臣子之道，毋敢复有邪僻倍（背）畔（叛）之意。"丞相弘、廷尉汤等以闻，天子使宗正以符节治王。未至，淮南王安自刭杀。王后荼、太子迁诸所与谋反者皆族。天子以伍被雅辞多引汉之美，欲勿诛。廷尉汤曰："被首为王画反谋，被罪无赦。"遂诛被。国除为九江郡。

◎**大意** 于是朝廷使臣逮捕了淮南国太子、王后，包围了王宫，将国中参与谋反的宾客全部逮捕，搜查出准备谋反的物资器材，一并向朝廷奏报。武帝将此案交给公卿讨论裁决，本案所牵连的列侯、二千石级别的官员与豪强共有数千人，都按罪行的轻重给予了惩处。衡山王刘赐是淮南王的弟弟，受牵连应被逮捕，办案的官员请求逮捕衡山王。武帝说："诸侯王都以自己的封国为根基，不应该受到牵连。你们去和诸侯王、列侯一起同丞相商量怎么处置淮南王。"于是赵王刘彭祖、列侯曹襄等四十三人进行了商议，大家一致认为："淮南王刘安极为大逆不道，谋反的罪行明明白白没有疑问，应判他死罪。"胶西王刘端议论道："淮南王刘安不遵朝廷法令，做出邪恶的事，心思狡诈虚伪，扰乱天下，迷惑百姓，背叛宗室，制造妖言。《春秋》中说

'臣下不可以私自聚兵，私自聚兵应该诛杀'。刘安罪行不只是私自聚兵，谋反的事情已是定局。我亲眼见到他伪造的文书、符节、大印、地图等造反工具，其他的不法行为也均验证无疑，极为大逆不道，应当依法受诛。至于淮南国中俸禄二百石及以上的官员，以及与刘安有关系的那些没有卷入此次谋反的宗室与近臣，他们平时没有尽到规劝刘安的责任，所以都应该被罢免官职，废黜爵位，贬为普通士兵，不允许他们做官。对于其他没有官职的罪犯，令其交纳黄金二斤八两赎其死罪。以此来曝光刘安的罪行，让天下人都明白该如何做臣子，不敢再有造反的邪恶念头。"丞相公孙弘、廷尉张汤等人将大家的议论上奏，武帝派遣宗正手持符节去惩办淮南王。宗正还没到淮南国，淮南王刘安即自刎而死。王后荼、太子刘迁及所有参与谋反的人都被灭族。武帝因为伍被口供的文辞华美且多颂扬朝政，不忍心判处他死刑。廷尉张汤说："伍被首先为淮南王策划造反的计谋，不可赦免他的罪行。"伍被于是被杀。淮南国的建置被废除，在其地设立九江郡。

衡山王赐，王后乘舒生子三人，长男爽为太子，次男孝，次女无采。又姬徐来生子男女四人，美人厥姬生子二人。衡山王、淮南王兄弟相责望礼节，间不相能。衡山王闻淮南王作为畔（叛）逆反具，亦心结宾客以应之，恐为所并。

◎**大意**　衡山王刘赐的王后乘舒生了三个孩子，长子刘爽是太子，次子叫刘孝，小女儿叫刘无采。衡山王的姬妾徐来共生了四个孩子，有个叫厥姬的妃子生了两个孩子。衡山王和淮南王兄弟两人互相责怪对方对自己失礼，彼此心生隔阂。衡山王听说淮南王制造谋反的器具，也一心结交宾客作为应对之策，担心自己的封国被淮南王吞并。

元光六年，衡山王入朝，其谒者卫庆有方术[①]，欲上书事天子，王怒，故劾庆死罪，强榜服之。衡山内史以为非是，却其狱。王使人上书告内史，内史治，言王不直。王又数侵夺人田，坏人冢以为田。有司请逮治衡山王。天子不许，为置吏二百石以上。衡山王以此恚，与奚慈、张广昌谋，求能为兵法候星气者，日夜从（怂）容（恿）王密谋反事。

◎**注释** ①〔方术〕指炼丹求仙之类，当时武帝正在寻找懂得方术的人。
◎**大意** 元光六年，衡山王入京朝拜，他的谒者卫庆懂得方术，想要上书奏请离开淮南王去侍奉武帝，衡山王十分生气，故意弹劾卫庆犯有死罪，痛打强逼其认罪。衡山国内史认为衡山王做得不对，所以拒绝接受衡山王对卫庆的指控。衡山王又派人上书控告内史，内史被朝廷查办，说衡山王在卫庆一事中不讲道理。而且衡山王又多次侵夺百姓田产，把别人的墓冢铲平当作自己的田地。朝廷办案官员奏请逮捕衡山王并治罪。武帝不允许，只将衡山国二百石以上的官员改由朝廷委派。衡山王因此怀恨在心，便和奚慈、张广昌谋划，网罗懂兵法和会观测天象的人，这些人时刻都在怂恿衡山王密谋造反。

王后乘舒死，立徐来为王后。厥姬俱幸。两人相妒，厥姬乃恶王后徐来于太子曰："徐来使婢蛊道杀太子母。"太子心怨徐来。徐来兄至衡山，太子与饮，以刃刺伤王后兄。王后怨怒，数毁恶太子于王。太子女弟无采，嫁弃归，与奴奸，又与客奸。太子数让无采，无采怒，不与太子通。王后闻之，即善遇无采。无采及中兄孝少失母，附王后，王后以计爱之，与共毁太子，王以故数击笞太子。元朔四年中，人有贼伤王后假母者，王疑太子使人伤之，笞太子。后王病，太子时称病不侍。孝、王后、无采恶太子："太子实不病，自言病，有喜色。"王大怒，欲废太子，立其弟孝。王后知王决废太子，又欲并废孝。王后有侍者，善舞，王幸之，王后欲令侍者与孝乱以污之，欲并废兄弟而立其子广代太子。太子爽知之，念后数恶己无已时，欲与乱以止其口。王后饮，太子前为寿，因据王后股，求与王后卧。王后怒，以告王。王乃召，欲缚而笞之。太子知王常欲废已立其弟孝，乃谓王曰："孝与王御者奸，无采与奴奸，王强食，请上书。"即倍（背）王去。王使人止之，莫能禁，乃自驾追捕太子。太子妄恶言，王械系太子宫中。孝日益亲幸。王奇孝材能，乃佩之王印，号曰将军，令居外宅，多给金钱，招致宾客。宾客来者，微知淮南、衡山有逆计，日夜从（怂）容（恿）劝之。王乃使孝客江都人救赫、陈喜作輣车①镞矢，刻天子玺，将相军吏印。王日夜求壮士如周丘等，数称引吴楚反时计画，以约束。衡山王非敢效淮南王求即天子位，畏淮南起并其国，以为淮南已西，发兵定江淮之间而有之，望如是。

◎ **注释** ①〔輣（péng）车〕有望楼的战车。

◎ **大意** 王后乘舒去世，衡山王立徐来为王后。厥姬也受到宠幸。两人互相嫉妒，于是厥姬就向太子说王后徐来的坏话："徐来指使婢女用巫蛊之术杀死了您的母亲。"太子从此在内心怨恨徐来。徐来的兄长来到衡山国，太子和他一起饮酒，席间用刀刺伤了徐来的兄长。徐来十分气愤，多次在衡山王面前说太子的坏话。太子的妹妹无采，嫁人后被夫家休弃而归，先与奴仆通奸，又与宾客通奸。太子多次责备无采，无采非常不高兴，就不与太子往来。徐来听说了这个情况，就对无采很好。无采和她的二哥刘孝从小失去母亲，依附徐来，徐来为了利用他们而疼爱他们，和他们共同诽谤太子，衡山王多次听信他们的谗言而鞭打太子。元朔四年中，有人伤害徐来的义母，衡山王怀疑是太子指使人干的，就鞭打了太子。之后衡山王病了，太子以自己生病为借口不去服侍。刘孝、徐来和无采三人一齐向衡山王诽谤太子说："太子实际上没有生病，是他说自己有病，而且面露喜色。"衡山王十分生气，想废掉太子刘爽，改立刘爽的弟弟刘孝为太子。徐来得知衡山王决定废掉太子，下一步就打算让衡山王废掉刘孝。徐来有一个婢女，擅长跳舞，受到衡山王宠爱，徐来想让这个侍女与刘孝私通来败坏刘孝的名声，想要让衡山王一起废掉这两兄弟，而立自己的儿子刘广为太子。太子刘爽知道了徐来的计策，心想徐来不断地诬陷自己，便想与她通奸而使她不能再说自己的坏话。一次徐来饮酒，太子上前敬酒，趁势坐在徐来的大腿上，并请求与她同床而寝。徐来震怒，将此事告诉了衡山王。衡山王召太子前来，想把他捆起来鞭打。

太子知道衡山王常想废掉自己而立弟弟刘孝为太子，便对衡山王说："刘孝与王后的侍者有奸情，无采和家奴有奸情，父王努力加餐吧，请让我向朝廷上奏。"说完就转身离去。衡山王派人阻止他，但没人能拦得住，衡山王就亲自驾车去追捕太子。太子说了一些更恶毒的话，衡山王给太子戴上枷锁，把他囚禁在宫中。刘孝越发受到衡山王的宠信。衡山王对刘孝的才能感到惊讶，让他佩戴王印，称他为将军，让他在宫外的宅第居住，给他很多财物，让他招揽宾客。那些投奔来的宾客，都暗自知道淮南王、衡山王有谋反的打算，就时刻怂恿衡山王行动。衡山王命令刘孝的宾客江都人救赫、陈喜制造战车、弓箭，刻制皇帝玉玺及将军、丞相和军官的印章。衡山王日夜寻找像周丘一样的壮士，多次称赞援引吴、楚造反时的策略，来组织部署自己的人马。衡山王不敢像淮南王那样去争夺皇位，只是害怕淮南王起兵后会吞并他的封国，想要趁着淮南王西进与朝廷作战，起兵平定江淮一带而据为己有，他所希望的就是如此。

元朔五年秋，衡山王当朝，六年，过淮南，淮南王乃昆弟语，除前隙，约束反具。衡山王即上书谢病，上赐书不朝。

◎**大意** 元朔五年的秋天，衡山王按照规定入京朝拜，元朔六年，经过淮南国，淮南王以亲兄弟的身份与他畅谈，消除了从前的隔阂，相约准备造反的用具。于是衡山王向朝廷上书推托有病，皇帝给予回信，允许他不进京朝拜。

元朔六年中，衡山王使人上书请废太子爽，立孝为太子。爽闻，即使所善白嬴之长安上书，言孝作輣车镞矢，与王御者奸，欲以败孝。白嬴至长安，未及上书，吏捕嬴，以淮南事系。王闻爽使白嬴上书，恐言国阴事，即上书反告太子爽所为不道弃市罪事。事下沛郡[①]治。元朔七年冬，有司公卿下沛郡求捕所与淮南谋反者未得，得陈喜于衡山王子孝家。吏劾孝首匿喜。孝以为陈喜雅数与王计谋反，恐其发之，闻律先自告除其罪，又疑太子使白嬴上书发其事，即先自告，告所与谋反者救赫、陈喜

等。廷尉治验，公卿请逮捕衡山王治之。天子曰："勿捕。"遣中尉安、大行息即问王，王具以情实对。吏皆围王宫而守之。中尉、大行还，以闻，公卿请遣宗正、大行与沛郡杂治王。王闻，即自刭杀。孝先自告反，除其罪；坐与王御婢奸，弃市。王后徐来亦坐蛊杀前王后乘舒，及太子爽坐王告不孝，皆弃市。诸与衡山王谋反者皆族。国除为衡山郡。

◎**注释** ①〔沛郡〕郡治相县，在今安徽濉溪西北。

◎**大意** 元朔六年中，衡山王派人上书奏请废黜太子刘爽，改立刘孝为太子。刘爽听说了，立即派与他交好的白嬴前往长安上书，控告刘孝制造战车、弓箭，与王后的婢女通奸，想以此搞垮刘孝。白嬴到了长安，还没来得及上书，官吏就因他与淮南王谋反的事有关而逮捕囚禁了他。衡山王听说刘爽派白嬴上书，担心刘爽说出衡山国意图谋反的事，就上书反告太子刘爽大逆不道犯了应斩首示众的罪。朝廷将此案交给沛郡审理。元朔七年冬天，朝廷负责审案的公卿到沛郡搜捕参与淮南王谋反的人而一无所得，却在衡山王之子刘孝家抓到了陈喜。官吏控告刘孝领头窝藏陈喜。刘孝认为陈喜平日多次与衡山王谋划造反之事，担心他会把事情说出去，他听说法律规定可以赦免自首者的罪行，又怀疑太子刘爽派白嬴上书已经揭发了谋反之事，便立即自首，告发了参与谋反的救赫、陈喜等人。廷尉查办后，得知确有其事，公卿奏请逮捕衡山王并给予处罚。武帝说："不要逮捕。"派遣中尉司马安、大行令李息前去衡山国查问衡山王，衡山王按实际情况做了回答。朝廷官员便包围了王宫并加以看守。中尉、大行令返回京城，上报武帝，公卿奏请派遣宗正、大行令与沛郡长官共同处置衡山王。衡山王听说后就自杀了。刘孝因自首而免除了谋反之罪；但因与王后徐来的婢女私通，仍被判处斩首示众。王后徐来因用巫蛊谋害前王后乘舒，太子刘爽因衡山王告他不孝，都被判处斩首示众。其他参与衡山王谋反的人一律灭族。撤销衡山国的建置，在其地设立衡山郡。

太史公曰：《诗》之所谓"戎狄是膺，荆舒是惩"，信哉是言也。淮南、衡山亲为骨肉，疆土千里，列为诸侯，不务遵蕃（藩）臣职以承辅天子，而专挟邪僻之计，谋为畔（叛）逆，仍父子再亡国，各不终其身，为天下笑。此非独王过也，亦其俗薄，臣下渐靡使然也。夫荆楚僄勇轻悍，好作乱，乃自古记之矣。

◎**大意** 太史公说：《诗经》中所说的"迎击北方少数民族，惩治南方少数民族"，这话是对的。淮南王、衡山王是皇帝的至亲，疆土广达千里，被封为诸侯，不致力于遵守藩臣的职责来辅佐皇帝，却偏偏做邪恶的打算，妄图造反，父子二人两次招致国家灭亡，不得善终，成为天下的笑柄。这并不全是诸侯王的过错，也是他们封国的民风轻薄不忠厚，臣子逐渐感染了他们的结果。楚地人轻率剽悍，喜欢作乱，自古就有记载了。

◎**知识拓展**

太史公在叙述淮南王刘安谋反过程时，用大量篇幅记录了伍被的言谈，辞令优雅，但伍被的立场前后并不统一。在淮南王刘安第一次召见伍被时，伍被当面谴责刘安的言行会导致亡国，并因此被下狱囚禁。刘安第二次召见伍被，伍被分析了当时的形势，认为刘安企图谋反的行为就像秦始皇苛待百姓、不行仁义之道一样，会导致身死国除的悲惨下场，又令刘安十分不快。刘安第三次召见伍被，询问天下局势。伍被慷慨陈词，赞扬武帝是圣明的君主，卫青是才德兼备的将领，再次动摇了刘安谋反的决心。在这三次谈话中，伍被态度明确，心向朝廷，坚决反对刘安谋反。但在第四次召见中，伍被虽然否定了刘安的起兵计划，但又向刘安提出新的方案，试图使百姓和诸侯贵族怨恨朝廷，为刘安的谋反赢得群众基础。在这次谈话中，伍被的态度发生了巨大的转变，由谋反的反对者转变为支持者。在事情泄露时，作为谋反行动的策划人之一，伍被没有同刘安一道与朝廷抗争，而是马上自首，供出刘安的阴谋。可见，伍被的立场前后并不统一，存在很多矛盾之处。

另外，文章通过伍被之口，对武帝的英明决断、勤政爱民，大将军卫青的才能卓越、礼遇士卒以及当时天下太平、百姓安居乐业的局面多有赞扬，这是在《史记》其他篇章中很少见到的。

循吏列传
第五十九

  循吏是指守法循理的官吏，俗称"清官"。循吏的特点是公正廉洁，严格执法，保护良民，惩治奸佞。本篇所载循吏均为汉以前人物，而后面的《酷吏列传》所载酷吏全为汉代人物，形成鲜明对比。该传记叙了春秋战国时期孙叔敖、子产、公仪休、石奢、李离五位贤吏的事迹。这五人中，四位位居国相，一人是法官，他们都是位高权重的社稷之臣。其中，孙叔敖与子产善施教化，行宽政而少严禁，为相期间国家能够按照正常秩序运行，人民安居乐业，故而深得民心，是人们公认的贤相。公仪休、石奢、李离位高权重而能严守法纪，清廉自正，树立了典范。公仪休"弃园葵""出家妇，燔其机"等行为都是站在"农士""工女"的立场上，丝毫没有个人利益的考量。石奢面对情与理的选择，最终自刎谢罪，以明国法。李

> 离"过听"杀人，不诿罪下吏，对上负责，对法负责，最终伏剑而死。太史公以缅怀与崇敬的心情为这几位循吏列传，写出他们的政绩和道德风范，意在阐明一个为政治国的根本道理："奉职循理，亦可以为治，何必威严哉？"而这也道出了作者向往的理想吏治蓝图。

太史公曰：法令所以导民①也，刑罚所以禁奸也。文武不备②，良民惧然③身修者，官未曾乱也。奉职循理，亦可以为治，何必威严哉？

◎**注释** ①〔导民〕引导百姓向善。②〔文武不备〕文指政令，武指刑罚。备，细密，完善。③〔惧然〕敬畏的样子。

◎**大意** 太史公说：法令是引导百姓向善的工具，刑罚是禁止邪恶发生的武器。在政令刑罚不完善的情况下，善良的老百姓如果能够戒惧而修身守法，那是因为官吏没有败坏法纪。只要官吏奉公守法，就可以治理好国家，又何必用严刑峻法呢？

孙叔敖者，楚之处士也。虞丘相进之于楚庄王以自代①也。三月为楚相，施教导民，上下和合，世俗盛美，政缓禁止②，吏无奸邪，盗贼不起。秋冬则劝民山采③，春夏以水，各得其所便，民皆乐其生。

◎**注释** ①〔以自代〕让孙叔敖代替自己。②〔政缓禁止〕政令宽缓，法令所禁没有人触犯。③〔山采〕进山樵采。

◎**大意** 孙叔敖，原是楚国的一位隐士。国相虞丘将他推荐给楚庄王，提出让孙叔敖代替自己。三个月后孙叔敖当上了楚国国相，他教化百姓，使上下同心和睦，风俗淳厚，政治宽松而有禁必止，官吏守法不做邪恶之事，盗窃之事从此不再发生。每逢秋冬之际他便鼓励百姓进山采伐竹木，到了春夏之时利用上涨的河水将木材运出山外，百姓都有了谋生的门路，家家的生活都很安乐。

庄王以为币轻①，更以小为大。百姓不便，皆去其业。市令言之相曰："市乱，民莫安其处，次行②不定。"相曰："如此几何顷③乎？"市令曰："三月顷。"相曰："罢，吾今令之复矣。"后五日，朝，相言之王曰："前日更币，以为轻。今市令来言曰'市乱，民莫安其处，次行之不定'。臣请遂令复如故。"王许之，下令三日而市复如故。

◎注释　①〔币轻〕钱币个小、量轻。②〔次行〕秩序。③〔几何顷〕多长时间。顷，短暂的时间，此泛指时间。

◎大意　楚庄王认为楚国的货币太轻，下令把小币改铸成大币。老百姓感到携带不方便，于是都放弃了自己原来的职业。管理市场的官吏向国相报告说："市场乱了，没有百姓安心在那里做买卖，秩序极不稳定。"国相说："这种情况持续多长时间了？"管理市场的官吏说："三个月了。"国相说："不必再说了，我很快就要让市场恢复正常。"五天后，百官上朝议政，国相对庄王说："原来改换钱币，是认为钱币太轻。现在管理市场的官员报告说'市场混乱了，百姓没有人安心在那里经商，秩序极不稳定'。我请求立即下令恢复旧的币制。"庄王同意了，命令颁布后只过了三天，市场的秩序便恢复得像过去一样。

楚民俗好庳车①，王以为庳车不便马，欲下令使高之。相曰："令数下，民不知所从，不可。王必欲高车，臣请教闾里使高其梱②。乘车者皆君子，君子不能数下车。"王许之。居半岁，民悉自高其车。

◎注释　①〔庳（bì）车〕车轮小、车厢很低的车。②〔高其梱（kǔn）〕高其门槛，使低车不易通过，乘车者自然改高其车。梱，门槛。

◎大意　楚国百姓习惯于乘坐矮车。庄王认为矮车不便于用马拉，想下令把矮车改高。国相说:"政令频繁地颁布,百姓就会无所适从,不能这样做。大王如果一定要将车子改高,我请求先将乡里人的门槛加高。乘车的人都是些有地位的君子,君子不愿为过门槛经常下车,自然就会将车子改高。"庄王同意了他的请求。半年后,百姓都将自己的车子加高了。

此不教而民从其化,近者视而效之,远者四面望而法之。故三得相而不喜,知其材自得之也;三去相而不悔,知非己之罪也。

◎**大意** 这就是不需要下令而百姓就自然地顺从了他的教化,近在身边的人亲眼看见而向他学习,远方的人从四周观察之后遵守他的政令。所以他三次得到相位而不沾沾自喜,因为他知道这是凭自己的才能得到的;三次离开相位他也不感到遗憾,因为他知道那不是自己的罪过造成的。

子产者,郑之列大夫也。郑昭君之时,以所爱徐挚为相,国乱,上下不亲,父子不和。大宫子期言之君,以子产为相。为相一年,竖子不戏狎①,斑白不提挈②,僮子不犁畔③。二年,市不豫贾(价)④。三年,门不夜关,道不拾遗。四年,田器不归⑤。五年,士无尺籍⑥,丧期不令而治⑦。治郑二十六年而死,丁壮号哭,老人儿啼,曰:"子产去我死乎!民将安归?"

◎**注释** ①〔竖子不戏狎〕浪荡子弟不再轻浮。②〔斑白不提挈(qiè)〕白发老人不再操劳。③〔僮子不犁畔〕小孩子不再下地劳作。④〔市不豫贾〕买卖一口价。豫,讨价还价。⑤〔田器不归〕耕田的工具不必天天搬回家。⑥〔士无尺籍〕士人不再应召服役,因为国无外患。⑦〔不令而治〕自觉治丧。

◎**大意** 子产是郑国的大夫。郑昭君在位的时候,任命自己的宠臣徐挚为国相,导致国家混乱,上下不亲近,父子不和睦。公子大宫子期向昭君请求,任子产为国相。子产执政一年,浪荡子弟不再轻浮,老年人不必再劳作,小孩子不用到田间帮助大人耕作。两年之后，买卖一口价。三年之后，夜不闭户，路不拾遗。四年之后，农人不必天天将农具带回家。五年之后，男子无须服兵役，在丧事期间不待下令而自觉治丧。子产治理郑国二十六年后死去了，当时青壮年放声大哭，老年人则像孩子一样悲泣，他们说："子产离开我们死去了！老百姓今后将依靠谁呢？"

  公仪休者，鲁博士也。以高弟（第）①为鲁相。奉法循理，无所变更，百官自正。使食禄者不得与下民争利，受大者不得取小。

◎**注释**　①〔高弟〕同"高第"，选官考核时成绩优异。
◎**大意**　公仪休是鲁国的博士。他因才学优异被任为鲁国的国相。他遵守法度，按原则办事，丝毫不变更规章制度，而百官的言行自然端正。他命令领取俸禄的官吏不得与老百姓争利，权势强大者不得吞并弱小者。

  客有遗相鱼者，相不受。客曰："闻君嗜鱼，遗君鱼，何故不受也？"相曰："以嗜鱼，故不受也。今为相，能自给鱼；今受鱼而免，谁复给我鱼者？吾故不受也。"

◎**大意**　有位客人送鱼给国相公仪休，国相坚辞不受。客人说："听说您喜欢吃鱼，所以送鱼给您，为什么不接受呢？"国相说："正因为我喜欢吃鱼，所以不能接受您的鱼。现在我做国相，买得起鱼吃；如果因接受您的鱼而被罢免，谁还能再给我送鱼呢？所以我不能收下您的鱼。"

  食茹①而美，拔其园葵而弃之。见其家织布好，而疾出其家妇，燔②其机，云"欲令农士工女安所雠（售）其货乎"？

◎**注释** ①〔茹〕葵菜。②〔燔〕焚烧。

◎**大意** 公仪休吃到自己园子种的菜，觉得味道鲜美，便将园中的菜拔出来扔掉。他看见自己家织的布好，便立即将织妇赶走，并烧毁织布机。他说"如果我家的菜美、布好，那么让农夫、织女到哪里卖掉他们的货物呢"？

石奢者，楚昭王相也。坚直廉正，无所阿避①。行县，道有杀人者，相追之，乃其父也。纵其父而还自系焉。使人言之王曰："杀人者，臣之父也。夫以父立政②，不孝也；废法纵罪，非忠也；臣罪当死。"王曰："追而不及，不当伏罪，子其治事矣。"石奢曰："不私③其父，非孝子也；不奉主法，非忠臣也。王赦其罪，上惠也；伏诛而死，臣职也。"遂不受令，自刎而死。

◎**注释** ①〔阿避〕阿，徇私情。避，惧怕权势。②〔以父立政〕通过法办父亲来立功。③〔私〕爱。

◎**大意** 石奢是楚昭王的国相，为人刚正廉洁，从不徇私情，避权贵。一次他到县上巡察，路上遇到一个杀人者，追捕凶犯，原来是他的父亲。于是他放走自己的父亲，回到国都将自己捆绑起来。他派人对昭王说："杀人的罪犯，是我的父亲。如果靠惩处父亲立功，是不孝的行为；如果废弃法令放过罪犯，就是对国家不忠；应当判我死罪。"昭王说："您追捕罪犯没有追上，不应判罪伏法。您继续处理政事吧。"石奢说："不偏私自己的父亲，就不是孝子；不奉行君主的法令，就不是忠臣。大王赦免我的罪责，是主上的恩惠；我服罪而死，是臣下应做的事情。"石奢最终没有接受昭王的赦令，拔剑自杀而死。

李离者，晋文公之理①也。过听②杀人，自拘当死③。文公曰："官有贵贱，罚有轻重。下吏有过，非子之罪也。"李离曰："臣居官为长，不与吏让位④；受禄为多，不与下分利。今过听杀人，傅其罪下吏⑤，非所闻也。"辞不受令。文公曰："子则自以为有罪，寡人亦有罪邪？"

李离曰："理有法，失刑则刑，失死则死。公以臣能听微决疑⑥，故使为理。今过听杀人，罪当死。"遂不受令，伏剑而死。

◎ **注释**　①〔理〕大理，司法之官。②〔过听〕判错案子。③〔自拘当死〕自系于狱以赔偿性命。④〔不与吏让位〕不曾将权力让给下属。⑤〔傅其罪下吏〕诿罪于下级官吏。⑥〔听微决疑〕能断不易查明的疑难案件。

◎ **大意**　李离是晋文公的司法之官。他因误断而错杀了人，于是将自己囚禁起来并判处死刑。晋文公对他说："官职有贵贱之分，惩罚有轻重之别。是下级官吏的过错，不是您的罪责。"李离说："我所居之官为长吏，不曾将权力让给下属；我所领的俸禄很多，并没有把俸禄分给下属。现在我判错了案子而误杀人，诿罪于下级官吏，这种道理我还没有听说过。"他坚决推辞，没有接受文公赦免自己的命令。文公说："你如果自以为有罪，那么我不是也有罪吗？"李离说："法官判案有规定，判错刑就要自己受刑，错杀人就要以死抵罪。您因为我明察善断，任我为司法之官。如今我误断而错杀了人，罪当判处死刑。"李离最终没有接受文公的赦令，伏剑自杀而死。

太史公曰：孙叔敖出一言，郢市复。子产病死，郑民号哭。公仪子见好布而家妇逐。石奢纵父而死，楚昭名立。李离过杀而伏剑，晋文以正国法。

◎ **大意**　太史公说：孙叔敖一言既出，郢都的市场恢复了秩序。子产病死之后，郑国百姓号啕痛哭。公仪休看到自家的布好便赶走了织妇。石奢放走父亲而自杀顶罪，使楚昭王树立了威名。李离误断杀人而伏剑身亡，使晋文公整治了国法。

◎ **知识拓展**

　　文字简净是《循吏列传》极为显著的特色。其篇幅之短，在全书中唯《佞幸列传》与之相当，仅一千二百字左右。其写人多则三事，少则一例，取材与表述皆极为简要，却是精当有力，给人留下了过目难忘的印象。无怪乎古人赞之曰："太史公《循吏传》文简而高，意淡而远，班孟坚《循吏传》不及也。"这种写法，与类传的特性有关。类传和专传不同，它是专题性的，主要表现一类人的共性和作者对本专题的思想见解，人物生平的完整性与系统性并不重要。为此，类传皆有序言，开宗明义阐述作者的观点，然后环绕这一主旨选取恰当的人物事迹予以说明，序言和传文之间，实为纲举目张的关系。所以类传写人叙事很灵活，不求全而求典型，有时甚至不避重出。如子产生平已写入《郑世家》，本传为表现专题思想的需要再作载述，但略去一切具体行事，只列举其非凡政绩，极写百姓的爱戴感激之情。和其他类传相比，本篇在取材上剪裁的幅度是很大的，除孙叔敖事略为完整外，其余四人的事迹皆一鳞半爪，精简之至。作者采用很少的文字把一件典型事例细致写出，使之妥帖传神，有很强的表现力。正是这种写法，使本篇在表现类传的特性方面成为很有代表性的作品。古今学者曾指出，本传与稍后的《酷吏列传》乃是有意为之的姊妹篇：写酷吏，全是当朝人物，这是直接讥刺汉武帝宠用酷吏的时弊；写循吏，全无时人，则是以古讽今，暗藏批评当朝吏治的锋芒。两传对照鲜明，相反相成，作者的政见与好恶之情都可以从中品味出来。这或许可称为另一种意义的"互见法"吧！互见之后，读者再回头看本文开篇那一句"何必威严哉"的话，就会深悟"威严"者，乃酷吏弄权峻法逞威之谓也，作者写本传的深心及其思想锋芒其实在这里就已经显现出来了。

汲郑列传

第六十

《汲郑列传》是汲黯和郑当时的合传,以汲黯为主,郑当时为陪衬。这两人都是汉武帝时的名臣,均信奉黄老学说,并列为九卿,都任侠、礼贤下士、居官清廉,所以合为一传。司马迁先用几句话简单介绍了汲黯的出身,接着记叙了他两次擅自违抗皇帝命令的事件,汲黯抗言直谏的正义形象扑面而来。司马迁也在一开始就多次申明了汲黯的黄老之治,既言"其治,责大指而已,不苛小",又言"治务在无为而已,弘大体,不拘文法"。接着司马迁用一段文字评价了汲黯"性倨,少礼,面折"和"好学,游侠,任气节"的性格特点,然后通过犯颜直谏惹众怒,数次与武帝、公孙弘、张汤等当面争执,皇上既礼敬他又忌惮他,正面描写或侧面烘托汲黯的性格。郑当时也好黄老之言,司马迁主要突出了郑当时礼贤下士和居官

> 清廉的品质。司马迁喜欢汲黯的刚直，喜欢郑当时的敬贤下士。当这两个人位列九卿时，门下都宾客如云；而后来一旦失势，宾客便立即四散。司马迁在文章最后引用下邽翟公的话"一死一生，乃知交情。一贫一富，乃知交态。一贵一贱，交情乃见"，表达了自己的愤慨。

汲黯字长孺，濮阳①人也。其先有宠于古之卫君。至黯七世，世为卿大夫。黯以父任，孝景时为太子洗马②，以庄见惮③。孝景帝崩，太子即位，黯为谒者④。东越⑤相攻，上使黯往视之。不至，至吴⑥而还，报曰："越人相攻，固其俗然⑦，不足以辱天子之使。"河内⑧失火，延烧千余家，上使黯往视之。还报曰："家人失火，屋比⑨延烧，不足忧也。臣过河南⑩，河南贫人伤水旱万余家，或父子相食，臣谨以便宜⑪，持节⑫发河南仓粟以振（赈）贫民。臣请归节，伏矫制之罪⑬。"上贤而释之，迁为荥阳⑭令。黯耻为令，病归田里。上闻，乃召拜为中大夫⑮。以数切谏，不得久留内，迁为东海太守⑯。黯学黄老之言，治官理民，好清静，择丞史⑰而任之。其治，责大指而已，不苛小。黯多病，卧闺阁内不出。岁余，东海大治。称之。上闻，召以为主爵都尉⑱，列于九卿。治务在无为而已，弘大体，不拘文法⑲。

◎**注释** ①〔濮（pú）阳〕郡名，今河南濮阳。②〔太子洗（xiǎn）马〕官名，太子官中的属员，为太子外出骑马时的先导。③〔以庄见惮〕庄，庄重严肃。见，表示被动。惮，畏惧。④〔谒者〕官名，掌接待宾客、通报传达之事。⑤〔东越〕今福建和浙江东南的闽越和东瓯。⑥〔吴〕汉县名，县治在今江苏苏州。⑦〔固其俗然〕固，本来。然，这样。⑧〔河内〕郡名，今河南焦作。⑨〔比〕挨着，并列。⑩〔河南〕郡名，今河南洛阳一带。⑪〔便（biàn）宜〕便利，方便，指见机行事。⑫〔节〕符节，作为凭证的东西。⑬〔矫制之罪〕汉代罪名，即假传皇帝命令，依法当处死刑。⑭〔荥(xíng)阳〕县名，在今河南荥阳。⑮〔中大夫〕官名，属郎中令，掌论议。⑯〔东海太守〕东海，郡名，在今山东郯城。太守，官名，一郡的最高行政主管官吏。⑰〔丞史〕丞和史都是太守的助理官吏，此处泛指太守属下的各级官员。⑱〔主爵都尉〕官名，掌封爵之事。⑲〔文法〕法律条文。

◎**大意** 汲黯，字长孺，濮阳县人。他的祖先曾受宠于古卫国的国君。到汲黯为第七代，他家世代都荣任朝廷卿大夫。汲黯靠父亲的保举，在孝景帝时做了太子洗马，因办事严正而令人生畏。景帝死后，武帝继位，汲黯被任命为谒者。当时东越族内部相互攻战，武帝派汲黯前往视察。汲黯未到东越，行至吴县便返回，向武帝报告说："东越人相互攻战，当地的民俗本来就是这样，不值得让天子的使者屈驾前往。"河内郡发生火灾，火势蔓延烧及千余家，武帝派汲黯前往视察。汲黯回来报告说："河内平民家不慎起火，因房屋相连而火势蔓延，不值得忧虑。我路过河南郡时，发现当地贫民遭受水旱之灾的多达万余家，有些甚至到了父子相食的地步。我就趁着视察之便，凭所持的符节发放河南郡的储粮，以赈济灾民。现在，我请求交还符节，并受假传圣旨之罪。"武帝认为汲黯贤良而赦免了他，调任他为荥阳令。汲黯以做县令为耻，就托病辞官还乡。武帝闻讯，便召他回朝拜为中大夫。由于他屡次向武帝直言上谏，所以不得久留朝中，被调任为东海郡太守。汲黯学习黄老学说，为官治民喜欢清静无事，就选择任用得力的下属处理政务。他为政只指摘大的方向原则，而不苛求小节。汲黯多病，常卧在内室不出门。一年多时间，东海郡被治理得很好。人们都赞扬他。武帝听闻，便召他回朝任主爵都尉，位列九卿。汲黯为政主张无为而治，弘其大体而不拘于法令条文。

黯为人性倨①，少礼，面折②，不能容人之过。合己者善待之，不合己者不能忍见，士亦以此不附焉。然好学，游侠，任气节，内行修洁，好直谏，数犯主之颜色③，常慕傅柏、袁盎之为人也。善灌夫、郑当时及宗正刘弃。亦以数直谏，不得久居位。

◎**注释**　①〔性倨〕性格傲慢。②〔面折〕当面批评、指摘别人。③〔颜色〕指颜面、威严。

◎**大意**　汲黯为人傲慢，很少讲究礼节，有时当面给人难堪，不能容忍他人的过失。与自己合得来就亲善相待，与自己合不来就不想相见，士大夫也因此不愿接近他。但他好学习，豪爽任侠，坚守正义气节，品行高洁，好直言进谏，多次冒犯皇上的威严，时常仰慕傅柏、袁盎的为人。他与朝臣灌夫、郑当时及宗正刘弃关系要好，这些人也因多次直言进谏，不得久居其官位。

　　当是时，太后弟武安侯蚡为丞相，中二千石来拜谒，蚡不为礼。然黯见蚡未尝拜，常揖之。天子方招文学儒者，上曰吾欲云云，黯对曰："陛下内多欲而外施仁义，奈何欲效唐虞之治乎！"上默然，怒，变色而罢朝。公卿皆为黯惧。上退，谓左右曰："甚矣，汲黯之戆①也！"群臣或数②黯，黯曰："天子置公卿辅弼之臣，宁令从谀承意③，陷主于不义乎？且已在其位，纵爱身，奈辱朝廷何！"

◎**注释**　①〔戆（zhuàng）〕刚直鲁莽。②〔数〕数落，指责。③〔从谀承意〕阿谀奉承，逢迎。

◎**大意**　就在这时，太后的弟弟武安侯田蚡做了宰相，俸禄中二千石的官员都来拜访谒见，田蚡不对这些人还礼。但是汲黯见到田蚡从不跪拜，常常行拱手礼。武帝当时正在招选文学之士和儒者，说我想要如何如何，汲黯便回答说："陛下内心有许多欲望，表面上却装作施行仁义，怎么能够效法唐尧、虞舜的政绩呢？"武帝默然不语，心中恼怒，脸色一变而罢朝。公卿都为汲黯担心。武帝退朝后，对身边的近臣说："汲黯太鲁莽刚直了！"众臣中有人责备汲黯，汲黯说："天子设置公卿为辅佐大臣，难道是让他们阿谀奉承而陷君主于不义吗？况且我已身居卿位，纵然爱惜自己的性命，又岂能损害朝廷大事！"

　　黯多病，病且满三月，上常赐告①者数，终不愈。最后病，庄助为请告。上曰："汲黯何如人哉？"助曰："使黯任职居官，无以逾人。然至其辅少主，守城深坚②，招之不来，麾之不去，虽自谓贲育③亦不能夺之矣。"上曰："然。古有社稷之臣，至如黯，近之矣。"

◎ **注释** ①〔告〕休假。②〔守城深坚〕守成保业长久而坚深。城，当作"成"。③〔贲育〕古代勇士孟贲和夏育。

◎ **大意** 汲黯多病，已抱病三月之久，武帝多次赐他假期，但始终不能痊愈。最后一次病重时，大臣庄助替他告假。武帝问道："汲黯这个人怎么样？"庄助说："让汲黯任职做官，无过人之处。但是如果让他辅佐年少之主，坚守既成的事业，则沉稳坚定，招揽他他不会来，驱赶他他不会离开，即使有人自称有孟贲、夏育那样的勇力，也不能更夺他的志向。"武帝说："是这样的。古代有身负国家重任的大臣，像汲黯，就很接近了！"

大将军青侍中，上踞厕①而视之。丞相弘燕见②，上或时不冠。至如黯见，上不冠不见也。上尝坐武帐中，黯前奏事，上不冠，望见黯，避帐中，使人可③其奏。其见敬礼如此。

◎ **注释** ①〔踞厕〕蹲在厕所。②〔燕见〕非正式的朝会和礼仪场合的会见。③〔可〕认可，同意。

◎ **大意** 大将军卫青侍于宫中，武帝蹲在厕所召见他。丞相公孙弘平时拜见武帝，武帝有时连帽子也不戴。至于汲黯觐见，武帝不戴好帽子便不出来接见。武帝曾坐在武帐中，汲黯前来奏事，武帝未及戴帽，一看见汲黯就躲进帐中，派人代为批准他的奏请。武帝对汲黯的尊敬礼遇已到如此程度。

张汤方以更定律令为廷尉，黯数质责汤于上前，曰："公为正卿，上不能褒先帝之功业，下不能抑天下之邪心，安国富民，使囹圄①空虚，二者无一焉。非苦就行，放析就功②，何乃取高皇帝约束纷更③

之为？公以此无种矣。"黯时与汤论议，汤辩常在文深小苛④，黯伉厉守高⑤不能屈，忿发⑥骂曰："天下谓刀笔吏⑦不可以为公卿，果然。必汤也，令天下重足而立⑧，侧目而视矣！"

◎**注释** ①〔囹圄（líng yǔ）〕监狱。②〔放析就功〕放析，散乱，破坏。就功，成就功业。③〔约束纷更〕约束，约定的法令。纷更，杂乱地更改。④〔文深小苛〕指法律条文的文字意义与细小烦琐之处。⑤〔伉厉守高〕伉厉，刚直峻厉。守高，指笃守正理。⑥〔忿发〕发怒，愤慨。⑦〔刀笔吏〕指办理文案的官吏。⑧〔重足而立〕叠足而立，不敢迈步，形容恐惧。

◎**大意** 当时张汤刚因改制法令而做了廷尉。汲黯多次在皇上面前质问指责张汤，说："你身为正卿，对上不能弘扬先帝的功业，对下不能抑制天下人的邪念，使国家安定、百姓富裕，或使监狱中没有犯人，两条中你一条都没有做到。而是让别人受苦迁就你的行为，破坏旧律以成就你的功业，你为什么要胡乱更改高祖皇帝所定律令呢？你将因此断绝后代的。"汲黯经常与张汤辩论，张汤辩论时总是纠结条文、苟求细节，汲黯刚直严厉、坚持正理不能屈服，便愤而骂道："天下人都说不可以让舞文弄墨的刀笔小吏做公卿，果然如此。如果推行张汤制定的苛法严刑，就会使天下人并足而立不敢向前迈步，侧目而视不敢正眼看人了。"

是时，汉方征匈奴，招怀①四夷。黯务少事，乘上间，常言与胡和亲，无起兵。上方向儒术，尊公孙弘。及事益多，吏民巧弄②。上分别文法③，汤等数奏决谳④以幸。而黯常毁儒，面触弘等徒怀诈饰智⑤以阿人主取容，而刀笔吏专深文巧诋⑥，陷人于罪，使不得反其真，以胜为功。上愈益贵弘、汤，弘、汤深心疾⑦黯，唯天子亦不说（悦）也，欲诛之以事。弘为丞相，乃言上曰："右内史⑧界部中多贵人宗室，难治，非素重臣不能任，请徙黯为右内史。"为右内史数岁，官事不废。

◎**注释** ①〔招怀〕招揽，安抚。②〔巧弄〕指虚浮不实，欺瞒伪诈。③〔分别文法〕从原有法律条文中分列出许多新的规定。④〔决谳(yàn)〕指判案定罪的办法、条文。⑤〔怀诈饰智〕内怀奸诈而外饰以智。⑥〔深文巧诋〕指玩弄法律条文,巧妙陷害他人。⑦〔疾〕嫉恨。⑧〔右内史〕官名,掌治京师。

◎**大意** 这时,汉朝正在征讨匈奴,招抚怀柔四方少数民族。汲黯务求少事太平,便趁武帝空闲时,常常劝谏武帝与胡人和亲,不要兴兵征伐。武帝那时正崇尚儒学,尊用公孙弘。正赶上事情繁多,官吏和百姓皆欺瞒伪诈以逃避法网,武帝这才分条别律,严明法纪,张汤等人也多次奏请判决以博取武帝宠幸。而汲黯常常诋毁儒学,当面斥责公孙弘等人内怀奸诈而外饰以智,以阿谀奉承博取主上欢心,而刀笔吏专门研究法律条文,罗织罪名陷人入狱,使事情真相不得平反,以整倒别人为自己的功劳。武帝越来越器重公孙弘、张汤,公孙弘、张汤内心嫉恨汲黯,武帝也不喜欢汲黯,想要借故把他杀掉。公孙弘为丞相,便向武帝说:"右内史所辖之地贵族和皇室居住较多,难以治理,不是向来身居要职的大臣难以胜任,请调任汲黯为右内史。"汲黯当了几年右内史,政事从未荒废。

大将军青既益尊,姊为皇后,然黯与亢〔抗〕礼①。人或说黯曰:"自天子欲群臣下②大将军,大将军尊重益贵,君不可以不拜。"黯曰:"夫以大将军有揖客,反不重邪?"大将军闻,愈贤黯,数请问国家朝廷所疑,遇③黯过于平生。

◎**注释** ①〔亢礼〕即"抗礼",以对等的礼节相见。②〔下〕位居其下。③〔遇〕礼遇。

◎**大意** 大将军卫青愈加尊贵,他的姐姐做了皇后,但是汲黯与卫青见面时仍行平等之礼。有人劝说汲黯:"天子想要让群臣位居大将军之下,大将军受皇上尊敬器重愈加尊贵,你见面时不能不行跪拜礼。"汲黯说:"大将军有拱手行礼的客人,反而不能增加他的尊贵了吗?"大将军听到后,更加认为汲黯贤能,多次向汲黯请教朝廷疑难之事,礼遇汲黯超过了平生所结识的任何人。

淮南王谋反,惮黯,曰:"好直谏,守节死义①,难惑以非。至如说丞相弘，如发蒙振落②耳。"

◎**注释** ①〔守节死义〕坚守节操，宁为正义而死。②〔发蒙振落〕发蒙，揭开蒙盖着的东西。振落，摇动树木使枯叶飘落。
◎**大意** 淮南王图谋反叛，但是害怕汲黯，说："此人喜好直言进谏，坚守节操，舍身赴义，很难用不轨之事欺骗他。至于说服丞相公孙弘，就像揭开蒙布、摇落树叶那样容易。"

天子既数征匈奴有功，黯之言益不用。

◎**大意** 天子征伐匈奴屡获成功，更加不予理睬汲黯的话了。

始黯列为九卿，而公孙弘、张汤为小吏。及弘、汤稍益贵，与黯同位，黯又非（诽）毁①弘、汤等。已而弘至丞相，封为侯；汤至御史大夫；故黯时丞相史②皆与黯同列，或尊用过之。黯褊心③，不能无少望④，见上，前言曰："陛下用群臣如积薪耳，后来者居上。"上默然。有间⑤黯罢，上曰："人果不可以无学，观黯之言也日益甚。"

◎**注释** ①〔非毁〕诽谤，诋毁。②〔丞相史〕当作"丞史"，这里指汲黯的僚属。③〔褊（biǎn）心〕心胸狭窄。④〔望〕埋怨，责备。⑤〔有间（jiàn）〕片刻，一会儿。
◎**大意** 当初汲黯位列九卿时，公孙弘、张汤只是一般小吏。等到公孙弘、张汤日渐显贵，与汲黯地位相同时，汲黯又非难诋毁公孙弘、张汤等人。后来公孙弘位至丞相，被封为平津侯；张汤位至御史大夫；以前汲黯的僚属都与汲黯地位同等了，有的甚至得到重用地位超过了他。汲黯心胸狭隘，不能做到毫无怨言，拜见武帝时，上前说道："陛下使用群臣就像堆积柴草一样，后来的都放在上面。"武帝默然不语。不久汲黯退下，武帝说："人果然不可以没有学问，看汲黯的言论也越来越过分了。"

◎ 汲郑列传第六十

居无何，匈奴浑邪王率众来降，汉发车二万乘。县官无钱，从民贳①马。民或匿马，马不具。上怒，欲斩长安令。黯曰："长安令无罪，独斩黯，民乃肯出马。且匈奴畔（叛）其主而降汉，汉徐以县次传②之，何至令天下骚动，罢（疲）弊中国而以事夷狄之人乎！"上默然。及浑邪至，贾人与市者，坐当死者五百余人。黯请间，见高门③，曰："夫匈奴攻当路塞，绝和亲，中国兴兵诛之，死伤者不可胜计，而费以巨万百数。臣愚以为陛下得胡人皆以为奴婢，以赐从军死事者家；所卤（虏）获，因予之：以谢天下之苦，塞百姓之心。今纵不能，浑邪率数万之众来降，虚府库赏赐，发良民侍养，譬若奉骄子。愚民安知市买长安中物而文吏绳以为阑④出财物于边关乎？陛下纵不能得匈奴之资以谢天下，又以微文⑤杀无知者五百余人，是所谓'庇其叶而伤其枝'者也，臣窃为陛下不取也。"上默然，不许，曰："吾久不闻汲黯之言，今又复妄发矣。"后数月，黯坐小法，会赦免官。于是黯隐于田园。

◎ **注释** ①〔贳(shì)〕赊欠。②〔传(zhuàn)〕接送。③〔高门〕宫殿名，在未央宫内。④〔阑〕指没有官方颁发的通行证出入关卡。⑤〔微文〕隐晦而不显明的法律条文。

◎ **大意** 时隔不久，匈奴浑邪王率领部众前来投降，汉朝征发两万辆兵车前往接应。官府没钱，便向百姓借马。有的百姓把马匹藏起来，马数不能凑齐。武帝发怒，要斩杀长安县令。汲黯说："长安县令无罪，只有杀掉我，百姓才会献出马匹。况且匈奴人背叛其主来投降汉朝，汉朝只需慢慢让沿途各县依次接送即可，何至于让天下骚动如此，让国人疲惫不堪而来侍奉这些匈奴人呢？"武帝默然不语。当浑邪王到来，与他们做买卖的商人，被连坐处死的有五百多人。汲黯请武帝抽空接见，在未央宫高门殿相见，说："匈奴攻打我们设置在道路上的要塞，弃绝和亲，朝廷举兵征伐他们，战死受伤的人数不可胜计，而耗费资财有数百亿之巨。我愚昧无知，以为陛下得到匈奴人会把他们全部作为奴婢，赏赐给从军而死的人家；所获得的财物，也一并赠送给他们：以此慰劳天下劳苦之人，满足百姓的心愿。现在即使做不到这样，也不该在浑邪王率数万人来降之际，竭尽府库来赏赐他们，征调良民去服侍他们，就像侍奉天之骄子一样。无知的老百姓哪里懂得让匈奴人购买长安货物会被法官判罪为将财物走私出关呢？陛下既不能缴获匈奴的物资以慰劳天下之人，又以苛细的法律条文斩杀五百多因无知而获罪的人，是所谓的'为了保护树叶而伤害了树枝'的做法，臣私下以为陛下此举实不可取。"武帝默不作声，不认可汲黯的说法，说："我好久没有听到汲黯的话了，今天他又妄发议论。"数月后，汲黯犯小罪，恰逢大赦，仅仅免去了官职。于是汲黯归隐田园了。

居数年，会更五铢钱，民多盗铸钱，楚地尤甚。上以为淮阳楚地之郊，乃召拜黯为淮阳太守。黯伏谢①不受印，诏数强予②，然后奉诏。诏召见黯，黯为上泣曰："臣自以为填沟壑，不复见陛下，不意陛下复收用之。臣常有狗马病③，力不能任郡事，臣愿为中郎，出入禁闼④，补过拾遗，臣之愿也。"上曰："君薄淮阳邪？吾今召君矣。顾淮阳吏民不相得，吾徒得君之重，卧而治之。"黯既辞行，过大行⑤李息，曰："黯弃居郡，不得与朝廷议也。然御史大夫张汤智足以拒谏，诈足以饰非，务巧佞⑥之语，辩数⑦之辞，非肯正为天下言，专阿主意。主意所不欲，因而毁之；主意所欲，因而誉之。好兴事，舞文法，内怀诈以御主心，外挟贼吏以为威重。公列九卿，不早言之，公与之俱受其僇（戮）矣。"息畏汤，终不敢言。黯居郡如故治，淮阳政清。后张汤果败，上闻黯与息言，抵息罪⑧。令黯以诸侯相秩⑨居淮阳。七岁而卒。

◎**注释** ①〔伏谢〕伏身谢罪。②〔强予〕强行授予。③〔狗马病〕卑辞，以狗马自况，指小病。④〔禁闼（tà）〕官廷的门户。⑤〔大行〕官名，掌内附的少数民族事务。⑥〔巧佞〕伪诈而动听。⑦〔辩数〕诡辩数落。⑧〔抵息罪〕将李息判罪。⑨〔秩〕俸禄。

◎ **大意** 过了几年，碰上国家改铸五铢钱，百姓中多有人偷铸钱币，楚地的情况尤为严重。武帝认为淮阳国是通往楚地的交通要道，于是任命汲黯为淮阳太守。汲黯伏地推辞不肯接受官印，武帝多次下诏强行授予他，他才接受诏命。武帝下诏召见了汲黯，汲黯哭着说："我自以为会老死乡间身填沟壑，不再能见到陛下了，没有想到陛下又一次起用了我。我常常患有一些疾病，无力胜任郡中事务，我愿做一个中郎官，出入于宫中，提醒陛下纠正过失，这是我的愿望。"武帝说："您嫌弃淮阳太守这个职位吗？我很快就会召您回朝。考虑到目前淮阳的官民关系不睦，我仅仅是借助您的威望，您可以躺在床上治理。"汲黯遂辞别赴任，行前拜访了大行李息，他向李息说道："我被弃置在郡县，不得参与朝廷政议了。但是御史大夫张汤的智谋足以抵制别人的批评，奸诈足以掩饰自己的罪过，他专用机巧谄媚的语言，诡辩刻薄的辞令，不肯真正替天下人说话，专门逢迎主上的心意。主上不满意的，他便诋毁；主上想要做的，他便赞誉。他喜欢无事生非，搬弄法律，在朝廷他心怀奸诈以迎合主上之意，在朝外他挟制官吏以建立自己的威望。您身为九卿，若不及早向主上进言，恐怕日后您会和他一起遭到杀戮的。"李息惧怕张汤，终究没敢向武帝进言。汲黯用以前的方式治理，淮阳郡的政治很快清明起来。后来，张汤果然垮台了，武帝听说汲黯与李息的谈话后，将李息判罪。让汲黯领取诸侯王国相的俸禄，继续担任淮阳太守。七年后汲黯逝世。

卒后，上以黯故，官其弟汲仁至九卿，子汲偃至诸侯相。黯姑姊子司马安亦少与黯为太子洗马。安文深，巧善宦①，官四至九卿，以河南太守卒。昆弟以安故，同时至二千石者十人。濮阳段宏始事盖侯信，信任宏，宏亦再至九卿。然卫人仕者皆严惮汲黯，出其下②。

◎ **注释** ①〔文深，巧善宦〕文深，用法苛深。巧善宦，为人机巧而善于做官。②〔出其下〕居汲黯之下，尊汲黯为上。

◎ **大意** 汲黯死后，武帝为了褒扬他，让他的弟弟汲仁做官而官至九卿，让他的儿子汲偃做官而官至诸侯国相。汲黯姑母的儿子司马安年轻时，也曾与汲黯同为太子洗马。司马安用法苛深，为人机巧而善于做官，曾四次官至九卿，最后死在河南郡太守任上。他的弟兄由于司马安的提携，同时官至二千石俸禄的有十人。濮阳人段宏开始侍奉盖侯王信，王信保举段宏，段宏因此也官至九卿。但是做官的卫人都很敬畏汲黯，甘居其下。

郑当时者，字庄，陈人也。其先郑君尝为项籍将；籍死，已而属汉。高祖令诸故项籍臣名籍①，郑君独不奉诏。诏尽拜名籍者为大夫，而逐郑君。郑君死孝文时。

◎**注释** ①〔名籍〕直呼项羽其名，以示不敬。
◎**大意** 郑当时，字庄，陈县人。他的先人郑君曾做过项籍的将领；项籍死后，归附汉朝。高祖下令所有项籍旧臣提到项籍时都要直呼其名，唯独郑君不服从命令，高祖下诏拜所有直呼项籍名的人为大夫，而赶走了郑君。郑君死于文帝之时。

郑庄以任侠自喜，脱张羽于厄①，声闻梁、楚之间。孝景时，为太子舍人②。每五日洗沐③，常置驿马长安诸郊，存诸故人，请谢宾客，夜以继日，至其明旦，常恐不遍。庄好黄老之言，其慕长者如恐不见。年少官薄，然其游知交皆其大父行④天下有名之士也。武帝立，庄稍迁为鲁中尉、济南太守、江都⑤相，至九卿为右内史。以武安侯、魏其时议，贬秩为詹事⑥，迁为大农令。

◎**注释** ①〔厄〕困境。②〔太子舍人〕太子太傅的属官，为太子的侍从人员。③〔每五日洗沐〕汉制，官吏五日一次沐浴休息。此处"洗沐"即指休假。④〔大父行（háng）〕祖父一辈的人。⑤〔江都〕诸侯国，在今江苏扬州一带。⑥〔詹事〕官名，掌皇后、太子宫中事务。
◎**大意** 郑庄喜好行侠仗义，曾使张羽脱离困境，声名传遍梁、楚地区。孝景帝时，他做了太子舍人。每逢五日一次的休假日，他常常把驿马放在长安郊外，以便骑马看望各位故友，或邀请答谢宾客，通常夜以继日，通宵达旦，尚且担心不够周到。郑庄喜好黄老学说，仰慕有才德的长者，唯恐不能相见。虽然他年少官微，但结交的知己好友都是祖父辈的天下知名人士。武帝即位后，郑庄逐渐升迁为鲁国中尉、济南郡太守、江都国国相，最后官至九卿，任右内史。由于在武安侯与魏其侯的廷辩中议论不当，被贬为詹事，后又调任大农令。

庄为太史，诫门下："客至，无贵贱无留门者。"执宾主之礼，以其贵下人。庄廉，又不治其产业，仰奉赐以给诸公。然其馈遗人，不过算器食①。每朝，候上之间，说未尝不言天下之长者。其推毂②士及官属丞史，诚有味其言之也，常引以为贤于己。未尝名吏，与官属言，若恐伤之。闻人之善言，进之上，唯恐后。山东士诸公以此翕然③称郑庄。

◎**注释** ①〔算器食〕用竹器盛的食物。算，一种装食物的竹器。②〔推毂（gǔ）〕推车轮帮助车子前行，比喻推荐人才。毂，车轮的中心部分，有圆孔，可插轴。这里指车轮。③〔翕（xī）然〕一致的样子。
◎**大意** 郑庄任太史官时，告诫门人："如果有客人拜访，无论贵贱都不要让他们在门前停留等候。"他恭敬地执待客之礼，以其尊贵的身份屈居客人之下。郑庄廉洁，又不添置田产，仅依靠俸禄和赏赐接待宾客。而他赠送别人的，不过是些用竹器盛的食品。每逢上朝，遇到向武帝进谏的机会，他没有一次不称道天下德高望重之人。他推荐士人和丞、史等属官时，总是饶有兴味地称赞他们，常说他们贤能胜过自己。他从不直呼属吏之名，和属下谈话时，语言谦和，唯恐伤害了他们。听到别人有好的主张，他立马向武帝报告，唯恐延迟误事。崤山以东的士人名流一致称颂郑庄。

郑庄使视决河，自请治行①五日。上曰："吾闻'郑庄行，千里不赍②粮'，请治行者何也？"然郑庄在朝，常趋和承意，不敢甚引当否。及晚节，汉征匈奴，招四夷，天下费多，财用益匮。庄任人宾客为大农僦人③，多逋负④。司马安为淮阳太守，发其事，庄以此陷罪，赎为庶人。顷之，守⑤长史。上以为老，以庄为汝南太守。数岁，以官卒。

◎**注释** ①〔治行〕整理行装。②〔赍（jī）〕携带。③〔僦（jiù）人〕雇佣载运之人。④〔逋（bū）负〕亏欠款项或物资。⑤〔守〕暂时代理。

◎**大意** 郑庄被派去视察黄河决口的情况，他请求用五天时间准备行装。武帝说："我听说'郑庄出行，千里不带粮'，现在你为什么请假收拾行装？"郑庄在朝廷任职时，常附和顺承武帝之意，不敢明确表达自己的主张。等到晚年，汉朝征伐匈奴，招抚四夷，天下耗费巨多，财用愈加匮乏。郑庄任其宾客作为大农令雇用的搞运输的人。他亏欠的钱款很多，司马安任淮阳太守，揭发了此事，郑庄因此获罪，出钱赎罪后被削职为平民。不久，又代理长史之职。武帝认为郑庄年高，命他担任汝南郡太守。几年后，他在任时去世。

郑庄、汲黯始列为九卿，廉，内行修洁。此两人中废①，家贫，宾客益落。及居郡，卒后家无余赀财②。庄兄弟子孙以庄故，至二千石六七人焉。

◎**注释** ①〔中废〕中途被罢官。②〔赀（zī）财〕钱财。
◎**大意** 郑庄、汲黯开始位列九卿时，为政清廉，品行端正。这两人中途都曾被免官，家境贫寒，宾客日益稀少。后来做郡太守，死后家里无任何余财。郑庄的兄弟子孙因为郑庄，官至二千石俸禄的有六七人。

太史公曰：夫以汲、郑之贤，有势则宾客十倍，无势则否，况众人乎！下邽①翟公有言，始翟公为廷尉，宾客阗②门；及废，门外可设雀罗。翟公复为廷尉，宾客欲往，翟公乃大署其门曰："一死一生，乃知交情。一贫一富，乃知交态。一贵一贱，交情乃见。"汲、郑亦云，悲夫！

◎ **注释** ①〔下邽（guī）〕在今陕西渭南下邽镇。②〔阗（tián）〕充塞。

◎ **大意** 太史公说：以汲黯、郑庄的贤能，有权势时宾客多至十倍，无权势时则宾客散尽，何况一般人呢？下邽人翟公曾说过，起初翟公做廷尉时，宾客站满门庭；等到罢官，则门可张网罗雀。翟公再次为廷尉时，宾客又想来投靠，翟公便在门上写下这样的话："一死一生，乃知交情。一贫一富，乃知交态。一贵一贱，交情乃见。"汲黯、郑庄的情况也是如此，可悲啊！

◎ **知识拓展**

司马迁在《史记》中对汉朝官员有循吏、酷吏之分，有清官、贪官之分，有直臣、佞臣之分。其中佞臣俯拾即是，直臣则凤毛麟角。汲黯就以汉廷第一直臣的光辉形象立于历史长河中。司马迁怀着极其钦敬的心情为汲黯树碑立传，倾力表现了汲黯秉正嫉恶、忠直敢谏的品格。围绕这个中心，本文运用辐辏之法汇集众多零散材料，在多方面的人际关系中反复刻画人物个性，尤其是一再描写汲黯同最高统治者武帝和公孙弘、张汤之间的对立与冲突，使汲黯的形象凸显出来。牛运震在《史记评注》中说："汲黯乃太史公最得意人，故特出色写之。当其时，势焰横赫如田蚡，阿谀固宠怀诈饰智如公孙弘、张汤等，皆太史公所深嫉痛恶而不忍见者，故于灌夫骂坐，汲黯面诋弘、汤之事，皆津津道之，如不容口，此太史公胸中垒块借此一发者也。"汲黯为人倨傲严正，担任过太子洗马、谒者、中大夫、东海太守、主爵都尉、右内史、淮阳太守等职，虽然官小位卑，但是敢于犯颜直谏，常面折廷争，数犯武帝之颜色，不畏权贵，不阿附皇亲国戚，也不卑躬屈膝，是公正廉洁的刚直之臣。在《汲郑列传》的记述中，汲黯两次出使忤逆圣意，四次触怒武帝，三次斥骂丞相公孙弘和御史大夫张汤，言辞尖锐无情，汉廷第一直臣的风采跃然纸上，使读者眼前仿佛闪现出一场又一场汲黯廷争面折和怒斥佞臣的生动画面，耳边仿佛响起他一次又一次发自肺腑的铿锵直言。其中，汲黯那些一针见血、极具个性的语言被大量实录，其言辞之犀利精粹，其感情之激切义愤，皆力透纸背，震撼人心，对展示主人公思想品格起到了至为重要的作用。

吴见思在《史记论文》中说："汲长孺在汉廷是第一流人物，其戆直犯颜处极好铺张，史公偏借武安侯，借庄助，借大将军，借张汤，借公孙弘，借淮南王，借司马安，反从他人身上形容出来，而汲长孺意思情性、气概节谊，无不全现。"司马迁此种写法，不仅是赞扬一两位能够犯颜直谏、敬贤下士的贤臣，而且是通过他们来揭露社会政治的黑暗，表达自己对一系列政治问题的观点，这必然涉及当时的许多贵戚重臣。同时，由于作者有意地把思想性格完全不同的人物放在一起做对比，形成了强烈的反差，也就更加激起了读者的共鸣。文章对武帝时代上流社会的世态炎凉，表现了极大的愤慨。

郑当时是汲黯的好友，在尊黄老、任侠和居官清廉等方面皆与汲黯一致，因而本篇将他连缀于汲黯之后。他历任右内史、詹事、大农令等职，在治理黄河、开凿漕渠、举贤理财等方面颇有政绩，同时他以爱贤、敬贤、荐贤的侠风闻名于世。文中着重表彰了他敬贤下士、竭诚进贤的美德，同时也指出他缺乏汲黯的刚直之气，有趋从迎合权势者的缺点。所以在此文中，汲黯的形象更为突出鲜明。牛运震亦言："汲、郑同学黄老之言，一则抗言直谏，秉正嫉恶，一则恢宏任侠，喜交游，奉宾客，皆太史公所嘉予乐道者也，故同为列传，而述之亹亹不置。"（《史记评注》）

儒林列传 第六十一

《儒林列传》是《史记》中的一篇类传，主要记述了公孙弘、申公、辕固生、伏生、董仲舒等人的事迹，这些儒家学者都对西汉的文化政策和政治形势产生了重要影响。与此同时，司马迁还简要介绍了孔甲、韩生、鲁徐生、胡毋生、瑕丘江生等人的事迹。通过对这些儒家学者的记述，司马迁向读者描绘出一幅西汉前期的儒林群像。

与其他篇章不同，司马迁将本篇的"太史公曰"设置在篇首，简略描述了西汉以前儒学发展的脉络和概况，上继《孔子世家》，下开《儒林列传》，起到了引导全文的作用。

秦始皇"焚书坑儒"的文化政策引起了儒生的强烈不满，以孔子嫡系第八世孙孔甲为首，这些儒家学者竟然纷纷投靠了农民起义军领袖陈胜。这并非因为孔甲等人认同和尊重陈胜的行为及观念，而仅仅是因为他们要以此来宣泄对秦王朝的不满。西汉初年，战乱频仍，朝廷无暇顾及文化建设。刘邦、吕后当权时期，虽然有一些跟随叔孙通制定礼仪的儒生进入朝廷做官，但朝中重臣多是为西汉开国立下过赫赫战功的武将。文帝时虽略微起用儒生，但是文帝本人对儒家学说并没有特别的热衷。景帝继位之后，窦太后崇尚黄老之学，再加上此时西汉的社会生活还处于休养生息的阶段，因此儒学依然没有得到充分发展。不过辕固生与黄生及窦太后的争论，已说明此时儒学的发展势不可挡，而且具有一定的现实基础，获得了景帝的一定支持。直到武帝继位，儒家学说才因切合社会生产发展的需要而获得极大发展，一举成为西汉的官方思想。

在儒家学说取得统治地位的过程中，第一位起到重大推动作用的儒生当属公孙弘。公孙弘精通《公羊传》，两次应武帝举贤诏来到长安，在太常寺担任博士。十年之内，公孙弘从待诏金马门的博士一路平步青云，官至丞相，封平津侯。公孙弘是西汉开国以来第一位以丞相封侯者，为西汉后来"以丞相褒侯"的制度开了先河。而他第二次来到长安应诏之时，已年届七十了。公孙弘之所以能以老迈之身受到武帝的重用，首先在于他自身的才学，其次也是因为他对于儒学的看法与武帝不谋而合。在公孙弘之后，另一位对西汉儒学发展起到重要作用的学者当属董仲舒。元光元年，武帝下诏征求治国方略，董仲舒在著名的《举贤良对策》一文中把儒家思想与当时的社会需要相结合，并吸收了阴阳五行等其他学派的理论，创建了一个以儒学为核心的新的思想体系，系统地提出了"天人感应""大一统"等学说，深得汉武帝的赞赏。其"罢黜百家，独尊儒术"的主张为汉武帝所采纳，直接促使儒学成为古代中国社会最为正统的思想，其影响长达两千多年。

◎ 儒林列传第六十一

> 司马迁在本篇传记中，以公孙弘和董仲舒为两个比较丰满生动的重点人物，串联起了儒学在西汉复兴的主要过程，辅以赵绾、王臧、申公、胡毋生、辕固生、韩生、伏生、徐生等人的生平或主要事迹，又简洁明了地勾勒出了儒家经典和儒家学说在此时期传播、研习的概况。《儒林列传》实际上可以看作是一篇简要的西汉前期儒学发展史。

太史公曰：余读功令①，至于广厉（砺）学官之路②，未尝不废书而叹也。曰：嗟乎！夫周室衰而《关雎》作，幽厉微而礼乐坏，诸侯恣行，政由强国。故孔子闵（悯）③王路废而邪道兴，于是论次④《诗》《书》，修起礼乐。适齐闻《韶》，三月⑤不知肉味。自卫返鲁，然后乐正，《雅》《颂》各得其所。世以混浊莫能用，是以仲尼干⑥七十余君无所遇，曰"苟有用我者，期月⑦而已矣"。西狩获麟⑧，曰"吾道穷矣。"故因史记作《春秋》⑨，以当王法，其辞微而指博，后世学者多录焉。

◎ **注释** ①〔功令〕规定学生考试成绩的法规。②〔广厉学官之路〕厉，通"砺"，勉励。学官，太学里的教官。③〔闵〕同"悯"，哀伤。④〔论次〕论定编次。⑤〔三月〕好几个月。三，泛指多。⑥〔干〕拜见，游说。⑦〔期（jī）月〕一年。⑧〔西狩获麟〕鲁哀公十四年，鲁人在国都的西郊捕获一只麒麟，孔子听说之后叹道："吾道穷矣。"因为麒麟是太平盛世的象征，鲁哀公十四年却是乱世，麒麟的出现是反常现象。⑨〔因史记作《春秋》〕因，凭借。史记，此处指历史资料。

◎ **大意** 太史公说：我阅读朝廷考选学官的法规，读到广开勉励学官、兴办教育之路时，未尝不放下书感慨：唉！周朝衰弱的时候，讽刺时政的诗歌《关雎》便出现了，周幽王、周厉王时王室衰微而礼崩乐坏，诸侯各行其是，政令取决于强国。孔子哀伤王道废弃而邪道兴起，于是修订《诗经》《尚书》，整理礼乐。他

217

到达齐国时听到了舜时的《韶》乐,高兴得好几个月尝不出肉味。从卫国返回鲁国后,音乐得到了改良,《雅》《颂》之诗得到了合理的安排。由于当时世道混乱污浊而没有人起用他,所以仲尼游说了七十多位国君却得不到信任和重用,他感慨地说"如果有人使用我的话,只需一年时间就可以把国家治理好"。鲁国有人在西郊捕获了一只麒麟,孔子听说后哀叹"我的理想实现不了了"。所以他便依据鲁史资料撰写了《春秋》,把它当作君王的法典,其文辞精微而意旨博大,后世学者常常传抄学习它。

自孔子卒后,七十子①之徒散游诸侯,大者为师傅卿相,小者友教士大夫,或隐而不见。故子路居卫,子张居陈,澹台子羽居楚,子夏居西河,子贡终于齐。如田子方、段干木、吴起、禽滑釐之属②,皆受业于子夏之伦,为王者师。是时独魏文侯好学。后陵迟③以至于始皇。天下并争于战国,儒术既绌焉,然齐鲁之间,学者独不废也。于威、宣④之际,孟子、荀卿之列,咸遵夫子之业而润色之,以学显于当世。

◎**注释** ①〔七十子〕指孔子的学生中最为优秀者,据《仲尼弟子列传》所载,共七十七人,此处取整数。②〔之属〕与"之伦"同意,即"这些人"。③〔陵迟〕衰败,败坏。④〔威、宣〕齐威王、齐宣王。

◎**大意** 自孔子去世后,他的弟子中最优秀的七十余位四散到各诸侯国游说,成就大的做了诸侯的师傅或卿相,成就小的结交并教导了士大夫,有些则隐居不仕。所以子路在卫国,子张在陈国,澹台子羽在楚国,子夏在西河,子贡终老于齐国。像田子方、段干木、吴起、禽滑釐这些人,都曾受业于子夏之辈,而成为王者之师。当时唯独魏文侯好学。后来儒学衰弱一直持续到秦始皇之时。战国时期天下纷争,儒学受到排斥,然而在齐、鲁之间,学习儒学的人却偏偏没有断绝。在齐威王、齐宣王时期,孟子、荀子等人,都继承孔子的事业而加以发扬光大,凭自己的学识著称于当时。

及至秦之季世^①，焚《诗》《书》，坑术士，六艺从此缺焉。陈涉之王也，而鲁诸儒持孔氏之礼器^②往归陈王。于是孔甲^③为陈涉博士，卒与涉俱死。陈涉起匹夫，驱瓦合^④適（谪）戍，旬月以王楚，不满半岁竟灭亡，其事至微浅，然而缙绅先生之徒负孔子礼器往委质为臣者，何也？以秦焚其业，积怨而发愤^⑤于陈王也。

◎ **注释** ①〔季世〕末世。②〔礼器〕祭祀宗庙用的器具。③〔孔甲〕孔子的第八世孙，名鲋（fù），字甲。④〔瓦合〕即乌合之众。⑤〔发愤〕发泄愤懑。

◎ **大意** 到了秦朝末年，秦始皇焚烧《诗》《书》，坑杀儒生，"六经"从此开始残缺。陈涉起义称王后，鲁地的儒生携带孔子家传的祭祀之器投奔陈王。孔子的八世孙孔甲做了陈涉的博士，最后和陈涉一同死去。陈涉由一个普通人起义反秦，组织了一群发配戍边的乌合之众，一月之内就在楚地称王，不满半年却灭亡了。他的事业十分渺小，但是那些有身份的缙绅先生背负孔子的礼器向他称臣，这是为什么呢？是因为秦王朝焚毁了他们的学业，在心里结下了深仇，想通过投奔陈王来发泄他们的怨恨。

及高皇帝诛项籍，举兵围鲁^①，鲁中诸儒尚讲诵习礼乐，弦歌之音不绝，岂非圣人之遗化，好礼乐之国哉？故孔子在陈，曰"归与归与！吾党之小子狂简，斐然成章，不知所以裁之"^②。夫齐鲁之闲（间）于文学^③，自古以来，其天性也。故汉兴，然后诸儒始得修其经艺，讲习大射乡饮之礼^④。叔孙通作汉礼仪，因为太常^⑤，诸生弟子共定者，咸为选首^⑥，于是喟然叹兴于学。然尚有干戈，平定四海，亦未暇遑庠序之事^⑦也。孝惠、吕后时，公卿皆武力有功之臣^⑧。孝文时颇征用，然孝文帝本好刑名之言^⑨。及至孝景，不任儒者，而窦太后又好黄老之术，故诸博士具官待问，未有进者。

◎**注释** ①〔围鲁〕楚怀王初封项羽为鲁王。因此刘邦围攻的是鲁国的国都曲阜。②〔"归与归与"四句〕见《论语·公冶长》。狂简，志大才疏。斐然，有文采的样子。裁，剪裁，引申为教育，引导。③〔闲于文学〕闲，通"娴"。文学，典章文献之学。④〔大射乡饮之礼〕大射，为祭祀择士而举行的射礼。乡饮，指乡饮酒礼，是古代嘉礼之一。⑤〔太常〕九卿之一，主管宗庙礼仪。博士便隶属于太常。⑥〔选首〕首先被选拔为官。⑦〔庠序之事〕即教育事业。⑧〔武力有功之臣〕指出身行伍、立有战功的大臣。⑨〔刑名之言〕战国时以申不害为代表的学派，主张循名责实，慎赏明罚。

◎**大意** 高祖诛灭项羽后，率兵围攻鲁国国都曲阜，当时鲁地的儒生还在讲诵经书、演习礼乐，弦歌之音不绝于耳，这难道不是具有圣人遗风、喜爱礼乐的地方吗？所以孔子在陈国时，曾说"回去吧！回去吧！我们家乡的青年人志向高远，文采斐然可观，我不知该怎样引导他们"。齐、鲁之地的人们熟习文化典籍，自古如此，这是他们的天性。所以汉朝建立后，儒生开始能够从齐鲁大儒那里学习儒家经典，讲练大射和乡饮的礼仪。叔孙通制定了汉代的官方礼仪，因此被任为太常官，儒生弟子中和他一起制定礼仪的，都成了朝廷优先录用的对象，于是人们对因研究儒学而发迹的事感慨起来。但是，当时尚有战争，需要平定四海，因此无暇考虑建立学校、开展教育事业的事情。到惠帝、吕后的时候，公卿都是出身行伍的重臣。文帝时稍微启用了儒生为官，但是文帝本来喜欢的是刑名之学。到了景帝的时候，干脆不用儒生，而窦太后则喜欢黄老的学说，因此众博士只能以备顾问，没有得到提升的。

及今上即位，赵绾、王臧之属明儒学①，而上亦乡（向）之，于是招方正贤良文学之士。自是之后，言《诗》于鲁则申培公，于齐则辕固生，于燕则韩太傅。言《尚书》自济南伏生。言《礼》自鲁高堂生。言《易》自菑川田生。言《春秋》于齐鲁自胡毋生，于赵自董仲舒。及窦太后崩，武安侯田蚡②为丞相，绌（黜）黄老、刑名百家之言，延文学儒者数百人，而公孙弘以《春秋》白衣为天子三公，封以平津侯。天下之学士靡然乡（向）风③矣。

◎**注释** ①〔赵绾、王臧之属明儒学〕御史大夫赵绾、郎中令王臧等人主张尊儒。②〔田蚡〕汉景帝王皇后的同母弟,封武安侯,崇尚儒学。③〔靡然乡风〕望风响应,闻风而动。

◎**大意** 武帝即位之后,赵绾、王臧等人精通儒学,而武帝也倾向儒学,于是下诏征召方正贤良通晓经学的儒生。从此以后,讲授《诗》的在鲁地有申培公,在齐地有辕固生,在燕地有韩太傅。讲授《尚书》的始于济南的伏生。讲授《易》的始于菑川的田生。讲授《春秋》的在齐鲁之地始于胡毋生,在赵地始于董仲舒。窦太后去世后,武安侯田蚡做了丞相,他贬斥黄老、刑名百家学说,招请治经学的数百儒生入朝,而公孙弘因治《春秋》由平民一举进入三公之列,封为平津侯。于是天下的学士无不闻风而动倾心于儒学。

公孙弘为学官,悼道之郁滞①,乃请曰:"丞相御史言②:制曰'盖闻导民以礼,风之以乐。婚姻者,居室之大伦③也。今礼废乐崩,朕甚愍(悯)焉。故详延天下方正博闻之士,咸登诸朝。其令礼官劝学,讲议洽闻,兴礼,以为天下先。太常议,与博士弟子,崇乡里之化,以广贤材焉'。谨与太常臧、博士平等议曰:闻三代之道,乡里有教,夏曰校,殷曰序,周曰庠。其劝善也,显之朝廷;其惩恶也,加之刑罚。故教化之行也,建首善自京师始,由内及外。今陛下昭至德,开大明,配天地,本人伦,劝学修礼,崇化厉贤,以风四方,太平之原也。古者政教未洽,不备其礼,请因旧官而兴焉。为博士官置弟子五十人,复其身④。太常择民年十八已(以)上仪状端正者,补博士弟子。郡国县道邑⑤有好文学,敬长上,肃政教,顺乡里,出入不悖所闻⑥者,令相长丞上属所二千石,二千石谨察可者,当与计偕,诣太常,得受业如弟子。一岁皆辄试⑦,能通一艺⑧以上,补文学掌故缺;其高弟⑨可以为郎中者,太常籍奏⑩。即有秀才异等,辄以名闻⑪。其不事学若下材及不能通一艺,辄罢之,而请诸不称者罚⑫。臣谨按诏书律令下者，明天人分际，通古今之义，文章尔雅，训辞深厚，恩施甚美。小吏浅闻，不能究宣⑬，无以明布谕下。治礼次治掌故，以文学礼义为官，迁留滞。请选择其秩比二百石以上，及吏百石通一艺以上，补左右内史、大行卒史；比百石已（以）下，补郡太守卒史：皆各二人，边郡一人。先用诵多者，若不足，乃择掌故补中二千石属，文学掌故补郡属，备员⑭。请著功令，佗（他）如律令。"制曰："可。"自此以来，则公卿大夫士吏斌斌⑮多文学之士矣。

◎**注释** ①〔悼道之郁滞〕悼，痛惜。郁滞，不能发扬光大。②〔丞相御史言〕指丞相和御史联名上奏。③〔大伦〕最基本的伦理。④〔复其身〕免除赋税和徭役。⑤〔郡国县道邑〕均为西汉的行政单位。西汉的地方区划分郡、县两级。国即诸侯国，与郡平级；道指有少数民族的县，与县平级；邑指封君公主的领地，与县平级。⑥〔出入不悖所闻〕指言行不违背所学。⑦〔皆辄试〕都要参加考试。⑧〔一艺〕一种经书。⑨〔高弟〕成绩好，名次高。⑩〔籍奏〕列成花名册上奏。⑪〔辄以名闻〕指单独列名上奏。⑫〔请诸不称者罚〕博士弟子不成才，则负责举荐和复核的官员要受罚。⑬〔究宣〕原原本本地宣讲。⑭〔备员〕配备足员。⑮〔斌斌〕文采和朴实兼备。

◎**大意** 公孙弘做博士官时，为儒学得不到弘扬而感到忧伤，于是上书请求说："丞相、御史大夫向陛下进言：陛下曾下诏说'听说治理国家要用礼引导人民，用乐进行教化。婚姻体现出来的关系，是家庭关系中最基本的伦理。现在礼崩乐坏，我深感忧虑。所以遍请天下方正博学的人才，都来朝为官。令礼官提倡儒学，讲诵议论，广博见闻，振兴礼仪，以作为天下人的榜样。又使太常议决，给博士配置弟子，推广乡里的教化，以为国家增加贤才'。据此臣谨与太常孔臧、博士平等商议后认为：听说夏、商、周三代的制度，乡里设有教化的组织，夏代叫作校，殷代叫作序，周代叫作庠。其作用在于劝善，使善人进身于朝廷；同时惩治作恶者，对他们要施加刑罚。所以教化的推行，首先要从京城带好头，再向地方推行。如今陛下显示了最高的德行，发出巨大的光明，顺天地之理，以人伦为本，劝学修礼，崇教尚贤，以教化四方，这是太平之治的根本。古代的政治教化尚有不协调的地方，礼仪还不够完备，因此我们请求在原有官职的基础上进行加强。为博士官配置弟子五十人，免除他们的赋税徭役。让太常从百姓中选择十八岁以上仪表端正的人补充博士弟子。郡、国、县、道、邑中有爱好经学、尊敬长上、遵守政教、团结乡邻、言行不违背所学的人，令侯相、县长、县丞向所属郡太守推荐，郡太守慎重考察后认为合格的人选，即让他们与郡国中负责报告政情的官吏一同赴京师在太常那里报到，使他们得到和博士弟子一样的教育。学完一年后都安排接受考试，能够精通一种经书以上的人，可以补文学掌故的官缺；其中成绩突出可以担任郎中者，由太常造册上报。如果有特别优秀的人才，则可以直接把名字上报。若是有不认真学习或者才能低下以及不能精通一种经书的，就要开除他的学籍，同时要惩罚那些不称职的推荐审查者。臣谨认真地研究了诏书律令下达的目的，当在于明确天道和人事的关系，通晓古今变化的道理。其行文雅正，训辞深刻，恩泽无量。只是下级官吏见识浅薄，不能完全领略并原原本本地宣扬，无法使其大义流布天下。现在首先要加强礼制，其次要加强文化典籍的研究。要根据对经学礼义的修养提拔官员，使积压的人才得到选用。请选择那些俸禄二百石以上的官员，以及俸禄为百石并通晓一种以上经书的小吏，补充左右内史及大行令的办事吏员；选择俸禄百石以下的人，补充郡太守的吏员；各郡定员为二人，边郡为一人。优先选用背诵经书多的，如果人数不够，就选用掌故补充中二千石的属吏，将人员配足。请把这些写进考选官员的法令中去。其他方面仍按原法令执行。"武帝批示说："准奏。"从此以后，公卿大夫士吏中德才兼备的经学儒生便多起来了。

　　申公者，鲁人也。高祖过鲁，申公以弟子从师入见高祖于鲁南宫①。吕太后时，申公游学长安，与刘郢同师。已而郢为楚王，令申公傅其太子戊。戊不好学，疾申公。及王郢卒，戊立为楚王，胥靡②申公。申公耻之，归鲁，退居家教，终身不出门，复谢绝宾客，独王③命召之乃往。弟子自远方至受业者百余人。申公独以《诗经》为训④以教，无传⑤，疑者则阙不传。

◎**注释** ①〔鲁南宫〕即鲁城内之泮宫。泮宫即学馆。②〔胥靡〕在绳索的束缚下劳动,指做苦工的刑徒。③〔王〕指鲁恭王刘余,景帝子。④〔训〕训诂,解释字意、词意。⑤〔传〕阐释经典的文字。

◎**大意** 申公,是鲁国人。高祖经过鲁国时,申公以学生的身份跟随他老师到鲁国南宫去拜见过高祖。吕太后时,申公到长安游学,和刘郢同在一个老师门下学习。完成学业后刘郢被封为楚王,便让申公做他的太子刘戊的老师。刘戊不喜欢学习,厌恶申公。楚王刘郢死后,刘戊被立为楚王,便用绳索拴住申公让他服劳役。申公感到耻辱,设法回到鲁国,隐居在家中教书,终身不出家门,又谢绝所有的宾客,只有鲁恭王召他时才前去。从远方前来请他授业的弟子有一百多人。申公只向学生讲授《诗》的字意、词意,而没有对经义进行阐述,遇到疑难的地方,则存疑而不强作解释。

兰陵王臧既受《诗》,以事孝景帝为太子少傅,免去。今上初即位,臧乃上书宿卫上,累迁,一岁中为郎中令。及代赵绾亦尝受《诗》申公,绾为御史大夫。绾、臧请天子,欲立明堂以朝诸侯,不能就其事,乃言师申公。于是天子使使束帛加璧安车①驷马迎申公,弟子二人乘轺传②从。至,见天子。天子问治乱之事,申公时已八十余,老,对曰:"为治者不在多言,顾力行何如耳。"是时天子方好文词,见申公对,默然。然已招致,则以为太中大夫,舍鲁邸③,议明堂事。太皇窦太后好老子言,不说儒术,得赵绾、王臧之过以让④上,上因废明堂事,尽下⑤赵绾、王臧吏,后皆自杀。申公亦疾免以归,数年卒。

◎**注释** ①〔安车〕以软物包裹车轮的车,是朝廷礼遇退休的高官或征召硕学大儒时使用的车,一般人不得使用。②〔轺传(yáo zhuàn)〕轻便的马车。③〔鲁邸〕鲁国在长安设置的馆舍。④〔让〕责备。⑤〔下〕下狱。

◎**大意** 兰陵人王臧跟申公学完《诗经》后,去做了景帝的太子少傅,后被免职。武帝刚即位，王臧便上书请求入宫值勤保卫武帝，之后多次升迁，一年之内便做了郎中令。代国人赵绾也曾向申公学习《诗经》，结果做了御史大夫。赵绾、王臧向武帝请求，想修建明堂，让诸侯来朝会，但没有成功。随后便向武帝推荐他们的老师申公。于是武帝派使臣带上束帛玉璧，驾上驷马安车去迎接申公，赵绾、王臧弟子二人则坐上轻便的小车随行。申公来到后，拜见了武帝。武帝向申公询问治理国家的大事，申公当时已八十多岁，老了，回答说："治理国家的人不在多说话，只看力行实践如何罢了。"当时武帝正喜欢优美的辞令，见到申公如此回答，便十分扫兴。但已经将他招来了，就让他做了个太中大夫，住在鲁国在长安置办的馆舍中，商议修建明堂的事宜。当时窦太后喜欢老子的学说，讨厌儒术，她找到赵绾、王臧的过失以责备武帝，武帝因此停止了修建明堂的事，将赵绾、王臧下狱，后二人皆自杀。申公也因病被免官而回。几年之后去世。

弟子为博士者十余人：孔安国至临淮太守，周霸至胶西内史，夏宽至城阳内史，砀鲁赐至东海太守，兰陵缪生至长沙内史，徐偃为胶西中尉，邹人阙门庆忌为胶东内史。其治官民皆有廉节，称其好学。学官弟子行虽不备[1]，而至于大夫、郎中、掌故以百数。言《诗》虽殊，多本于申公。

◎**注释** ①〔不备〕不完美。
◎**大意** 申公的弟子中当博士的有十多人：孔安国官至临淮太守，周霸官至胶西内史，夏宽官至城阳内史，砀人鲁赐官至东海太守，兰陵人缪生官至长沙内史，徐偃官至胶西中尉，邹人阙门庆忌官至胶东内史。他们治理官民都有清廉的美名，人们称赞他们好学。其余的学官弟子品行虽不尽完美，但官至大夫、郎中、掌故者数以百计。他们对《诗经》的解释虽各有不同，但大多本于申公。

清河王太傅辕固生者，齐人也。以治《诗》，孝景时为博士。

与黄生争论景帝前。黄生曰："汤武非受命①，乃弑也。"辕固生曰："不然。夫桀纣虐乱，天下之心皆归汤武，汤武与天下之心而诛桀纣，桀纣之民不为之使而归汤武，汤武不得已而立，非受命为何？"黄生曰："冠虽敝，必加于首；履虽新，必关于足②。何者，上下之分也。今桀纣虽失道，然君上也；汤武虽圣，臣下也。夫主有失行，臣下不能正言匡过以尊天子，反因过而诛之，代立践南面③，非弑而何也？"辕固生曰："必若所云，是高帝代秦即天子之位，非邪？"于是景帝曰："食肉不食马肝，不为不知味④；言学者无言汤武受命，不为愚。"遂罢。是后学者莫敢明受命放杀（弑）⑤者。

◎**注释** ①〔受命〕接受天命。②〔关于足〕穿在脚上。③〔践南面〕指登基称帝。④〔食肉不食马肝，不为不知味〕吃肉不吃马肝，不能说是没吃过肉。盖因马肝有毒，不能食用。⑤〔放杀（shì）〕放逐并诛杀君主。

◎**大意** 清河王刘乘的太傅辕固生，是齐国人。由于研究《诗经》，景帝时被拜为博士。曾与黄生在景帝面前争论。黄生说："商汤、周武王并不是秉承天命，而是弑君。"辕固生说："不对。夏桀、商纣暴虐，天下民心都归向商汤、周武王，商汤、周武王在不得已的情况下才登基称帝，这不是秉承天命是什么呢？"黄生说："帽子即使破烂也必须戴在头上，鞋子即使很新也必须穿在脚上。为什么呢？这是上下的分别。夏桀、商纣即使无道，也是君上；商汤、周武王即使圣贤，也是臣下。主上有了过失，臣下不能直言劝谏匡正过失以维护天子的尊严，反而乘其有过失而诛灭之，取代他南面称王，这不是弑君是什么呢？"辕固生说："如果一定按照你说的，则高皇帝代秦取得天子之位，也是不正确的吗？"这时景帝说道："吃肉不吃马肝，不算不知道美味；谈论学问不言商汤、周武是否承受天命，不算愚蠢。"于是结束了争论。此后学者没有人再敢谈论秉承天命与弑君夺位的问题。

窦太后好《老子》书，召辕固生问《老子》书。固曰："此是家人言①耳。"太后怒曰："安得司空城旦书②乎？"乃使固入圈刺豕。景帝知太后怒而固直言无罪，乃假固利兵③，下圈刺豕，正中其心，一刺，豕应手而倒。太后默然，无以复罪，罢之。居顷之，景帝以固为廉直，拜为清河王太傅。久之，病免。

◎**注释** ①〔家人言〕即家常言论，不值一提。②〔司空城旦书〕犯人刑徒之书，此处窦太后是指儒家学说。③〔假固利兵〕假，提供。利兵，锐利的兵器。

◎**大意** 窦太后喜欢《老子》一书，召辕固生来询问《老子》一书的情况。辕固生回答说："这不过是家常言论罢了。"太后大怒道："它哪里赶不上监狱囚徒之书！"遂命辕固生跳入兽栏刺杀野猪。景帝知道太后动怒了而辕固生直言并无罪过，于是赐给辕固生一把快刀，辕固生入栏刺猪，正好刺中猪心，只一刺，野猪便随手而倒。太后默然无语，没有理由再给他加罪，只好作罢。过了不久，景帝认为辕固生廉洁正直，拜他为清河王刘乘的太傅。过了很久，辕固生因病免官。

今上初即位，复以贤良征固。诸谀儒①多疾毁固，曰固老，罢归之。时固已九十余矣。固之征也，薛人公孙弘亦征，侧目而视固。固曰："公孙子，务正学以言，无曲学以阿世②！"自是之后，齐言《诗》皆本辕固生也。诸齐人以《诗》显贵，皆固之弟子也。

◎**注释** ①〔谀儒〕利用儒术谄媚取宠的儒生。②〔曲学以阿世〕曲解学术迎合世俗权贵。

◎**大意** 武帝即位之初，又因辕固生品德贤良方正而召入朝。那些喜欢阿谀的儒生多嫉妒诋毁辕固生，说辕固生老了，于是他又被免官回家。这时辕固生已九十多岁了。辕固生被征召的时候，薛邑人公孙弘也同时被召，他不敢正视辕固生。辕固生对他说："公孙先生，应努力端正学风以论事，不要歪曲学问去迎合世俗！"从此以后，齐人讲论《诗经》都以辕固生的见解为本。许多齐人因学《诗经》而显贵，他们都是辕固生的弟子。

韩生者，燕人也。孝文帝时为博士，景帝时为常山王太傅。韩生推①《诗》之意而为《内》《外传》②数万言，其语颇与齐鲁间殊，然其归一也。淮南贲生受之。自是之后，而燕赵间言《诗》者由韩生。韩生孙商为今上博士。

◎**注释** ①〔推〕研究。②〔《内》《外传》〕即《韩诗内传》和《韩诗外传》，今仅存《韩诗外传》。

◎**大意** 韩生，是燕国人，文帝时成为博士，景帝时做常山王刘舜的太傅。韩生研究《诗经》之意撰写了《韩诗内传》和《韩诗外传》数万言，内容与齐、鲁两地讲《诗经》的文字颇有不同，但是它们总的旨意是一致的。淮南贲生继承了韩生的学说。从此以后，燕、赵一带解释《诗经》的人都出自韩生门下。韩生之孙韩商是武帝的博士。

伏生者，济南人也。故为秦博士。孝文帝时，欲求能治《尚书》者，天下无有，乃闻伏生能治，欲召之。是时伏生年九十余，老，不能行，于是乃诏太常使掌故朝错①往受之。秦时焚书，伏生壁藏之②。其后兵大起，流亡③，汉定，伏生求其书，亡数十篇，独得二十九篇，即以教于齐鲁之间。学者由是颇能言《尚书》，诸山东大师无不涉《尚书》以教矣。

◎**注释** ①〔朝错〕即晁错。②〔壁藏之〕藏在墙壁中。③〔流亡〕指书籍流散。

◎**大意** 伏生，是济南郡人，原先做过秦朝的博士。孝文帝时，想寻找能够解释《尚书》的人，全国都找不到，后来听说伏生能够讲授《尚书》，便打算召他入朝。当时伏生已九十多岁，老了，不能行走，于是命太常掌故晁错前去向他学习《尚书》。秦始皇时焚书，伏生把《尚书》藏在墙壁内。其后战乱大起，书籍流散，汉朝平定天下后，伏生寻找他所藏的书，丢失了数十篇，只得到二十九篇，于是他就用这些残卷在齐、鲁之间讲授。学者从此大都能解释《尚书》，崤山以东的著名学者无不涉猎《尚书》以教授弟子。

伏生教济南张生及欧阳生，欧阳生教千乘儿宽。儿宽既通《尚书》，以文学应郡举，诣博士受业，受业孔安国。儿宽贫无资用，常为弟子都养①，及时时间行佣赁②，以给衣食。行常带经，止息则诵习之。以试第次，补廷尉史。是时张汤方乡（向）学，以为奏谳掾③，以古法议决疑大狱，而爱幸宽。宽为人温良，有廉智，自持，而善著书、书奏，敏于文，口不能发明也。汤以为长者，数称誉之。及汤为御史大夫，以儿宽为掾，荐之天子。天子见问，说（悦）之。张汤死后六年，儿宽位至御史大夫。九年而以官卒。宽在三公位，以和良承意从容得久④，然无有所匡谏；于官，官属易⑤之，不为尽力。张生亦为博士。而伏生孙以治《尚书》征，不能明也。

◎ **注释** ①〔都养〕给博士子弟做饭。②〔间行佣赁〕抽空出卖劳力。③〔奏谳（yàn）掾〕撰写刑狱文书的书办。谳，审判定罪。④〔以和良承意从容得久〕由于性情谦和驯良，能顺从皇上之意，善于调解纠纷，而官运亨通。⑤〔易〕轻慢。

◎ **大意** 伏生传授济南张生及欧阳生，欧阳生传授千乘人儿（ní）宽。儿宽精通《尚书》后，凭所学经书得到郡中的推举，到博士官门下学习，师从孔安国。儿宽家贫无钱，常为博士弟子做饭，并利用课余时间打工，以解决衣食困难。他外出时常带着经书，休息时就开始诵读学习。根据考试的名次，他被补充做了廷尉史。当时张汤正倡导儒学，便让儿宽做了自己的办案文书。儿宽根据古法判决疑难大案，甚得张汤的宠爱。儿宽为人温和善良，廉洁聪明，稳重自持，又擅长著书。书写奏章，文思敏捷，但是口拙不善于辞令。张汤认为儿宽是个君子，多次称赞他。张汤升为御史大夫后，让儿宽做了自己的掾史，并向武帝做了推荐。武帝召见儿宽进行询问后，很喜欢他。张汤死后六年，儿宽被升为御史大夫。在职九年后于任上去世。儿宽身居三公之位，因谦和温良顺从旨意而长久在职，但对武帝的过失没有匡正谏净；居官期间，属下轻慢他，不愿为他尽力。张生也当了博士。伏生的孙子因研究《尚书》曾被征召,但他不能阐明《尚书》的经义。

自此之后,鲁周霸、孔安国,雒阳贾嘉,颇能言①《尚书》事。孔氏有古文《尚书》,而安国以今文读之,因以起其家。逸《书》得十余篇,盖《尚书》滋②多于是矣。

◎**注释** ①〔言〕讲解。②〔滋〕增益。
◎**大意** 从此以后,鲁人周霸、孔安国,雒阳人贾嘉,都很会讲解《尚书》。孔家藏有古文《尚书》,而孔安国能用今文讲读它,因而自成一家。孔安国还得到了十多篇失传的《尚书》,大约从此《尚书》的篇目又增多了。

诸学者多言《礼》,而鲁高堂生最本①。《礼》固自孔子时而其经不具②,及至秦焚书,书散亡益多,于今独有《士礼》,高堂生能言之。

◎**注释** ①〔本〕权威。②〔具〕完备。
◎**大意** 许多学者都解说《礼经》,而鲁国人高堂生的解释最具权威性。《礼经》本自孔子时就不够完整,到秦始皇焚书后,此书散失的部分更多了,如今仅存《士礼》,高堂生能够解释它。

而鲁徐生善为容①。孝文帝时,徐生以容为礼官大夫。传子至孙徐延、徐襄。襄,其天姿善为容,不能通《礼经》;延颇能,未善也。襄以容为汉礼官大夫,至广陵内史。延及徐氏弟子公户满意、桓生、单次,皆尝为汉礼官大夫。而瑕丘萧奋以《礼》为淮阳太守。是后能言《礼》为容者,由徐氏焉。

◎**注释** ①〔容〕礼仪的表现形式和动作形态。

◎ **大意** 鲁国的徐生善于演习礼仪。文帝时，徐生靠此当上了礼官大夫。他将礼仪传授给儿子及孙子徐延、徐襄。徐襄天性擅长演习礼仪，但是不懂《礼经》；徐延稍懂《礼经》，但不精通。徐襄因善于演习礼仪当上了汉朝的礼官大夫，官升到广陵内史。徐延及徐门弟子公户满意、桓生、单次，都曾当过汉朝的礼官大夫。瑕丘人萧奋因研究《礼经》被任命为淮阳太守。此后能够解释《礼经》演习礼仪的人，都出自徐氏门下。

自鲁商瞿受《易》孔子，孔子卒，商瞿传《易》，六世①至齐人田何，字子庄，而汉兴。田何传东武人王同子仲，子仲传菑川人杨何。何以《易》，元光元年征，官至中大夫。齐人即墨成以《易》至城阳相。广川人孟但以《易》为太子门大夫。鲁人周霸，莒人衡胡，临菑人主父偃，皆以《易》至二千石。然要言《易》者本于杨何之家。

◎ **注释** ①〔六世〕授受了六代。
◎ **大意** 鲁国的商瞿师从孔子学习《易经》，孔子死后，商瞿教授《易经》，经六世传至齐国人田何，田何字子庄，而后汉朝建立。田何传授给东武人王同，王同字子仲，子仲传授给菑川人杨何。杨何由于懂《易经》，于武帝元光元年被征召，官至中大夫。齐国人即墨成因懂《易经》官至城阳国相。广川人孟但因懂《易经》被任为太子门大夫。鲁国人周霸、莒人衡胡、临菑人主父偃都因懂得《易经》而官至二千石。但是对于《易经》的精确讲解都源于杨何这一家。

董仲舒，广川人也。以治《春秋》，孝景时为博士。下帷讲诵①，弟子传以久次相受业，或莫见其面。盖三年董仲舒不观于舍园，其精如此。进退容止，非礼不行，学士皆师尊之。今上即位，为江都相。以《春秋》灾异之变推阴阳所以错行②，故求雨闭诸阳，纵诸阴，其止雨反是。行之一国，未尝不得所欲③。中废为中大夫，居舍，著《灾异之记》。是时辽东高庙灾，主父偃疾④之，取其书奏之天子。天子召诸生示其书,有刺讥⑤。董仲舒弟子吕步舒不知其师书,以为下愚。于是下董仲舒吏,当死,诏赦之。于是董仲舒竟不敢复言灾异。

◎**注释** ①〔下帷讲诵〕放下帷幕讲课。②〔错行〕交错运行。③〔得所欲〕达到预期效果。④〔疾〕嫉恨。⑤〔刺讥〕指责讽刺朝廷的内容。

◎**大意** 董仲舒,是广川郡人。因研究《春秋》,景帝时被拜为博士。他放下帷幕讲课,让弟子根据学习时间的长短依次相传授,有的弟子甚至没有见过董仲舒的面。董仲舒曾连续三年不去后园游玩,他治学精勤到了这种程度。他的言谈举止,不合乎礼的就不做,学生们都效法并尊敬他。武帝即位后,他被任为江都国相。他根据《春秋》记载的自然灾害及特异现象的变化来推求阴阳之道交替进行的规律,所以求雨时关闭各种阳气,放出各种阴气,停止下雨的方法则与此相反。在江都国中推行这种方法,无不得到预想的结果。后来他被降职做了中大夫,待在家中时,撰写了《灾异之记》一书。当时辽东高帝庙发生了火灾,主父偃因嫉妒他,将他的书偷偷拿来上奏给武帝。武帝召集众儒生,出示这本书给他们看,发现书中有讽刺朝廷的话。董仲舒的弟子吕步舒不知道这是自己老师的书,认为该书的作者很愚蠢。于是武帝把董仲舒交给法官审判,结果定为死罪,武帝降诏赦免了他。从此董仲舒再也不敢谈论灾异的事情了。

董仲舒为人廉直。是时方外攘四夷,公孙弘治《春秋》不如董仲舒,而弘希世用事①,位至公卿。董仲舒以弘为从谀②。弘疾之,乃言上曰:"独董仲舒可使相胶西王。"胶西王素闻董仲舒有行,亦善待之。董仲舒恐久获罪,疾免居家。至卒,终不治产业,以修学著书为事。故汉兴至于五世之间,唯董仲舒名为明于《春秋》,其传《公羊氏》③也。

◎**注释** ①〔希世用事〕行事迎合世俗。②〔从谀〕阿谀奉承的小人。③〔《公羊氏》〕即《春秋公羊传》,与《穀梁传》《左传》合称"《春秋》三传"。

◎**大意** 董仲舒为人廉洁正直。当时汉朝正在排除周围少数民族的侵扰,公孙弘研究《春秋》的成就不如董仲舒，但是他善于迎合世俗，位至公卿。董仲舒认为公孙弘为人逢迎阿谀。公孙弘嫉恨他，便对皇上进言说："只有董仲舒可以派去做胶西王的国相。"胶西王向来听说董仲舒有德行，也善待他。董仲舒担心长期这样下去会灾祸临头，遂托病辞官回家。直到去世，他始终没有购置田产，只是一心以著书做学问为业。所以自汉朝建立以来历经五世，唯有董仲舒研究《春秋》最负盛名，他讲解传授的是公羊一家。

胡毋生，齐人也。孝景时为博士，以老归教授。齐之言《春秋》者多受胡毋生，公孙弘亦颇受焉。瑕丘江生为穀梁《春秋》。自公孙弘得用，尝集比^①其义，卒用董仲舒。

◎**注释** ①〔集比〕收集比较。
◎**大意** 胡毋生，是齐人。景帝时拜为博士，后因年老回家教授学生。齐地研究《春秋》的人多受业于胡毋生，公孙弘也向他学习过很多知识。瑕丘人江生研究穀梁氏的《春秋传》。自公孙弘受到朝廷的重用后，他曾收集有关《春秋》的解释比较其不同，最后采纳的是董仲舒的说法。

仲舒弟子遂者^①：兰陵褚大，广川殷忠，温吕步舒。褚大至梁相。步舒至长史，持节使决淮南狱，于诸侯擅专断^②，不报，以《春秋》之义正之，天子皆以为是。弟子通者^③，至于命大夫；为郎、谒者、掌故者以百数。而董仲舒子及孙皆以学至大官。

◎**注释** ①〔遂者〕有成就的人。②〔擅专断〕敢于自行决断。③〔通者〕仕途通达的人。
◎**大意** 董仲舒的弟子中有成就的人有：兰陵人褚大、广川人殷忠、温人吕步舒。褚大官至梁王国相。吕步舒官至长史，曾持符节出使淮南国判决淮南王谋反一案，对诸侯王的处理敢于自行决断，而不请示，按照《春秋》的大义去衡量，武帝认为处理得都很对。董仲舒弟子中仕途亨通的，官位到了大夫；做谒者、掌故的有百余人。董仲舒的儿子和孙子也都因研究儒学而做了大官。

◎ 知识拓展

放置于篇首的"太史公曰"是本文的一大亮点。

司马迁少见地将自己的论述放在篇首，这直接说明了它的重要性。从内容来看，它是一篇优秀的儒学史论。司马迁以自己深沉的感慨发端，自然而然地引出了下文对西汉以前的几百年间儒学兴衰历程的回顾。他简明扼要地讲述自孔子以来儒学所走过的坎坷道路，是为了着重表现儒学虽历经劫难，但在其诞生的齐、鲁一带始终具有深入人心的影响力，齐、鲁之士人对其代代相传，相沿不废。这说明儒家学说作为一种文化传统，一旦形成便具有暴力手段和其他外部干预无法摧毁的坚韧而强大的生命力。这一结论在后文也得到了印证，西汉的儒学大师及其有成就的弟子亦大多为齐、鲁间人。这说明汉代儒学的复兴乃是直接依靠其历史文化传统的遗留，这些宝贵的文化遗产是它在西汉新的社会历史条件下得以恢复和发扬光大的坚实基础。除此之外，促使儒学迅速复兴还需要一定的现实条件。作者不惜笔墨详载丞相公孙弘的奏章，就是为了说明儒学复兴的必要性以及具体的政策、方法和步骤。就这样，司马迁以"通古今之变"的深邃眼光，从历史与现实两方面说明了汉代儒学在武帝朝勃然兴盛的原因。综观本篇"太史公曰"的写法，是寓论于史，亦叙亦议，作者的分析评判就融合在富于感情、要言不烦的叙述文字中，水乳交融，难辨彼此。这和其他篇目中的"太史公曰"往往直接阐发思想观点的写作手法颇为不同。

总的来看，司马迁对于本篇类传中所记叙的儒家学者及其所秉持的儒家学说，其态度是比较客观的。

司马迁的客观态度，首先体现在对公孙弘的评价中。"固之征也，薛人公孙弘亦征，侧目而视固。固曰：'公孙子，务正学以言，无曲学以阿世！'"这一段暗示了公孙弘的道德品质并不像他的学术成就一样令人敬仰。公孙弘在史书、杂传中的形象的确并不全是正面的。比如本篇传记就记载了他排挤董仲舒之事。《西京杂记》中也有载："公孙弘起家徒步，为丞相，故人高贺从之。弘食以脱粟饭，覆以布被。贺怨曰：'何用故人富贵为？脱粟布被，我自有之。'弘大惭。贺告人曰：'公孙弘内服貂蝉，外衣麻枲，内厨五鼎，外膳一肴，岂可以示天下？'于是朝廷疑其矫焉。弘叹曰：'宁逢恶宾，不逢故人。'"这则故事更说明了公孙弘的虚伪矫情，对此恐怕司马迁也有所耳闻。但司马迁并未因此否定公孙弘对于振兴儒学所做出的贡献，而是将他提议复兴儒学的奏疏全文收录，显示出司马迁对他在此事上的所作所为的肯定。

司马迁的客观态度，还体现在对辕固生与黄生的争论以及辕固生事迹的记述中。"君权神授"与"革故鼎新"的是非判断是一个新建立的王朝首先需要解决的问题，这涉及该政权的合法性和正统性。辕固生与黄生的争执正说明了此时期儒家学说自身尚存在的矛盾和欠缺。但司马迁并未因此否定复兴儒学的必要性，更是在下文对辕固生的记述中表达了对他的肯定。

司马迁并不是一味地对儒家学者进行赞美和褒扬，比如他写到了主父偃、公孙弘对董仲舒的排挤和陷害，客观反映了此时期儒林内部的矛盾和斗争。又如"宽在三公位，以和良承意从容得久，然无有所匡谏；于官，官属易之，不为尽力。张生亦为博士。而伏生孙以治《尚书》征，不能明也"之类的记载，写兒宽位至三公却从不匡谏天子，伏生之孙以研究《尚书》位列博士却不能明了经义。这反映了司马迁已经意识到在重用儒生的新政策下潜伏着某些令人担忧的隐患。

酷吏列传

第六十二

《酷吏列传》是一篇类传，司马迁将以严刑峻法为工具、以凶狠残暴为特点的十二位酷吏事迹连缀成篇，特别对汉武帝时代的十个酷吏，即宁成、周阳由、赵禹、张汤、义纵、王温舒、尹齐、杨仆、减宣、杜周，做了集中而概括的描写。在此篇文章中，司马迁开篇就以"太史公曰"的形式明确提出了自己对严酷刑罚的看法。司马迁先引用孔子"导之以政，齐之以刑，民免而无耻。导之以德，齐之以礼，有耻且格"之语，再引用老子"上德不德，是以有德；下德不失德，是以无德。法令滋章，盗贼多有"之言，然后在肯定两位先贤之言的基础上，旗帜鲜明地提出让百姓安定的根本在于道德引导而非酷刑胁迫的观点。然后司马迁提到高后之时酷吏独有侯封一家，但其最终被夷全族，下场悲惨。景帝时，郅都为人勇敢，办事公廉，算是一位正直的官吏，虽然因为勇救景帝而得以重用，但最终因行法不避贵戚惹怒窦太后而被斩杀。酷吏仅为权贵者的爪牙这一残酷现实从郅都身上就可以看出。而自汉武帝始，酷吏大行其道。宁成是一个媚上欺下、滑贼任威的小人，他处理政务仿效郅都的方法，虽不如郅都廉洁，但也让皇族豪强人人恐惧不安。宁成也像郅都一样因得罪贵戚而获罪，但他不仅设法逃脱，最终还能够家财万贯，可见严刑酷法也照样禁止不了坏人作奸犯科。周阳由则是把法当作自己玩弄权力的工具，"所爱者，挠法活之；所憎者，曲法诛灭之"，终以暴尸街头为结局。在宁成和周阳由的管制下，朝廷事务日益繁多，百姓却巧于钻法律之空，作奸犯科，政府吏治又效法二人，逐渐造成一个恶性循环。赵禹与张汤更定法令，汉朝法令便日益严酷。张汤是酷吏中最具代表性的人物。他幼时劾鼠掠治，就可见其擅长狱讼之事，后来果然成为滥施刑罚的残酷官吏。与直臣汲黯治政"不苛文"相反，张汤治狱专务深文，舞文巧诋。他虽然为官廉洁，对法治建设做出巨大贡献，但其执法不公造成政法问题的混乱，也使社会动荡不安。义纵和王温舒两人同为酷吏，但义纵忠正廉明、克己奉公，王温舒杀人无度、谄上欺下，两人形象形成鲜明对比。之后所叙尹齐、杨仆、减宣、杜周等人，皆以酷烈出名。司马迁以"酷"名传，指出酷吏"以酷烈为声""以酷为治"，真是入木三分。但酷吏敢于打击豪强贵戚，也有一定的积极作用，司马迁在文后的赞语中也对此给予了肯定。

  孔子曰："导之以政，齐①之以刑，民免②而无耻。导之以德，齐之以礼，有耻且格③。"老氏称："上德不德，是以有德；下德不失德，是以无德。法令滋章④，盗贼多有。"太史公曰：信哉是言也！法令者治之具，而非制治清浊之源也。昔天下之网尝密矣，然奸伪萌起，其极也，上下相遁⑤，至于不振。当是之时，吏治若救火扬沸，非武健严酷，恶⑥能胜其任而愉快乎！言道德者，溺其职⑦矣。故曰"听讼，吾犹人也，必也使无讼乎"。"下士闻道大笑之"。非虚言也。汉兴，破觚而为圆⑧，斫雕而为朴⑨，网漏于吞舟之鱼，而吏治烝烝⑩，不至于奸，黎民艾（乂）安⑪。由是观之，在彼不在此。

◎**注释** ①〔齐〕整齐，整顿。②〔免〕免于罪。③〔格〕纠正。指纠正错误，走上正道。④〔滋章〕越来越彰明、严密。⑤〔遁〕掩盖。⑥〔恶（wū）〕怎么。⑦〔溺其职〕失职。⑧〔破觚（gū）而为圆〕削去棱角而成为圆形。觚，棱角。⑨〔斫（zhuó）雕而为朴〕去掉繁缛浮华的装饰，使之归于质朴。⑩〔烝烝〕纯正宽厚的样子。⑪〔艾（yì）安〕安定，太平。艾，通"乂"，安定。

◎**大意** 孔子说："用政令来引导百姓，用刑罚来约束百姓，百姓会免于犯罪，但没有羞耻心。如果用仁德来引导百姓，用礼仪来约束百姓，百姓就会有羞耻之心，且能自我改正。"老子说："道德高尚的人不追求形式上的德，所以才有道德；道德低下的人不离开形式上的德，所以才无德。法令越是彰明，盗贼越是众多。"太史公说：这些话说得很对！法令是政治的工具，而非决定政治清明与黑暗的本源。过去天下的法网很严密，然而奸邪伪诈之事却不断发生，发展到极端时，上下相互掩盖，致使国家衰败不振。在那个时候，官吏的治理就像抱薪救火、扬汤止沸一样，不用强硬严酷的手段，怎么能胜任其职而安然无事呢？空言道德，就会失职误事。所以孔子说"审理案件，我同别人一样，但我一定努力做到不使案件发生"。老子说"下愚之人听到道德之言就会大笑起来"。这些话都不是虚妄之言。汉朝兴起，破除秦朝苛政而使法令变得宽松，消除凋敝之俗而使民风趋向纯朴，法网宽大得可以漏掉吞舟之鱼，但是吏治纯正宽厚，没有人为非作歹，百姓安居乐业。由此看来，国家的治理在于仁政而不在于刑罚。

高后时，酷吏独有侯封，刻轹①宗室，侵辱功臣。吕氏已败，遂禽②侯封之家。孝景时，晁错以刻深颇用术辅其资，而七国之乱，发怒于错，错卒以被戮。其后有郅都、宁成之属。

◎ **注释** ①〔刻轹（lì）〕践踏，欺凌。②〔禽〕梁玉绳《史记志疑》曰："'禽'当作'夷'。"夷，诛灭。

◎ **大意** 吕后时，酷吏只有侯封一人。他欺凌皇族，侮辱功臣。诸吕失败后，朝廷灭了侯封一家。景帝时，晁错因刻薄严酷，多用权术，结果七国之乱时，诸侯王迁怒于晁错，晁错最终因此被杀。其后有郅都、宁成之辈。

郅都者，杨①人也。以郎事孝文帝。孝景时，都为中郎将，敢直谏，面折大臣于朝。尝从入上林，贾姬如厕，野彘②卒（猝）入厕。上目都，都不行。上欲自持兵救贾姬，都伏上前曰："亡一姬复一姬进，天下所少宁贾姬等乎？陛下纵自轻，奈宗庙太后何！"上还，彘亦去。太后闻之，赐都金百斤，由此重郅都。

◎ **注释** ①〔杨〕县名，今山西洪洞。②〔野彘〕野猪。

◎ **大意** 郅都，杨县人，以郎官的身份侍奉文帝。景帝时，郅都任中郎将，敢于直言进谏，在朝廷上当面斥责大臣。郅都曾随景帝游上林苑，贾姬上厕所时，一只野猪突然闯入厕所。景帝目视郅都，让他救贾姬，郅都却没有动。景帝想亲自拿兵器去救贾姬，这时郅都趴在景帝面前说："失去一个姬妾还会有另一个姬妾进宫，天下难道缺少贾姬这样的人吗？陛下纵使看轻自己的生命，但是对国家和太后怎么交代呢？"景帝回转身来，野猪也跑开了。太后听说这件事后，赏赐给郅都黄金一百斤，由此开始重视郅都。

济南瞷氏，宗人三百余家，豪猾①，二千石莫能制，于是景帝乃拜都为济南太守。至则族灭瞷氏首恶，余皆股栗②。居岁余，郡中不拾遗。旁十余郡守畏都如大府③。

◎ **注释** ①〔豪猾〕强横奸猾。②〔股栗〕两腿发抖，表示害怕。③〔大府〕上级官府的官员。

◎**大意**　济南郡瞯（xián）氏一族共有三百多家，强横奸猾，官至二千石的官员对他们也没有办法，于是景帝便召拜郅都为济南太守。郅都一到济南郡便将瞯氏一族中首恶的一家灭门，其余各家都吓得两腿发抖。过了一年多的时间，济南郡中路不拾遗。旁边十多个郡的太守畏惧郅都就像畏惧上级官员一样。

　　都为人勇，有气力，公廉，不发私书，问遗①无所受，请寄②无所听。常自称曰："已倍（背）亲而仕，身固当奉职死节官下，终不顾妻子矣。"

◎**注释**　①〔问遗（wèi）〕指赠送的礼品。②〔请寄〕请托。
◎**大意**　郅都为人勇敢，有气力，公正廉洁，不打开私人求情的信件，概不接受别人问候赠送的礼物，对别人的请求委托一律不听。他常对自己说："已然抛下父母出来做官，就应当敬职守节死于其位，终究顾不上妻子儿女了。"

　　郅都迁为中尉。丞相条侯至贵倨①也，而都揖丞相。是时民朴，畏罪自重，而都独先严酷，致行法不避贵戚，列侯宗室见都侧目而视，号曰"苍鹰"。

◎**注释**　①〔贵倨〕尊贵倨傲。
◎**大意**　郅都调任为中尉。丞相条侯周亚夫位高而傲慢，郅都对丞相只是拱手作揖。当时民风淳朴，大家都畏惧犯罪而守法自重，唯独郅都首先施行严酷的刑罚，执法不避权贵，连列侯宗室之人见到他都侧目而视，称他为"苍鹰"。

　　临江王征诣中尉府对簿①，临江王欲得刀笔为书谢上，而都禁吏不予。魏其侯使人以间与临江王。临江王既为书谢上，因自杀。窦太后闻之，怒，以危法中②都，都免归家。孝景帝乃使使持节拜都为雁门太守，而便道之官③，得以便宜从事。匈奴素闻郅都节，居边，为引兵去，竟郅都死不近雁门。匈奴至为偶人象郅都，令骑驰射，莫能中，见惮如此。匈奴患之。窦太后乃竟中都以汉法。景帝曰："都忠臣。"欲释之。窦太后曰："临江王独非忠臣邪？"于是遂斩郅都。

◎**注释** ①〔对簿〕指接受审问。簿，指狱辞文书，即起诉状。②〔中〕中伤，诋毁。③〔便道之官〕由近路就便上任，不必先到长安面见皇帝接受指示。

◎**大意** 临江王刘荣被召到中尉府接受审问，他想找书写用具向景帝写信谢罪，而郅都禁止属吏向他提供。魏其侯派人暗中将笔纸送给临江王。临江王给景帝写好谢罪的信后，就自杀了。窦太后听说此事后，非常生气，以危害法律的罪名中伤郅都，郅都因此被罢免回家。景帝便派使者手持符节拜郅都为雁门太守，让他从便道上任，可以根据实际情况自行裁决政务。匈奴素来听闻郅都的事迹，现在他镇守边疆，匈奴就领兵离开了，直到郅都死去都不敢接近雁门。匈奴甚至制作了一个像郅都的木偶人，让士兵骑马射击，没人能够射中，他们害怕郅都已到如此程度。匈奴畏惧郅都，窦太后却以汉朝的法律惩治郅都。景帝说："郅都是忠臣。"想释放他。窦太后说："难道临江王不是忠臣吗？"于是便杀了郅都。

宁成者，穰①人也。以郎谒者事景帝。好气②，为人小吏，必陵其长吏；为人上，操下③如束湿薪。滑贼任威。稍迁至济南都尉，而郅都为守。始前数都尉皆步入府，因吏谒守如县令，其畏郅都如此。及成往，直陵④都出其上。都素闻其声，于是善遇，与结欢⑤。久之，郅都死，后长安左右宗室多暴犯法，于是上召宁成为中尉。其治效郅都，其廉弗如，然宗室豪桀皆人人惴恐。

◎**注释** ①〔穰（ráng）〕县名，在今河南邓州。②〔好气〕好任侠使气。③〔操下〕对待下属。④〔陵〕越过。⑤〔结欢〕结交，交好。

◎**大意** 宁成，穰县人。以郎官和谒者的身份侍奉景帝。他为人好任侠使气，做小官，一定会欺侮他的长官；做了长官，控制下属就像捆绑潮湿的柴薪一样严急。他奸猾凶狠爱耍威风。逐渐升迁为济南郡都尉，当时郅都为济南太守。在此之前数任都尉都步行进入太守府，通过吏员传达进见，就像县令进见太守一样，他们畏惧郅都到这般程度。等到宁成来后，却径直越过郅都走到他的上位。郅都一向听闻他的名声，于是善待他，和他交往甚欢。时间久了，郅都死了，之后长安附近的皇族中有许多人恃强犯法，于是皇上召任宁成为中尉。宁成处理政务仿效郅都的方法，他虽不如郅都廉洁，但皇族豪强人人感到恐惧不安。

武帝即位，徙为内史。外戚多毁成之短，抵罪髡钳①。是时九卿罪死即死，少被刑，而成极刑，自以为不复收②，于是解脱，诈刻传③出关归家。称曰："仕不至二千石，贾不至千万，安可比人乎！"乃贳贷买陂田千余顷，假贫民，役使数千家。数年，会赦。致产数千金，为任侠，持吏长短④，出从数十骑。其使民威重于郡守。

◎**注释** ①〔髡（kūn）钳〕汉代的刑罚。髡，剃光头发。钳，用铁圈束颈，罚为徒隶。②〔收〕收容启用。③〔传（zhuàn）〕通行证。④〔长短〕是非得失，此处偏指隐私过失。

◎**大意** 武帝即位后，宁成调任内史之职。外戚多攻击宁成的短处，他被处以剃发的髡刑和以铁链束颈的钳刑。当时九卿犯死罪的即处死，很少判处一般刑罚，而宁成受到的却是极重之刑，他自以为不会再被朝廷任用了，于是解脱刑具，伪造出关通行证回到家中。扬言说："当官到不了二千石的官位，经商赚不到千万贯钱，怎么能与人相比呢？"于是借钱买了一千多顷山田，出租给贫民，役使百姓达数千家。过了几年，碰上大赦。他已经有了数千金的家产，平日好见义勇为，找官吏的岔子，出入有数十骑跟随其后。他役使百姓的权威重过郡守。

周阳由者，其父赵兼以淮南王舅父侯周阳①，故因姓周阳氏。由以宗家任为郎，事孝文及景帝。景帝时，由为郡守。武帝即位，吏治尚循谨甚，然由居二千石中，最为暴酷骄恣。所爱者，挠②法活之；所憎者，曲法诛灭之。所居郡，必夷其豪。为守，视都尉如令。为都尉，必陵太守，夺之治。与汲黯俱为忮③，司马安之文恶，俱在二千石列，同车未尝敢均茵伏④。

◎**注释**　①〔周阳〕城邑名，今山西闻喜东。②〔挠〕弯曲。③〔忮（zhì）〕刚愎，固执。④〔均茵伏〕均分坐垫，同抉车前横木，指与之抗礼。茵，车上的坐垫。伏，此处指车轼，即车厢前用以凭靠的横木。

◎**大意**　周阳由，他的父亲赵兼以淮南王舅父的身份被封为周阳侯，所以姓周阳氏。周阳由因属宗室外戚而被任为郎官，侍奉文帝和景帝。景帝时，周阳由为郡太守。武帝即位后，官吏办事崇尚遵法谨慎。但是在二千石一级的官员中，周阳由最为残暴骄横。凡是他喜欢的人犯法，就歪曲法律使其活命；凡是他憎恨的人，就枉法将其诛杀。他所在的郡，一定要消灭当地豪强。他当太守，视都尉如同县令一般。他当都尉，则必欺凌太守，侵夺太守权力。他和汲黯都是强狠之人，司马安擅用法律陷害别人，他们同在二千石的官员之列，但一起乘车时，汲黯、司马安不曾敢与周阳由均分坐垫，同扶车栏。

由后为河东①都尉，时与其守胜屠公争权，相告言罪。胜屠公当抵罪，义不受刑，自杀，而由弃市②。

◎**注释**　①〔河东〕郡名，今山西夏县北。②〔弃市〕在闹市执行死刑，并陈尸示众。

◎**大意**　周阳由后来做了河东郡的都尉，经常与太守胜屠公争权，互相告状诋毁。结果胜屠公被判处有罪，他宁死不愿受刑，就自杀了。周阳由则被处死而暴尸街头。

自宁成、周阳由之后，事益多，民巧法，大抵吏之治类多成、由等矣。

◎**大意** 从宁成、周阳由以后，国事日益繁多，百姓巧于钻法律的空子，于是多数官吏处理政事类似于宁成、周阳由等人。

赵禹者，斄①人。以佐史②补中都官③，用廉为令史④，事太尉亚夫。亚夫为丞相，禹为丞相史，府中皆称其廉平。然亚夫弗任，曰："极知禹无害⑤，然文深⑥，不可以居大府。"今上时，禹以刀笔吏积劳，稍迁为御史。上以为能，至太中大夫⑦。与张汤论定诸律令，作见知⑧，吏传得相监司⑨。用法益刻，盖自此始。

◎**注释** ①〔斄（tái）〕县名，今陕西武功。②〔佐史〕官名，地方行政机构中的低级办事人员。③〔中都官〕官名，京都官府中的吏员。④〔令史〕官名，高级官员的一种属吏，掌管文书案牍之事。⑤〔无害〕无枉害。谓公平处事。⑥〔文深〕指执法严酷。⑦〔太中大夫〕官名，掌议论应对。⑧〔见知〕指法令中的"见知故纵"条款，规定知道有人犯罪而不告发，是纵容罪犯，与犯人同罪。⑨〔监司〕监督伺察。

◎**大意** 赵禹，斄县人。以佐吏的身份补任京都官府的官员，因廉洁而为令史，侍奉太尉周亚夫。周亚夫当丞相后，赵禹为丞相史，丞相府的人都称赞他廉洁公平。但是周亚夫不任用他，说："我非常清楚赵禹处事公平，但是他执法苛刻严酷，不可以在丞相府主管大事。"武帝即位后，赵禹因当刀笔吏有功劳，逐渐升为御史。武帝认为他有才能，将他升为太中大夫。他与张汤制定各种法令，并发明了"见知法"，让官吏互相监督揭发。汉朝的法令越来越严酷，大概就是从这时开始的。

张汤者，杜①人也。其父为长安丞②，出，汤为儿守舍。还而鼠盗肉，其父怒，笞③汤。汤掘窟得盗鼠及余肉，劾鼠掠治④，传爰书⑤，讯鞫论报⑥，并取鼠与肉，具狱⑦，磔⑧堂下。其父见之，视其文辞如老狱吏，大惊，遂使书狱。父死后，汤为长安吏，久之。

◎**注释** ①〔杜〕古县名，在今陕西西安东南。②〔长安丞〕京兆尹的属官。③〔笞（chī）〕用鞭、杖或竹板抽打。④〔劾鼠掠治〕劾，揭发，起诉。掠治，拷打审讯。⑤〔爰书〕审讯记录。⑥〔讯鞫（jū）论报〕鞫，审讯，查问。论报，定罪判决。⑦〔具狱〕案卷齐备，据以定罪。⑧〔磔（zhé）〕分裂肢体。

◎**大意** 张汤，杜县人。张汤的父亲是长安县的县丞，一次有事外出，张汤当时还是个孩子，所以留守家中。父亲回来后发现老鼠偷了肉，便对张汤发怒，用鞭子抽打他。张汤挖洞得到偷肉的老鼠和吃剩下的肉，审理老鼠罪行进行拷打讯问，写下了老鼠的犯罪文书，审讯完毕后定罪判刑，并取来老鼠和肉，案卷齐备，在堂阶下处老鼠以分尸之刑。他父亲见到后，看他的判词行文熟练如同一个老法官，大为惊讶，于是让他学习判案文书。父亲死后，张汤做了很长时间的长安县吏。

周阳侯始为诸卿时，尝系①长安，汤倾身为之。及出为侯，大与汤交，遍见汤贵人。汤给事②内史，为宁成掾，以汤为无害，言大府，调为茂陵③尉，治方中④。

◎**注释** ①〔系〕拘捕囚禁。②〔给（jǐ）事〕供职。③〔茂陵〕汉武帝的陵墓，在今陕西兴平境。④〔方中〕帝陵的墓穴。

◎**大意** 周阳侯田胜起初做九卿时，曾被囚禁在长安，张汤舍身相救。等周阳侯出狱被封为侯，与张汤成为至交，把达官贵人都引荐给张汤。张汤在内史供职，做宁成的副官，宁成认为张汤处事公正，把他推荐给上级官府，调任张汤为茂陵尉，主持修建陵墓。

武安侯为丞相，征汤为史，时荐言之天子，补御史，使按事。治陈皇后蛊狱，深竟党与。于是上以为能，稍迁至太中大夫。与赵禹共定诸律令，务在深文，拘守职之吏。已而赵禹迁为中尉，徙为少府①，而张汤为廷尉，两人交欢，而兄事禹。禹为人廉倨。为吏以来，舍毋食客。公卿相造请②禹，禹终不报谢，务在绝知友宾客之请，孤立行一意而已。见文法辄取，亦不覆按，求官属阴罪。汤为人多诈，舞智以御人。始为小吏，乾没③，与长安富贾田甲、鱼翁叔之属交私。及列九卿，收接天下名士大夫，己心内虽不合，然阳浮慕④之。

◎**注释**　①〔少府〕官名，掌管山海地泽的税收，供皇帝私人享用。②〔造请〕登门拜访。③〔乾（gān）没〕投机图利。④〔阳浮慕〕阳，表面上。浮慕，虚假地表示钦慕。

◎**大意**　武安侯田蚡做丞相时，征调张汤为内史，经常向武帝举荐张汤，张汤于是补任御史，负责处理案件。他办理陈皇后的巫蛊案件时，深入追究有牵连的同党。武帝认为他很能干，逐渐提升他做了太中大夫。他与赵禹共同制定各种法律，务求苛细严峻，以约束在职官吏。不久赵禹升为中尉，调任少府，而张汤则做了廷尉，两人关系密切，张汤以兄长之礼对待赵禹。赵禹为人廉洁而傲慢。做官以来，家中没有门客。公卿来家拜访，他从不回访答谢，旨在拒绝朋友宾客的托请，独立依自己的主张行事。只要法令条款有所规定，他就据之判案，也不复查，以求不放过任何官员隐秘的罪行。张汤为人多奸诈，善用智谋来御使别人。刚开始做小官时，就喜欢投机图利，与长安的富商田甲、鱼翁叔之辈有私交。等到官至九卿后，他结交天下名士大夫，内心虽与这些人不合，但表面上装出仰慕的样子。

是时上方乡（向）文学①，汤决大狱，欲傅②古义，乃请博士弟子治《尚书》《春秋》补廷尉史，亭③疑法。奏谳疑事，必豫先为上分别其原，上所是，受而著谳决法廷尉挈令，扬主之明。奏事即谴，汤应谢，乡（向）上意所便，必引正、监、掾史贤者，曰："固为臣议，如上责臣，臣弗用，愚抵于此。"罪常释。闻即④奏事，上善之，曰："臣非知为此奏，乃正、监、掾史某为之。"其欲荐吏，扬人之善蔽人之过如此。所治即上意所欲罪，予监史深祸者；即上意所欲释，与监史轻平者。所治即豪，必舞文巧诋；即下户羸弱，时口言，虽文致法，上财（裁）察。于是往往释汤所言。汤至于大吏，内行⑤修也。通宾客饮食。于故人子弟为吏及贫昆弟，调护之尤厚。其造请诸公，不避寒暑。是以汤虽文深意忌不专平，然得此声誉。而刻深吏多为爪牙用者，依于文学之士。丞相弘数称其美。及治淮南、衡山、江都反狱，皆穷根本。严助及伍被，上欲释之。汤争曰："伍被本画反谋，而助亲幸出入禁闼爪牙臣，乃交私诸侯，如此弗诛，后不可治。"于是上可论之。其治狱所排大臣自为功，多此类。于是汤益尊任，迁为御史大夫。

◎**注释** ①〔乡文学〕乡，通"向"，向往，归向。文学，指文献经典。②〔傅〕附会，比附。③〔亭〕均平。④〔闻即〕王念孙《读书杂志·史记第六》曰："'闻'，当依《汉书》作'间'，字之误也。'间即'，犹今人言'间或'也。"⑤〔内行〕私德，平时的操行。

◎**大意** 当时武帝正爱好儒学，张汤判决重大案件，想要附会经义，于是便请研究《尚书》《春秋》的博士及其弟子补任廷尉的文职属员，评议狱讼中的疑难问题。向上奏报疑难案件时，必事先向武帝分析案情原委，武帝认为正确的，便领受旨意作为廷尉判案的依据，并记录在判词中，以宣扬武帝的英明。如果奏章受到武帝指责，张汤就应声谢罪，顺着武帝的心意所指，必定举出正、监、掾史中的贤能者所说，说："他们本来向我提议过，就像武帝责备我的一样，我没有采纳，是我太愚笨了。"因此他的罪常被武帝宽赦。有时呈上奏章，武帝认为好的，他便说："我不知此奏章，是正、监、掾史中某某写的。"他想要举荐官吏，就是这样宣扬别人的长处并掩盖其过失的。他所处理的案件，如果是武帝想要惩治的，他便交给执法严酷的法吏；如果是武帝想要赦免的，他便交给执法宽大公平的法吏。所审理的如果是豪强，就一定要假借法律巧妙地进行诬陷；如果处理的是老弱平民，则常口头向武帝报告，虽然需依法律量刑，但请武帝审查裁定。结果武帝往往宽释了张汤所说的人。张汤虽位至大官，但注重自身修养。结交宾客，饮食不分彼此。对当了属吏的老朋友的子弟和贫穷的同族兄弟，照顾尤其优厚。他拜访公卿，不避严寒酷暑。因此，张汤虽执法严苛，心怀妒忌，处事不公，但得到了很好的声誉。他以那些执法严酷的官吏作为自己的爪牙，又依附儒学之士。丞相公孙弘屡次称赞他的美德。查办淮南王、衡山王、江都王谋反的案件时，他都追根究底。案犯严助和伍被，武帝本想赦免他们。张汤争辩说："伍被原本就替淮南王策划谋反，而严助是被皇上信任、可以出入宫中的爪牙之臣，却与诸侯王勾结，这样还不杀，以后就不好整治了。"于是武帝认可执行了他的办法。他审理案件排斥大臣而自己图功，多半如此。于是张汤更加受到尊宠信任，升为御史大夫。

  会浑邪等降，汉大兴兵伐匈奴，山东水旱，贫民流徙，皆仰给县官，县官空虚。于是丞（承）上指（旨）①，请造白金及五铢钱，笼天下盐铁，排富商大贾，出告缗令②，锄豪强并兼之家，舞文巧诋以辅法。汤每朝奏事，语国家用，日晏，天子忘食。丞相取充位，天下事皆决于汤。百姓不安其生，骚动，县官所兴，未获其利，奸吏并侵渔③，于是痛绳④以罪。则自公卿以下，至于庶人，咸指汤。汤尝病，天子至自视病，其隆贵如此。

◎**注释** ①〔丞上指〕丞，通"承"，奉迎。指，通"旨"，意向。②〔告缗（mín）令〕鼓励人们告发富户隐匿财产、逃漏税款的法令。缗，古代穿钱用的丝绳。③〔侵渔〕指侵吞公财，鱼肉百姓。④〔绳〕纠正，约束，制裁。

◎**大意** 恰逢匈奴浑邪王率众降汉，汉朝大举兴兵攻伐匈奴，山东地区发生水灾和旱灾，贫苦百姓流离失所，都依靠朝廷供给，致使国库亏空。这时张汤顺承武帝的旨意，请求铸造银币和五铢钱，垄断天下盐铁的经营，打击富商，颁布告缗令，铲除豪强兼并之家，玩弄法律条文巧言诬陷以佐助法令的实施。张汤每上朝奏事，谈及国家的财用状况，一直谈到日色将暮，以致让武帝忘记吃饭。当时丞相只是空有其位，天下大事皆由张汤裁决。百姓不得安居乐业，发生骚动，政府兴办之事没有获得效益，奸商污吏一起侵害百姓，于是张汤便对他们加罪严惩。结果自公卿以下，直到平民百姓，都指责张汤。张汤曾生病，武帝亲自去看望他，他的尊贵达到如此地步。

匈奴来请和亲，群臣议上前。博士狄山曰："和亲便。"上问其便，山曰："兵者凶器，未易数动。高帝欲伐匈奴，大困平城，乃遂结和亲。孝惠、高后时，天下安乐。及孝文帝欲事匈奴，北边萧然①苦兵矣。孝景时，吴楚七国反，景帝往来两宫间，寒心者数月。吴楚已破，竟景帝不言兵，天下富实。今自陛下举兵击匈奴，中国以空虚，边民大困贫。由此观之，不如和亲。"上问汤，汤曰："此愚儒，无知。"狄山曰："臣固愚忠，若御史大夫汤乃诈忠。若汤之治淮南、江都，以深文痛诋诸侯，别疏骨肉，使蕃（藩）臣不自安。臣固知汤之为诈忠。"于是上作色②曰："吾使生③居一郡，能无使虏入盗乎？"曰："不能。"曰："居一县？"对曰："不能。"复曰："居一障④间？"山自度辩穷且下吏⑤，曰："能。"于是上遣山乘鄣（障）。至月余，匈奴斩山头而去。自是以后，群臣震慑。

◎**注释**　①〔萧然〕骚动的样子。②〔作色〕变脸色。③〔生〕秦汉时儒者的专称。④〔障〕边境上的塞堡。⑤〔下吏〕交给法官治罪。

◎**大意**　匈奴来汉朝请求和亲，群臣在武帝面前商议。博士狄山说："和亲有利。"武帝问他有何利，狄山说："军队是凶险的器物，不可轻易多次动用。当年高帝想要征伐匈奴，结果被困平城，于是便和匈奴结成姻亲之好。惠帝、高后时，天下安定康乐。到了文帝想对匈奴发起战争，致使北疆之地骚乱而苦于用兵。景帝时，吴、楚等七国反叛，景帝奔波于未央、长乐两宫，提心吊胆了好几个月。吴、楚等七国被击破后，景帝直到去世不再谈论兵事，天下由此富强起来。如今陛下发兵攻打匈奴，国内财用空虚，边疆百姓极为贫困。由此观之，不如和亲为妥。"武帝又问张汤，张汤说："这是愚蠢的儒生，没有见识。"狄山说："我固然是愚忠，而御史大夫张汤则是诈忠。像张汤处理淮南王和江都王，用苛法构陷打击诸侯，离间骨肉之亲，结果使皇室诸侯人人自危。我本来就知道张汤是诈忠。"这时武帝变了脸色，说道："我让你驻守一郡，你能够不让敌寇入境掳掠吗？"狄山回答："不能。"武帝又说："让你驻守一个县呢？"回答说："不能。"武帝继续说："让你驻守一处要塞呢？"狄山自忖如果继续回答终将无言以对，自己也会被交给法官审判，于是回答说："能。"武帝便派狄山去驻守边境塞堡。过了一个多月，匈奴砍去狄山的头而后离开。从此以后，群臣震恐。

汤之客田甲，虽贾人，有贤操。始汤为小吏时，与钱通①；及汤为大吏，甲所以责汤行义过失，亦有烈士风。

◎**注释** ①〔与钱通〕通过利益交往。
◎**大意** 张汤的门客田甲，虽然是商人，但有优良的节操。起初张汤为小官时，他与张汤通过利益交往；等到张汤当上大官，田甲竟敢指责张汤行为道义上的过失，也有忠烈之风。

汤为御史大夫七岁，败。

◎**大意** 张汤担任御史大夫七年后，垮台了。

河东人李文尝与汤有郤（隙）①，已而为御史中丞②，恚③，数从中文书事有可以伤汤者，不能为地④。汤有所爱史鲁谒居，知汤不平，使人上蜚变⑤告文奸事，事下汤，汤治论杀文，而汤心知谒居为之。上问曰："言变事纵（踪）迹安起？"汤详（佯）惊曰："此殆文故人怨之。"谒居病卧闾里主人，汤自往视疾，为谒居摩足。赵国以冶铸为业，王数讼铁官事，汤常排赵王。赵王求汤阴事。谒居尝案赵王，赵王怨之，并上书告："汤，大臣也，史谒居有病，汤至为摩足，疑与为大奸。"事下廷尉。谒居病死，事连其弟，弟系导官⑥。汤亦治他囚导官，见谒居弟，欲阴为之，而详（佯）不省。谒居弟弗知，怨汤，使人上书，告汤与谒居谋共变告李文。事下减宣。宣尝与汤有卻（隙），及得此事，穷竟其事，未奏也。会人有盗发孝文园瘗钱⑦，丞相青翟朝，与汤约俱谢，至前，汤念独丞相以四时行园，当谢，汤无与也，不谢。丞相谢，上使御史按其事。汤欲致其文丞相见知，丞相患之。三长史皆害汤，欲陷之。

◎**注释** ①〔卻（xì）〕通"隙"，间隙，嫌隙。②〔御史中丞〕官名，御史大夫的高级属官。③〔恚（huì）〕气恼，怨恨。④〔地〕余地。⑤〔蛮变〕告发急变的文书。⑥〔导官〕官名，少府属官，掌管御用和祭祀用的食米、干饭等。⑦〔瘗（yì）钱〕在陵区埋藏的陪葬铜钱。

◎**大意** 河东郡人李文曾与张汤有嫌隙，后来当了张汤的副官御史中丞，很气恼，多次从御史台的文书中寻找可以中伤张汤的材料，不留余地。有个受张汤喜欢的下属叫鲁谒居，他知道张汤为此事心中不平，便派人以上奏紧急事件的名义诬告李文违法之事，此案交由张汤审理，张汤便判罪杀了李文，而他内心知道这事是鲁谒居所做。武帝问张汤："匿名上告李文之事的迹象从何而起？"张汤假装吃惊地说："大概是李文的故交怨恨他。"鲁谒居后来病倒在同乡房东的家中，张汤亲自前去看望，甚至替鲁谒居按摩腿脚。赵国人以冶炼铸造为业，赵王刘彭多次和朝廷派来的铁官打官司，张汤时常打击赵王。于是赵王寻找张汤的隐秘之事。鲁谒居曾检举过赵王，赵王对他有怨恨，于是上书告发他们两人："张汤，是朝廷大臣，其属下鲁谒居患病，张汤竟为他按摩脚腿，我怀疑他们有大奸之事。"此事交由廷尉处理。鲁谒居当时已经病死，事情牵连到他的弟弟，他弟弟被关押在导官署。张汤也到官署审理其他囚犯，见到鲁谒居的弟弟，想暗中解救他，但表面上假装不理睬。鲁谒居的弟弟不明白，便怨恨张汤，让人上书，告发张汤与鲁谒居谋划共同诬告李文。此事交由御史中丞减宣处理。减宣曾与张汤有隔阂，接到此案，对案情做了彻底调查，还未来得及上奏。恰逢有人盗挖了文帝陵墓中的殉葬钱，丞相庄青翟上朝，与张汤约定一同向武帝谢罪，到了武帝面前时，张汤心想只有丞相一人负责四季巡察陵园，他应当谢罪，与我无关，就不谢罪。丞相谢罪后，武帝命御史查办此事。张汤想据法律判处丞相知情不报之罪，丞相很是忧心。丞相手下的三个长史都怨恨张汤，想要陷害他。

  始，长史朱买臣，会稽人也。读《春秋》。庄助使人言买臣，买臣以《楚辞》与助俱幸，侍中，为太中大夫，用事；而汤乃为小吏，跪伏使买臣等前。已而汤为廷尉，治淮南狱，排挤庄助，买臣固心望。及汤为御史大夫，买臣以会稽守为主爵都尉，列于九卿。数年，坐法废，守长史，见汤，汤坐床上，丞史遇买臣，弗为礼。买臣楚士，深怨，常欲死之。王朝，齐人也。以术至右内史。边通，学长短①，刚暴强人也，官再至济南相。故皆居汤右，已而失官，守长史，诎体②于汤。汤数行丞相事，知此三长史素贵，常凌折③之。以故三长史合谋曰："始汤约与君谢，已而卖君；今欲劾君以宗庙事，此欲代君耳。吾知汤阴事。"使吏捕案汤左④田信等，曰汤且欲奏请，信辄先知之，居物致富，与汤分之，及他奸事。事辞颇闻。上问汤曰："吾所为，贾人辄先知之，益居其物，是类有以吾谋告之者。"汤不谢。汤又详（佯）惊曰："固宜有。"减宣亦奏谒居等事。天子果以汤怀诈面欺，使使八辈簿责⑤汤。汤具自道无此，不服。于是上使赵禹责汤。禹至，让汤曰："君何不知分也。君所治夷灭者几何人矣？今人言君皆有状⑥，天子重致君狱，欲令君自为计⑦，何多以对簿为？"汤乃为书谢曰："汤无尺寸功，起刀笔吏，陛下幸致为三公，无以塞责⑧。然谋陷汤罪者，三长史也。"遂自杀。

◎ **酷吏列传第六十二**

◎ **注释** ①〔长短〕指战国纵横家论说长短、纵横捭阖的权术。②〔诎（qū）体〕谓跪拜行礼。③〔凌折〕欺凌折辱。④〔汤左〕可以证实张汤有罪的人。左，佐证，证明。⑤〔簿责〕按照文簿所记罪状逐条盘查。⑥〔有状〕指事实清楚。⑦〔自为计〕自行了结，暗示自杀。⑧〔塞责〕塞，报答。责，责望，要求和期望。

◎ **大意** 当初，长史朱买臣，是会稽人，学习《春秋》。庄助让人向武帝推荐朱买臣，买臣因通熟《楚辞》与庄助同时得到武帝宠幸，侍奉宫中，任太中大夫，当权；而张汤当时是小官，曾跪伏在朱买臣等人面前听候差遣。不久张汤做了廷尉，办理淮南王的案件，排挤庄助，朱买臣因此心中不快。张汤升为御史大夫时，朱买臣由会稽郡太守升为主爵都尉，位列九卿。几年后，朱买臣因犯法被罢官，在丞相府暂任长史之职，去拜访张汤，张汤坐在床上，把他当作丞相府派来的小办事员而不以礼相待。朱买臣是楚地名士，因此非常怨恨张汤，常想置张汤于死地。王朝，齐国人，凭权术官至右内史。边通，学习纵横家的学说，是一个性格刚烈强暴的人，曾两次任济南国的国相。这些人以前都位居张汤之上，不久丢了官，代理长史，屈居张汤之下。张汤多次兼行丞相职务，知道这三个人素来地位尊贵，便经常凌辱压制他们。因此这三个长史合谋（对丞相庄青翟）说："开始张汤与您相约同向皇上谢罪，过后却出卖了您；如今他打算因文帝陵墓被盗之事弹劾您，这是想要取代您。我们知道张汤的隐秘之事。"于是派法吏逮捕审查可以证明张汤有罪的田信等人，说张汤每次向武帝奏请政事，田信都提前知道，然后囤积物资，以此致富，与张汤一起分赃，并且还有其他一些坏事。此话传扬开来。武帝问张汤："我所要做的事，商人每次事先就知道了，变本加厉地囤积财物，就像有人专门将我的计划通知了他们。"张汤没有谢罪，而故作惊讶地说："一定是有人这样做了。"减宣此时也上奏了鲁谒居和张汤之事。武帝这次果真认为张汤心怀奸诈当面欺君，连派八批使者拿着控罪簿书审问张汤。张汤都说没有此事，不服罪。于是武帝派赵禹审讯张汤。赵禹来到后，批评张汤说："你为什么不懂分寸呢？你所杀戮的人有多少了？如今别人控告你都有证据，皇上不愿将你交给法吏判决，想让你自行了结，你何必多次自我辩护呢？"张汤于是向武帝上书谢罪说："张汤没有多少功劳，出身于文职小吏，陛下信任我，让我官至三公，如今我无法推卸罪责。然而阴谋陷害我的人是三位长史。"然后就自杀了。

汤死，家产直（值）不过五百金，皆所得奉赐，无他业。昆弟诸子欲厚葬汤，汤母曰："汤为天子大臣，被污恶言而死，何厚葬乎！"载以牛车，有棺无椁①。天子闻之，曰："非此母不能生此子。"乃尽案诛三长史。丞相青翟自杀。出田信。上惜汤，稍迁其子安世。

◎**注释** ①〔有棺无椁（guǒ）〕古代身份较高的人所用的棺木有两重，里面一重称棺，外面一重称椁。

◎**大意** 张汤死后，全部家产价值不超过五百金，都是所得的俸禄和武帝的赏赐，没有其他的家业。张汤的兄弟和儿子想要厚葬张汤，张汤的母亲说："张汤作为天子的大臣，遭受诬陷而死，怎么能厚葬呢？"于是用牛车出柩，只有内棺而没有套棺。武帝听闻后，说："不是这样的母亲，不能生出这样的儿子。"于是把三长史按罪诛杀。丞相庄青翟也自杀了。朝廷释放了田信。武帝惋惜张汤之死，于是逐渐提拔了他的儿子张安世。

赵禹中废，已而为廷尉。始条侯以为禹贼深①，弗任。及禹为少府，比九卿。禹酷急②，至晚节，事益多，吏务为严峻，而禹治加缓，而名为平。王温舒等后起，治酷于禹。禹以老，徙为燕相。数岁，乱悖有罪，免归。后汤十余年，以寿卒于家。

◎**注释** ①〔贼深〕用法狠毒严苛。②〔酷急〕严酷急躁。

◎**大意** 赵禹中途被免官，不久又当了廷尉。起初条侯周亚夫认为赵禹用法狠毒严苛，没有重用。等赵禹官至少府时，与九卿地位同等。赵禹严酷急躁，到晚年时，国家政事繁多，官吏致力于以严峻的法令办事，而赵禹执法反而宽松起来，得到执法平正的名声。王温舒等人是后起之辈，执法比赵禹严苛。赵禹因年老，被调任为燕王的国相。几年后，因昏乱获罪，被免职回家。张汤死后十余年，赵禹在家中寿终。

义纵者，河东人也。为少年时，尝与张次公俱攻剽①为群盗。纵有姊姁②，以医幸王太后。王太后问："有子兄弟为官者乎？"姊曰："有弟无行，不可。"太后乃告上，拜义姁弟纵为中郎，补上党郡中令。治敢行，少蕴藉③，县无逋事④，举为第一。迁为长陵及长安令，直法行治，不避贵戚。以捕按太后外孙修成君子仲，上以为能，迁为河内都尉。至则族灭其豪穰氏之属，河内道不拾遗。而张次公亦为郎，以勇悍从军，敢深入，有功，为岸头侯。

◎**注释**　①〔攻剽（piāo）〕劫掠。②〔姁（xū）〕人名。③〔蕴藉〕指含蓄宽容。④〔逋事〕积压的公事。

◎**大意**　义纵，河东郡人。少年时代，他曾与张次公一起抢劫掠夺成为盗贼团伙。义纵有个姐姐叫义姁，靠医术受到王太后的宠幸。王太后问义姁："你的儿子或兄弟中有做官的吗？"义姁说："我有个弟弟品行不佳，做官不行。"王太后嘱咐武帝，拜义姁弟义纵为中郎官，后补任上党郡某县的县令。义纵敢于执法，缺少包容宽和的气度，县中没有拖延未办的案件，被推举为全郡第一。于是被先后任命为长陵和长安县的县令，依法治县，不避皇亲贵戚。因为逮捕查办王太后的外孙，即修成君的儿子仲，皇上认为他有能力，提升为河内郡的都尉。义纵一到河内郡就灭了当地的豪强穰氏全族，河内郡由此道不拾遗。张次公后来也当了郎官，因为作战英勇，敢于深入敌军，建立军功，被封为岸头侯。

　　宁成家居，上欲以为郡守。御史大夫弘曰："臣居山东为小吏时，宁成为济南都尉，其治如狼牧羊。成不可使治民。"上乃拜成为关都尉①。岁余，关东吏隶郡国出入关者，号曰"宁见乳虎，无值宁成之怒"。义纵自河内迁为南阳太守，闻宁成家居南阳，及纵至关，宁成侧行送迎，然纵气盛，弗为礼。至郡，遂案宁氏，尽破碎其家。成坐有罪，及孔、暴之属皆奔亡，南阳吏民重足一迹②。而平氏朱强、杜衍杜周为纵牙爪之吏，任用，迁为廷史。军数出定襄，定襄吏民乱败，于是徙纵为定襄太守。纵至，掩定襄狱中重罪轻系二百余人，及宾客昆弟私入相视亦二百余人。纵一捕鞠（鞫）③，曰"为死罪解脱"。是日皆报杀四百余人。其后郡中不寒而栗，猾民佐吏为治。

◎**注释** ①〔关都尉〕官名，负责守关并稽查出入人员。②〔重足一迹〕重足，叠足而立。一迹，踩着前人的脚印走，不敢有偏离。形容战战兢兢、畏惧恐慌的样子。③〔一捕鞠〕一概逮捕审问。鞠，通"鞫"，审问。

◎**大意** 宁成在家时，武帝想任他为郡太守。御史大夫公孙弘说："我在山东做小官时，宁成任济南郡都尉，他治郡如同以狼牧羊。宁成不可被派去治理百姓。"武帝便任宁成为关都尉。到任一年多，关东地区检查郡、国出入关口的官员都说："宁可碰见哺乳期间的母虎，也不要碰见宁成发怒。"义纵自河内郡调任南阳郡太守，听说宁成家住南阳，等到义纵到达南阳关口，宁成侧着身子前往迎接，但是义纵盛气凌人，不以礼相待。到了南阳郡，即查办宁氏，彻底毁灭其家族。宁成被牵连有罪，孔姓、暴姓等大族都奔逃流亡，南阳官民惊恐万分，不敢大步走路。平氏县的朱强、杜衍县的杜周都是义纵的得力助手，受到重用，升为廷史。这时朝廷军队多次从定襄郡路过，定襄官吏百姓秩序混乱，朝廷于是改任义纵为定襄郡太守。义纵到任后，将狱中重罪轻押的二百多名囚犯一律打入死牢，到监狱私自探视他们的朋友兄弟二百多人也一并收捕审讯，定为"帮助死囚逃脱"罪。当天就把这四百多人全部处死。自此以后郡中人人不寒而栗，刁民反而帮助官吏治理百姓。

是时赵禹、张汤以深刻①为九卿矣，然其治尚宽，辅法而行，而纵以鹰击毛挚②为治。后会五铢钱白金起，民为奸，京师尤甚，乃以纵为右内史，王温舒为中尉。温舒至恶，其所为不先言纵，纵必以气凌之，败坏其功。其治，所诛杀甚多，然取为小治，奸益不胜，直指③始出矣。吏之治以斩杀缚束为务，阎奉以恶用矣。纵廉，其治放（仿）郅都。上幸鼎湖，病久，已而卒（猝）起幸甘泉，道多不治。上怒曰：

"纵以我为不复行此道乎？"嗛④之。至冬，杨可方受告缗，纵以为此乱民，部吏捕其为可使者。天子闻，使杜式治，以为废格沮事⑤，弃纵市。后一岁，张汤亦死。

◎**注释** ①〔深刻〕严苛刻薄。②〔鹰击毛挚〕比喻为政严苛凶猛。毛，指猛兽。挚，搏击。③〔直指〕即直指使者，武帝时设置的由皇帝直接派往某地处理特别事务的使者。④〔嗛（xián）〕怀恨。⑤〔废格沮事〕废格，指搁置皇帝诏书公布的政令。沮事，谓败坏已成之事，即破坏告缗令的实施。

◎**大意** 当时赵禹、张汤因执法严苛而升为九卿，但是他们的治理办法尚算是宽松，以法律判决为辅助手段处理政务，而义纵则是用老鹰猛兽捕猎的方式进行治理。后来当国家发行五铢钱和银币时，百姓中有人铸造伪币，京城尤其严重，朝廷于是任义纵为右内史，王温舒为中尉。温舒非常凶恶，他做事从不先告诉义纵，义纵则一定负气欺辱他，败坏他的功劳。他们施政，杀人很多，但是得到的是小治，坏人坏事越来越多，朝廷因此开始派出直指使臣。官吏的治理以诛杀捕拿为主要事务，阎奉因在这方面表现凶悍而被任用。义纵廉洁，他理政仿效的是郅都。武帝游鼎湖时，病了很长时间，病好以后突然动身去往甘泉宫，所过之处大多治理不善。武帝大怒说："义纵以为我不会再走这条路了吗？"心中对义纵恼火。到了冬季，杨可正受命负责实施告缗令，义纵认为这是骚扰百姓，命令官吏逮捕了杨可派出去的人，武帝听说后，派杜式查理此事，杜式认为义纵阻挠诏令妨碍公务，便判义纵死刑并在闹市处决。过后一年，张汤也死了。

王温舒者，阳陵①人也。少时椎埋②为奸。已而试补县亭长，数废。为吏，以治狱至廷史。事张汤，迁为御史。督盗贼，杀伤甚多，稍迁至广平③都尉。择郡中豪敢任吏十余人，以为爪牙，皆把其阴重罪，而纵使督盗贼，快其意所欲得，此人虽有百罪，弗法，即有避，因其事夷之，亦灭宗。以其故齐赵之郊盗贼不敢近广平，广平声为道不拾遗。上闻，迁为河内太守。

◎**注释** ①〔阳陵〕县名，今西安高陵西南。②〔椎埋〕盗掘坟墓。③〔广平〕郡名，今河北鸡泽东南。

◎**大意** 王温舒，阳陵县人。年少时干过盗掘坟墓的坏事。后来被试用补任为阳陵县的亭长，多次被罢免。他担任吏员，因善于审理案件升为廷史。事奉张汤，被提拔为御史。他督捕盗贼，杀人伤人很多，逐渐升到广平郡都尉。他挑选郡中豪横果敢的十多人，做自己的得力帮手，掌握了他们每个人私下所犯的重罪，而放手让他们去捕拿盗贼，结果满意地捕获了所要捕获的对象，这些人中有的即使犯有百种罪行，也不加惩治，如果他们有所逃避，即根据他们的罪行处以死刑，甚至灭掉他们的宗族。因为这个原因齐、赵郊外的盗贼不敢靠近广平郡，广平郡号称道不拾遗。武帝听说后，升王温舒为河内郡太守。

素居广平时，皆知河内豪奸之家，及往，九月而至。令郡具私马五十匹，为驿自河内至长安，部①吏如居广平时方略，捕郡中豪猾，郡中豪猾相连坐千余家。上书请，大者至族，小者乃死，家尽没入偿臧（赃）②。奏行不过二三日，得可事。论报，至流血十余里。河内皆怪其奏，以为神速。尽十二月，郡中毋声，毋敢夜行，野无犬吠之盗。其颇不得，失之旁郡国，黎来，会春，温舒顿足叹曰："嗟乎，令冬月益展一月，足吾事矣！"其好杀伐行威不爱人如此。天子闻之，以为能，迁为中尉。其治复放河内，徙诸名祸猾吏与从事，河内则杨皆、麻戊，关中杨赣、成信等。义纵为内史，惮未敢恣治。及纵死，张汤败后，徙为廷尉，而尹齐为中尉。

◎**注释** ①〔部〕督率，部署。②〔偿臧〕偿还掠夺霸占的财物。

◎**大意** 王温舒以前在广平郡的时候，很熟悉河内郡豪强奸猾的人家，等到前去任职，九月到任河内太守。他命令郡中准备五十匹私马，从河内到长安建立驿站，部署属下像在广平时那样，逮捕郡中豪强奸猾之人，郡中豪强奸猾及相牵连的共有一千多家。他上书奏请皇上，罪大者被灭族，罪小者被处死，家中财产全部没收以抵偿其所得的赃物。奏书发出不过两三天,便获准执行。判决之日,流血达十多里地。河内郡人都对他的奏书感到奇怪,认为批复太快。直到十二月过完,郡中没人敢大声说话,没人敢在夜间行走,野外没有让狗吠叫的盗贼。有少数罪犯没有抓到,逃到邻近的郡国,等把他们抓获归案,已到来年春天,王温舒跺脚叹息道:"唉!假如冬季再延长一个月,就能够办完我的事了!"其喜好杀戮逞威不惜人命到如此地步。武帝听说后,认为他有能力,提升为中尉。他施政又仿照任河内太守时,调来很多祸害和奸猾的官吏共事,其中有河内人杨皆、麻戊,关中人杨赣、成信等。义纵做内史时,王温舒惧怕他,未敢滥用刑罚。等义纵死去,张汤垮台后,王温舒升为廷尉,尹齐做了中尉。

尹齐者,东郡茌平①人。以刀笔稍迁至御史。事张汤,张汤数称以为廉武,使督盗贼,所斩伐不避贵戚。迁为关内都尉,声甚于宁成。上以为能,迁为中尉,吏民益凋敝。尹齐木强少文②,豪恶吏伏匿而善吏不能为治,以故事多废,抵罪。上复徙温舒为中尉,而杨仆以严酷为主爵都尉。

◎**注释** ①〔东郡茌(chí)平〕东郡,郡名,今河南濮阳西南。茌平,东郡属县,今山东茌平西南。②〔木强少文〕木强,为人质朴死板。少文,指缺乏外露的才能。
◎**大意** 尹齐,东郡茌平人,从文书小吏逐渐升为御史。侍奉张汤,张汤多次称赞他廉洁勇敢,派他督捕盗贼,杀戮的对象不避权贵皇亲。后升为关内都尉,他的名声超过宁成。武帝以为他有能力,提升为中尉,当地官吏和百姓更加困苦不堪。尹齐为人死板强硬、缺少外露的才能,凶悍的官吏躲藏而老实的官员没有能力治理,致使公务多半废弛,被判罪免职。武帝又改任王温舒为中尉,而杨仆因执法严酷当上了主爵都尉。

杨仆者,宜阳①人也。以千夫为吏。河南守案举②以为能,迁为御史,使督盗贼关东。治放(仿)尹齐,以为敢挚③行。稍迁至主爵都尉，列九卿。天子以为能。南越反，拜为楼船将军，有功，封将梁侯。为荀彘所缚。居久之，病死。

◎**注释** ①〔宜阳〕县名，今河南宜阳。②〔案举〕考察举荐。③〔敢挚〕果敢凶猛。
◎**大意** 杨仆，宜阳人，以千夫的爵位当了小官。河南郡太守经考核认为他有才能而推荐他当了御史，派他到关东督捕盗贼。他处理政务仿效尹齐，被认为办案果敢凶猛。逐渐升至主爵都尉，位列九卿。武帝认为他有能力。南越王反叛时，他被拜为楼船将军，因为有功，封为将梁侯。后被荀彘拘捕。过了很长时间，因病而死。

而温舒复为中尉。为人少文，居廷惛惛①不辩，至于中尉则心开②。督盗贼，素习关中俗，知豪恶吏，豪恶吏尽复为用，为方略。吏苛察，盗贼恶少年投缿③购告言奸，置伯（陌）格（落）④长以牧司⑤奸盗贼。温舒为人谄，善事有势者；即无势者，视之如奴。有势家，虽有奸如山，弗犯；无势者，贵戚必侵辱。舞文巧诋下户之猾，以焄（熏）⑥大豪。其治中尉如此。奸猾穷治，大抵尽靡（糜）烂⑦狱中，行论无出者。其爪牙吏虎而冠⑧。于是中尉部中中猾以下皆伏，有势者为游声誉，称治。治数岁，其吏多以权富。

◎**注释** ①〔惛惛〕迷糊昏蒙。②〔心开〕指头脑清醒。③〔缿（xiàng）〕古代官府接受告密文书的器具。④〔伯格〕伯，通"陌"，指街陌，街巷。格，通"落"，指村落。⑤〔牧司〕监督，检举。⑥〔焄（xūn）〕同"熏"，引申为以气焰进行威胁。⑦〔靡烂〕指破碎毁灭。⑧〔虎而冠〕谓其人虽着衣冠而凶残如虎。
◎**大意** 王温舒后来又当了中尉，他为人缺少文才，做廷尉时终日昏沉不辨是非，而做了中尉后头脑就清醒了。他督捕盗贼，向来熟悉关中习俗，了解当地的豪强和贪官污吏，所以豪强及贪官污吏都为他所用，替他出谋划策。官吏严密侦查盗贼和凶恶少年的活动，设置告密箱以收买告发罪犯的情报，设立基层纠察负责察奸及捕盗事宜。王温舒为人善于谄媚，喜欢巴结有权势的人；对于无权势的人，则像对待奴仆一样。有权有势的人家，即使罪恶如山，他也不去冒犯；无权势的人家，即使是尊贵的国戚也必遭他凌辱，他舞弄法律条款、巧言诬陷打击奸民，以警告威逼豪强大族。他当中尉时处理政事也如此。奸邪狡猾的人经他追究审讯，大多死在狱中，那些被判决有罪的没有能出狱的。他的得力帮手都像戴着帽子的老虎。当时中尉辖区内中等以下的奸民都隐伏起来不敢露面，有权势的人都在宣扬他的名声，称赞他的政绩。治理了几年后，他的属吏多因有权而富起来。

温舒击东越还，议有不中意者，坐小法抵罪免。是时天子方欲作通天台而未有人，温舒请覆①中尉脱卒②，得数万人作。上说（悦），拜为少府。徙为右内史，治如其故，奸邪少（稍）禁。坐法失官。复为右辅，行中尉事。如故操。

◎**注释**　①〔覆〕查对。②〔脱卒〕脱离兵役的士卒。
◎**大意**　王温舒攻破东越返回以后，议事有不合心意的，因犯小法就被判罪免职。当时武帝正想修建通天台而没有人力，王温舒请求查核中尉部下逃避兵役的人，共查出几万人。武帝很高兴，于是拜他为少府。后调任右内史，理政的方法同先前一样，奸邪违法之事稍微禁止。后因犯法丢官。不久又当了右辅，代理中尉之职。执法如故。

岁余，会宛军发，诏征豪吏，温舒匿其吏华成，及人有变告温舒受员骑钱①，他奸利事，罪至族，自杀。其时两弟及两婚家亦各自坐他罪而族。光禄②徐自为曰："悲夫，夫古有三族，而王温舒罪至同时而五族乎！"

◎**注释**　①〔受员骑钱〕指收受员骑的贿赂，使其免于从军。员骑，在册的骑兵。②〔光禄〕官名，光禄大夫的省称，备皇帝顾问，无具体职守。

◎**大意** 过了一年多，适逢朝廷发兵讨伐大宛，武帝下诏征调豪强官吏，王温舒匿藏了他的属吏华成，又赶上有人告发王温舒接受了逃避从军的骑兵的贿赂，以及其他坏事，论罪应当灭族，他便自杀了。当时他的两个弟弟和两个亲家也各自因其他罪名而被灭族。光禄大夫徐自为说："可悲啊！古代有灭三族的事，而王温舒的罪竟大到同时灭掉了五族！"

温舒死，家直（值）累千金。后数岁，尹齐亦以淮阳都尉病死，家直（值）不满五十金。所诛灭淮阳甚多，及死，仇家欲烧其尸，尸亡去归葬。

◎**大意** 王温舒死后，家产总计有一千金。过了几年，尹齐也在淮阳都尉任上病死，他的家产总计不满五十金。他所杀的淮阳人太多，等到死后，仇家想烧掉他的尸体，尸体被家人偷运回去安葬了。

自温舒等以恶为治，而郡守、都尉、诸侯二千石欲为治者，其治大抵尽放（仿）温舒，而吏民益轻犯法，盗贼滋起。南阳有梅免、白政，楚有殷中、杜少，齐有徐勃，燕赵之间有坚卢、范生之属。大群至数千人，擅自号，攻城邑，取库兵，释死罪，缚辱郡太守、都尉，杀二千石，为檄告县趣①具食；小群以百数，掠卤（虏）乡里者不可胜数也。于是天子始使御史中丞、丞相长史督之。犹弗能禁也，乃使光禄大夫范昆、诸辅都尉及故九卿张德等衣绣衣，持节，虎符发兵以兴击，斩首大部或至万余级，及以法诛通饮食，坐连诸郡，甚者数千人。数岁，乃颇得其渠率②。散卒失亡，复聚党阻山川者，往往而群居，无可奈何。于是作"沉命法"，曰群盗起不发觉，发觉而捕弗满品③者，二千石以下至小吏主者皆死。其后小吏畏诛，虽有盗不敢发，恐不能得，坐课④累府，府亦使其不言。故盗贼浸⑤多，上下相为匿，以文辞避法焉。

◎**注释** ①〔趣(cù)〕催促。②〔渠率〕首领,头目。③〔品〕规定的数额。④〔课〕考核。⑤〔浸〕逐渐。

◎**大意** 自从王温舒以残暴的手段治理以来,郡太守、都尉及诸侯国二千石的官员想加强治理,方法大都仿效王温舒,但是官吏和百姓更加轻易犯法,盗贼越来越多。南阳郡有梅免、白政,楚地有殷中、杜少,齐地有徐勃,燕、赵一带有坚卢、范生之辈。大的帮伙多达数千人,擅立名号,攻打城池,夺取武库的兵器,释放死囚犯,捆绑侮辱郡太守、都尉,杀戮二千石的官员,发布檄文催促各县为他们准备粮食;小的帮伙有数百人,掠夺乡里的不可胜数。武帝开始派御史中丞、丞相长史督捕。仍然不能禁止,于是派光禄大夫范昆、三辅都尉以及原九卿张德等人穿上绣衣,拿上符节、虎符发兵攻打,大帮伙中被斩首的达到一万多人,同时依法杀死了给盗贼供给衣食的人,诛连各郡,有的多至数千人。几年以后,才抓获几个盗贼首领。那些逃亡后来又在山川中聚集成帮的散兵,往往群居一处,朝廷对他们没有办法。于是制定了"沉命法",规定盗贼群起而没有发觉,发觉但捕获人数不够的官吏,自二千石以下至负责具体事务的小吏员都得处死。此后小官吏害怕被杀,即使有盗贼也不敢报告,担心捕获不到,自身犯法又连累到官府,官府也让他们不要报告。因此盗贼越来越多,官吏上下互相遮掩,通过虚假的文辞逃避刑罚。

减宣者,杨人也。以佐史无害给事河东守府。卫将军青使买马河东,见宣无害,言上,征为大厩丞①。官事辨,稍迁至御史及中丞。使治主父偃及治淮南反狱,所以微文深诋杀者甚众,称为敢决疑。数废数起,为御史及中丞者几二十岁。王温舒免中尉,而宣为左内史。其治米盐,事大小皆关其手,自部署县名曹实物②,官吏令丞不得擅摇,痛以重法绳之。居官数年,一切郡中为小治辨,然独宣以小致大,能因力行之,难以为经。中废。为右扶风③,坐怨成信,信亡藏上林中,宣使郿令格杀信,吏卒格信时,射中上林苑门,宣下吏诋(抵)罪,以为大逆，当族，自杀。而杜周任用。

◎**注释** ①〔大厩丞〕官名，负责管理皇家的主要马厩。②〔名曹实物〕名曹，曹吏，属吏。实物，实际应用之物。③〔右扶风〕官名，为汉代三辅之一。

◎**大意** 减宣，杨县人，因为当佐史公正而调往河东郡太守府任职。将军卫青派人到河东买马，见到减宣处事公正，回报武帝，召他任京城大厩丞。减宣善于处理公务，逐渐升为御史及中丞。武帝派他审理主父偃和淮南王谋反的案件，他根据苛细的法律条款罗织罪名，杀人很多，被称为决案果断。他多次被罢官又多次被起用，做御史及中丞官近二十年。王温舒被罢免中尉后，减宣当上了左内史。他管理米、盐之类，事无大小都要亲自经手，亲自安排县中主要部门的用物。一般官吏及至县令、县丞都不得擅自更改，甚至用重法约束他们。做官数年，一般郡吏只是能办一些小事，唯独减宣能够通过办小事办成大事，他是根据自己的能力努力去做，一般人难以取法。他中途曾被免官。后来又当上了右扶风，因他怨恨属官成信，成信躲藏到上林苑中，减宣派郿县县令射杀成信，官吏和士卒射杀成信时，射中了上林苑的大门，减宣因此被交给法官判罪，定为大逆不道，法当灭族，减宣自杀身亡。随后杜周受到重用。

杜周者，南阳杜衍人。义纵为南阳守，以为爪牙，举为廷尉史。事张汤，汤数言其无害，至御史。使案边失亡①，所论杀甚众。奏事中上意，任用，与减宣相编②，更为中丞十余岁。

◎**注释** ①〔案边失亡〕指巡视边地，查核因匈奴侵袭而损失的人畜财物，并确定有关官员的罪责。②〔相编〕相互交织，引申为互相替代，交替。

◎**大意** 杜周，南阳郡杜衍人。义纵做南阳郡太守时，把杜周作为得力帮手，推荐他做廷尉史。他侍奉张汤，张汤多次称赞他处事公平，官职被提到御史。朝廷派他巡查边境上人畜财物损失的情况，很多人被他判处杀头。上奏的内容合乎武帝的心意，被重用，与减宣轮流任职中丞十多年。

其治与宣相放（仿），然重迟①，外宽，内深次骨。宣为左内史，周为廷尉，其治大放（仿）张汤而善候伺②。上所欲挤者，因而陷之；上所欲释者，久系待问而微见其冤状。客有让周曰："君为天子决平，不循三尺法③，专以人主意指为狱。狱者固如是乎？"周曰："三尺安出哉？前主所是著为律，后主所是疏为令，当时为是，何古之法乎！"

◎注释　①〔重迟〕指为人持重从容。②〔候伺〕指察言观色，侦伺人主的意图。③〔三尺法〕古代把法律条文写在三尺长的竹简上，所以称法律为"三尺法"，又简称为"三尺"。

◎大意　杜周理政的方法与减宣相仿，但慎重从容，外表显得宽松，内心却严酷入骨。减宣做左内史时，杜周做廷尉，他办事多仿效张汤而善于窥测武帝的意图。武帝想要排除的，他就加以陷害；武帝想要宽释的，他就长期囚禁等待武帝审问而很少显露其冤情。门客中有人责备杜周说："您为皇上公平地判决案件，不依据法律，却专门根据皇上的意图断案。作为法官本该如此吗？"杜周说："法律是从哪里产生的呢？前代君主认为正确的就写成法律，后代君主认为正确的就著录为法令，合于时宜就是正确的，为何非要遵行古法呢？"

至周为廷尉，诏狱亦益多矣。二千石系者新故相因，不减百余人。郡吏大府举之廷尉，一岁至千余章。章大者连逮证案①数百，小者数十人；远者数千，近者数百里。会狱，吏因责如章告劾，不服，以笞掠定之。于是闻有逮，皆亡匿。狱久者至更数赦十有余岁而相告言，大抵尽诋以不道②，以上廷尉及中都官，诏狱逮至六七万人，吏所增加十万余人。

◎注释　①〔证案〕案件的证人。②〔不道〕汉代刑律的一种名目，依法当判死刑。
◎大意　杜周当了廷尉后，武帝交办的案件更多了。二千石一级的官员被囚禁的新旧相继，不下百余人。郡国官员和朝廷官府报给廷尉的案件，一年之中多达千余件。一个大案件牵连逮捕的证人有数百人，小案件也要逮捕数十人；范围所及远至数千里，近至数百里。会审案犯时，法官要求犯人按照诉状上的罪行招供，如果不服罪，就用鞭杖抽打直到招供定案。当时人们一听说要逮捕人的消息，都逃亡躲避起来。案件拖得久的，甚至经多次赦免，十多年后还会被起诉捉拿，大都被诬判为大逆不道之罪，以上报廷尉和京师官员，牢狱中关押的钦犯多达六七万人，法吏又抓捕了十多万人。

周中废，后为执金吾①，逐盗，捕治桑弘羊、卫皇后昆弟子刻深，天子以为尽力无私，迁为御史大夫。家两子，夹河为守。其治暴酷皆甚于王温舒等矣。杜周初征为廷史，有一马，且不全；及身久任事，至三公列，子孙尊官，家訾累数巨万矣。

◎**注释**　①〔执金吾〕官名，即中尉。
◎**大意**　杜周中途被罢官，后又当了执金吾，追捕盗贼，逮捕审讯桑弘羊和卫皇后兄弟的儿子，用刑凶狠残酷，武帝认为他尽己之力而无私心，擢升为御史大夫。家有两子，分别做河内郡与河南郡太守。他们理政执法残暴严酷都超过了王温舒等人。杜周起初被召为廷史时，只有一匹马，并且装备不齐全；等到他任职已久，位至三公，子孙做了高官时，家产总计有数万之多。

太史公曰：自郅都、杜周十人者，此皆以酷烈为声。然郅都伉直，引是非，争天下大体。张汤以知阴阳①，人主与俱上下，时数辩当否，国家赖其便。赵禹时据法守正。杜周从谀，以少言为重。自张汤死后，网密，多诋严，官事浸以秏（耗）废。九卿碌碌奉其官，救过不赡②，何暇论绳墨之外乎！然此十人中，其廉者足以为仪表，其污者足以为戒，方略教导，禁奸止邪，一切亦皆彬彬质有其文武焉。虽惨酷，斯称其位矣。至若蜀守冯当暴挫③，广汉李贞擅磔人，东郡弥仆锯项，天水骆璧推（椎）咸④，河东褚广妄杀，京兆无忌、冯翊殷周蝮鸷⑤，水衡阎奉朴（扑）击卖请⑥，何足数哉！何足数哉！

◎**注释** ①〔知阴阳〕指窥察皇帝的心思。②〔赡〕足够，充足。③〔暴挫〕暴烈地折断别人的肢体。④〔推（zhuī）咸〕推，通"椎"。咸，一作"成"，以作"成"为是。"椎成"意谓用椎击人以逼供。⑤〔蝮（fù）鸷〕喻其狠毒凶猛。蝮，毒蛇。鸷，猛禽。⑥〔朴击卖请〕朴，通"扑"，用鞭子、棍子等打人。卖请，收受贿赂，卖法行私。

◎**大意** 太史公说：从郅都到杜周十个人，都以严酷暴烈闻名。但是郅都刚直，明辨是非，顾国家大局。张汤因善于窥察皇上的心思，使得皇上能够同意他的意见，当时多次讨论政事的得失，国家靠他得到了好处。赵禹能经常依据法律坚守正道。杜周顺从阿谀皇上，以少说话显示持重。自从张汤死后，法网严密，多诬陷严刑，政事逐渐昏乱废弛。九卿碌碌以求保其官位，他们补救自己的过失都来不及，哪有闲暇去考虑刑法以外的道德教化呢？而这十人当中，廉洁奉公的人足以作为表率，污浊奸邪的人足以引为鉴戒。他们出谋划策教化百姓，禁止奸邪，一切做法都达到了礼刑并用、文武相济的程度。虽然用刑残酷，但这与他们的身份是相称的。至于像蜀郡太守冯当那样暴烈地折断人的肢体，广汉郡李贞那样擅自肢解罪人，东郡弥仆锯人脖子，天水郡骆壁用椎击人以逼供定案，河东郡褚广妄杀无辜，京兆无忌、左冯翊殷周像蝮蛇、鹰隼一样凶狠，水衡阎奉用拷打使人行贿，哪里值得一提呢？哪里值得一提呢？

◎**知识拓展**

　　从总体上说，司马迁喜欢"德治"，希望能有一种既宽松又有秩序的社会局面，十分厌恶严刑峻法。从文章开始司马迁所引孔子之语，就可看出他的思想倾向。所以《酷吏列传》主要批判汉朝统治者的残暴，揭露统治者对百姓的残酷剥削。但是，司马迁也清醒地认识到，在武帝时期实行严酷法制解决由豪强贵族引起的种种社会问题，有相对的合理性和必然性。正如司马迁在《太史公自序》中所申明的作《酷吏列传》之旨："民倍本多巧，奸轨弄法，善人不能化，唯一切严削为能齐之，作《酷吏列传》。"虽然"酷吏"的共同特点是执法严厉，但是他们的个人行为品质大不相同。司马迁对于那些忠正廉明、克己奉公的酷吏是赞美的、肯定的，如郅都、义纵；对杀人无度、谄上欺下的酷吏则是批判的、否定的，如王温舒。对于《酷吏列传》的中心人物张汤，司马迁的评价也是有褒有贬。张汤为官廉洁，对武帝时代的整个法治建设做出了巨大贡献，但其身上也显示出酷吏的最大问题，即执法不公平。他们专凭个人的爱恶或是君主的脸色办事，谄上欺下。张汤的判案原则就是："所治即上意所欲罪，予监史深祸者；即上意所欲释，与监史轻平者。"这是司马迁所深恶痛绝的。汉武帝之所以实行严刑峻法，以及当时政法问题之所以如此混乱，是和当时对外发动战争、对内大肆搜刮，以致经济凋敝、民不聊生、上下怨气一片、局势动荡不安等严重的现实问题分不开的。这些问题互为因果，造成了一种恶性循环。有关这种恶性循环的详细情景，可以参看《平准书》。对此，清人牛运震认为："《酷吏传》与《平准书》相表里。《平准书》每纪匈奴用兵之事，而见知之法，废格沮诽穷治之狱，直指之使张汤、减宣、杜周、义纵之用事本末，往往及之……《酷吏传》亦著兴兵伐匈奴之事，而造白金、出告缗令，以及征伐徒卒之役事载《平准书》者亦并记之，盖酷刑厚敛未有不相济者，而害国本剥民命，其源俱由于此。此《酷吏传》所以与《平准书》并见，而《刑罚志》可以不作也。"

此文把十几个酷吏的史事集于一篇，以严酷苛暴为线索，使全文结构严谨，前后一贯。封建君主以酷吏为爪牙，打击豪强，抑制商贾，节制权贵，加强中央集权，聚敛财富，老百姓也因此遭受更加严酷的压迫，造成冤狱横生、盗贼滋起的局面。文中对每个人物的叙述各不相同，有主有次，有详有略，如写张汤较详，写晁错较略，"立格用意以短悍为主，奥字句，隐然有肃杀阴修之气。其刻深次骨处，往往如老吏断狱。太史公亦可谓文中之酷吏矣"（牛运震《史记评注》）。文字精练而重点突出，表现了司马迁高超的叙事才能。

大宛列传

第六十三

《大宛列传》主要通过撰写张骞两次出使西域开通西域之道、李广利伐大宛这两个核心事件，叙述了当时西汉、西域及匈奴三者，特别是前两者关系的发展历程；同时，借张骞在西域的所见所闻，也略述了当时汉朝视野中西域诸国的风土人情、政治、经济、人文掌故等情况。其中详记大宛、乌孙、康居、奄蔡、大小月氏、安息、条枝、大夏之事，附记扜罙、于窴、楼兰、姑师、黎轩、身毒、骊靬、大益、苏薤之事，偶涉西南夷僰、冉、徙、邛、僰、筰、嶲、昆明、滇越之事，而以大宛、乌孙事为主，且以大宛事开篇，以大宛事终篇，故名曰《大宛列传》。文中记述了西域诸国的物产风情，着重写了张骞两次出使西域的经过，展示了汉王朝同西域各国的微妙关系，说明中国与西域诸国有悠久的经济和文化交流的历史，存在政治和人员的往来关系。在叙事中，司马迁含蓄地表达了对

> 汉武帝连年用兵和好大喜功的讥讽与感叹。但是，汉武帝坚持派张骞打通西域之路，努力控制河西走廊，对于汉朝和中亚诸国间的经济文化交流，对维护汉朝的统一和强大，都做出了重大贡献，有着积极的历史作用。本文记事详略适宜，叙事与议论相结合，"或以序事带议论，或以议论带序事，纵横错杂而出，其中段落井井，照应楚楚，结构奇绝"（吴见思《史记论文》），确为一篇好文章。

大宛之迹①，见（现）自张骞。张骞，汉中人。建元中为郎。是时天子问匈奴降者，皆言匈奴破月氏②王，以其头为饮器，月氏遁逃而常怨仇匈奴，无与共击之。汉方欲事灭胡，闻此言，因欲通使。道必更③匈奴中，乃募能使者。骞以郎应募，使月氏，与堂邑氏胡奴甘父④俱出陇西。经匈奴，匈奴得之，传诣单于⑤。单于留之，曰："月氏在吾北，汉何以得往使？吾欲使越，汉肯听我乎？"留骞十余岁，与妻，有子，然骞持汉节不失。

◎**注释** ①〔大宛（yuān）之迹〕此指大宛国的土地山川。②〔月氏（zhī）〕西域古国名。③〔更〕经过。④〔堂邑氏胡奴甘父〕复姓堂邑的匈奴族奴仆，名为甘父，又称堂邑父。一说堂邑为汉时县名。⑤〔传诣单于〕移送到单于那里。

◎**大意** 大宛的土地，是张骞首先发现的。张骞，是汉中人。汉武帝建元年间做郎官。当时，武帝向投降的匈奴人询问，他们都说匈奴打败了月氏王，用月氏王的头骨做了饮酒的器具，月氏族逃跑了，而对匈奴常怀仇恨，苦于没有哪个国家和他们一起攻打匈奴。汉朝正想攻打匈奴，武帝听了此话，便想派使者前往月氏联络。但是去月氏必须经过匈奴之地，于是朝廷便招募能够出使的人。张骞以郎官的身份应诏，出使月氏，和匈奴族奴仆堂邑父一同从陇西出境。经过匈奴之地时，被匈奴人拘留，押送到单于那里。单于扣留了他们，说道："月氏在我国的北部，汉朝怎么能够往那里派使者？我们如果派人出使南越，汉朝会允许我们通过吗？"张骞被扣留在匈奴十多年，匈奴给他娶了妻子，并生了孩子，但张骞一直保存着汉朝使者的符节，没有丢失。

居匈奴中，益宽，骞因与其属亡，乡（向）月氏西走数十日，至大宛。大宛闻汉之饶财，欲通不得，见骞，喜，问曰："若欲何之①？"骞曰："为汉使月氏，而为匈奴所闭道②。今亡，唯王使人导送我。诚得至，反（返）汉，汉之赂遗③王财物不可胜言。"大宛以为然，遣骞，为发导绎（译）④，抵康居⑤，康居传致⑥大月氏。大月氏王已为胡所杀，立其太子为王。既臣大夏⑦而居，地肥饶，少寇，志安乐，又自以远汉，殊无报胡之心。骞从月氏至大夏，竟不能得月氏要（腰）领⑧。

◎**注释**　①〔若欲何之〕你要到哪里去？若，你。之，到……去。②〔闭道〕阻塞道路。③〔赂遗〕馈赠。④〔发导绎〕派遣向导和翻译。绎，通"译"，翻译。⑤〔康居〕西域国名。⑥〔传致〕转送到。⑦〔大夏〕西域国名。⑧〔不能得月氏要领〕谓月氏对与汉共击匈奴之事没有明确态度。要，通"腰"，指衣腰。领，衣领。要领，喻指想法、态度。

◎**大意**　张骞留居在匈奴的中部，匈奴对他的看管渐渐宽松，张骞于是乘机和他的随从逃向月氏，向西跑了几十天，到达了大宛。大宛听说汉朝富足，想和汉朝往来而没有实现，现在见到张骞，非常高兴，询问道："你打算到哪里去？"张骞回答说："我为汉朝出使月氏，而被匈奴拦住去路。如今逃出匈奴，希望大王能派人引路送我前去。若真能到达月氏，那么我返回汉朝后，汉朝赠送给大王的财物是用言语说不尽的。"大宛认为张骞的话可信，于是放走张骞，并为他派了向导和翻译，先到达康居国。康居又将他们转送到大月氏。大月氏王早已被匈奴所杀，他的太子被立为新王。新王已征服了大夏国并在那里定居下来，其国土地肥沃，少受侵扰，因而过得很安稳愉快，再加上新王觉得远离汉朝，根本没有向匈奴复仇的意思。张骞从月氏到大夏，始终没有得到月氏的明确答复。

留岁余，还，并（旁）南山①，欲从羌中归，复为匈奴所得。留岁余，单于死，左谷蠡王攻其太子自立②，国内乱，骞与胡妻③及堂邑父俱亡归汉。汉拜骞为太中大夫，堂邑父为奉使君。

◎**注释** ①〔并南山〕靠近祁连山。并，同"旁"，靠近。南山，指祁连山。②〔左谷蠡（lù lí）王攻其太子自立〕汉武帝元朔三年，匈奴军臣单于死去，其弟弟左谷蠡王伊稚斜自立为单于，太子（军臣之子）於单（dàn）投奔汉朝而降，匈奴国内混乱。事见《匈奴列传》。③〔胡妻〕指张骞的匈奴族妻子。
◎**大意** 张骞在月氏待了一年多，动身回国，沿着南山行进，想从羌人居住的地方回到长安，却又被匈奴捉住了。他在匈奴住了一年多，单于死了，匈奴左谷蠡王攻击太子，自立为单于，匈奴大乱，张骞乘机与匈奴妻子和堂邑父一起逃回汉朝。汉朝封张骞为太中大夫，封堂邑父为奉使君。

骞为人强力①，宽大信人，蛮夷爱之。堂邑父故胡人，善射，穷急射禽兽给食。初，骞行时百余人，去十三岁，唯二人得还。

◎**注释** ①〔强力〕坚强而有力量。
◎**大意** 张骞为人坚强有力量，心胸宽大，诚实可信，蛮夷之人都喜欢他。堂邑父是匈奴人，善于射箭，每当穷困危急之时，就射杀飞禽走兽食用。最初，张骞出使时有一百多个随从，离开汉朝十三年，只有他和堂邑父两人回到汉朝。

骞身所至者大宛、大月氏、大夏、康居，而传闻其旁大国五六，具（俱）为天子言之。曰：

◎**大意** 张骞所到的国家有大宛、大月氏、大夏、康居，听说这些国家的旁边还有五六个大国，他全部向天子做了汇报。他说：

大宛在匈奴西南，在汉正西，去汉可①万里。其俗土著，耕田，田稻麦②。有蒲陶③酒。多善马，马汗血④，其先天马子也。有城郭屋室。其属邑大小七十余城，众⑤可数十万。其兵弓矛骑射。其北则康居，西则大月氏，西南则大夏，东北则乌孙⑥，东则扜罙⑦、于窴⑧。于窴之西，则水皆西流，注西海⑨；其东水东流，注盐泽⑩。盐泽潜行地下，其南则河源⑪出焉。多玉石，河注中国。而楼兰⑫、姑师⑬邑有城郭，临盐泽。盐泽去长安可五千里。匈奴右方居盐泽以东，至陇西长城，南接羌，鬲（隔）汉道焉。

◎**注释** ①〔可〕大约。②〔田稻麦〕种稻和麦。田，种。③〔蒲陶〕即葡萄。④〔马汗血〕马出汗如血。即人们所称之汗血马。按《汉书音义》："大宛国有高山，其上有马，不可得，因取五色母马置其下，与交，生驹汗血，因号曰天马子。"⑤〔众〕民众，百姓。⑥〔乌孙〕古代国名。⑦〔扜罙（yū mí）〕古代西域国名。⑧〔于窴（tián）〕又作"于阗"，古代西域国名。⑨〔西海〕古代大湖名，即今青海湖。⑩〔盐泽〕或称蒲昌海，即今新疆罗布泊。⑪〔河源〕黄河源头。⑫〔楼兰〕古代西域国名，后称鄯善。⑬〔姑师〕古代西域国名，后称车师。

◎**大意** 大宛在匈奴西南，在汉朝正西面，离汉朝大约一万里。当地的风俗是定居一处，耕种田地，种稻子和麦子。出产葡萄酒。有很多好马，马出汗如血，它的祖先是天马之子。那里有城郭房屋，归它管辖的大小城镇有七十多座，民众有几十万。大宛的兵器是弓和矛，人们骑马射箭。它的北边是康居，西边是大月氏，西南是大夏，东北是乌孙，东边是扜罙、于窴。于窴的西边，河水都西流，注入西海；于窴东边的河水都向东流，注入盐泽。盐泽的水在地下暗中流淌，它的南边就是黄河的源头，黄河水由此流出。那儿盛产玉石，黄河水流入中国。楼兰和姑师的城镇都有城郭，靠近盐泽。盐泽离长安大约五千里。匈奴的右边正处在盐泽以东，直到陇西长城，南边与羌人居住区相接，阻隔了通往汉朝的道路。

乌孙在大宛东北可二千里，行国①，随畜，与匈奴同俗。控弦②者数万，敢战。故服匈奴，及盛，取其羁属③，不肯往朝会焉。

◎**注释** ①〔行国〕百姓不定居的国家，即游牧之国。②〔控弦〕拉弓。此指能拉弓打仗的战士。③〔羁属〕这里指松散的、名义上的臣服。

◎**大意** 乌孙国在大宛东北约两千里处，属于游牧部落，随地放牧，和匈奴的风俗相同。有张弓射箭的军队数万人，勇敢善战。乌孙国原来臣服于匈奴，等它强盛后，便只在名义上服从匈奴，不肯再去朝拜了。

康居在大宛西北可二千里，行国，与月氏大同俗。控弦者八九万人。与大宛邻国。国小，南羁事①月氏，东羁事匈奴。

◎**注释** ①〔羁事〕被迫服从别人。

◎**大意** 康居国在大宛西北约两千里处，属于游牧部落，和月氏的风俗大致相同。有弯弓射箭的军队八九万人。同大宛比邻。国家较小，南面臣服于月氏，东面臣服于匈奴。

奄蔡①在康居西北可二千里，行国，与康居大同俗。控弦者十余万。临大泽，无崖②，盖乃北海③云。

◎**注释** ①〔奄蔡〕古代西域国名。②〔崖〕边。③〔北海〕即今里海。

◎**大意** 奄蔡国在康居西北约两千里处，属于游牧部落，和康居国的风俗大致相同。有十多万弯弓射箭的军队。这个国家靠近一个大水泽，水泽漫无边际，据说那就是北海。

大月氏在大宛西可二三千里，居妫水①北。其南则大夏，西则安息②，北则康居。行国也,随畜移徙,与匈奴同俗。控弦者可一二十万。故时强,轻匈奴,及冒顿立,攻破月氏,至匈奴老上单于,杀月氏王,以其头为饮器。始月氏居敦煌、祁连间,及为匈奴所败,乃远去,过宛,西击大夏而臣之,遂都妫水北为王庭③。其余小众④不能去者,保⑤南山羌⑥,号小月氏。

◎**注释** ①〔妫(guī)水〕即今阿姆河。②〔安息〕古代西域国名,其地在今伊朗境内。③〔王庭〕古代北方各族君王设幕立朝之所。④〔小众〕一小部分百姓。⑤〔保〕保全。⑥〔羌〕指羌人居住之地。

◎**大意** 大月氏在大宛西边二三千里,处于妫水之北。它南边是大夏,西边是安息,北边是康居。大月氏也是游牧的国家,人们随着放牧的需要而迁移,同匈奴的风俗一样。有一二十万拉弓打仗的战士。从前强大时,大月氏轻视匈奴,等到冒顿立为匈奴单于,打败了月氏;匈奴老上单于时,杀死了月氏王,用月氏王的头骨做了饮酒的器皿。开始时,月氏居住在敦煌、祁连之间,待到被匈奴打败,大部分人就远远离开这里,经过大宛,向西攻打大夏,并把它打败,令其臣服,于是建都在妫水之北,作为王庭。其余一小部分不能离开的月氏人,投靠了祁连山羌人的居住地而得以保全,称为小月氏。

安息在大月氏西可数千里。其俗土著,耕田,田稻麦,蒲陶酒。城邑如大宛。其属小大数百城,地方数千里,最为大国。临妫水,有市①,民商贾用车及船,行旁国或数千里。以银为钱,钱如其王面,王死辄更钱,效王面焉。画革旁行以为书记②。其西则条枝③,北有奄蔡、黎轩④。

◎**注释** ①〔市〕交易场所。②〔画革旁行以为书记〕在皮革上横行书写作为记事的文字。旁行,横行。书记,指文字、书籍、文章等。③〔条枝〕古代国名,其地在今伊拉克境内。④〔黎轩〕古国名,又名大秦国。

◎**大意** 安息国在大月氏以西数千里的地方，属于定居民族，以耕地为生，种植水稻和小麦，产葡萄酒。它的城邑和大宛一样。所属大小城有数百座，面积方圆几千里，是最大的国家。靠近妫水，有集市，百姓及商人用车或船作为交通工具，有时运到邻近的国家甚至几千里远的地方。他们用银子制作货币，钱币铸成国王容貌的样子，国王死后便要更换货币，因为货币要展现新王的面貌。他们在皮革上横行书写以记事。安息的西边是条枝国，北边有奄蔡国和黎轩国。

条枝在安息西数千里，临西海。暑湿。耕田，田稻。有大鸟，卵如瓮。人众甚多，往往有小君长，而安息役属之，以为外国。国善眩①。安息长老传闻条枝有弱水②、西王母③，而未尝见。

◎**注释** ①〔眩〕指魔术之类。②〔弱水〕古代神话中的河名。③〔西王母〕古代传说中的女神。

◎**大意** 条枝国在安息以西几千里的地方，濒临西海。这里的气候炎热潮湿。以耕地为生，种植水稻。产鸵鸟，鸟蛋大如瓮。其国人口众多，城邑往往设置小君长，安息控制着这个国家，把它作为外围国。这个国家的人善于玩魔术。安息国的老人传说条枝国有弱水和西王母，但从未见过。

大夏在大宛西南二千余里妫水南。其俗土著，有城屋，与大宛同俗。无大君长，往往城邑置小长。其兵弱，畏战。善贾市。及大月氏西徙，攻败之，皆臣畜大夏①。大夏民多，可百余万。其都曰蓝市城，有市贩贾诸物。其东南有身毒国。

◎**注释** ①〔臣畜大夏〕对待大夏人像奴仆一样，意即统治了大夏。臣，奴仆。畜，养，这里意为对待。

◎**大意** 大夏国在大宛西南两千多里的妫水南面。属于定居民族，有城墙房屋，和大宛习俗相同。国家没有大君长，往往只是在城邑设置小君长。这个国家的兵力弱小，害怕战争。人民善于做买卖。大月氏向西迁移时，打败了大夏，统治了整个大夏。大夏人口众多，有一百多万。它的国都叫蓝市城，城内有市场贩卖着各种物品。大夏的东南方向有身毒国。

骞曰："臣在大夏时，见邛竹杖、蜀布①。问曰：'安得此？'大夏国人曰：'吾贾人往市之身毒。身毒在大夏东南可数千里。其俗土著，大与大夏同，而卑湿暑热云。其人民乘象以战。其国临大水焉。'以骞度之，大夏去汉万二千里，居汉西南。今身毒国又居大夏东南数千里，有蜀物，此其去蜀不远矣。今使大夏，从羌中，险，羌人恶②之；少北，则为匈奴所得；从蜀宜径③，又无寇。"天子既闻大宛及大夏、安息之属皆大国，多奇物，土著，颇与中国同业，而兵弱，贵汉财物；其北有大月氏、康居之属，兵强，可以赂遗设利朝也④。且诚得而以义属之⑤，则广地万里，重九译⑥，致殊俗，威德遍于四海。天子欣然，以骞言为然，乃令骞因蜀犍为⑦发间使⑧，四道并出：出駹，出冉，出徙，出邛、僰⑨，皆各行一二千里。其北方闭氐、筰⑩，南方闭嶲⑪、昆明。昆明之属无君长，善寇盗，辄杀略⑫汉使，终莫得通。然闻其西可千余里有乘象国，名曰滇越⑬，而蜀贾奸出物⑭者或至焉，于是汉以求大夏道始通滇国。初，汉欲通西南夷，费多，道不通，罢之。及张骞言可以通大夏，乃复事西南夷。

◎注释 ①〔见邛竹杖、蜀布〕见到了邛都出产的手杖和蜀郡出产的布。邛，邛都，西南夷小国名。②〔恶〕讨厌。③〔宜径〕应是直道。④〔可以赂遗（wèi）设利朝也〕意谓可通过利诱、收买的手段使其来朝拜。赂遗，用财物买通他人。设利，施以好处。⑤〔以义属之〕用道义使其归属。⑥〔重九译〕多次辗转翻译。按，"九"非实数，表示多次之意。⑦〔犍为〕郡名。⑧〔间使〕秘密行动的使者。⑨〔出駹，出冉，出徙，出邛、僰〕駹、冉、徙、邛、僰，皆为西南夷国名，《西南夷列传》记载较为详细。⑩〔闭氏（dī）笮〕被氐和笮阻拦，无法通过。闭，关闭，不通。氐、笮，西南夷国名。⑪〔嶲（xī）〕古代西南夷国名。⑫〔杀略〕斩杀掠夺。略，夺取，掳掠。⑬〔滇越〕西南夷国名。⑭〔奸出物〕偷运物品出境。

◎**大意** 张骞对武帝说："我在大夏的时候，见到过邛都所产的竹杖和蜀郡出产的布。我问他们：'这些物品是从哪里得到的？'大夏国人回答说：'是我们的商人从身毒国买来的。身毒在大夏东南几千里的地方。属于定居民族，习俗大体与大夏相同，而地势低下，气候潮湿炎热。身毒国的人民骑着大象打仗。这个国家靠近大河。'根据我的估计，大夏距汉朝有一万二千里，位于汉朝的西南。如今身毒国又位于大夏东南几千里，有蜀地的产品出现，说明这个国家距蜀地不远。如今出使大夏，要是从羌族地区通过，地势险要，而且羌人厌恶汉人；要是稍微从北边取道，则会被匈奴人抓获；如果从蜀地出发可能是捷径，而且没有外敌的干扰。"武帝听说大宛及大夏、安息等国都是大国，有许多珍奇的物产，人民定居，与汉人的生产方式很接近，而这些国家的兵力弱小，百姓看重汉朝的财物；在它们的北边有大月氏、康居等国，兵力虽然强大，但可以通过赠送礼物给予好处使其来朝拜。要是果真能得到它们并且用大义使其附属于自己，就可以扩大疆土万里，经过辗转翻译，招来不同风俗的人民，使汉朝天子的声威和恩德传遍四海内外。武帝因此很高兴，认为张骞说得对，于是命令张骞从蜀郡、犍为秘密派出使者，分四路同时行动：一路从駹出发，一路从冉出发，一路从徙出发，一路从邛、僰出发，各自行走了一二千里。结果从北边行动的被氐人、笮人所阻拦；从南边行动的被嶲人、昆明人所阻拦。昆明人没有君长，善于抢劫偷盗，经常杀死、抢劫汉朝的使者，汉朝的使者始终没有通过。不过，这次听说昆明夷以西千余里的地方，有一个乘象国，名叫滇越，蜀地偷运货物出境的商人当中有人到过那里，于是汉朝为寻找通往大夏的道路而开始和滇越国来往。起初，汉朝想和西南夷来往，但因费用太多，道路不通，便作罢了。这次听张骞说可以由西南通往大夏，就重新致力于联系西南夷之事。

骞以校尉①从大将军击匈奴，知水草处，军得以不乏，乃封骞为博望侯。是岁元朔六年也。其明年，骞为卫尉，与李将军②俱出右北平击匈奴。匈奴围李将军，军失亡③多；而骞后期当斩④，赎为庶人。

是岁汉遣骠骑⑤破匈奴西域数万人，至祁连山。其明年，浑邪王率其民降汉，而金城、河西西并南山至盐泽空无匈奴。匈奴时有候者⑥到，而希（稀）矣。其后二年，汉击走单于于幕（漠）北⑦。

◎**注释** ①〔大将军〕指卫青，当时他担任大将军之职。②〔李将军〕指李广。③〔失亡〕伤亡。④〔后期当斩〕耽误了规定的时间，被判为斩刑。当，判罪。⑤〔骠骑〕即骠骑将军，此指霍去病。⑥〔候者〕侦察兵。⑦〔幕（mò）北〕大沙漠以北。

◎**大意** 张骞以校尉的身份跟随大将军卫青去攻打匈奴，因为他知道有水草的地方，所以军队的供给没有困乏，武帝于是封张骞为博望侯。这一年是元朔六年。第二年，张骞被任为卫尉，与将军李广一同从右北平出发攻打匈奴。匈奴包围了李广，军队伤亡很重。而张骞没有按期到达约定地点，被判死刑，花钱赎罪后被免为平民。这一年，汉朝派遣骠骑将军霍去病出兵西域打败了匈奴几万人，一直攻打到祁连山。第二年，匈奴浑邪王率领他的臣民投降了汉朝，于是从金城、河西以西沿着祁连山一直到盐泽，再也没有匈奴人了。匈奴有时也派侦察兵来到这里，但为数很少。此后两年内，汉朝将单于赶到了大沙漠以北地带。

　　是后天子数问骞大夏之属。骞既失侯，因言曰："臣居匈奴中，闻乌孙王号昆莫，昆莫之父，匈奴西边小国也。匈奴攻杀其父，而昆莫生，弃于野。乌嗛（衔）肉蜚（飞）其上，狼往乳之。单于怪以为神，而收长之①。及壮，使将兵，数有功，单于复以其父之民予昆莫，令长守于西域。昆莫收养其民，攻旁小邑，控弦数万，习攻战。单于死，昆莫乃率其众远徙，中立②，不肯朝会匈奴。匈奴遣奇兵击，不胜，以为神而远之，因羁属之③，不大攻。今单于新困于汉，而故浑邪地空无人。蛮夷俗贪汉财物，今诚以此时而厚币赂乌孙，招以益东④，居故浑邪之地，与汉结昆弟，其势宜听⑤，听则是断匈奴右臂也。既连乌孙，自其西大夏之属皆可招来而为外臣。"天子以为然，拜骞为中郎将，将三百人，马各二匹，牛羊以万数，赍⑥金币帛直数千巨万⑦，多持节副使，道可使，使遗之他旁国。

◎**注释** ①〔收长之〕收养使他长大。②〔中立〕独立。③〔羁属之〕指采用笼络的手段使之归附。羁，羁縻，笼络。④〔益东〕更向东来。益，更加。⑤〔宜听〕应该听从。⑥〔赍（jī）〕携带。⑦〔直数千巨万〕价值数千亿。巨万，亿。

◎**大意** 从这以后，武帝多次向张骞询问大夏等国的事情。张骞此时已失去了侯爵，于是趁机回答道："我在匈奴时，听说乌孙国王名叫昆莫，昆莫的父亲是匈奴西边一个小国的国王。匈奴攻打并杀了昆莫的父亲，昆莫出生后，被抛弃在草野之中。而乌鸦衔肉飞来在他的身上喂他，狼也赶来给他哺乳。单于感到很奇怪，以为有神灵保佑他，便将他收养。等长大以后，让他率兵作战，屡次建立军功，单于将昆莫父亲的臣民重新交给昆莫统领，命他长期驻守在西域。昆莫收回了他父亲的臣民后，攻打近旁的小城邑，有几万善骑的军队，熟悉攻伐战争的本领。单于死后，昆莫率领他的人马迁移到很远的地方，宣布独立，不肯再去朝拜匈奴。匈奴秘密派遣军队去攻打，没有取胜，以为是神灵在帮助昆莫，于是远远避开他，笼络乌孙使其成为自己的附属国，不再对他发动大规模进攻。如今单于刚被汉朝打败，原来匈奴浑邪王的地方空无人居。蛮夷的特点是贪图汉朝的财物，如果确能在此时用重礼拉拢乌孙，招引他们向东迁移，居住在原浑邪王的地方，和汉朝结为兄弟之国，根据形势估计昆莫是会同意的，如果同意这样做，就相当于砍断了匈奴的右臂。联合乌孙以后，自乌孙以西的大夏等国都可以招来作为我们的臣属国。"天子认为张骞说得对，遂拜他为中郎将，率领三百人出发，每人带两匹马，共带牛羊数万头，同时带着价值数千亿的金钱布帛等礼物，还派了许多拿着符节的副使，如果道路可通，就让他们到近旁的国家去联络。

骞既至乌孙，乌孙王昆莫见汉使如单于礼，骞大惭，知蛮夷贪，乃曰："天子致赐，王不拜则还赐。"昆莫起拜赐，其他如故。骞谕使指（旨）①曰："乌孙能东居浑邪地，则汉遣翁主②为昆莫夫人。"乌孙国分③，王老，而远汉，未知其大小，素服属匈奴日久矣，且又近之，其大臣皆畏胡，不欲移徙，王不能专制④。骞不得其要领。昆莫有十余子，其中子曰大禄，强，善将众，将众别居万余骑。大禄兄为太子，太子有子曰岑娶，而太子蚤（早）死。临死谓其父昆莫曰："必以岑娶为太子，无令他人代之。"昆莫哀而许之，卒以岑娶为太子。大禄怒其不得代太子也，乃收其诸昆弟，将其众畔（叛），谋攻岑娶及昆莫。昆莫老，常恐大禄杀岑娶，予岑娶万余骑别居，而昆莫有万余骑自备，国众分为三，而其大总⑤取羁属昆莫，昆莫亦以此不敢专约⑥于骞。

◎ **注释** ①〔骞谕使指〕张骞向昆莫讲明此次出使的目的。谕，上对下告知情况。指，通"旨"，旨意，目的。②〔翁主〕诸侯王的女儿。③〔分〕分成几部分。④〔专制〕独自决定。⑤〔大总〕大体。⑥〔专约〕独自做主定约。

◎ **大意** 张骞到达乌孙后，乌孙王昆莫接见汉朝使者，同对待匈奴单于的礼节一样，张骞感到很耻辱。他知道蛮夷贪婪，便说："天子赐赠礼物，大王如果不拜谢，就请把礼物退回。"昆莫遂起身拜谢，其他的礼节照旧。张骞向昆莫说明来意道："如果乌孙能东迁到浑邪王故地，则汉朝可派诸侯王的女儿做你的夫人。"乌孙国此时已分裂，国王昆莫年老了，又远离汉朝，不知汉朝的大小，附属于匈奴时间长了，并且又靠近匈奴，大臣都畏惧匈奴，不想迁徙，昆莫不能做主。张骞没有得到昆莫的明确答复。昆莫有十几个儿子，中间有一个儿子叫大禄，很强悍，善于领兵，他率领了一万多骑兵驻守在别的地方。大禄的哥哥是太子，太子有个儿子叫岑娶。太子早早就死了。临死前太子对父亲昆莫说："一定要让岑娶做太子，不能让其他人取而代之。"昆莫哀怜其情而答应了，最终让岑娶做了太子。大禄对昆莫没有让自己做太子这件事非常气愤，于是便纠集了他的兄弟们，率领他的兵众反叛了，谋划攻打岑娶和昆莫。昆莫老了，常担心大禄会杀死岑娶，便拨给岑娶一万多骑兵以自卫。国家的势力就这样被分为三部分，只是在名义上总体归属于昆莫，因此昆莫也不敢独自与张骞商定这件事。

骞因分遣副使使大宛、康居、大月氏、大夏、安息、身毒、于寘、扞罙及诸旁国。乌孙发导译送骞还，骞与乌孙遣使数十人，马数十匹报谢①，因令窥汉，知其广大。

◎**注释**　①〔报谢〕回谢。
◎**大意**　张骞遂分别派遣副使出使大宛、康居、大月氏、大夏、安息、身毒、于寘、扞罙及一些近旁的国家。乌孙派了向导和翻译送张骞返回汉朝。张骞和乌孙国派出的几十名使者，带上几十匹马来到汉朝表示答谢，乌孙顺便让这些使者窥探一下汉朝的情况，了解它有多大。

骞还到，拜为大行，列于九卿。岁余，卒。

◎**大意**　张骞回来后，拜为大行令，位列九卿。过了一年多，他便去世了。

乌孙使既见汉人众富厚，归报其国，其国乃益重汉。其后岁余，骞所遣使通大夏之属者皆颇与其人俱来，于是西北国始通于汉矣。然张骞凿空①，其后使往者皆称博望侯，以为质②于外国，外国由此信之。

◎**注释**　①〔凿空（kǒng）〕犹言"凿孔"，开辟孔道，此指开辟通往西域的道路。②〔为质〕作为取得信任的保证。
◎**大意**　乌孙的使者看到汉朝人口众多、国家富强后，回国报告了国王，乌孙便更加重视汉朝。此后一年多，张骞派往大夏等国的使者多数都和所到之国的使者一起来到汉朝，于是西北各国从这时开始和汉朝有了来往。不过这条道路是张骞开辟的，因此其后派出的使者都称作"博望侯"，以便借张骞的封号取信于外国，外国因此便信任他们。

自博望侯骞死后，匈奴闻汉通乌孙，怒，欲击之。及汉使乌孙，若出其南，抵大宛、大月氏相属，乌孙乃恐，使使献马，愿得尚①汉女翁主，为昆弟。天子问群臣议计，皆曰"必先纳聘②，然后乃遣女"。初，天子发书《易》③，云"神马当从西北来"。得乌孙马好，名曰"天马"。及得大宛汗血马，益壮，更名乌孙马曰"西极"，名大宛马曰"天马"云。而汉始筑④令居以西，初置酒泉郡以通西北国。因益发使抵安息、奄蔡、黎轩、条枝、身毒国。而天子好宛马，使者相望于道。诸使外国一辈⑤大者数百，少者百余人，人所赍操大放（仿）博望侯时⑥。其后益习⑦而衰少⑧焉。汉率一岁中使多者十余，少者五六辈，远者八九岁，近者数岁而反（返）。

◎**注释** ①〔尚〕高攀，即"娶"之意。②〔纳聘〕送上聘礼。③〔发书《易》〕翻阅《易经》。④〔筑〕指修建长城亭障。⑤〔一辈〕一批。⑥〔人所赍操大放博望侯时〕使者携带的物品与当初张骞带的相仿。赍操，携带。放，通"仿"，效仿。⑦〔益习〕愈发习惯。⑧〔衰少〕减少。

◎**大意** 自从博望侯张骞死后，匈奴听说汉朝与乌孙有来往，非常愤怒，想攻打乌孙。等到汉朝派使者到了乌孙，并且经过它的南边，到达大宛、大月氏等国，使者接连不断，乌孙这才感到恐惧，派使者向汉朝献马，希望能够高攀汉朝诸侯王的女儿做夫人，与汉朝结为兄弟之国。武帝征求群臣的看法，群臣都说："一定要先让乌孙送来聘礼，然后再把人嫁过去。"当初，武帝翻阅《易经》，看到"神马当从西北来"这句话。后来得到了乌孙的好马，便给它起名叫"天马"。等得到大宛的汗血马，更为健壮，就改称乌孙马为"西极"，而称大宛马为"天马"。这时汉朝开始在令居县以西修筑长城，初设酒泉郡以便和西北各国来往。于是增派使者前往安息、奄蔡、黎轩、条枝、身毒国。天子喜爱大宛马，派出的使者多得在路上可以前后望见。每批所派的使者多则数百人，少则百余人，使者所带之物与当初博望侯所带的大体相同。此后出使之事习以为常，所派人数就减少了。汉朝一年派出的使者，多的时候有十余批，少的时候有五六批。远的地方，使者八九年才能回来，近的地方，几年就可以返回。

是时汉既灭越①,而蜀、西南夷皆震,请吏②入朝。于是置益州、越嶲、牂柯、沈黎、汶山郡,欲地接以前通大夏③。乃遣使柏始昌、吕越人等岁十余辈,出此初郡④抵大夏,皆复闭昆明,为所杀,夺币财,终莫能通至大夏焉。于是汉发三辅⑤罪人,因巴蜀士数万人,遣两将军郭昌、卫广等往击昆明之遮汉使者,斩首虏数万人而去。其后遣使,昆明复为寇,竟莫能得通。而北道酒泉抵大夏,使者既多,而外国益厌汉币⑥,不贵其物。

◎**注释** ①〔越〕指南越。汉武帝元鼎六年,南越被灭,"遂为九郡"。②〔请吏〕请求设置官吏统领其地。③〔欲地接以前通大夏〕意谓不断地扩大地盘,直至与大夏地界相连。地接,地界相接。前,向前。通,通往。④〔初郡〕初设之郡,指上文所说的益州等郡。⑤〔三辅〕指长安周围地区。汉武帝太初元年,改右内史为京兆尹,管理长安以东地区,改左内史为左冯翊,治理长陵以北地区,改都尉为右扶风,治理渭城以西地区。这三个职官称三辅,他们所管辖的地区也称三辅。⑥〔汉币〕指汉朝的布帛财物等。

◎**大意** 这时汉朝已经灭掉了南越,蜀地和西南夷都感到震恐,请求汉朝为他们设置官吏并希望来汉朝拜。于是汉朝设置了益州、越嶲、牂柯、沈黎及汶山郡,想从这些地方再向前扩大地界,直通大夏。在一年之中汉朝便派出了使者柏始昌、吕越人等共十余批,从这些新设的郡出发前往大夏,但都又遭到昆明夷阻拦,使者被杀,钱物被抢去,终究没能到达大夏。于是汉朝征调了三辅的罪犯,再加上巴、蜀的士卒数万人,由郭昌、卫广两将军率领去攻打阻拦汉朝使者的昆明夷,杀死和俘虏了数万人后撤军。此后汉朝派遣使者,昆明夷还是进行拦劫,这条道路最终没有打通。而北边的道路由酒泉通往大夏,汉朝的使者越来越多,外国对汉朝的财物逐渐厌烦,不再看重了。

自博望侯开外国道以尊贵,其后从吏卒皆争上书言外国奇怪利害,求使①。天子为其绝远,非人所乐往,听其言,予节②,募吏民毋问所从来，为具备人众遣之，以广其道。来还不能毋侵盗币物，及使失指（旨）③，天子为其习之，辄覆案致重罪，以激怒令赎，复求使④。使端无穷，而轻犯法。其吏卒亦辄复盛推外国所有，言大者予节，言小者为副，故妄言无行之徒皆争效之。其使皆贫人子，私县官赍物，欲贱市以私其利外国。外国亦厌汉使人人有言轻重，度汉兵远不能至，而禁其食物以苦汉使。汉使乏绝积怨，至相攻击。而楼兰、姑师小国耳，当空道⑤，攻劫汉使王恢⑥等尤甚。而匈奴奇兵时时遮击使西国者。使者争遍言外国灾害，皆有城邑，兵弱易击。于是天子以故遣从骠侯破奴将属国骑及郡兵数万，至匈河水，欲以击胡，胡皆去。其明年⑦，击姑师，破奴与轻骑七百余先至，虏楼兰王，遂破姑师。因举兵威以困乌孙、大宛之属。还，封破奴为浞野侯。王恢数使，为楼兰所苦，言天子，天子发兵令恢佐破奴击破之，封恢为浩侯。于是酒泉列亭障至玉门矣。

◎ **注释** ①〔求使〕自己请求当使者。②〔予节〕给予使者符节，令其出使。③〔失指〕违背皇上的意图。指，通"旨"。④〔"天子为其习之"四句〕意思是说汉武帝以为这些人熟悉西域的情况，所以就在他们有过失时，重判其罪，以激励他们请求再次出使，以便立功赎罪。习之，指熟悉西域情况。覆案，深究罪行。⑤〔当空（kǒng）道〕处于交通要道之上。空道，又作"孔道"，交通要道。⑥〔王恢〕此指浩侯王恢，与大行王恢非一人。⑦〔明年〕指汉武帝元封三年。

◎ **大意** 自从博望侯因开辟通往外国的道路而获得尊贵的地位后，跟随过他的官员和士卒都争相上书谈外国怪异及利害之情，要求出使。武帝认为那些国家太遥远，不是一般人乐意去的地方，就同意了他们的请求，赐给符节，招募官员，不管他们的出身，为他们配备好随行人员后派出去，以求扩大和外国交往的道路。出使归来的人难免有侵占偷拿财物，以及在出使期间违背天子旨意的现象，武帝认为他们熟悉西域和使者的工作，常常深究他们的罪行，以此激励他们为立功赎罪而再次请求充任使者。这样一来出使的事端层出不穷，而他们也就不在意犯法了。那些官吏士卒也常常称赞外国拥有的东西，说大话的人被授予符节当正使，浮夸的小人被任为副使，所以那些胡说而又无德行的人争相效法他们。那些出使者都是穷人的子弟，把官府送给西域各国的礼物占为己有，想用低价卖出，在外国获取私利。外国人也讨厌汉朝的使者个个说话轻重不一，他们估计汉朝的军队驻地遥远不能到达，便断绝汉朝使者的食物使他们受苦。汉朝使者生活困乏，物资被断绝，因而对西域各国产生了积怨，以至于相互攻击。楼兰、姑师不过是小国罢了，因为处于交通要道，故对汉朝使者王恢等的攻打劫掠尤其厉害。而匈奴的快速部队更是常常拦击出使西域的汉朝使者。使者便都争着谈论外国的危害，说他们虽都有城邑，但军队弱小容易攻破。于是武帝派遣从骠侯赵破奴率领属国骑兵及郡中驻军数万人，开赴匈河水，想攻打匈奴，匈奴人见机都撤走了。第二年，攻打姑师国，赵破奴和七百多轻骑兵先到，俘虏了楼兰王，又打败了姑师。接着乘胜举兵围困乌孙、大宛等国。回到汉朝后，赵破奴被封为浞野侯。王恢多次出使西域，吃尽了楼兰的苦头，他把此事报告了武帝，所以武帝发兵并让他辅助赵破奴打败楼兰，王恢回来后被封为浩侯。从此汉朝从酒泉郡修筑亭障，一直修到了玉门关。

乌孙以千匹马聘汉女，汉遣宗室女江都①翁主往妻乌孙，乌孙王昆莫以为右夫人。匈奴亦遣女妻昆莫，昆莫以为左夫人。昆莫曰"我老"，乃令其孙岑娶妻翁主。乌孙多马，其富人至有四五千匹马。

◎**注释**　①〔江都〕指江都王刘建。
◎**大意**　乌孙用一千匹马作为聘礼迎娶汉朝女子，汉朝将皇族江都王刘建的女儿送去嫁给乌孙王为妻，乌孙王昆莫以她为右夫人。匈奴也将一个女子送去嫁给昆莫，昆莫以她为左夫人。后来昆莫说"我老了"，便命他的孙子岑娶了江都王的女儿。乌孙盛产马，有些富人的马竟多达四五千匹。

初，汉使至安息，安息王令将二万骑迎于东界。东界去王都数千里。行比至，过数十城，人民相属①甚多。汉使还，而后发使随汉使来观汉广大，以大鸟卵及黎轩善眩人献于汉。及宛西小国驩潜、大益②，宛东姑师、扜罙、苏薤之属，皆随汉使献见天子。天子大悦。

◎**注释** ①〔属〕连。②〔驩（huān）潜、大益〕与下文的"苏薤（xiè）"均为古代西域小国名。

◎**大意** 起初，汉朝使者将要到达安息的时候，安息王派人率领两万骑兵到东部国境上迎接。东部国境离国都有数千里。从东部国境到国都，要经过数十座城邑，其间居民点相连，人口众多。汉朝使者返回时，安息派使者随汉使一道前来观察汉朝有多大，他们带着鸵鸟蛋和黎轩的魔术师献给汉朝。大宛以西的小国驩潜、大益，大宛以东的姑师、扜罙、苏薤等国，也都随汉使前来献纳礼品朝见武帝。武帝非常高兴。

而汉使穷河源，河源出于寘，其山多玉石，采来，天子案①古图书，名河所出山曰昆仑云。

◎**注释** ①〔案〕考察。
◎**大意** 汉朝使者在出使期间注意探寻黄河的源头，发现黄河源头在于寘国。那里的山上盛产玉石，汉使采运了一些回来。武帝考察古代的地图，将黄河发源的那座山命名为昆仑山。

是时上方数巡狩海上①，乃悉从外国客，大都多人②则过之，散财帛以赏赐，厚具③以饶给之，以览示汉富厚焉。于是大觳抵④，出奇戏诸怪物，多聚观者，行赏赐，酒池肉林⑤，令外国客遍观各仓库府藏之积，见（现）汉之广大，倾骇之。及加其眩者之工，而觳抵奇戏岁增变，甚盛益兴，自此始。

◎**注释**　①〔巡狩海上〕到海边巡视。巡狩，天子视察地方的理政情况。②〔大都多人〕人多的大都邑。③〔厚具〕准备丰厚的物品。④〔大觳（jué）抵〕大规模举行角抵活动。此事出现于汉武帝元封三年。觳抵，即"角抵"，类似今之摔跤。⑤〔酒池肉林〕极言酒肉之多。

◎**大意**　这时，武帝多次到海边巡视，让所有的外国客人作为随从，大凡人多的城镇都要经过。并且散发财物布帛进行赏赐，准备丰厚的礼物多多供给他们，以此展示汉朝的富有。于是大规模地搞角抵活动，演出各种稀奇的节目，展出许多珍奇之物，引来许多人围观，武帝借机进行赏赐，聚酒成池，挂肉成林，让外国客人遍观各地仓库中储藏的物资，以表现汉朝的广大，使他们倾慕惊骇。增加魔术的技巧后，角抵和奇戏每年都能变出新花样了，这些技艺愈发兴盛，就是从这时开始的。

西北外国使，更①来更去。宛以西，皆自以远，尚骄恣晏然②，未可诎以礼羁縻而使也③。自乌孙以西至安息，以近匈奴，匈奴困月氏也，匈奴使持单于一信，则国国传送食，不敢留苦④；及至汉使，非出币帛不得食，不市畜不得骑用。所以然者，远汉，而汉多财物，故必市乃得所欲，然以畏匈奴于汉使焉。宛左右以蒲陶为酒，富人藏酒至万余石，久者数十岁不败。俗嗜酒，马嗜苜蓿⑤。汉使取其实⑥来，于是天子始种苜蓿、蒲陶肥饶地。及天马多，外国使来众，则离宫别观旁尽种蒲萄、苜蓿极望⑦。自大宛以西至安息国，虽颇异言，然大同俗，相知言。其人皆深眼，多须髯，善市贾，争分铢。俗贵女子，女子所言而丈夫乃决正⑧。其地皆无丝漆，不知铸钱器。及汉使亡卒降，教铸作他兵器。得汉黄白金，辄以为器，不用为币。

◎**注释**　①〔更〕换。②〔骄恣晏然〕骄傲放纵，悠闲安逸。③〔未可诎以礼羁縻而使也〕不能以礼约束，予以控制。诎，屈服。羁縻，束缚。④〔留苦〕阻留而使其受苦。⑤〔苜蓿（mù xū）〕草名，原产于伊朗，汉时传入我国。⑥〔实〕种子。

⑦〔极望〕极目远望。此极言苜蓿种植之多。 ⑧〔决正〕绝对不偏离。此言丈夫一定按妻子之意行事。

◎**大意** 从西域来的外国使者，换来换去，络绎不绝。但是大宛以西的使者，都自以为他们的国家远离汉朝，还骄纵安闲，汉朝不能以礼制使他们臣服。从乌孙以西直到安息等国，由于靠近匈奴，而匈奴又整治过月氏，所以匈奴的使者只要拿着单于的一封信，这些国家就会依次给他们供应食品，不敢拘留使他们受苦；而汉朝使者来到，如果不拿出钱币布帛就吃不上饭，不买牲口就不得骑用。之所以会这样，就是因为这些国家远离汉朝，而汉朝财物很多，所以一定要自己购买才能得到所需要的物品，同时也是因为他们害怕匈奴使者甚于汉朝使者。大宛周围那些国家，都用葡萄酿酒，富人储藏的酒有的多达一万多石，保存时间久的长达几十年都不坏。当地习俗喜欢喝酒，马喜欢食苜蓿。汉朝的使者将葡萄、苜蓿种子带回汉朝，于是天子开始让人在肥沃的田地里种植苜蓿和葡萄。当得到的天马多了，外国来的使者也多了，天子的离宫别苑周围便都种上葡萄和苜蓿，一望无际。从大宛以西到安息国，其间各国虽然语言迥异，但风俗大体相同，所以相互能领会对方说话的意思。这些国家的人都是深眼窝、大胡子，很会做买卖，分文不让。他们的风俗把妇女看得很尊贵，妻子说的话丈夫便坚决照办。那里没有丝和漆，不懂得铸造钱币和器物。等到汉朝使者的逃亡士卒投降了他们，就教他们铸造兵器和器物。他们得到汉朝的黄金和白银，就用来铸造器皿，而不用来做钱币。

而汉使者往既多，其少从①率多进熟于天子②，言曰："宛有善马在贰师城③，匿不肯与汉使。"天子既好宛马，闻之甘心，使壮士车令等持千金及金马以请宛王贰师城善马。宛国饶汉物，相与谋曰："汉去我远，而盐水中数败④，出其北有胡寇，出其南乏水草。又且往往而绝邑，乏食者多。汉使数百人为辈来，而常乏食，死者过半，是安能致大军乎？无奈我何。且贰师马，宛宝马也。"遂不肯予汉使。汉使怒，妄言，椎⑤金马而去。宛贵人怒曰："汉使至轻我！"遣汉使去，令其东边郁成遮攻，杀汉使，取其财物。于是天子大怒。诸尝使宛姚定汉等言宛兵弱，诚以汉兵不过三千人，强弩射之，即尽虏破宛矣。天子已尝使浞野侯攻楼兰，以七百骑先至，虏其王，以定汉等言为然，而欲侯宠姬李氏，拜李广利为贰师将军，发属国六千骑，及郡国恶少年数万人，以往伐宛。期⑥至贰师城取善马，故号"贰师将军"。赵始成为军正，故浩侯王恢使导军，而李哆为校尉，制⑦军事。是岁太初元年也。而关东蝗大起，蜚（飞）西至敦煌。

◎**注释**　①〔少从〕少年就随使者出使国外的人。②〔进熟于天子〕指向武帝进言他们所熟悉的有关西域的情况。③〔贰师城〕大宛国的城市名。④〔盐水中数败〕指屡有进入盐泽地区而死亡之事。盐水，指盐泽，即今罗布泊。⑤〔椎〕击打。⑥〔期〕目的。⑦〔制〕掌握。

◎**大意**　汉朝派往西域的使者已有很多，那些从少年时代就随从出使的人多将自己熟知的情况向武帝做了报告。他们说："大宛有良马，出产于贰师城，他们将马隐藏起来不愿给汉朝使者用。"武帝喜欢上大宛良马后，听到这个消息，心中乐不可支，便选派壮士车令等人带上千金和金马去请求大宛王交换贰师城的良马。大宛国已有了许多汉朝的物品，他们互相商量说："汉朝离我们遥远，而经过盐泽来我国屡有死亡，从盐泽北面来则有匈奴阻拦，从盐泽南边来则没有水草。而且路上往往见不到城邑，缺乏食物的时候很多。汉朝使者数百人为一批前来，尚且常常缺乏食物，死亡过半，这种情况怎么可能派大军来呢？他们不能把我们怎么样。况且贰师城的马，是大宛国的宝马。"于是不肯将马换给汉朝的使者。汉朝的使者非常恼火，狂言威胁一通，砸碎金马而后离开。大宛国的权贵发怒说："汉朝使者太轻视我国了！"打发汉朝使者走后，命令其东边的郁成王拦截攻杀了汉朝的使者，夺取了他们的财物。于是武帝大怒。曾经出使过大宛的姚定汉等人都说大宛兵力弱小，若果真能出动不足三千的兵力，用强弓劲弩射击他们就可以完全打败大宛。武帝曾派浞野侯赵破奴攻打过楼兰，赵破奴只带七百骑兵先到，就俘虏了楼兰王，所以武帝认为姚定汉等人的话是对的，而且武帝想封宠姬李夫人的家人为侯，于是拜李夫人之兄李广利为贰师将军，征调了属国的六千骑兵，以及郡国中的无赖子弟数万人，前往讨伐大宛。此次出征目的是要到

◎ 大宛列传第六十三

贰师城夺取良马，所以李广利号称"贰师将军"。任命赵始成做军中执法官，原浩侯王恢做军队的向导，李哆做校尉，掌管军队作战事宜。这一年是武帝太初元年。当时关东地区发生了严重的蝗灾，蝗虫向西直飞到敦煌。

贰师将军军既西过盐水，当道①小国恐，各坚城守，不肯给食。攻之不能下。下者得食，不下者数日则去。比至郁成，士至者不过数千，皆饥罢（疲）。攻郁成，郁成大破之，所杀伤甚众。贰师将军与哆、始成等计："至郁成尚不能举，况至其王都②乎？"引兵而还。往来二岁。还至敦煌，士不过什一二。使使上书言："道远，多乏食；且士卒不患战，患饥。人少，不足以拔宛。愿且罢兵，益发③而复往。"天子闻之，大怒，而使使遮④玉门，曰："军有敢入者辄斩之！"贰师恐，因留敦煌。

◎注释　①〔当道〕处于通道之上。②〔王都〕指大宛国的都城。③〔益发〕多派军队。④〔遮〕拦阻。

◎大意　贰师将军的军队向西越过盐泽之后，沿途的小国都非常恐惧，各自加固城墙守卫，不肯给汉军供应粮食。汉军攻城又攻不下来。攻下城自然有饭吃，攻不下来则几天内就得离去。等到了郁成城下，士卒剩下不过数千人了，都非常饥饿疲乏。攻打郁成，郁成的军队反而打败了汉军，汉军被杀伤的人很多。贰师将军与李哆、赵始成商议："到了郁成尚且攻打不下来，何况到达大宛国的王都呢？"于是率兵撤回。往来历时两年。走到敦煌时，剩下的士卒不过十分之一二。他们派使者向武帝上书说："道路遥远，粮食非常缺乏；士卒不怕打仗，害怕的是饥饿。军队人数太少，不能够攻取大宛。希望暂且收兵，将来多发兵再去攻打。"武帝听后，大动肝火，遂派使者将他们阻拦在玉门关外，命令说军队中有敢进入玉门关的就杀头！贰师将军害怕了，于是留驻在敦煌。

其夏①，汉亡浞野之兵二万余于匈奴②。公卿及议者皆愿罢击③宛

291

军，专力攻胡。天子已业诛宛④，宛小国而不能下，则大夏之属轻汉，而宛善马绝不来，乌孙、仑头⑤易苦汉使矣，为外国笑。乃案⑥言伐宛尤不便者邓光等，赦囚徒材官⑦，益发恶少年及边骑，岁余而出敦煌者六万人，负私从者⑧不与。牛十万，马三万余匹，驴骡橐它⑨以万数。多赍粮，兵弩⑩甚设，天下骚动，传相⑪奉伐宛，凡五十余校尉。宛王城中无井，皆汲城外流水，于是乃遣水工徙其城下水空⑫以空其城。益发戍甲卒十八万酒泉、张掖北，置居延、休屠以卫酒泉，而发天下七科適（谪）⑬，及载糒⑭给贰师。转车人徒相连属至敦煌。而拜习马者二人为执驱校尉，备破宛择取其善马云。

◎**注释**　①〔其夏〕指太初二年夏天。②〔汉亡浞野之兵二万余于匈奴〕浞野侯赵破奴于太初二年率两万骑兵，从朔方西北出击匈奴，深入匈奴两千余里，杀敌数千，因遇单于八万骑兵的围攻，全军被歼。参见《匈奴列传》。③〔罢击〕停止攻打。④〔已业诛宛〕既已开始讨伐大宛。已业，即业已，已经。诛，攻打，讨伐。⑤〔仑头〕即轮台，西域小国名。⑥〔案〕审问判罪。⑦〔材官〕指勇敢的士卒。一释为武官名。⑧〔负私从者〕背负私人装备而参军的。⑨〔橐它（luò tuó）〕即骆驼。⑩〔兵弩〕此指各种兵器。⑪〔传相〕即相传。⑫〔水空〕水道。⑬〔七科適（zhé）〕七种罪人，即有罪的官吏、逃亡者、赘婿、商人、曾经有"市籍"的、父母有"市籍"的、祖父母有"市籍"的。⑭〔糒（bèi）〕干粮。

◎**大意**　这年夏天，汉朝浞野侯的军队在匈奴损失了两万多人。公卿和议政的官员都希望撤回攻打大宛的军队，而集中力量攻打匈奴。天子则认为既然已经出兵讨伐大宛，大宛是一个小国尚且攻打不下来，那么大夏等国就会轻视汉朝，而且大宛的良马绝对弄不来，乌孙、仑头国更会轻易残害汉朝的使者，这样汉朝必将遭到外国的嘲笑。于是就惩治了说讨伐大宛尤为不利的邓光等，并赦免囚徒和犯了罪的勇敢的士卒，增派品行恶劣的少年和边地骑兵，一年多的时间里就有六万士兵从敦煌出发，这还不包括那些自带衣食装备随军参战的人。这些士兵携带着十万头牛、三万多匹马，还有无数的驴、骡、骆驼等。他们还带了很多粮食，各种兵器都很齐备。当时全国骚动，相传奉命征伐大宛的校尉共有五十余人。大宛国都中没有水井，都要汲取城外流进城内的水，汉朝军队就派遣水工改变城中的水道，使城内无水可用。汉朝还增派了十八万甲兵戍守在酒泉、张掖以北，并设置居延、休屠两个县以护卫酒泉。汉朝还调发全国的七种罪犯，载运干粮供应贰师将军。转运物资的人员络绎不绝，直到敦煌。又任命两个熟悉马匹的人做执驱校尉，准备攻破大宛后选取它的良马。

于是贰师后复行，兵多，而所至小国莫不迎，出食给军。至仑头，仑头不下，攻数日，屠之。自此而西，平行^①至宛城，汉兵到者三万人。宛兵迎击汉兵，汉兵射败之，宛走入葆（保）乘其城^②。贰师兵欲行攻郁成，恐留行^③而令宛益生诈，乃先至宛，决其水源，移之，则宛固已忧困。围其城，攻之四十余日，其外城坏，虏宛贵人勇将煎靡^④。宛大恐，走入中城。宛贵人相与谋曰："汉所为攻宛，以王毋寡匿善马而杀汉使。今杀王毋寡而出善马，汉兵宜解^⑤；即不解，乃力战而死，未晚也。"宛贵人皆以为然，共杀其王毋寡，持其头遣贵人使贰师，约曰："汉毋攻我。我尽出善马，恣所取，而给汉军食。即^⑥不听，我尽杀善马，而康居之救且至。至，我居内，康居居外，与汉军战。汉军熟计^⑦之，何从？"是时康居候视汉兵，汉兵尚盛，不敢进。贰师与赵始成、李哆等计："闻宛城中新得秦人，知穿井，而其内食尚多。所为来，诛首恶者毋寡。毋寡头已至，如此而不许解兵，则坚守，而康居候汉罢而来救宛，破汉军必矣。"军吏皆以为然，许宛之约。宛乃出其善马，令汉自择之，而多出食食给汉军^⑧。汉军取其善马数十匹，中马以下牡牝三千余匹，而立宛贵人之故待遇汉使善者名昧蔡以为宛王，与盟而罢兵。终不得入中城。乃罢而引归。

◎**注释** ①〔平行〕平安行事。②〔宛走入葆乘其城〕大宛人跑进城内，登城防守。

走入，跑进。葆，通"保"，防守。乘，登。③〔留行〕滞留而不能行军。④〔煎靡〕人名。⑤〔宜解〕应当解围而去。⑥〔即〕若，如果。⑦〔熟计〕仔细考虑。⑧〔多出食食（sì）给汉军〕多出粮食供给汉军。第一个"食"字是名词，指粮食。第二个"食"字是动词，意为把食物给别人吃。

◎ **大意** 于是贰师将军再次出征，所率兵士很多，所到小国没有不迎接的，都拿出粮食供给汉军。到达仑头国后，仑头国不肯投降，一连攻打了几日，最后血洗了仑头国。由仑头向西进军，很顺利地到达了大宛都城，汉军赶到的有三万人。大宛军迎战汉军，汉军射箭打败了他们，大宛军退入城中，登城守卫。贰师将军的军队本想进军攻打郁成，因担心军队久留会使大宛从容地想出诈谋诡计，便先赶到大宛，断绝他们的水源，改变其流向，使大宛从根本上受到了困扰。汉军接着包围了大宛城，攻打了四十多天，外城被攻破，俘虏了大宛权贵中的勇将煎靡。大宛人因此非常恐惧，都跑入内城。大宛的权贵相互商议说："汉朝攻打大宛，是因为大宛王毋寡藏匿了良马并杀死了汉朝的使者。如今要是杀死大王毋寡并将良马献出去，汉军可能就会撤退；如果不撤退，那时再拼死一战，也不算晚。"大宛的权贵都认为这样做是对的，于是一起杀死了他们的大王毋寡，派遣权贵带着毋寡的人头去见贰师将军，向汉军提出请求说："请不要再攻打我们了。我们将把所有的良马交出来，任凭你们挑选，同时供给汉军粮食。如果不答应，我们将杀掉所有的良马，而康居国的救兵将会到达。康居军一到，我军在城内，康居军在城外，共同与汉军一战。请汉军认真考虑，怎么做为好？"这时康居的侦察兵正在窥探汉军的情况，发现汉军还很强大，所以不敢进军。贰师将军和赵始成、李哆等人商议道："听说大宛中最近得到一个汉人，懂得打井，而城内的粮食还较多。我们到这里来，目的就是诛杀罪魁祸首毋寡。毋寡的头已送到，在这种情况下如果不答应他们撤军的请求，他们就会坚守，而康居国等到汉军疲惫的时候将会来救援大宛，那时必定会打败汉军。"众军官都认为说得对，遂答应了大宛的请求。大宛便交出他们的良马，让汉军自己挑选，而且拿出许多粮食供给汉军。汉军选取了他们的良马数十匹，中等以下的公、母马共三千多匹，又立了大宛贵人中从前对待汉使很好的昧蔡为大宛王，同他们订立盟约后撤兵。汉军始终没有进入大宛城内，就撤军回到汉朝。

初，贰师起敦煌西，以为人多，道上国①不能食，乃分为数军，从南北道。校尉王申生、故鸿胪壶充国等千余人，别到郁成。郁成城守，不肯给食其军。王申生去大军二百里，偾②而轻之，责③郁成。郁成食不肯出，窥知申生军日少，晨用三千人攻，戮杀申生等，军破，数人脱亡，走贰师。贰师令搜粟都尉上官桀往攻破郁成。郁成王亡走康居，桀追至康居。康居闻汉已破宛，乃出郁成王予桀，桀令四骑士缚守诣大将军④。四人相谓曰："郁成王汉国所毒⑤，今生将去⑥，卒（猝）失大事⑦。"欲杀，莫敢先击。上邽骑士赵弟最少，拔剑击之，斩郁成王，赍头。弟、桀等逐及⑧大将军。

◎注释　①〔道上国〕路过的国家。②〔偾(fù)〕依仗。③〔责〕求索。④〔大将军〕指李广利。⑤〔毒〕恨。⑥〔生将去〕把郁成王活着押送过去。⑦〔卒(cù)失大事〕若让他突然逃走，事情就大了。卒，通"猝"，突然。⑧〔逐及〕追赶上。

◎大意　起初，贰师将军从敦煌以西进军，觉得人数太多，沿途国家无法供给粮食，遂将军队分成几支，从南北两路前进。校尉王申生和原鸿胪壶充国等率领一千余人，从另一条道路到达郁成。郁成人坚守其城，不肯给汉军供给粮食，王申生的军队距贰师的大军有二百里，他依仗大军而轻视郁成，向郁成索要粮食。郁成不肯交出粮食，并窥视汉军，得知王申生的军队日益减少，就在一个早上用三千人攻打他们，杀死了王申生等人，王申生的军队几乎全军覆没，只有几个人脱险逃出，逃到了贰师的军中。贰师将军命令搜粟都尉上官桀率军攻打郁成。郁成王逃到康居，上官桀也追到康居。康居国听说汉军已攻下大宛，遂向上官桀交出了郁成王，上官桀命令四个骑兵将郁成王捆起来押送到贰师将军那里。这四个人商量说："郁成王是汉朝所仇恨的人，如果活着送去，万一突然逃脱，就坏了大事。"他们要杀掉郁成王，又没有人敢先动手。上邽人骑兵赵弟年龄最小，首先拔剑，斩杀了郁成王，将人头带上。赵弟、上官桀等人的队伍接着追上了贰师将军李广利。

初，贰师后行，天子使使告乌孙，大发兵并力击宛。乌孙发二千骑往，持两端①，不肯前。贰师将军之东，诸所过小国闻宛破，皆使其子弟从军入献②，见天子，因以为质焉。贰师之伐宛也，而军正赵始成力战，功最多；及上官桀敢深入，李哆为谋计，军入玉门者万余人，军马千余匹。贰师后行，军非乏食，战死不能多，而将吏贪，多不爱士卒，侵牟③之，以此物故④众。天子为万里而伐宛，不录过，封广利为海西侯。又封身斩郁成王者骑士赵弟为新畤侯。军正赵始成为光禄大夫，上官桀为少府，李哆为上党太守。军官吏为九卿者三人，诸侯相、郡守、二千石者百余人，千石以下千余人。奋行者⑤官过其望，以適（谪）过行者皆绌（黜）其劳⑥。士卒赐直（值）四万金。伐宛再反（返），凡四岁而得罢焉。

◎**注释** ①〔持两端〕抱着观望的态度。②〔入献〕进贡。③〔侵牟〕侵夺。④〔物故〕死亡。⑤〔奋行者〕自愿参军的人。⑥〔以適过行者皆绌其劳〕以罪参军者免除罪罚而不计其功劳。以適过行者，有罪而参军的人。適，同"谪"，罪罚。绌，通"黜"，免除。劳，功劳。

◎**大意** 在贰师将军第二次出兵之初，武帝便派使者告诉乌孙，要求他们多派士兵与汉军联合攻打大宛。乌孙出动两千骑兵前往大宛，却采取观望态度，不肯出击。贰师将军胜利东归，所路过的各个小国听说大宛已被打败，都派他们的子弟随汉军前往汉朝进贡，拜见武帝，顺便留在汉朝做人质。贰师将军攻打大宛，军正赵始成奋力战斗，功劳最大；上官桀勇敢地率兵深入，李哆能够出谋划策，使军队回到玉门关的有一万多人，军马一千多匹。贰师将军第二次出兵，军队并非缺乏食物，战死者也不算多，但他手下将吏贪污，大多不爱士卒，侵夺粮饷，因此而死的士卒很多。武帝因为他们是远行万里讨伐大宛，不记录他们的过失，而封李广利为海西侯。又封亲手斩杀郁成王的骑士赵弟为新畤侯，军正赵始成为光禄大夫，上官桀为少府，李哆为上党太守。军官中被升为九卿的有三人，升任诸侯国相、郡守、二千石一级官员的共有一百多人，升为千石级以下的官员有一千多人。自愿参军者所得到的军职超过了他们的期望，因罪而参军的人都免罪而不计功劳。对士卒的赏赐价值四万金。两次讨伐大宛，总共四年时间才得以结束军事行动。

汉已伐宛，立昧蔡为宛王而去。岁余，宛贵人以为昧蔡善谀，使我国遇屠，乃相与杀昧蔡，立毋寡昆弟曰蝉封为宛王，而遣其子入质于汉。汉因使使赂赐①以镇抚之。

◎ 注释 ①〔赂赐〕赏赐。
◎ 大意 汉军打败大宛后，立大宛权贵昧蔡为大宛新王后撤军。一年以后，大宛的权贵认为昧蔡喜欢迎逢汉人，致使大宛国遭到屠杀，于是共同谋杀了昧蔡，而立了原国王毋寡的兄弟蝉封为大宛新王，同时派蝉封的儿子到汉朝去做人质。汉朝因此也派使者给大宛赠送了一些礼物进行安抚。

而汉发使十余辈至宛西诸外国，求奇物，因风（讽）览①以伐宛之威德。而敦煌置酒泉都尉；西至盐水，往往有亭。而仑头有田卒②数百人，因置使者护田积粟，以给使外国者。

◎ 注释 ①〔风览〕委婉地展示。风，通"讽"，以委婉的方式暗示。览，展示。
②〔田卒〕屯田的士卒。
◎ 大意 后来汉朝又派了十余批使者到大宛以西的各个国家，搜求珍奇的宝物，顺便展示一下汉朝讨伐大宛的声威和功德。同时在敦煌设置了酒泉郡都尉；西到盐泽，一路上大都修建了亭障。仑头国留有屯田士卒数百人，汉朝便在那里派置了使者以保田积粮，供给那些出使外国的使者。

太史公曰：《禹本纪》①言"河出昆仑。昆仑其高二千五百余里，日月所相避隐②为光明也。其上有醴泉、瑶池"。今自张骞使大夏之后也，穷河源③，恶④睹《本纪》所谓昆仑者乎？故言九州⑤山川,《尚书》近之⁶矣。至《禹本纪》《山海经》所有怪物,余不敢言之也。

◎ **注释** ①〔《禹本纪》〕中国最古老的帝王传记。②〔相避隐〕交替隐没。③〔穷河源〕找到了黄河的源头。④〔恶〕何。⑤〔九州〕《尚书·禹贡》把中国分为九州,即冀、兖、青、徐、荆、扬、幽、梁、雍,后遂以九州代称中国。⑥〔近之〕接近真实情况。

◎ **大意** 太史公说:《禹本纪》上记载"黄河发源于昆仑山,昆仑山高两千五百多里,是太阳和月亮交替隐没又放射出光明的地方。山上有醴泉和瑶池"。如今自张骞出使大夏以后,终于找到了黄河的源头,哪里能看到《禹本纪》所说的昆仑山呢?所以谈论九州的山川,《尚书》上的记载是接近于实际情况的。至于《禹本纪》和《山海经》中所记载的那些奇事怪物,我是不敢引用的。

◎ **知识拓展**

在汉武帝时代,汉朝与匈奴的关系是主要矛盾,这个矛盾制约着汉朝对内、对外的国家大政,所以张骞出使西域的历史背景是汉武帝为了联合月氏攻击匈奴。对此,梁启超在《张博望、班定远合传》中说:"冒顿时代,匈奴大强,西域诸国,皆被服属,凭籍深厚,为中国忧,故当时欲弱匈奴,不可不有事匈奴。而发此议而实行之者,自张博望始。"从这篇传文可以看出,司马迁认为张骞出使西域,是因为武帝要实现自己的扩张野心。张骞从大宛回汉后向武帝做的汇报,煽动了武帝贪图西域名马、想威震四海的欲望。张骞又劝说武帝,如果打通了通往西方的道路,对西域诸国采取怀柔政策,诱其入南,那时,汉朝不仅地广万里,无求不得,而且可以扬名天下。恰好这时武帝得到"神马当从西北来"的启发,不断派遣人员前去征求名马。这样频繁的征求,引起大宛国提价争利之心。买马不顺利,又使汉武帝决定对大宛用兵。恰好武帝宠妃李夫人之兄李广利无爵位,武帝"欲侯宠姬李氏",于是给李广利一个机会,拜为将军,伐大宛。不料李广利无能,溃败而还。武帝又增兵再次伐大宛,李广利勉强得胜而归,但损失相当惨重,二十万以上的军人,三万匹以上的战马，十几万头牲畜，几乎全部耗尽，"军入玉门者万余人，军马千余匹"，以如此惨重的代价换取几十匹大宛善马，得不偿失。司马迁把血淋淋的现实与武帝得名马之后的得意两相对照，融入了温和的批判色彩。同时，写李广利出师伐大宛的这一年"关东蝗大起，蜚西至敦煌"，表明汉武帝为追求扩张和宣扬自己的功威，竟不顾民力和国力。本篇旨在批判汉武帝的穷兵黩武以及倡引裙带关系之风。

游侠列传

第六十四

　　《游侠列传》是朱家、剧孟、郭解等几个游侠人物的合传。司马迁在本篇开篇先发表了一大段的议论，对游侠这一群体做出了肯定性评价。司马迁认为游侠虽然有些行为不合乎正轨，但拥有"其言必信，其行必果""不矜其能，羞伐其德"的美好品德，这是值得赞扬的。然后司马迁举例论证了普通人舍生取义的珍贵之处，以推崇侠客的义气。司马迁对古之侠客久久湮没无闻和遭受汉家统治者的残酷镇压表示同情和惋惜，想要世俗能够明察游侠的实情，所以作《游侠列传》。他在《太史公自序》中也明确表达了作《游侠列传》的宗旨，即"救人于厄，振人不赡，仁者有采。不既信，不倍言，义者有取焉"。

　　朱家是鲁人中的异类。鲁人皆以儒学为教，而朱家独以侠闻名。朱家以一己之力救助数以百计身陷危难中的豪士，但他不以此为傲。他自己家中贫困,还要常常赈济有困难的人,因此获得了很高的名声。剧孟是周地之人中的异类,周地的人都靠经商谋生,剧孟却靠行侠仗义显名于诸侯。剧孟生时任侠仗义,扬名四海,死后却家无余财,说明了他扶危济困的美好品质。郭解年少时快意恩仇,长大了能够约束自己,以德报怨,代表了一种成长后的正义精神。在《游侠列传》中,司马迁把道德分为两类:一类是以权力的窃取和财富的掠夺为标准,另一类是以平等报施和患难恤救为标准。前一类人的行为是"朋党宗强比周,设财役贫,豪暴侵凌孤弱,恣欲自快",后一类人的行为是"虽时扞当世之文罔,然其私义廉洁退让,有足称者。名不虚立,士不虚附"。这是不同阶级的道德标准。前一类代表豪暴地主阶级的利益,后一类代表下层人民的利益。司马迁揭露前者,而歌颂后者。如他写朱家是"振人不赡,先从贱始",写郭解是"振人之命,不矜其功"。他所歌颂的这类下层人民的道德,在当时是与豪暴地主阶级的利益对立的,因此有积极意义。这些游侠在乱世中对"侠"之道义的执着追求,赋予他们精神上一种强大的力量,而他们所拥有的"救人于厄,振人不赡"的济世兼爱之心和"不既信,不倍言"的义气,成为后世侠义精神的支柱。这样积极向上的游侠人格和游侠精神被司马迁发现,并记载传扬开来。

　　《韩子》[①]曰:"儒以文乱法,而侠以武犯禁。"二者皆讥,而学士多称于世云。至如以术取宰相卿大夫,辅翼其世主,功名俱著于春秋,固无可言者。及若季次、原宪,闾巷人也,读书怀独行君子之德,义不苟合当世,当世亦笑之。故季次、原宪终身空室蓬户[②],褐衣疏食不厌。死而已四百余年,而弟子志[③]之不倦。今游侠,其行虽不轨于正义,然其言必信,其行必果,已诺必诚,不爱其躯,赴士之厄困④,既已存亡死生矣,而不矜其能,羞伐其德,盖亦有足多者焉。

◎**注释** ①〔《韩子》〕即《韩非子》,战国时法家代表人物韩非子的著作。②〔蓬户〕用蓬草编成的门户。指穷人居住的陋室。③〔志〕记,怀念。④〔厄困〕困境,困苦。

◎**大意** 《韩非子》中说:"儒生用经文扰乱法律,而侠客以武力冒犯禁令。"二者都受人讥讽,但儒生大多为世人所称道。那些靠权术取得宰相卿大夫的职位,辅佐当时的君王,功名载入史书的人,固然无可多言。至于像季次、原宪这类居于闾巷之人,饱读诗书,修养高尚的君子之德,保持节操而不苟合于当世,当世也讥笑他们。所以季次、原宪终身居住在简陋的茅屋,布衣粗粮难以得到满足。在他们死后四百多年,他们的弟子至今仍不停地称道他们。如今的游侠,他们的行为虽然不合乎正义,但他们说话必定守信,行动必有结果,已经答应的事必然诚心去做,不惜献出生命,救人于危难之中,经过了出生入死的考验,却不为自己的本领而骄傲,也羞于夸耀自己的功德,这大概是值得称赞的吧。

且缓急①,人之所时有也。太史公曰:昔者虞舜窘于井廪,伊尹负于鼎俎,傅说匿于傅险(岩),吕尚困于棘津,夷吾桎梏②,百里饭牛,仲尼畏匡,菜色③陈、蔡。此皆学士所谓有道仁人也,犹然遭此灾,况以中材而涉乱世之末流乎?其遇害何可胜道哉!

◎**注释** ①〔缓急〕危急之事。②〔桎梏(zhì gù)〕指被囚禁。桎,足械。梏,手械。③〔菜色〕吃野菜充饥的饥饿面容。

◎**大意** 况且危急的事情,人们随时都可能碰上。太史公说:从前虞舜曾在挖井、修仓时遇到危险,伊尹曾背着饭锅菜板当厨师,傅说藏匿在傅险之地,吕尚被困于棘津之地,管仲曾被戴上脚镣手铐,百里奚曾当过喂牛的奴隶,孔子曾困于匡地,在陈、蔡之地挨饿。这些人都是儒生所说的有道德的仁人,尚且遭受这些灾难,何况是中等才德而处在乱世的人呢?他们遇到的灾难怎能说得完呢?

鄙人[1]有言曰："何知仁义，已飨（享）其利者为有德。"故伯夷丑周，饿死首阳山，而文武不以其故贬王；跖、蹻[2]暴戾，其徒诵义无穷。由此观之，"窃钩者诛，窃国者侯，侯之门，仁义存"，非虚言也。

◎ **注释**　①〔鄙人〕住在郊野的人。②〔跖（zhí）、蹻（jiǎo）〕跖，春秋时大盗。先秦古书称他为盗跖，并说他残暴异常。蹻，庄蹻，亦为先秦时大盗。古代多以二人为凶残人物的代表。

◎ **大意**　乡野之人有这样的话："何必知道什么是仁义，只要能得到好处就是有德。"所以伯夷以吃周粟为耻，饿死在首阳山下，文王、武王却没有因此贬损声誉；盗跖、庄蹻虽然凶暴残忍，但他们的党徒至今称颂他们的道义。由此看来，"偷盗衣带钩的要被杀头，窃取国家的人却成了诸侯，王侯之家，存有仁义"，这并非虚假之言。

　　今拘学或抱咫尺之义[1]，久孤于世，岂若卑论侪俗[2]，与世沉浮而取荣名哉！而布衣之徒，设取予然诺[3]，千里诵义，为死不顾世，此亦有所长，非苟而已也。故士穷窘而得委命，此岂非人之所谓贤豪间者邪？诚使乡曲之侠，予季次、原宪比权量力，效功于当世，不同日而论矣。要以功见言信，侠客之义又曷可少哉！

◎ **注释**　①〔咫尺之义〕指短浅的道理。②〔卑论侪（chái）俗〕降低论调，与世俗同列。侪，等同。③〔设取予然诺〕设，假如。取予，收取和给予。然诺，言而有信。

◎ **大意**　当今拘泥于学问的学者，有的抱守短浅的道理，长久地孤立于世俗之外，哪能比得上放弃高论迁就世俗，随世沉浮而获取美名呢？而那些平民百姓，假如能够做到取予守诺，不远千里追求大义，为义而死不顾世人的眼光，这也是他们的长处，并非随意就可做到。所以志士在困窘的情况下愿意将性命托付给他们，这难道不是人们所说的贤士豪杰一类的人吗？如果真让民间的游侠与季次、原宪比权量力，比较对于当世的贡献，是不可同日而语的。如果从做事见效果、说话讲信用来看,侠客的义气又怎么可以缺少呢?

  古布衣之侠,靡得而闻已。近世延陵、孟尝、春申、平原、信陵之徒,皆因王者亲属,藉于有土卿相之富厚,招天下贤者,显名诸侯,不可谓不贤者矣。比如顺风而呼,声非加疾,其势激也。至如闾巷之侠,修行砥名,声施于天下,莫不称贤,是为难耳。然儒、墨皆排摈①不载。自秦以前,匹夫之侠,湮灭②不见,余甚恨之。以余所闻,汉兴有朱家、田仲、王公、剧孟、郭解之徒,虽时扞③当世之文罔(网)④,然其私义廉洁退让,有足称者。名不虚立,士不虚附。至如朋党宗强比周,设财役贫,豪暴侵凌孤弱,恣欲自快,游侠亦丑之。余悲世俗不察其意,而猥以朱家、郭解等令与暴豪之徒同类而共笑之也。

◎**注释** ①〔排摈〕排斥、摈弃。②〔湮灭〕埋没,磨灭。③〔扞(hàn)〕触犯。④〔文罔〕犹言"法网"。

◎**大意** 古代的平民侠客,已经不得而知了。近世的延陵季子、孟尝君、春申君、平原君、信陵君这类人,都因为是王侯的亲属,凭借有封地和卿相的雄厚资产,招揽天下贤士,声名显扬于诸侯之间,不能说他们不是贤人。就好像顺风呼喊,声音没有加强,但风势使声音传得很远。至于身处街巷中的平民侠客,修炼品行,磨砺名节,声名扬于天下,没有人不称赞他们贤能,这是很难做到的。然而儒家和墨家都排斥而不记载他们的事迹。在秦代以前,平民侠客的事迹隐没不见,我对此甚感遗憾。以我所听闻,汉朝建立以来的侠客有朱家、田仲、王公、剧孟、郭解这些人,虽然经常触犯汉朝的法律,但他们个人品行廉洁而谦让,有值得称道的地方。他们的名声不是凭空而立,志士也不是无故依附于他们。至于依靠豪强的宗族势力结党营私,凭借钱财役使贫苦人家,依仗强暴欺凌孤寡弱者,肆意纵欲以求痛快,游侠也以此为耻。我痛心于世俗不能明察游侠的实情,而侮辱朱家、郭解等人,视之与强暴之徒同类而一起加以讥笑。

◎ 游侠列传第六十四

鲁朱家者，与高祖同时。鲁人皆以儒教，而朱家用侠闻。所藏活豪士以百数，其余庸人不可胜言。然终不伐其能，歆（欣）其德①，诸所尝施，唯恐见之。振（赈）人不赡②，先从贫贱始。家无余财，衣不完采，食不重味，乘不过軥牛③。专趋人之急，甚己之私。既阴脱季布将军之厄，及布尊贵，终身不见也。自关以东，莫不延颈④愿交焉。

◎ **注释**　①〔歆其德〕指以自己的道德自喜。歆，同"欣"。②〔不赡〕不足，贫困。③〔軥（qú）牛〕乘坐牛车。④〔延颈〕伸长脖子远望，形容殷切盼望。

◎ **大意**　鲁地的朱家，和汉高祖是同时期的人。鲁人都用儒学施教，而朱家却以行侠出名。他所藏匿和救活的豪杰数以百计，被救的其他普通人更是多得说不完。但他始终不夸耀自己的才能，不沾沾自喜于自己的品德，凡是他救助之人，他都尽量避免再见到他们。他赈济有困难的人，首先从贫贱的人开始。家中没有多余的财产，衣服破旧颜色黯淡，吃饭只有一样菜，乘坐的不过是牛车。他专门为他人的危难奔走，超过了对待自己的私事。他曾暗中帮助季布将军脱离困境，等到季布尊贵以后，他终身不肯与季布相见。自函谷关以东，人们没有不伸长脖子希望同他交往的。

楚田仲以侠闻，喜剑，父事朱家，自以为行弗及。田仲已死，而雒阳有剧孟。周人以商贾为资，而剧孟以任侠显诸侯。吴楚反时，条侯为太尉，乘传车将至河南，得剧孟，喜曰："吴楚举大事而不求孟，吾知其无能为已矣。"天下骚动，宰相得之若得一敌国云。剧孟行大类朱家，而好博，多少年之戏。然剧孟母死，自远方送丧盖千乘。及剧孟死，家无余十金之财。而符离①人王孟亦以侠称江淮之间。

◎ **注释**　①〔符离〕县名，今安徽宿州东北。

◎ **大意**　楚地的田仲以行侠闻名，他喜欢剑术，像服侍父亲一样对待朱家，自认为侠行赶不上朱家。田仲死后，雒阳出了个剧孟。周地的人靠经商谋生，而剧孟却靠行侠显名于诸侯。七国之乱时，条侯周亚夫为太尉，一次他乘坐驿站专车将要到达河南，见到剧孟，高兴地说："吴、楚干这么大的事而不找剧孟，我就知道他们是不会有所作为的。"当时天下动乱，宰相周亚夫得到剧孟就像得到了一个力量相当的国家。剧孟品行很像朱家，但喜欢赌博，爱好年轻人的游戏。但是剧孟的母亲死后，从远方前来送丧的车子差不多有一千辆。等到剧孟死后，家中剩余的财产不足十金。而符离人王孟也以行侠出名于江淮一带。

是时济南瞷氏、陈①周庸亦以豪闻，景帝闻之，使使尽诛此属。其后代②诸白、梁③韩无辟、阳翟④薛兄、陕韩孺纷纷复出焉。

◎注释 ①〔陈〕县名，今周口淮阳区。②〔代〕郡名，在今河北蔚（yù）县代王城一带。③〔梁〕西汉同姓诸侯国，治所在今河南商丘。④〔阳翟〕县名，今河南禹州。

◎大意 当时济南的瞷氏、陈地的周庸也以豪侠出名，汉景帝听说后，派使臣把这类人全都杀死了。此后代地的白姓诸人、梁地的韩无辟、阳翟的薛兄、陕地的韩孺又纷纷出现了。

郭解，轵①人也，字翁伯，善相人者许负外孙也。解父以任侠，孝文时诛死。解为人短小精悍，不饮酒。少时阴贼，慨不快意，身所杀甚众。以躯借交报仇，藏命作奸，剽攻不休，及铸钱掘冢，固不可胜数。适有天幸，窘急常得脱，若遇赦。及解年长，更折节为俭，以德报怨，厚施而薄望。然其自喜为侠益甚。既已振人之命，不矜其功，其阴贼著于心，卒（猝）发于睚眦②如故云。而少年慕其行，亦辄为报仇，不使知也。解姊子负解之势，与人饮，使之嚼③。非其任，强必灌之。人怒，拔刀刺杀解姊子，亡去。解姊怒曰："以翁伯之义，人杀吾子，贼不得。"弃其尸于道，弗葬，欲以辱解。解使人微知贼处。贼窘自归，具以实告解。解曰："公杀之固当，吾儿不直。"遂去其贼，罪其姊子，乃收而葬之。诸公闻之，皆多解之义，益附焉。

◎ **注释**　①〔轵〕县名，在今河南济源。②〔睚眦（yá zì）〕发怒时瞪眼睛，借指极小的仇恨。③〔斟〕饮酒干杯。

◎ **大意**　郭解，轵县人，字翁伯，是善于给人相面的许负的外孙。郭解的父亲因为行侠，文帝时被处死。郭解为人短小精悍，不喝酒。年轻时阴狠残忍，愤怒不快时，亲身所杀的人很多。他可以不惜生命替友人报仇，藏匿亡命徒做犯法的勾当，劫掠不休，以及私铸钱币和盗墓，这类事情多得数不清。恰好他很走运，处在险境时常能逃脱，或遇到大赦。郭解长大后，改变了性格，能够约束自己，以德报怨，多施恩惠而少有怨恨。然而他喜欢为侠甚于从前。救了别人的性命，也不因此骄傲，但他阴沉狠毒的禀性仍然没有改变，一旦发怒就会睚眦必报的情况依然如故。而年轻人多仰慕他的行为，也常为他报仇，却不让他知道。郭解姐姐的儿子依仗郭解的威势，与人喝酒时，就要人家一起干杯。那人不胜酒力，他便强行灌酒。那人被激怒，拔刀杀死了他，然后逃走。郭解的姐姐发怒说："凭我弟弟翁伯的义气，人家杀死了我的儿子，竟抓不到凶手。"于是把儿子的尸体丢在大道上，不掩埋，想以此激怒郭解。郭解派人暗中查找凶手的去处。凶手被迫自动回来，把实情都告诉了郭解。郭解说："你杀了他本就应该，是我家的孩子无理。"于是放走了那个凶手，归罪于他姐姐的儿子，于是收尸埋葬了姐姐的儿子。人们听说了这件事后，都称赞郭解的侠义，更加愿意追随他了。

解出入，人皆避之。有一人独箕踞①视之，解遣人问其名姓。客欲杀之。解曰："居邑屋至不见敬，是吾德不修也，彼何罪！"乃阴属尉史曰："是人，吾所急也，至践更②时脱之。"每至践更，数过，吏弗求。怪之，问其故，乃解使脱之。箕踞者乃肉袒③谢罪。少年闻之，愈益慕解之行。

◎ **注释**　①〔箕踞〕叉腿坐在地上，是一种不尊重人的姿态。②〔践更〕指贫苦居民受雇代人服兵役。③〔肉袒〕裸露上体。古人谢罪袒露上体，以示悔过或虔敬。

◎**大意** 郭解外出或回家，大家都避开他。唯独有一个人叉腿坐在路上直视他，郭解派人去问他的姓名。门客想把他杀了。郭解说："居住在自己家乡却不受人尊敬，是我的德行修养不够，他有什么罪过！"于是暗中嘱托县尉属吏说："这个人，是我急需的人，轮到他服役时请免除。"因此那个人好几次轮到服役了，县吏都没有找他。这个人感到奇怪，询问其中的原因，才知道是郭解使他免于服役的。于是这个叉腿直视郭解的人袒衣露体去向郭解谢罪。年轻人听说后，更加仰慕郭解的行为。

雒阳人有相仇者，邑中贤豪居间者以十数，终不听。客乃见郭解。解夜见仇家，仇家曲听解。解乃谓仇家曰："吾闻雒阳诸公在此间，多不听者。今子幸而听解，解奈何乃从他县夺人邑中贤大夫权乎！"乃夜去，不使人知，曰："且无用，待我去，令雒阳豪居其间，乃听之。"

◎**大意** 雒阳有一对仇家，城中有十几位贤士豪杰从中调解，双方始终都听不进去。门客于是拜见郭解。郭解夜晚去见两仇家，仇家委屈听从了郭解的调解。郭解便对仇家说："我听说雒阳城中多人从中调解，你们多半不肯接受。今天你们幸而听从了我的调解，我怎么能从别的县跑来抢夺城中贤人名士的调解权呢！"于是乘夜离去，不让别人知道，说："暂时不要按我的话做，等我离开后，让雒阳豪杰继续调解，再按他们的话去做。"

解执恭敬，不敢乘车入其县廷。之旁郡国，为人请求事，事可出，出之；不可者，各厌①其意，然后乃敢尝酒食。诸公以故严重②之，争为用。邑中少年及旁近县贤豪，夜半过门常十余车，请得解客舍养之。

◎**注释** ①〔厌〕满足。②〔严重〕敬重。
◎**大意** 郭解秉持恭敬的态度，不敢乘车进入县衙门。到近旁的郡国去，替人请托办事，事情能办成的，就办成它，办不成的，也要使各方都感到满意，然后才敢吃人家的酒食。大家因此都很尊敬他，争着为他效力。城中的年轻人以及临近县的贤士豪杰，半夜上门拜访的常常有十多辆车子，都请求把郭解的门客接到自己家去供养。

及徙豪富茂陵也，解家贫，不中訾（资）①，吏恐，不敢不徙。卫将军为言："郭解家贫不中徙。"上曰："布衣权至使将军为言，此其家不贫。"解家遂徙。诸公送者出千余万。轵人杨季主子为县掾②，举徙解。解兄子断杨掾头。由此杨氏与郭氏为仇。

◎**注释**　①〔中訾（zī）〕中，符合。訾，同"资"，此处引申为资产标准。②〔县掾（yuàn）〕县中各官员的泛称。
◎**大意**　等到朝廷要将全国的富户迁往茂陵居住的时候，郭解家贫，不够迁移的标准，但官吏畏惧他，不敢不让他搬迁。将军卫青替郭解向武帝说："郭解家贫，不够迁移的标准。"皇上说："一个平民的威势竟能使将军替他说话，这说明此人家中不穷。"郭解家于是被迁移。为郭解送行的人成千上万。轵县人杨季主的儿子在县里为吏，提出让郭解迁移。郭解哥哥的儿子为此砍掉了这个县吏的头。从此杨家与郭家结下了怨仇。

解入关，关中贤豪知与不知，闻其声，争交欢解。解为人短小，不饮酒，出未尝有骑。已又杀杨季主。杨季主家上书，人又杀之阙下①。上闻，乃下吏捕解。解亡，置其母家室夏阳，身至临晋②。临晋籍少公素不知解，解冒，因求出关。籍少公已出解，解转入太原，所过辄告主人家。吏逐之，迹至籍少公。少公自杀，口绝。久之，乃得解。穷治所犯，为解所杀，皆在赦前。轵有儒生侍使者坐，客誉郭解，生曰："郭解专以奸犯公法，何谓贤！"解客闻，杀此生，断其舌。吏以此责解，解实不知杀者。杀者亦竟绝，莫知为谁。吏奏解无

309

罪。御史大夫公孙弘议曰："解布衣为任侠行权，以睚眦杀人，解虽弗知，此罪甚于解杀之。当大逆无道。"遂族郭解翁伯。

◎ **注释** ①〔阙下〕指宫门。②〔临晋〕县名，今陕西大荔。
◎ **大意** 郭解迁入关中，关中的贤士豪杰无论从前认识不认识郭解，只要一听到他的名字，便争着和他结交。郭解个头矮小，不饮酒，出门不曾骑马乘车。不久有人杀了杨季主，杨季主家人上书告状，有人又把他们杀死在宫门前。武帝听说后，便命令逮捕郭解。郭解逃跑，将母亲安置在夏阳县，自己逃到临晋关。临晋关的籍少公向来不认识郭解，郭解冒昧求见，请籍少公帮助出关。籍少公帮助郭解出关后，郭解辗转逃入太原，他所过之处总是把自己的情况如实告诉主人家。官吏追捕他，按踪迹直追到籍少公家。少公自杀，断绝了口供。过了很长时间，才捕获郭解。全面追究他所犯的罪行，发现都发生在大赦令之前。轵县有个儒生陪同前来查办郭解的官员闲坐，郭解的门客称赞郭解，儒生说："郭解专门干违法犯罪的事，怎么能说是贤能！"郭解的门客听闻，杀掉了这个儒生，割下了他的舌头。官员拿这件事责问郭解，郭解确实不知道杀人者是谁。这个杀人者最终也没被查出来，没有人知道是谁干的。官吏向武帝奏说郭解无罪。御史大夫公孙弘辩驳说："郭解作为一个平民行侠逞威，因小事杀人，郭解虽然不知情，但此罪行比他自己杀人还严重。应判处郭解大逆不道罪。"于是诛灭了郭解一族。

自是之后，为侠者极众，敖（傲）而无足数者。然关中长安樊仲子，槐里①赵王孙，长陵②高公子，西河③郭公仲，太原卤公孺，临淮④儿长卿，东阳⑤田君孺，虽为侠而逡逡⑥有退让君子之风。至若北道姚氏，西道诸杜，南道仇景，东道赵他、羽公子，南阳⑦赵调之徒，此盗跖居民间者耳，曷足道哉！此乃乡（向）者朱家之羞也。

◎ **注释** ①〔槐里〕县名，在今陕西兴平。②〔长陵〕县名，在今陕西咸阳。③〔西河〕郡名，在今黄河晋陕峡谷两岸。④〔临淮〕郡名，在今江苏宿迁泗洪。⑤〔东阳〕县名，在今山东德州武城。⑥〔逡逡（qūn）〕谦让的样子。⑦〔南阳〕郡名，在今河南南阳。

◎**大意** 从此以后，行侠的人很多，但大都傲慢而不值得称道。只有关中长安的樊仲子、槐里县的赵王孙、长陵县的高公子、西河郡的郭公仲、太原郡的卤公孺、临淮郡的儿长卿、东阳县的田君孺，虽然仗剑行侠，却有谦让的君子风度。至于北路的姚某，西路的杜姓诸人，南路的仇景，东路的赵他、羽公子，南阳郡的赵调之流，这些是住在民间的盗跖罢了，哪里值得称赞呢！这些人都是以前朱家那样的侠客引以为耻的。

太史公曰：吾视郭解，状貌不及中人，言语不足采者。然天下无贤与不肖，知与不知，皆慕其声，言侠者皆引以为名。谚曰："人貌荣名，岂有既①乎！"於戏②，惜哉！

◎**注释** ①〔既〕尽。②〔於戏（wū hū）〕感叹语。
◎**大意** 太史公说：我看郭解，相貌赶不上中等人，言谈也无可取之处。但是天下的人不管贤与不贤，认识还是不认识，都仰慕他的名声，行侠的人都引以为荣。谚语说："人若能以美名作为自己的容貌，称誉难道会有穷尽吗？"唉，可惜呀！

◎**知识拓展**

在中国历史上，司马迁最早对游侠这个群体做出全面总结，并给予了肯定性评价。在《游侠列传》中，司马迁为游侠立传，塑造了朱家、剧孟、郭解等具有鲜明特点的游侠形象，赞扬"其言必信，其行必果，已诺必诚，不爱其躯，赴士之厄困，既已存亡死生矣，而不矜其能，羞伐其德"的优秀品德，对他们在历史上因"儒、墨皆排摈不载"而湮没无闻和遭受统治者的残酷镇压表示了同情和惋惜。他把这些勇敢的反抗者从长久的遗忘、诽谤和误解的灰尘中剔抉出来，展示出他们的飒爽英姿，让他们的形象和精神永远在我们民族的历史中绽放异彩。

游侠起于春秋战国时之剑客仗义，四公子养士推波助澜，秦汉之际，社会动乱，于是游侠大兴。《游侠列传》中的朱家、剧孟和郭解，不畏统治者的严刑峻法，以打击强暴、扶助良善为己任，轻生仗义，敢死为名，排难解纷，扶危济困，代表了一种植根于民间的正义精神。从中可以看到他们游侠身份下所具有的一种完整和坚强的人格，一种对道义的坚守。也恰恰是这样积极向上的游侠人格和游侠精神极富恒久与广泛的魅力，在历史上应当占有一席重要的地位，值得后世弘扬和赞颂。

从《游侠列传》全文看，司马迁对游侠并不是盲目地赞扬和宣传，而是辩证地分析了游侠的方方面面。他既看到了游侠身上难能可贵的高尚精神，又看到了游侠风气给社会秩序带来的隐患。

司马迁质疑封建统治阶级所谓的圣贤和仁义道德。他站在平民的角度和立场，肯定了游侠牺牲自己、救人之急的优秀品质。他大胆地歌颂游侠，实际上是歌颂了平民反抗强暴的愿望。汉代自文帝、景帝以来，不断地打击、杀害游侠，到武帝时，随着专制主义的发展，更对游侠采取了彻底消灭的方式。生活在那个时代的司马迁，居然还敢逆着风向歌颂游侠，为他们树碑立传，这需要何等的勇气啊！也正是由于司马迁"不与圣人同是非"的勇敢叛逆精神，才使我们能够从"良史""实录"的华服内里看到一个燃烧着炽烈愤火的不屈的灵魂，在一个严谨的优秀的历史家的内心看到一颗勇敢的具有抗争精神的心灵。司马迁不仅仅是一位历史家，他和那些被他热情称颂的英雄豪侠一样，也是一位伟大的反抗者，也在向黑暗做勇猛的刺击，所不同的是游侠用的是剑，而司马迁用的是笔。这篇作品应该与《儒林列传》《酷吏列传》《平津侯主父列传》等参照阅读。

佞幸列传

第六十五

　　《佞幸列传》是汉代佞臣邓通、韩嫣、李延年等的合传。王充在《论衡》中说道："佞幸之徒，闳、籍孺之辈，无德薄才，以色称媚，不宜爱而受宠，不当亲而得附，非道理之宜，故太史公为之作传。邪人反道而受恩宠，与此同科，故合其名谓之佞幸。"司马迁在《佞幸列传》开篇便揭示了一个历史事实："非独女以色媚，而士宦亦有之。""昔以色幸者多矣。"他的这一大胆而辛辣的讽刺足以令西汉的历代统治者难堪。司马迁说文帝时宫中的宠臣，士人则数邓通，宦官则数赵同和北宫伯子。赵同靠占星望气受到宠幸，而北宫伯子以爱护别人见长，只有邓通毫无技能，全凭运气得到皇帝召见，然后谄媚事主，甚至不惜丧失人格，吮痈取宠，最终死无葬身之地。武帝时的宠臣，士人则有韩嫣，宦者则有李延年。韩嫣善于骑马射箭，谄媚奉承。李延年善于作曲吟歌，迎合皇上心意。本文通过记述这些汉代佞臣，揭露了他们无才无德，却善于察言观色、阿谀奉承，以及恃宠骄横、奸乱永巷的丑恶行径和肮脏灵魂，进而婉转地讽刺了文、景、武等皇帝任人失当、重用奸佞的弊端。

谚曰"力田不如逢年，善仕不如遇合"，固无虚言。非独女以色媚，而士宦亦有之。

◎**大意** 民谚说"努力种田，不如碰上好年景；善于做官，不如遇到好上级"，确实不是空话。不是只有女子可以用色相谄媚得宠，士人和官宦也有如此行径。

昔以色幸者多矣。至汉兴，高祖至暴抗①也，然籍孺以佞幸②；孝惠时有闳孺。此两人非有材能，徒以婉佞贵幸③，与上卧起，公卿皆因关说④。故孝惠时郎侍中皆冠鵔鸃⑤，贝带⑥，傅脂粉，化⑦闳、籍之属也。两人徙家安陵。

◎**注释** ①〔暴抗〕暴猛伉直。②〔佞幸〕以献媚取宠。③〔婉佞贵幸〕婉佞，柔顺谄媚。贵幸，显贵宠幸。④〔关说〕代人陈说。⑤〔鵔鸃（jùn yí）〕鸟名，即锦鸡。此处是指以锦鸡的羽毛为装饰的帽子。⑥〔贝带〕贝壳装饰的腰带。⑦〔化〕改变，此处指效法。

◎**大意** 从前，以色相而被宠幸的人很多呀！到汉朝兴起，高祖最暴猛伉直，然而籍孺以献媚取宠；汉惠帝时的闳孺也如此。这两人不是有才能，只是靠顺从和花言巧语取得宠幸，和皇上同起居，公卿大臣都要通过他们与皇上沟通。所以惠帝时，左右的郎官都头戴锦鸡毛装饰的帽子，腰缠贝壳装饰的带子，脸涂胭脂水粉，效法闳孺、籍孺之流。两人把家迁到安陵。

◎佞幸列传第六十五

　　孝文时中①宠臣，士人则邓通，宦者则赵同、北宫伯子。北宫伯子以爱人长者；而赵同以星气②幸，常为文帝参乘；邓通无伎能。邓通，蜀郡南安人也，以濯（棹）船③为黄头郎。孝文帝梦欲上天，不能，有一黄头郎从后推之上天，顾见其衣裻带后穿④。觉而之渐台，以梦中阴目求推者郎，即见邓通，其衣后穿，梦中所见也。召问其名姓，姓邓氏，名通，文帝说（悦）焉，尊幸之日异。通亦愿谨，不好外交，虽赐洗沐，不欲出。于是文帝赏赐通巨万以十数，官至上大夫。文帝时时如邓通家游戏。然邓通无他能，不能有所荐士，独自谨其身以媚上而已。上使善相者相通，曰当贫饿死。文帝曰："能富通者在我也。何谓贫乎？"于是赐邓通蜀严道铜山，得自铸钱，"邓氏钱"布天下。其富如此。

◎注释　①〔中〕指宫中。②〔星气〕指观星望气推测凶吉的方术。③〔濯（zhào）船〕濯，通"棹"，划船的工具，这里指划船。④〔衣裻（dū）带后穿〕上衣背后的腰带下破了个洞。裻，上衣的背缝。穿，洞。

◎大意　文帝时宫中的宠臣，士人则数邓通，宦官则数赵同、北宫伯子。北宫伯子以爱护别人见长；而赵同则靠占星望气受到宠幸，经常做文帝的陪乘；邓通没有技能。邓通是蜀郡南安县人，因会划船而当了管理船只的黄头郎。文帝在梦中想上天，不能上，有个黄头郎从后面把他推上了天，回头看见推他的人上衣背后的腰带下有穿孔。文帝醒后到渐台，按照梦中所见暗中寻找推他上天的黄头郎，后来遇见了邓通，他的衣服后面有孔，是梦中所见的样子。召来问他的姓名，姓邓名通，文帝很高兴，对他的宠幸一日胜过一日。邓通也很忠厚谨慎，不好与人交往，即便文帝赐他休假，也不想出去。于是文帝数十次赏赐邓通亿万钱财，官至上大夫。文帝常常到邓通家玩耍。但邓通没有其他才能，不能推荐士人，只不过是谨小慎微以谄媚文帝罢了。文帝让善于相面的人给邓通相面，说邓通要贫困饿死。文帝说："能使邓通富裕的就是我，怎么能说贫困呢？"于是把蜀地严道的铜山赐给邓通，让邓通自己铸钱，"邓氏钱"流传天下，他富裕到如此地步。

文帝尝病痈①，邓通常为帝唶吮②之。文帝不乐，从容问通曰："天下谁最爱我者乎？"通曰："宜莫如太子。"太子入问病，文帝使唶痈，唶痈而色难之。已而闻邓通常为帝唶吮之，心惭，由此怨通矣。及文帝崩，景帝立，邓通免，家居。居无何，人有告邓通盗出徼外③铸钱。下吏验问，颇有之，遂竟案④，尽没入邓通家，尚负责（债）数巨万。长公主赐邓通，吏辄随没入之，一簪不得著身。于是长公主乃令假衣食。竟不得名一钱⑤，寄死人家。

◎**注释**　①〔痈（yōng）〕毒疮。②〔唶（zé）吮〕吮吸。③〔徼（jiào）外〕边境线之外。④〔竟案〕最终定案。⑤〔不得名一钱〕没有一文钱属于邓通名下。

◎**大意**　文帝曾经得过痈疽病，邓通常常替文帝吮吸脓液。文帝不快乐，平缓地问邓通："天下最爱我的人是谁呢？"邓通说："应该没有谁像太子一样爱您。"太子进来探问病情，文帝让他吸脓液，太子吸吮脓液但面色难堪。不久听说邓通常常替文帝吸吮脓液，心里感到惭愧，由此怨恨邓通。等到文帝逝世，景帝即位，邓通被免职，在家闲居。闲居没有多长时间，有人告邓通偷偷到边界外铸钱。景帝把他下交官吏查审，这种情况很多，因此结案。没收完邓通的家产，还负债数亿元。长公主赏赐邓通，官吏就随即没收入库，连一根簪子都不得留下。于是长公主就令人借给他衣服食物。这时邓通身上一文钱也没有了，最终死于别人家里。

孝景帝时中无宠臣，然独郎中令周文仁，仁宠最过庸，乃不甚笃。

◎**大意**　景帝时宫中没有宠臣，只有郎中令周文仁，他受宠超过一般人，但还不算太厉害。

今天子中宠臣，士人则韩王孙嫣，宦者则李延年。嫣者，弓高侯

◎佞幸列传第六十五

孽孙①也。今上为胶东王时，嫣与上学书相爱。及上为太子，愈益亲嫣。嫣善骑射，善佞。上即位，欲事伐匈奴，而嫣先习胡兵，以故益尊贵，官至上大夫，赏赐拟于邓通。时嫣常与上卧起。江都王入朝，有诏得从入猎上林中。天子车驾跸道②未行，而先使嫣乘副车，从数十百骑，鹜驰视兽。江都王望见，以为天子，辟从者，伏谒道傍。嫣驱不见。既过，江都王怒，为皇太后泣曰："请得归国入宿卫，比韩嫣。"太后由此嗛③嫣。嫣侍上，出入永巷④不禁，以奸闻皇太后。皇太后怒，使使赐嫣死。上为谢，终不能得，嫣遂死。而按道侯韩说，其弟也，亦佞幸。

◎**注释**　①〔孽孙〕非嫡子所生的儿子。②〔跸（bì）道〕帝王出行时，清除道路，禁止行人。③〔嗛（xián）〕怨恨。④〔永巷〕宫廷里的深巷，泛指嫔妃、宫女居住的地方。

◎**大意**　武帝宫中的宠臣，士人有韩王信曾孙韩嫣，宦官则有李延年。韩嫣是弓高侯韩颓当的庶孙。武帝为胶东王时，韩嫣与武帝一起学书法，互相喜爱。等到武帝做了太子，更加亲近韩嫣。韩嫣善于骑马射箭，善于诌媚奉承。武帝即位后，想征伐匈奴，而韩嫣先学习胡人兵法，因此更加尊贵，官至上大夫，赏赐类似于邓通。当时韩嫣经常和武帝一起起居。江都王刘非进入朝廷，有诏书要他跟随武帝到上林苑中狩猎。武帝的车驾因为清道还未出行，就先派韩嫣乘坐副车，带着上百的骑兵，疾驰察看野兽。江都王远远望见，以为是武帝，赶紧让随从避开，跪在道旁拜见。韩嫣驱车视而不见。过去之后，江都王很愤怒，向皇太后哭着说："请求回封国当个宫中警卫，与韩嫣并列。"太后从此怨恨韩嫣。韩嫣侍奉武帝，出入永巷不受禁止，与嫔妃的奸情被皇太后听到。皇太后很生气，派使者赐韩嫣自杀。武帝替韩嫣求情，最终未能被赦免，韩嫣就这样死了。而按道侯韩说，是韩嫣的弟弟，也因诌媚而受宠。

李延年，中山①人也。父母及身兄弟及女，皆故倡②也。延年坐法腐③，给事狗中④。而平阳公主言延年女弟善舞，上见，心说（悦）之，及入永巷，而召贵延年。延年善歌，为变新声，而上方兴天地祠，欲造乐诗歌弦之。延年善承意，弦次初诗。其女弟亦幸，有子男。延年佩二千石印，号协声律。与上卧起，甚贵幸，埒⑤如韩嫣也。久之，浸与中人⑥乱，出入骄恣。及其女弟李夫人卒后，爱弛，则禽诛延年昆弟也。

◎**注释**　①〔中山〕县名，今河北定州。②〔倡〕从事音乐、歌舞等职业的人。③〔腐〕宫刑。④〔狗中〕管理皇帝猎犬的部门。⑤〔埒（liè）〕等同，相等。⑥〔中人〕指嫔妃、宫女等。

◎**大意**　李延年，中山人。他的父母、他自己、他的兄弟姐妹和女儿，原来都是歌舞艺伎。李延年因犯法而被处宫刑，供职于狗中。平阳公主说李延年的妹妹善于跳舞，武帝见后，心里喜欢她，等李延年的妹妹进宫后，武帝召见李延年，并使他显贵。李延年善于歌唱，创作新的乐曲，而武帝正要兴建天地祠，想作乐诗伴唱歌颂。李延年善于迎合武帝的心意，为武帝让人新作的歌词都谱了曲。他的妹妹也受到宠幸，生了儿子。李延年佩有年薪二千石的印绶，号称"协声律"。与武帝同起居，很显贵受宠，堪比韩嫣。时间长了，渐渐与宫女乱来，进出皇宫骄傲放纵，等到他妹妹李夫人死后，武帝对他的宠爱减少，便擒杀了他和他的兄弟。

　　自是之后，内宠嬖臣大底①外戚之家，然不足数②也。卫青、霍去病亦以外戚贵幸，然颇用材能自进。

◎**注释**　①〔大底〕大抵，大都。②〔数〕称道，论说。
◎**大意**　从此以后，宫内的宠臣大抵是外戚家的人，但都不值一提。卫青、霍去病也因为是外戚而显贵受宠，但他们颇能以自己的才能受到提拔。

　　太史公曰：甚哉爱憎之时！弥子瑕之行①，足以观后人佞幸矣。虽百世可知也。

◎ **注释** ①〔弥子瑕之行〕《韩非子·说难》记载，弥子瑕受卫灵公宠幸时，曾偷用灵公车驾，还将自己咬过的桃给灵公吃，卫灵公都深感满意。后来失宠，卫灵公以这两桩旧事严惩他。

◎ **大意** 太史公说：皇上的宠爱和憎恨都太过了！弥子瑕的情况，足以看出后代佞幸者的下场。即使百世之后也可预知。

◎ **知识拓展**

汉代朝廷大臣见风使舵、唯知谄媚的龌龊风气的形成，当然不能说全拜佞幸之徒的影响。但是那些"以色称媚"，骤然富贵，"不宜爱而受宠，不当亲而得附"的佞幸之徒，无疑是他们欣美的对象。而西汉官场谄媚作风的滋长，和当时的皇帝喜好"婉佞"之臣有着难以分割的关系。另一方面，这些佞臣虽因"色"或"信"得幸于皇帝，与其保持着一种畸形关系，却结怨于朝臣和皇室，皆不得善终。邓通得罪了汉文帝的太子，即后来的汉景帝，汉景帝即位后，邓通被免官，最后"竟不得名一钱，寄死人家"。韩嫣得罪了江都王和皇太后，被皇太后赐自杀。李延年则坐奸，落得诛灭全族的下场。作为这种风气的受害者，作为有良知的史学家，司马迁憎恶阿谀奉迎的官吏，憎恶以色侍君的佞幸，鄙夷喜好男色的皇帝，由此生发出对唯以谄媚为能事的官场龌龊风气的义愤。文章虽然短小，但是叙事简洁而有条理，尤其是寓感慨于叙事之中的写法，以及篇末直抒胸臆的写法，使感情跌宕婉转，"通篇一气，直贯到底"（吴见思《史记论文》），很有艺术感染力。

滑稽列传

第六十六

《滑稽列传》是专记滑稽人物的类传。滑稽指言辞流利，正话反说，思维敏捷，后世用作诙谐幽默之意。司马迁所作原文记载了淳于髡、优孟、优旃三人的事迹。这三人中，淳于髡出身于赘婿，优孟、优旃出身于优伶，这两种身份在秦汉时都处于社会底层。司马迁敢于冲破世俗偏见，为他们立传，体现了他的卓越史识。本篇先写淳于髡以大鸟之喻谏言齐王，以"所持者狭而所欲者奢"之语求来十万精兵，以巧言而罢长夜之饮。然后写优孟以一言而谏庄王爱马，以一言而恤故吏之家。最后写优旃以一言而禁暴主之欲。这三人以流利的言辞委婉地规劝帝王，效果良好。《太史公自序》曰："不流世俗，不争势利，上下无所凝滞，人莫之害，以道之用。作《滑稽列传》。"司马迁作此传的宗旨在于颂扬淳于髡、优孟、优旃一类滑稽人物"不流世俗，不争势利"的可贵精神，及其"谈言微中，亦可以解纷"的非凡讽谏才能。他们虽然出身微贱，但机智聪敏，能言多辩，善于缘理设喻，察情取譬，借事托讽，因而其言其行起到了与"六艺于治一也"的重要作用。东郭先生、东方朔、西门豹之事为褚少孙所补。

孔子曰："六艺于治一也。《礼》以节人，《乐》以发和①，《书》以道事，《诗》以达意，《易》以神化②，《春秋》以义③。"太史公曰：天道恢恢，岂不大哉！谈言微中④，亦可以解纷。

◎**注释** ①〔发和〕促进和谐融洽。②〔神化〕使统治方略神秘化。③〔以义〕用来通晓是非正义。④〔谈言微中〕在谈笑中微妙地说中至理。

◎**大意** 孔子说："六艺对于治国来说，作用是一样的。《礼》用来节制人，《乐》用来诱导人和睦相处，《书》用来讲述古代的事情，《诗》用来传达古代圣贤的意旨，《易》使统治的方略神秘化，《春秋》用来通晓是非正义。"太史公说：宇宙的规律非常广阔，难道不宏大吗？在谈笑中微妙地说中至理，也可以排解纠纷。

淳于髡者，齐之赘婿①也。长不满七尺，滑稽多辩，数使诸侯，未尝屈辱。齐威王之时喜隐②，好为淫乐长夜之饮，沉湎③不治，委政卿大夫。百官荒乱，诸侯并侵，国且危亡，在于旦暮，左右莫敢谏。淳于髡说之以隐曰："国中有大鸟，止王之庭，三年不蜚（飞）又不鸣，王知此鸟何也？"王曰："此鸟不飞则已，一飞冲天；不鸣则已，一鸣惊人。"于是乃朝诸县令长七十二人，赏一人，诛一人，奋兵而出。诸侯振（震）惊，皆还齐侵地。威行三十六年。语在《田完世家》中。

◎**注释** ①〔赘婿〕上门女婿。②〔隐〕隐语,指不直说本意而借别的词语来暗示的话,类似谜语。③〔沉湎〕指嗜酒无度。

◎**大意** 淳于髡(kūn),齐国人的上门女婿。身高不到七尺,诙谐滑稽善于论辩,多次出使诸侯国,未尝屈尊受辱。齐威王在位时喜欢隐语,又好荒淫作乐,长夜饮酒不眠,沉湎酒色不理朝政,把政事委托给卿大夫办理。文武百官荒淫混乱,诸侯都来侵扰,国家危亡只在早晚之间,身边大臣没人敢劝谏。淳于髡用隐语劝说道:"国中有只大鸟,落在大王的庭院里。三年了,不飞走也不鸣叫,大王可知这鸟是什么鸟?"齐威王说:"这只鸟不飞罢了,一飞就能冲上云天;不鸣罢了,一鸣就能震惊世人。"于是就接见各县县令七十二人,奖赏了一个人,诛杀了一个人,举兵而出。诸侯震惊,都归还了侵占的齐国土地。齐国的威望延续了三十六年。这些话语记载于《田完世家》中。

威王八年,楚大发兵加齐。齐王使淳于髡之赵请救兵,赍①金百斤,车马十驷。淳于髡仰天大笑,冠缨索绝。王曰:"先生少之乎?"髡曰:"何敢!"王曰:"笑岂有说乎?"髡曰:"今者臣从东方来,见道傍有禳田者②,操一豚蹄,酒一盂,祝曰:'瓯窭满篝③,污邪④满车,五谷蕃熟,穰穰⑤满家。'臣见其所持者狭而所欲者奢,故笑之。"于是齐威王乃益赍黄金千溢(镒)⑥,白璧十双,车马百驷。髡辞而行,至赵。赵王与之精兵十万,革车千乘。楚闻之,夜引兵而去。

◎**注释** ①〔赍(jī)〕携带。②〔禳(ráng)田者〕祭田神求丰收的人。③〔瓯窭(ōu lóu)满篝〕高地上生产的谷物盛满筐笼。瓯窭,高地。篝,筐笼之类。④〔污邪〕低洼易涝的田地。⑤〔穰穰〕丰盛、众多的样子。⑥〔溢〕通"镒",古代重量单位。二十两为一镒。

◎**大意** 齐威王八年,楚国大举发兵侵犯齐国。齐王派淳于髡到赵国请求救兵,让他携带百斤黄金,十辆马车作为礼物。淳于髡仰天大笑,把帽带都绷断了。齐威王说:"先生嫌太少吗?"淳于髡说:"哪里敢!"齐威王说:"那你大笑有什么说法吗?"淳于髡说:"今天我从东方来,见路边有个向田神祈祷的人,手持一只猪蹄、一杯酒,祝告说:'高旱地上的谷物装满笼筐,低涝地上的粮食装满车辆,茂盛的五谷成熟飘香,尖尖的稻谷堆满粮仓。'我看他拿的东西少,想要的东西却多,所以笑他。"于是齐威王就把礼品加到一千镒黄金、十双白璧、一百辆马车。淳于髡告辞起行,到了赵国。赵王给他十万精兵、战车千乘。楚军听到消息,夜里便撤兵离开了齐国。

威王大说(悦),置酒后宫,召髡赐之酒。问曰:"先生能饮几何而醉?"对曰:"臣饮一斗亦醉,一石亦醉。"威王曰:"先生饮一斗而醉,恶能饮一石哉!其说可得闻乎?"髡曰:"赐酒大王之前,执法①在傍,御史②在后,髡恐惧俯伏而饮,不过一斗径醉矣。若亲有严客,髡卷韝鞠䠊(跽)③,侍酒于前,时赐余沥④,奉觞上寿,数起,饮不过二斗径醉矣。若朋友交游,久不相见,卒(猝)然相睹,欢然道故⑤,私情相语,饮可⑥五六斗径醉矣。若乃州闾之会,男女杂坐,行酒稽留⑦,六博投壶⑧,相引为曹⑨,握手无罚,目眙⑩不禁,前有堕珥,后有遗簪,髡窃乐此,饮可八斗而醉二参(三)。日暮酒阑⑪,合尊促坐⑫,男女同席,履舄⑬交错,杯盘狼藉,堂上烛灭,主人留髡而送客,罗襦⑭襟解,微闻芗(香)泽⑮,当此之时,髡心最欢,能饮一石。故曰酒极则乱,乐极则悲;万事尽然。"言不可极,极之而衰,以讽谏焉。齐王曰:"善。"乃罢长夜之饮,以髡为诸侯主客。宗室置酒,髡尝在侧。

◎**注释** ①〔执法〕执行法令的官吏。②〔御史〕官名,在君主左右掌管文书档案和记事。③〔卷(juǎn)韝(gōu)鞠(jū)䠊(jì)〕卷,卷束衣袖。韝,皮制的套袖。鞠,弯腰。䠊,同"跽",长跪。④〔余沥〕剩余的酒。⑤〔道故〕叙旧。⑥〔可〕大约,差不多。⑦〔行酒稽留〕指长时间的宴饮。行酒,给在座的人依次斟酒并劝饮。稽留,逗留。⑧〔六博投壶〕古代的两种游戏。⑨〔曹〕此指伙伴。⑩〔眙(chì)〕直视,瞪着眼看。⑪〔酒阑〕谓酒宴将尽。⑫〔合尊促坐〕合尊,把剩下的酒合盛一樽。促坐，坐得很近。⑬〔舄（xì）〕木底鞋。⑭〔罗襦（rú）〕薄纱制的短上衣。襦，短衣。⑮〔芗（xiāng）泽〕浓浓的香味。芗，通"香"。

◎**大意** 齐威王很高兴，在后宫设酒宴，召请淳于髡，赐他酒喝。齐威王问他："先生喝多少酒才醉呢？"淳于髡回答说："我喝一斗也醉，喝一石也醉。"齐威王说："先生喝一斗就醉了，怎么能喝一石呢？这个道理可以说给我听听吗？"淳于髡说："在大王面前接受赐酒，有执法官在旁边，御史官在后边，我战战兢兢地趴在地上喝，喝不到一斗就醉了。如果父母有贵宾，我就卷起袖子、戴上套袖，弯腰跪着，侍候陪酒，不时喝点儿客人赐的余酒，举杯祝福，数次起身应酬，喝不到二斗酒就醉了。如果是朋友交游，很久没有见面，突然相逢，高兴地谈说往事，互相倾吐情愫，喝五六斗酒就醉了。至于乡里聚会，男女混坐，长时间地宴饮，并在酒席上玩六博、投壶的游戏，互相介绍朋友，男女握手无拘无束，眼睛直盯着看也不犯禁，前有落地的耳环，后有落地的发簪，我私自以此为乐，大概能喝八斗酒而有二三分醉意。天黑酒残，把剩酒倒在一起，促膝而坐，男女同席，鞋屐错杂，杯子、盘子乱七八糟，屋堂蜡烛已灭，主人送走其他客人而独留下我，薄纱短衣解开衣襟，闻见淡淡的香气，这个时候，我心里最为高兴，能喝一石酒。所以说酒喝得太多就会出乱子，高兴到顶点就会转为悲哀。一切事情都是这样。"这是说任何事都不能到极点，到了极点就会走向衰败，淳于髡用这些话来规劝齐威王。齐威王说："很好。"就停止了长夜狂饮，任命淳于髡为接待宾客的官员。王族宗室设置酒宴，淳于髡常常在场。

其后百余年，楚有优孟。

◎**大意** 此后一百多年，楚国出了个优孟。

优孟，故楚之乐人也。长八尺，多辩，常以谈笑讽谏。楚庄王之时，有所爱马，衣以文绣，置之华屋之下，席以露床，啖以枣脯。马病肥死，使群臣丧之，欲以棺椁大夫礼葬之。左右争之，以为不可。王下令曰："有敢以马谏者，罪至死。"优孟闻之，入殿门，仰

◎ 滑稽列传第六十六

天大哭。王惊而问其故。优孟曰："马者王之所爱也，以楚国堂堂之大，何求不得，而以大夫礼葬之，薄，请以人君礼葬之。"王曰："何如？"对曰："臣请以雕玉为棺，文梓为椁，楩枫豫章为题凑①，发甲卒为穿圹②，老弱负土，齐赵陪位于前，韩魏翼卫其后，庙食太牢③，奉以万户之邑。诸侯闻之，皆知大王贱人而贵马也。"王曰："寡人之过一至此乎！为之奈何？"优孟曰："请为大王六畜葬之。以垅灶④为椁，铜历（鬲）⑤为棺，赍（剂）⑥以姜枣，荐以木兰，祭以粮稻，衣以火光，葬之于人腹肠。"于是王乃使以马属太官⑦，无令天下久闻也。

◎ **注释**　①〔楩（pián）枫豫章为题凑〕楩、枫、豫章都是贵重的木料名。题凑，椁室用大木累积成墙，以保护棺椁。②〔穿圹（kuàng）〕穿凿墓洞。③〔庙食太牢〕指为死马建立祠庙，并用规格最高的太牢之礼祭祀。④〔垅灶〕灶膛、锅台。⑤〔铜历〕铜锅。历，通"鬲"，古代的炊具。⑥〔赍〕通"剂"，调配。⑦〔马属太官〕属，交付。太官，官名，有太官令、丞，掌管国君膳食、宴会。

◎ **大意**　优孟，原来是楚国的艺人。他身高八尺，能言善辩，经常用谈笑的方式劝谏。楚庄王在位时，有一匹特别喜爱的马，给马穿锦绣做的衣服，把它安置在华丽的屋子里，以没有帷帐的床做卧席，以枣干做饲料。结果这匹马因过肥而病死，楚庄王让群臣为它吊丧，准备用棺椁装尸，依照大夫的礼仪来埋葬它。楚庄王左右近臣劝阻他，认为这样不行。楚庄王下令说："有敢劝谏葬马之事的，处以死罪。"优孟听说这事，进入宫殿门仰天大哭。楚庄王吃惊地问他原因。优孟说："马是大王所爱之物，以堂堂楚国之大，想要什么得不到呢？而以大夫之礼仪葬马，礼太薄了，请以葬埋君王的礼仪葬埋它。"王说："怎么办？"优孟说："我请求以雕刻花纹的玉石做棺材，用纹理好的梓木做外椁，用贵重的楩、枫、豫章等木料做护棺的题凑，发动士兵给它挖墓穴，年老体弱的人背土修坟，齐国、赵国陪祭于前，韩国、魏国护卫于后，还要给它修建庙宇，用太牢之礼祭祀，拨个万户的大县供奉它。诸侯听了，都知道大王轻视人而重视马。"楚庄王说："我的过失竟然到了如此地步吗？这怎么办呢？"优孟说："我可以替大王以埋葬六畜的方式埋它。以土灶作棺椁，以铜锅作棺材，加上姜枣，放上香料，以

325

粮稻作祭品，以火光为衣服，把它埋葬在人的肚子里。"于是楚庄王就把死马交给太官，不让天下人长久传布这件事。

楚相孙叔敖知其贤人也，善待之。病且死，属（嘱）其子曰："我死，汝必贫困。若往见优孟，言我孙叔敖之子也。"居数年，其子穷困负薪，逢优孟，与言曰："我，孙叔敖子也。父且死时，属（嘱）我贫困往见优孟。"优孟曰："若无远有所之①。"即为孙叔敖衣冠，抵掌谈语②。岁余，像孙叔敖，楚王及左右不能别也。庄王置酒，优孟前为寿。庄王大惊，以为孙叔敖复生也，欲以为相。优孟曰："请归与妇计之，三日而为相。"庄王许之。三日后，优孟复来。王曰："妇言谓何？"孟曰："妇言慎无为，楚相不足为也。如孙叔敖之为楚相，尽忠为廉以治楚，楚王得以霸。今死，其子无立锥之地，贫困负薪以自饮食。必如孙叔敖，不如自杀。"因歌曰："山居耕田苦，难以得食。起而为吏，身贪鄙者余财，不顾耻辱，身死家室富。又恐受赇③枉法，为奸触大罪，身死而家灭。贪吏安可为也！念为廉吏，奉法守职，竟死不敢为非。廉吏安可为也！楚相孙叔敖持廉至死，方今妻子穷困负薪而食，不足为也！"于是庄王谢优孟，乃召孙叔敖子，封之寝丘四百户，以奉其祀。后十世不绝。此知（智）可以言时矣。

◎**注释** ①〔若无远有所之〕你不要离家远出。②〔抵掌谈语〕说话的手势和声音。③〔赇（qiú）〕贿赂。

◎**大意** 楚国宰相孙叔敖知道优孟是个贤人，善待他。孙叔敖病重将死，嘱咐他儿子说："我死后，你必然会穷。如果去见优孟，就说我是孙叔敖的儿子。"过了几年，他的儿子穷困得背柴去卖，碰见了优孟。于是对他说："我是孙叔敖的儿子。我父亲将死时，嘱咐我穷困时前往见你。"优孟说："你不要到远处去。"就做了孙叔敖那样的衣帽，模仿他的言谈举止。一年多后，模仿得很像孙叔敖，楚庄王及其左右近臣都不能分辨。庄王设酒宴，优孟上前祝福。楚庄王大吃一惊，以为孙叔敖又活了，要封他为宰相。优孟说："请让我回去和妻子商量一下，三日后再做宰相。"庄王答应了。三日后，优孟又来了。庄王说："你妻子怎么说？"优孟说："夫人说要我谨慎，不要做宰相，楚国的宰相不值得做。像孙叔敖做楚国宰相，尽忠廉洁来治理楚国，使得楚王称霸。现在死了，他的儿子连立锥之地都没有，穷得背柴卖薪来维持生计。一定要像孙叔敖的话，还不如自杀。"然后唱道："居山耕田苦，难得吃和穿。出山当了官，贪赃有余钱，不顾耻和辱，死后家万贯。又恐受法刑，作奸犯大罪，身死家也灭。怎敢当贪官！实想当清官，奉法守职位，至死不非为。清官安可为！楚相孙叔敖，廉洁而至死，妻儿穷困中，负薪而求食，宰相不足做！"于是楚庄公向优孟认错，召见孙叔敖之子，把寝丘这个四百户之邑封给他，用来供奉孙叔敖的祭祀。后来传到十代香火未绝。优孟的这种智慧，可以说是善于抓住时机了。

其后二百余年，秦有优旃。

◎ **大意** 优孟以后二百多年，秦国出了个优旃（zhān）。

优旃者，秦倡侏儒也。善为笑言，然合于大道，秦始皇时，置酒而天雨，陛楯（盾）者①皆沾寒②。优旃见而哀之，谓之曰："汝欲休乎？"陛楯者皆曰："幸甚。"优旃曰："我即呼汝，汝疾应曰诺。"居有顷，殿上上寿呼万岁。优旃临槛③大呼曰："陛楯郎！"郎曰："诺。"优旃曰："汝虽长，何益，幸雨立。我虽短也，幸休居。"于是始皇使陛楯者得半相代④。

◎ **注释** ①〔陛楯者〕指在台阶下执盾站岗的武士。陛，台阶。这里指宫殿的台阶。楯，通"盾"。②〔沾寒〕受凉。③〔槛〕殿阶上面的栏杆。④〔半相代〕一半人值班，一半人休息，轮番替换。

◎**大意**　优旃是秦国一个身材矮小的歌舞艺人。他善于讲笑话，但是符合大道理。秦始皇时，有一次设酒宴而天下了雨，台阶下执盾的卫士都被淋受寒。优旃见了同情他们，对他们说："你们想休息吗？"卫士们都说："那太好了。"优旃说："我如果叫你们，你们就很快地回答'到'。"一会儿，殿上祝酒时大呼万岁。优旃走近栏杆大叫道："卫士们！"卫士答道："到。"优旃说："你们虽然个子高，有何益处，只能站在雨中。我虽然很矮，但有幸在这里休息。"于是秦始皇让卫士们减半值班，轮流休息。

始皇尝议欲大苑囿，东至函谷关，西至雍、陈仓。优旃曰："善。多纵禽兽于其中，寇从东方来，令麋鹿触之足矣。"始皇以故辍止。

◎**大意**　秦始皇曾经和大臣商议扩大园林的范围，东到函谷关，西到雍地、陈仓。优旃说："好。多在苑中放些禽兽，敌寇从东边打来，派麋鹿用角去顶他们就足够了。"秦始皇因此停止了计划。

二世立，又欲漆其城。优旃曰："善。主上虽无言，臣固将请之。漆城虽于百姓愁费①，然佳哉！漆城荡荡②，寇来不能上。即欲就之，易为漆耳，顾难为荫室③。"于是二世笑之，以其故止。居无何，二世杀死，优旃归汉，数年而卒。

◎**注释**　①〔愁费〕愁怨耗损。②〔荡荡〕漂亮，阔气。③〔荫室〕遮蔽太阳，晾干漆器的房间。

◎**大意**　秦二世登位，又想用漆涂饰城墙。优旃说："好。皇上即使不说，我本来也要请您这样做。漆城墙虽然对于百姓而言愁苦而浪费，但是很美呀！涂漆的城墙宏伟光亮，敌寇来了爬不上来。想要成就这件事，涂漆容易，但难以建造如此大的能够晾干涂漆的房子。"于是秦二世笑笑，油漆城墙的事就此停手了。过了不久，秦二世被杀死，优旃归属汉朝，过了几年就死了。

◎ 滑稽列传第六十六

　　太史公曰：淳于髡仰天大笑，齐威王横行。优孟摇头而歌，负薪者以封。优旃临槛疾呼，陛楯得以半更。岂不亦伟哉！

◎ **大意**　太史公说：淳于髡仰天大笑，齐威王得以横行天下。优孟摇头而歌，背柴的人受到封赏。优旃靠近栏杆呼喊，卫士得以轮流休息。难道这还不伟大吗？

　　褚先生[1]曰：臣幸得以经术[2]为郎，而好读外家传语[3]。窃不逊让，复作故事滑稽之语六章，编之于左。可以览观扬意，以示后世，好事者读之，以游心骇耳[4]，以附益上方太史公之三章。

◎ **注释**　[1]〔褚先生〕名少孙，西汉元帝、成帝时为博士，是《史记》补纂者之一。[2]〔经术〕即儒术。[3]〔外家传语〕"六经"以外的史传杂说。[4]〔游心骇耳〕愉悦心目。

◎ **大意**　褚少孙先生说：我侥幸因精通儒术做了郎官，而且喜欢读史传杂说之书。我也不谦让，又写了诙谐滑稽的故事共六章，编排在后。可供阅览扩大见闻，展示给后世，喜欢这类故事的人阅读后，可以愉悦心目，增附于以上太史公的三章故事之后。

　　武帝时有所幸倡郭舍人者，发言陈辞虽不合大道，然令人主和说（悦）。武帝少时，东武侯母常养帝，帝壮时，号之曰"大乳母"。率一月再朝。朝奏入，有诏使幸臣马游卿以帛五十匹赐乳母，又奉饮糒飧[1]养乳母。乳母上书曰："某所有公田，原得假倩[2]之。"帝曰："乳母欲得之乎？"以赐乳母。乳母所言，未尝不听。有诏得令乳母乘车行驰道中。当此之时，公卿大臣皆敬重乳母。乳母家子孙奴从者横暴长安中，当道掣顿[3]人车马，夺人衣服。闻于中，不忍致之法。有司请徙乳母家室，处之于边。奏可。乳母当入至前，面见辞。乳母先见郭舍人,为下泣。舍人曰:"即入见辞去,疾步数还顾。"乳母如其言,谢去,疾步数还顾。郭舍人疾言骂之曰:"咄!老女子!何不疾行!陛下已壮矣,宁尚须汝乳而活邪?尚何还顾!"于是人主怜焉悲之,乃下诏止无徙乳母,罚谪谮④之者。

◎**注释** ①〔饮糒(bèi)飧(sūn)〕饮,酒等饮料。糒,干粮。飧,熟食。②〔假倩〕借用。假、倩都是借的意思。③〔掣(chè)顿〕牵扯,拦阻。④〔谪谮(zèn)〕谪,谴责,惩罚。谮,说坏话诬陷别人。

◎**大意** 武帝时有个被宠幸的歌舞艺人叫郭舍,说话虽然不合大道理,但能让武帝高兴。武帝少年时,东武侯的母亲曾乳养过他,武帝长大后,叫她"大乳母"。大概一月入朝两次。入朝的报告送进去,便有诏令派宠臣马游卿用五十匹丝绸赐给乳母,又准备好吃好喝的奉养乳母。乳母上书说:"某处有一块公田,希望能得以借用。"武帝说:"乳母想得到这块田吗?"便把它赐给乳母。乳母所说的话未曾不听。有次下诏让乳母坐车子走在帝王行走的道路上。这个时候,朝廷大臣都很敬重乳母。乳母家的子孙奴仆在长安城中横行施暴,在路上抢夺扣押别人的车马,抢夺别人的衣服。这些事传到宫中,武帝不忍心依法惩处他们。主管官吏奏请将乳母家迁徙到边远地方。奏章被批准。乳母应当入朝到武帝跟前当面辞别。乳母先见郭舍人,为这事痛哭流涕。郭舍人说:"立即入朝面见武帝辞行,快步退出时要屡屡回头望皇上。"乳母按他的话去做,谢别离去时,快步退出但屡屡回头看武帝。郭舍人大声骂道:"呸!老婆子!为何不赶快退下?陛下已经长大了,难道还等你喂奶活命吗?还回头看什么!"因此武帝怜悯她,就下诏停止迁徙乳母,处罚了说乳母坏话的人。

武帝时,齐人有东方生名朔,以好古传书,爱经术,多所博观外家之语。朔初入长安,至公车上书,凡用三千奏牍①。公车令两人共持举其书,仅然能胜之。人主从上方②读之,止,辄乙其处③,读之二月乃尽。诏拜以为郎,常在侧侍中。数召至前谈语,人主未尝不说(悦)也。时诏赐之食于前。饭已,尽怀其余肉持去,衣尽污。数

◎ 滑稽列传第六十六

赐缣帛，檐（担）揭④而去。徒用所赐钱帛，取少妇于长安中好女。率取妇一岁所者即弃去，更取妇。所赐钱财尽索之于女子。人主左右诸郎半呼之"狂人"。人主闻之，曰："令朔在事无为是行者，若等安能及之哉！"朔任其子为郎，又为侍谒者，常持节出使。朔行殿中，郎谓之曰："人皆以先生为狂。"朔曰："如朔等，所谓避世于朝廷间者也。古之人，乃避世于深山中。"时坐席中，酒酣，据地歌曰："陆沉⑤于俗，避世金马门。宫殿中可以避世全身，何必深山之中，蒿庐之下。"金马门者，宦者署门也，门傍有铜马，故谓之曰"金马门"。

◎ **注释** ①〔奏牍〕上奏言事所用的木片。②〔上方〕指尚方署。③〔乙其处〕在那个地方做记号。乙，指在读书中止处做记号。④〔檐揭〕扛抬。檐，通"担"。揭，高举。⑤〔陆沉〕陆地无水而下沉。喻沦落。

◎ **大意** 武帝时，齐地有个姓东方的先生名叫朔，因为喜好古代留下来的书籍，爱好经学儒术，博览了诸子百家的著作。东方朔刚进入长安城，到公车府向武帝上书，共用了三千余片木简。公车令让两个人一起抬他的书，勉强可以胜任。武帝在尚方署读它，停下来时，总是在停的地方画个符号，读了两个月才读完。下诏任命他为郎官，常在宫中听候差遣。多次被召到武帝跟前谈话，武帝从来没有不高兴的时候。时常诏令他在武帝面前吃饭。饭后，他把剩下的肉全都揣在怀里拿走，衣服全被油污弄脏。武帝多次赐他绸绢，他或挑或抱着离开。他用武帝所赐的钱财，在长安城中娶美女做妻子。大致娶个妻子只一年便休弃，另娶新妇。武帝所赐的钱财全部花费在女人身上。武帝身边的诸多郎官有一半把他叫作"狂人"。武帝听了这种叫法，说："假使东方朔没有这种行为的话，你们怎能比得上他呢！"东方朔举荐自己的儿子做郎官，后来又做侍谒者，常常手持使节出使他国。东方朔在宫殿中经过，郎官对他说："人们都认为先生是'狂人'。"东方朔说："像我这样的人，就是所谓在朝廷上隐居的人。古人乃隐居在深山中。"他时常坐在酒席中，酒喝得尽兴，趴在地上歌唱道："隐居在凡俗中，避世于金马门。宫殿中可以避世，何必居于深山之中、茅屋之下。"金马门是宦者署的门，门旁边有铜马，所以叫作"金马门"。

331

时会聚宫下博士诸先生与论议，共难之曰："苏秦、张仪一当万乘之主，而都卿相之位，泽及后世。今子大夫修先王之术，慕圣人之义，讽诵《诗》《书》百家之言，不可胜数。著于竹帛，自以为海内无双，即可谓博闻辩智矣。然悉力尽忠以事圣帝，旷日持久，积数十年，官不过侍郎①，位不过执戟②，意者尚有遗行邪？其故何也？"东方生曰："是固非子所能备也。彼一时也，此一时也，岂可同哉！夫张仪、苏秦之时，周室大坏，诸侯不朝，力政争权，相禽以兵，并为十二国，未有雌雄，得士者强，失士者亡，故说听行通，身处尊位，泽及后世，子孙长荣。今非然也。圣帝在上，德流天下，诸侯宾服，威振（震）四夷，连四海之外以为席，安于覆盂，天下平均，合为一家，动发举事，犹如运之掌中。贤与不肖，何以异哉？方今以天下之大，士民之众，竭精驰说，并进辐凑者，不可胜数。悉力慕义，困于衣食，或失门户。使张仪、苏秦与仆并生于今之世，曾不能得掌故③，安敢望常侍侍郎乎！传曰：'天下无害灾，虽有圣人，无所施其才；上下和同，虽有贤者，无所立功。'故曰时异则事异。虽然，安可以不务修身乎？《诗》曰：'鼓钟于宫，声闻于外。鹤鸣九皋，声闻于天。'苟能修身，何患不荣！太公躬行仁义七十二年，逢文王，得行其说，封于齐，七百岁而不绝。此士之所以日夜孜孜，修学行道，不敢止也。今世之处士，时虽不用，崛然④独立，块然⑤独处，上观许由，下察接舆，策同范蠡，忠合子胥，天下和平，与义相扶⑥，寡偶少徒，固其常也。子何疑于余哉！"于是诸先生默然无以应也。

◎**注释**　①〔侍郎〕侍从官员，任职者或以军功，或以学问侍奉皇帝。②〔执戟〕指郎官。执勤时手执戟。③〔掌故〕指掌管礼乐制度等事的官吏。④〔崛然〕高起、突出的样子。⑤〔块然〕孤独而安定的样子。⑥〔与义相扶〕即修身自持。

◎ 滑稽列传第六十六

◎**大意** 当时适逢朝廷聚集博士先生参与议政，共同辩难东方朔说："苏秦、张仪一遇到大国君主，就高居卿相之位，恩泽传及后世。如今您修习先王治国的方法，仰慕圣人的道义，熟读《诗经》《尚书》等百家言论，多得数不清。又著文于竹简锦帛，自以为天下无人能比，可以说是见识广博、论辩聪明了。但是您全力尽忠侍奉圣明的皇帝，旷日持久，已有几十年，官位不过小小侍郎，职位不过小小执戟，应该还有不够妥当的行为吧？这是为什么呢？"东方朔先生说："这本就不是你们所能完全了解的。那是一个时代，这是一个时代，难道可以相提并论吗！张仪、苏秦之时，周王室非常衰败，诸侯不朝拜王室，凭武力争夺权力，互相擒拿，兵戎相见，兼并为十二国，未有胜负，得到士人辅助的就强大，失去士人辅助的就灭亡。所以各国诸侯对他们言听计从，他们因此身处尊位，福泽传及后世，子孙长久地享有荣华富贵。现在不是这样。圣明的皇帝在上理政，恩德普及天下，诸侯都来顺服，威力震慑四方蛮夷，国内国外如一张大席子连在一起，安稳得就像倒放的盘盂，天下齐一，融合为一家，行动办事，如同在手掌上运作那么容易。贤与不贤，有什么区别呢？当今之时，天下这么大，人口这么多，那些竭力游说之士，像辐条凑向车毂一样，多得数不清。即使竭力仰慕道义，仍然往往被衣食所困，有的连做官的门都找不到。假使苏秦、张仪与我一起生在当今之世，他们还不能当个掌管故事的小官呢，怎敢奢望当常侍侍郎呢！古书上说：'天下没有灾害，即使有圣人出现，也没有地方施展才能；君臣和睦同心，即使有贤人，也没有地方建立功业。'所以说时代不同则人事不同。即使如此，怎么能够不以修身养性为务呢？《诗经》说：'鼓钟响于宫内，声音传于宫外。''鹤在沼泽中鸣叫，声音传到天空中。'如果能修养身性，还怕不能得到尊荣吗！姜太公亲身履行仁义七十二年，遇到周文王，得以施行主张，在齐国封为诸侯，传国七百年没有断绝。这就是士人要日夜孜孜不倦地研究学问躬行道义而不敢停止的原因。如今世上的隐士，虽然不能被任用，但他们能巍然独挺，安静独处，效法许由、接舆的清高，有范蠡的智谋和伍子胥的忠心，只是在太平年代无法表现，只好谨守道义，缺朋少友，这是很正常的。你们对我有何疑虑呢？"众博士默然无以回应。

建章宫后阁重栎①中有物出焉，其状似麋。以闻，武帝往临视之。

问左右群臣习事通经术者,莫能知。诏东方朔视之。朔曰:"臣知之,愿赐美酒粱饭②大飨臣,臣乃言。"诏曰:"可。"已飨又曰:"某所有公田鱼池蒲苇数顷,陛下以赐臣,臣朔乃言。"诏曰:"可。"于是朔乃肯言,曰:"所谓驺牙③者也。远方当来归义,而驺牙先见。其齿前后若一,齐等无牙④,故谓之驺牙。"其后一岁所,匈奴混邪王果将十万众来降汉。乃复赐东方生钱财甚多。

◎注释 ①〔重栎(lì)〕双重栏杆。②〔粱饭〕好米饭。③〔驺牙〕古代传说中的义兽。④〔齐等无牙〕前后都是门牙,而无臼齿。

◎大意 建章宫后面的双重栏杆中有一只动物出现,它的形状像麋鹿。有人把这个情况报告给武帝,武帝前去看它。问左右群臣中熟悉事物并通晓经学的人,没有人知道。下诏书叫东方朔来看它。东方朔说:"我知道这东西,希望陛下赐我美酒佳肴,臣才说。"武帝说:"可以。"酒饭过后东方朔又说:"某个地方有公田、鱼池和蒲苇地数顷,陛下把它赐给我,我才说。"武帝说:"可以。"这时东方朔才肯说。他说:"这就是所谓的驺牙。远方每当有来归顺的事,驺牙就先出现。它的牙齿前后一样是门牙,没有臼齿,所以叫作驺牙。"此后一年左右,匈奴混邪王果真率领十万人来降汉。于是武帝又赐给东方朔很多钱财。

至老,朔且死时,谏曰:"《诗》云'营营青蝇,止于蕃(藩)①。恺悌②君子,无信谗言。谗言罔极,交乱四国'。愿陛下远巧佞,退谗言。"帝曰:"今顾东方朔多善言?"怪之。居无几何,朔果病死。传曰:"鸟之将死,其鸣也哀;人之将死,其言也善。"此之谓也。

◎注释 ①〔蕃〕通"藩"。篱笆。②〔恺悌〕和乐平易。
◎大意 东方朔老了,将要死的时候,劝谏武帝说:"《诗经》说'来来往往的苍蝇,停在篱笆上。和善的君子,不要听信谗言。谗言祸害无边,使国家发生战乱'。愿陛下疏远乖巧谄媚之人,击退谗言。"武帝说:"为何现在东方朔说这么正经的话呢？"觉得奇怪。过了没多久，东方朔果真病死。古书中说："鸟要死时，它的鸣叫是悲哀的；人要死时，他说的话是善良精当的。"说的就是这种情况吧。

　　武帝时，大将军卫青者，卫后兄也，封为长平侯。从军击匈奴，至余吾水上而还，斩首捕虏，有功来归，诏赐金千斤。将军出宫门，齐人东郭先生以方士待诏公车，当道遮卫将军车，拜谒曰："愿白事。"将军止车前，东郭先生旁车言曰："王夫人新得幸于上，家贫。今将军得金千斤，诚以其半赐王夫人之亲，人主闻之必喜。此所谓奇策便计也。"卫将军谢之曰："先生幸告之以便计，请奉教。"于是卫将军乃以五百金为王夫人之亲寿。王夫人以闻武帝。帝曰："大将军不知为此。"问之安所受计策，对曰："受之待诏者东郭先生。"诏召东郭先生，拜以为郡都尉。东郭先生久待诏公车，贫困饥寒，衣敝，履不完。行雪中，履有上无下，足尽践地。道中人笑之，东郭先生应之曰："谁能履行雪中，令人视之，其上履也，其履下处乃似人足者乎？"及其拜为二千石，佩青绲①出宫门，行谢主人。故所以同官待诏者，等比祖道②于都门外。荣华道路，立名当世。此所谓衣褐怀宝者也。当其贫困时，人莫省视；至其贵也，乃争附之。谚曰："相马失之瘦，相士失之贫。"其此之谓邪？

◎**注释**　①〔青绲（guā）〕青紫色的系印绶带。②〔等比祖道〕等比，依次，排列。祖道，为出行者祭祀路神，并设宴饯行。

◎**大意**　武帝时，大将军卫青是卫皇后的兄弟，被封为长平侯。他带兵出击匈奴，直到余吾水边才返回。斩首敌军，抓捕俘虏，立功归来，武帝下诏奖赏他千斤黄金。卫青走出宫门，齐地人东郭先生以江湖方士的身份，在公车府等候差事，在路上拦住卫青的车马，拜见说："希望禀告您一件事。"卫青停在车前，东郭先生在车旁说道："王夫人新得宠于皇上，家里贫穷。今日将军得千斤黄金，如果把其中一半赠给王夫人的父母，皇上听到这消息必然高兴。这就是平时所说的巧妙而便捷的计策。"卫青感谢他说："幸亏先生把这便捷的计谋告诉我，一定尊奉指教。"于是卫青就用五百斤黄金给王夫人的父母亲祝寿。王夫人把此事告诉了武帝。武帝说："卫青不会知道这样做。"问卫青从何处得来计谋，卫青说："从等候差事的东郭先生那里得来的。"下诏召见东郭先生，任命他为某郡的都尉。东郭先生久在公车府候差，贫困饥寒，衣服破烂，鞋子也不完好。走在雪上，鞋有面无底，脚全踩在地上。路上的人笑话他，东郭先生回敬他们说："谁能穿鞋在雪中走路，叫人看去，脚上面是鞋，而鞋下面竟然像人的脚么？"等到他被任命为二千石俸禄的官员时，佩带青绶印信走出宫门，去向房东告别。先前那些和他一同在公府等差的人，一字儿排列在都门外送行。一路荣华富贵，显名于当世。这就是所说的穿着粗布衣服而怀揣珍宝的人。当他贫困时，没有人理睬；等他富贵时，就争着依附他。谚语说："相马时因瘦而漏掉好马，相士时因贫穷而漏掉贤士。"大概说的就是这种情况吧？

王夫人病甚，人主至自往问之曰："子当为王，欲安所置之？"对曰："愿居雒阳。"人主曰："不可。雒阳有武库、敖仓①，当关口，天下咽喉。自先帝以来，传②不为置王。然关东国莫大于齐，可以为齐王。"王夫人以手击头，呼"幸甚"。王夫人死，号曰"齐王太后薨"。

◎**注释** ①〔敖仓〕秦汉粮仓名。为当时最重要的粮仓，亦为兵家必争之地。②〔传〕相沿，历来。

◎**大意** 王夫人病得厉害，武帝亲自探望并问她："你的儿子应当封王，你想把他安置在什么地方？"王夫人回答说："想让他住在雒阳。"武帝说："不行。雒阳有兵器库、敖仓，又是关口，是天下的咽喉要道。自先帝以来，从不在此设置王位。但是关东地区的封国，没有比齐国更大的，可以当齐王。"王夫人用手叩头，口呼"太幸运了"。王夫人死后，称为"齐王太后逝世"。

◎ 滑稽列传第六十六

昔者，齐王使淳于髡献鹄于楚。出邑门，道飞其鹄，徒揭空笼，造诈成辞，往见楚王曰："齐王使臣来献鹄，过于水上，不忍鹄之渴，出而饮之，去我飞亡。吾欲刺腹绞颈而死，恐人之议吾王以鸟兽之故令士自伤杀也。鹄，毛物，多相类者，吾欲买而代之，是不信而欺吾王也。欲赴佗（他）国奔亡，痛吾两主使不通。故来服过，叩头受罪大王。"楚王曰："善，齐王有信士若此哉！"厚赐之，财倍鹄在也。

◎**大意** 以前，齐王派淳于髡向楚国献天鹅。出了邑门，在路上天鹅飞了，只剩下个空笼子，淳于髡便编了一套假话，前去拜见楚王说："齐王派我来献天鹅，从水边路过时，我不忍心看到天鹅受渴，把它放出笼子让它喝水，没想到它飞跑了。我想刺破肚子勒紧脖子自杀而死，又怕有人议论大王因鸟兽而使士人自杀。天鹅，不过是个长毛的东西，这类东西很多，我想买一只代替它，但这是不守信而欺骗大王啊。想到其他国家逃亡，又痛惜齐楚两国君主使节不通。所以前来认错，叩头请大王处罚。"楚王说："好啊，齐王竟有这样的诚信之士啊！"于是优厚地赏赐他财物，比送到天鹅所应得的赏赐还要高一倍。

武帝时，征北海太守诣行在所①。有文学卒史②王先生者，自请与太守俱："吾有益于君，君许之。"诸府掾功曹③白云："王先生嗜酒，多言少实，恐不可与俱。"太守曰："先生意欲行，不可逆。"遂与俱。行至宫下，待诏宫府门。王先生徒怀钱沽酒，与卫卒仆射饮，日醉，不视其太守。太守入跪拜。王先生谓户郎曰："幸为我呼吾君至门内遥语。"户郎为呼太守。太守来，望见王先生。王先生曰："天子即问君何以治北海，令无盗贼，君对曰何哉？"对曰："选择贤材，各任之以其能，赏异等，罚不肖。"王先生曰："对如是，是自誉自伐功，不可也。愿君对言'非臣之力，尽陛下神灵威武所变化也'。"太守曰："诺。"召入，至于殿下，有诏问之曰："何于治北海，令盗贼不起？"叩头对言："非臣之力，尽陛下神灵威武之所变化也。"武帝大笑，曰："於呼！安得长者之语而称之！安所受之？"对曰："受之文学卒史。"帝曰："今安在？"对曰："在宫府门外。"有诏召拜王先生为水衡丞④，以北海太守为水衡都尉⑤。传曰："美言可以市，尊行可以加人。君子相送以言，小人相送以财。"

◎**注释**　①〔行在所〕皇帝出游时临时住宿的地方。②〔文学卒史〕掌管文书的小吏。③〔府掾功曹〕皆为太守府中的属吏。④〔水衡丞〕官名，水衡都尉的助手。⑤〔水衡都尉〕官名，原主盐铁，后掌管上林苑。

◎**大意**　汉武帝时，征召北海郡太守到武帝行宫。有个掌管教育的小吏王先生，请求与太守一起去，说："我去对您有益，请您允许。"太守府中的属吏都说："王先生爱喝酒，话多行动少，恐怕不能与他同去。"太守说："他想去，不能违背他的心意。"就与他一同前去。他们走到宫门前，在宫府门前等待召见。王先生只管用钱买酒，和门卫长官喝酒，整天醉醺醺的，也不看望太守。太守入宫跪拜。王先生对门卫的郎官说："请替我叫我的太守到宫门内远远地喊话。"郎官替他叫来太守。太守前来，看见了王先生。王先生说："皇上假使问您用什么办法治理北海，使那里没有盗贼，您回答什么呢？"太守说："选择有道德有才能的人才，各人按其所能任职，奖赏杰出的，惩罚不好的。"王先生说："这样回答，是赞誉自己，夸耀自己的功绩，这不行。希望您回答说'这不是我的力量，全是陛下神灵威武所起的作用'。"太守说："好的。"太守被召入，来到殿前，武帝诏问太守："用什么方法治理北海，使盗贼不敢出动？"太守叩头回答说："这不是我的力量，全是陛下神灵威武所起的作用。"武帝大笑，说："哎呀！这哪是忠厚老实的人说出来的话！你是从哪里学来的？"太守回答说："是从掌管文书的小吏那里听来的。"武帝说："他现在在哪里？"回答说："就在宫府门外。"武帝下诏任命王先生为水衡丞，以北海太守为水衡都尉。古书上说："美好的言辞可以出卖，尊贵的品行可以超过别人。君子以美言相送，小人以财物相送。"

魏文侯时，西门豹为邺①令。豹往到邺，会长老，问之民所疾苦。长老曰："苦为河伯娶妇，以故贫。"豹问其故，对曰："邺三老、廷掾常岁赋敛百姓，收取其钱得数百万，用其二三十万为河伯娶妇，与祝巫②共分其余钱持归。当其时，巫行视小家女好者，云是当为河伯妇，即娉③取（娶）。洗沐之，为治新缯绮縠④衣，闲居斋戒；为治斋宫河上，张缇绛帷⑤，女居其中。为具牛酒饭食，行十余日。共粉饰之，如嫁女床席，令女居其上，浮之河中。始浮，行数十里乃没。其人家有好女者，恐大巫祝为河伯取之，以故多持女远逃亡。以故城中益空无人，又困贫，所从来久远矣。民人俗语曰'即不为河伯娶妇，水来漂没，溺⑥其人民'云。"西门豹曰："至为河伯娶妇时，原三老、巫祝、父老送女河上，幸来告语之，吾亦往送女。"皆曰："诺。"

◎**注释** ①〔邺〕魏邑名，在今河北临漳西南、磁县东南。②〔祝巫〕古代以祭祀鬼神、消解灾祸为职业的人。③〔娉（pìn）〕男方遣媒向女方问名求婚。④〔缯（zēng）绮縠（hú）〕缯，古代对丝织品的统称。绮，有花纹或图案的丝织品。縠，有皱纹的纱。⑤〔张缇（tí）绛帷〕张，张挂。缇，橘红色的丝织品。绛，深红色。帷，帐子。⑥〔溺〕淹死。

◎**大意** 魏文侯时，西门豹为邺县县令。西门豹到邺县去，召集年高德劭的人，问他们百姓有何疾苦。那些人说："最苦的是给河神娶媳妇，百姓因此贫苦。"西门豹问原因，老人回答说："邺县的三老、县吏每年向百姓征收苛捐杂税，收取的钱有数百万之多，用其中二三十万为河神娶媳妇，再同巫婆、祭师瓜分其余的钱拿回家。在那时，巫婆四处巡游，见穷人家的女子长得好，说是应该做河神的媳妇，便当即求婚娶走。给她洗澡，给她制作绸缎衣裳，让她独居斋戒；为她在黄河边建个斋戒宫，张挂色彩绚丽的帐子，让她住在其中。给她酒肉饭食，直至十几天后。大家共同装饰乘浮的工具，像置办嫁女的床席，让女子坐在上面，把它漂到黄河中。开始还漂浮在水面上，漂行几十里就淹没了。那些有漂亮女子的人家，害怕巫婆替河神把女儿娶走，所以大多带着女儿逃跑了。所以城中更加空荡无人，更加贫困。这种情况由来已久了。民间俗语说：'如果不给河神娶媳妇，河水就会淹没庄稼，溺死百姓。'"西门豹说："等到为河神娶妻时，请三老、巫婆、父老到河边为新娘送行，希望你们来告诉我，我也要前往送亲。"都说："是。"

至其时，西门豹往会之河上。三老、官属、豪长者、里父老皆会，以人民往观之者三二千人。其巫，老女子也，已年七十。从弟子女十人所，皆衣缯单衣①，立大巫后。西门豹曰："呼河伯妇来，视其好丑。"即将女出帷中，来至前。豹视之，顾谓三老、巫祝、父老曰："是女子不好，烦大巫妪为入报河伯，得更求好女，后日送之。"即使吏卒共抱大巫妪②投之河中。有顷，曰："巫妪何久也？弟子趣③之！"复以弟子一人投河中。有顷，曰："弟子何久也？复使一人趣之！"复投一弟子河中。凡投三弟子。西门豹曰："巫妪、弟子是女子也，不能白事，烦三老为入白之。"复投三老河中。西门豹簪笔磬折④，乡（向）河立待良久。长老、吏傍观者皆惊恐。西门豹顾曰："巫妪、三老不来还，奈之何？"欲复使廷掾与豪长者一人入趣之。皆叩头，叩头且破，额血流地，色如死灰。西门豹曰："诺，且留待之须臾。"须臾，豹曰："廷掾起矣。状⑤河伯留客之久，若皆罢去归矣。"邺吏民大惊恐，从是以后，不敢复言为河伯娶妇。

◎**注释** ①〔缯单衣〕绢制的单衣。②〔妪（yù）〕年老的女人。③〔趣〕催促。④〔簪笔磬折〕帽子上插着类似毛笔的簪子，像石磬那样弯着腰，装出毕恭毕敬的样子。折，弯，这里指弯腰。⑤〔状〕推测。

◎**大意** 到了河神娶亲这一天，西门豹前往河边与人们相会。三老、官员、豪绅、父老乡亲都聚在一起，老百姓前往观看的有两三千人。那个巫婆，是个年老的妇女，已经七十岁了。随从有十多个女徒弟，都穿着绫罗绸缎做的祭祀礼服，站在大巫婆身后。西门豹说："叫河神媳妇来。我看她长得美还是丑。"立即把女子扶出帐帷，送到西门豹跟前。西门豹看了她一眼，回头对三老、巫婆、父老说:"这个女子不美,麻烦老巫婆替我入河报告河神,得另找个美女,后日把她送去。"立即让士兵一起抱起大巫婆扔进河里。过了一会儿,西门豹说:"巫婆怎么去了这么久?徒弟去催一下她吧!"就把巫婆的一个徒弟投入河中。过了一会,又说:"徒弟怎么也去了这么久?再派一个去催一下!"又把一个徒弟扔进河里。一共投了三个徒弟。西门豹说:"巫婆和她的徒弟都是女子,不会报告事情,烦请三老替我入河报告。"又把三老投入河中。西门豹毕恭毕敬,面对黄河站了很长时间。在一旁观看的长老、官吏都很害怕。西门豹回头说:"巫婆、三老不回来,怎么办呢?"想要再派县吏和一个豪绅入河催促。他们都叩头,头都叩破了,额上的鲜血流到地上,面如死灰。西门豹说:"好吧,暂且等待一会儿。"过了片刻,西门豹说:"县吏起来吧。看样子河神要久留客人,你们都回去吧。"邺县的官吏百姓都大为惊恐,从此以后,不敢再说给河神娶媳妇的话了。

西门豹即发民凿十二渠,引河水灌民田,田皆溉。当其时,民治渠少烦苦,不欲也。豹曰:"民可以乐成,不可与虑始。今父老子弟虽患苦我,然百岁后期令父老子孙思我言。"至今皆得水利,民人以给足富。十二渠经绝驰道①,到汉之立,而长吏以为十二渠桥绝驰道,相比近,不可。欲合渠水,且至驰道合三渠为一桥。邺民人父老不肯听长吏,以为西门君所为也,贤君之法式不可更也。长吏终听置之。故西门豹为邺令,名闻天下,泽流后世,无绝已时,几(岂)可谓非贤大夫哉!

◎**注释** ①〔经绝驰道〕经绝,横穿。驰道,天子车驾所走的大道。
◎**大意** 西门豹立即征发百姓开凿了十二条河渠,引黄河水灌溉老百姓的田地,田地都得到灌溉。当要开渠之时,百姓稍嫌烦扰劳苦,不想修渠。西门豹说:"老百姓,只可与他们安享其成,不可与他们谋划开创新事物。现在父老子弟虽然埋怨我,但是百年以后会让父老子弟想起我所说的话。"直到现在,邺县人都在享受水的益处,人民因此丰衣足食。十二道渠横穿御道,到汉朝建立,县上主官认为十二渠上的桥梁穿过御道,彼此又离得很近,不行。想汇合渠水,把流经御道的那些渠，合三为一，只架一座桥梁。邺县百姓不肯听长官的话，认为这是西门豹所修的，贤良长官推行的制度不可更改。长官最终听从了百姓的话。所以西门豹做邺县县令，名扬天下，德泽流传后世，永无休止之时。难道可以说他不是贤能的长官吗？

传曰："子产治郑，民不能欺；子贱治单父，民不忍欺；西门豹治邺，民不敢欺。"三子之才能谁最贤哉？辨治者当能别之。

◎**大意**　古书上说："子产治理郑国，百姓无法欺骗他；子贱治理单父，百姓不忍欺骗他；西门豹治理邺县，百姓不敢欺骗他。"这三个人的才能谁最高呢？研究政治的人自然能辨别清楚。

◎**知识拓展**

　　首先，《滑稽列传》表现了司马迁重视底层人民的可贵品质。他善于挖掘底层人物身上的美好品质，并对他们进行热情的歌颂。这些滑稽人物能够为了国家与百姓的利益仗义执言，能够灵活巧妙地批评残暴荒淫的统治者，能够用巧妙的方式转变统治者荒谬的想法，从而给国家和百姓带来好处。如淳于髡三次用隐语向齐王进谏，表现了其对国家大事的关心。其次，《滑稽列传》记录警语、罗列逸事的叙事方法，给魏晋以后诸如《世说新语》一类的逸事小说开辟了道路。太史公的游戏文字实为唐人小说之祖，这在文学史上也具有开创性。全传貌似写极鄙极亵之事，开篇却从六艺入笔，可谓开宗明义。以下相继写"齐髡以一言而罢长夜之饮""优孟以一言而恤故吏之家""优旃以一言而禁暴主之欲"之事，均紧扣全文主旨，多用赋笔，布局精巧，句法奇秀，妙趣横生，读来令人拍案称奇。李景星评论本篇："赞语若雅若俗，若正若反，若有理若无理，若有情若无情，数句之中，极嬉笑怒骂之致，真是神品。"（《史记评议》）吴见思也说："淳于髡一段，纯用赋笔，句法奇秀，而优孟学孙叔敖一段，亦有珊珊来迟之致，读之令人击节。"（《史记论文》）最后，褚少孙的文笔，相较于司马迁来说虽然稍显蔓弱，但是西门豹一段续写得栩栩如生，可谓深得该传的精髓。

日者列传

第六十七

《日者列传》是褚少孙所补篇目之一，司马迁所作原文已佚。日者，是察日占候的星占家，也是占候卜筮之人的统称。司马迁在《太史公自序》中阐明所述此篇之旨："齐、楚、秦、赵为日者，各有俗所用。欲循观其大旨，作《日者列传》第六十七。"司马迁原本意在记录齐、楚、秦、赵各地的日者，认为他们各随其俗有所不同，想要纵观其大要。褚少孙所补此文，专记司马季主，而且体例不与前面的《佞幸列传》《滑稽列传》等相同，通篇是赋体而非传体。本文侧重写司马季主与宋忠、贾谊的对话，主要论辩了职业不分高低贵贱的问题。褚少孙在《日者列传》正文之后阐述了此篇的作意："夫司马季主者，楚贤大夫，游学长安，通《易经》，术黄帝、老子，博闻远见。观其对二大夫贵人之谈言，称引古明王圣人道，固非浅闻小数之能。及卜筮立名声千里者，各往往而在。"认为司马季主与贾谊、宋忠的言论说明他并非只是学识浅薄、玩弄方术之人，所以记载了下来。宋忠、贾谊身份高贵，一为中大夫，一为博士，他们认为占卜既不能获得尊贵的官职和优厚的俸禄，又不能所言皆真、所行皆验，是地位卑下、污浊的行业。然后司马季主以滔滔不绝之言反驳他们的观点，直说得两人怅然若失、闭口不言。两人最终被司马季主彻底说服。此文突出了日者司马季主的形象，实际上可以说是司马季主传。

自古受命①而王，王者之兴何尝不以卜筮②决于天命哉！其于周尤甚，及秦可见。代王之入，任于卜者。太卜之起，由汉兴而有。

◎**注释** ①〔受命〕承受天命。②〔卜筮〕古人占卜吉凶的两种主要方式。卜，用甲骨焚烧后的裂纹来预测吉凶。筮，根据蓍草的排列情况来预测祸福。
◎**大意** 自古以来凡是承受天命成为帝王的人，他们的兴起哪一个不是以占卜来占测天命呢！这在周朝最为盛行，到了秦朝还可看到。代王刘恒入朝为帝，也是听任占卜者的话。太卜官的设立，就是从汉朝兴建以来开始的。

司马季主者，楚人也。卜于长安东市。

◎**大意** 司马季主，楚地人。在长安东市占卜。

宋忠为中大夫①，贾谊为博士，同日俱出洗沐②，相从论议，诵易先王圣人之道术，究遍人情，相视而叹。贾谊曰："吾闻古之圣人，不居朝廷，必在卜医之中。今吾已见三公九卿朝士大夫，皆可知矣。

试之卜数中以观采。"二人即同舆③而之市,游于卜肆中。天新雨,道少人,司马季主闲坐,弟子三四人侍,方辩天地之道,日月之运,阴阳吉凶之本。二大夫再拜谒。司马季主视其状貌,如类有知者,即礼之,使弟子延之坐。坐定,司马季主复理前语,分别天地之终始,日月星辰之纪,差次仁义之际,列吉凶之符,语数千言,莫不顺理。

◎**注释** ①〔中大夫〕官名,职掌议论。②〔洗沐〕指休假。③〔舆〕车。
◎**大意** 宋忠任中大夫,贾谊任博士,两人同一天一起出朝休假,一边走一边谈论,说着先王圣人的治世之道,广泛探讨人情世故,两人相视而叹。贾谊说:"我听说古代的圣人不在朝当官的话,就必然在占卜者和医师之中。现在我已见过三公九卿大小官僚,都已熟知。不妨试着到占卜行看一下。"两人即刻同坐一辆车到街市上,在占卜店铺中游逛。天刚下过雨,路上行人稀少,司马季主闲坐着,有三四个弟子陪侍,正在辩说天地变化的规律、日月运行的道理、阴阳吉凶的根本。二位大夫上前拜见。司马季主看他们的举止容貌,像是有知识的人,当即还礼。指示弟子迎请他二人入座。坐好后,司马季主又重谈前面的话题,分析天地的产生和终结,日月星辰的运行规律,区别仁义的交合关系,排列吉凶祸福的符应,讲了许多话,没有不顺理成章的。

宋忠、贾谊瞿然①而悟,猎缨②正襟危坐,曰:"吾望先生之状,听先生之辞,小子窃观于世,未尝见也。今何居之卑,何行之污③?"

◎**注释** ①〔瞿(jù)然〕吃惊的样子。②〔猎缨〕整理好帽子,以示恭敬。③〔行之污〕指从事的行业被人瞧不起。
◎**大意** 宋忠、贾谊大为吃惊而豁然开朗,整理好帽子、衣襟,端正地坐好,说:"我看了先生的样子,听了先生的言论,私下里观察当今之世,未曾碰到过您这样的人。现在您为何要处在如此卑下的位置,为何要干如此污浊的事呢?"

司马季主捧腹大笑曰:"观大夫类有道术者,今何言之陋也,何辞之野也!今夫子所贤者何也?所高者谁也?今何以卑污长者?"

◎**大意** 司马季主捧腹大笑道:"看你们二位大夫像是有道术之人,今日说话为什么这么浅陋,言辞为什么这样粗野呢!现在你们所认为的贤人是谁?所认为高尚的人是谁?今天为何把我当作地位卑下职业污浊的人呢?"

二君曰:"尊官厚禄,世之所高也,贤才处之。今所处非其地,故谓之卑。言不信,行不验,取不当,故谓之污。夫卜筮者,世俗之所贱简①也。世皆言曰:'夫卜者多言夸严②以得人情,虚高人禄命③以说(悦)人志,擅言祸灾以伤人心,矫言鬼神以尽人财,厚求拜谢以私于己。'此吾之所耻,故谓之卑污也。"

◎**注释** ①〔贱简〕贱,低贱,下贱。简,简单。意即卜筮是个低贱而又简单的职业。②〔夸严〕夸大其词,荒诞不经。③〔禄命〕官禄与寿命。

◎**大意** 两人说:"官职尊贵,俸禄优厚,世人认为这就是崇高,贤能之人才能占有它。现在您所处的不是这样的地位,所以说卑下。所言不真实,所行不灵验,所取不恰当,所以说是污浊的。占卜这一行,是世人所鄙视的。世人都说:'占卜的人多巧言夸张以迎合人情世故,假意抬高别人的命运以讨人喜欢,乱说灾祸以让人忧伤着急,假托鬼神以搜刮财物,贪求别人的谢礼以满足私利。'这是我们认为可耻的行为,所以说卑下污浊。"

司马季主曰:"公且安坐。公见夫被(披)发童子①乎?日月照之则行,不照则止,问之日月疵瑕吉凶,则不能理。由是观之,能知别贤与不肖者寡矣。

◎**注释**　①〔被发童子〕古代男子成年要举行冠礼。披发无冠表示不是成年男子，故称"童子"。

◎**大意**　司马季主说："你们暂且好好坐着。二位见过披发的童子吗？日月照着他们就走路，不照就止步，问他们日月的斑痕与人事吉凶之事，他们就不能解释。由此看来，能知道分别贤与不贤的人很少了。

"贤之行也，直道以正谏，三谏不听则退。其誉人也不望其报，恶人也不顾其怨，以便国家利众为务。故官非其任①不处也，禄非其功不受也；见人不正，虽贵不敬也；见人有污，虽尊不下也；得不为喜，去不为恨；非其罪也，虽累辱而不愧也。

◎**注释**　①〔任〕胜任。

◎**大意**　"贤者处事，遵循直道而以正言规劝人主，三次劝谏不听就退下。他们称誉别人不指望有所回报，斥责别人也不顾及是否招来怨恨，以利国利民为己任。所以官职不是自己所能胜任的就不居其位；俸禄不是自己功劳所应得到的就不接受；所见之人不正派，即使他显贵也不尊敬他；所见之人有污点，即使他尊贵也不屈居其下；有所得而不为之高兴，有所失也不为之遗憾；不是自己的罪过，即使多次受辱也不感到羞愧。

"今公所谓贤者，皆可为羞矣。卑疵①而前，孅趋②而言；相引以势，相导以利；比周宾（摈）正③，以求尊誉，以受公奉；事私利，枉主法，猎农民；以官为威，以法为机，求利逆暴：譬无异于操白刃劫人者也。初试官时，倍力为巧诈，饰虚功执空文以罔主上，用居上为右④；试官不让贤陈功，见伪增实⑤，以无为有，以少为多，以求便势尊位；食饮驱驰，从姬歌儿⑥，不顾于亲，犯法害民，虚公家：此夫为盗不操矛弧⑦者也，攻而不用弦⑧刃者也，欺父母未有罪而弑君未伐者也。何以为高贤才乎？

◎**注释** ①〔卑疵〕卑，卑下。疵，有缺点。②〔孅（xiān）趋〕孅，细小纤微。趋，迎合，趋向。③〔比周宾正〕比周，结党营私。宾，通"摈"，排挤。④〔用居上为右〕用以达到最尊贵的地位。⑤〔见伪增实〕见到虚假的，也要说成真实的。⑥〔从姬歌儿〕侍从美姬，歌儿舞女。⑦〔弧〕木弓。⑧〔弦〕弓上发箭的弦绳，指箭。

◎**大意** "今天你们所说的贤能之人，都是些可耻的人。他们低声下气地走到主子面前，恭恭敬敬地说话；以权势相勾结，以私利相诱导；结党营私，排斥正直君子，以谋求尊位荣誉，以享受公家俸禄；营取私利，破坏王法，敲诈农民；做官耍威风，以法律为工具，谋求私利，横行霸道：这和持刀抢人没有什么区别。刚当官时，加倍努力弄巧耍诈，粉饰虚有的功劳，用空话文书来欺骗主上，以便爬上高位；当官不让贤人而吹嘘功劳，弄假成真，以无为有，以少为多，以便求得权势和尊位；美食宴饮，驱车游乐，美姬歌舞，不顾父母，违法害民，挖空公家：这是抢家夺舍而不拿弓矛，攻击他人而不用刀箭，欺凌父母而未被判罪，杀害国君而未被讨伐的人。为什么把他们说成高尚贤能之人呢？

"盗贼发不能禁，夷貊①不服不能摄（慑），奸邪起不能塞，官耗乱不能治，四时不和不能调，岁谷不孰（熟）不能适。才贤不为，是不忠也；才不贤而托②官位，利上奉，妨③贤者处，是窃位也；有人者进，有财者礼，是伪也。子独不见鸱枭④之与凤皇翔乎？兰芷芎䓖⑤弃于广野，蒿萧成林，使君子退而不显众，公等是也。

◎**注释** ①〔夷貊（mò）〕泛指少数民族。夷，古代东南地区的少数民族。貊，古代东北地区的少数民族。②〔托〕处于。③〔妨〕妨碍，妨害。④〔鸱枭（chī xiāo）〕猫头鹰。⑤〔芎䓖（xiōng qióng）〕香草名。又称"川芎"。

◎**大意** "盗贼出现不能禁止，蛮夷不服不能威慑，奸邪兴起不能遏制，官员贪赃枉法不能惩治，四季不和不能调节，五谷不熟不能调济。才德贤能而不作为，这是不忠的表现；才德不贤能而占官位，贪图俸禄，妨害贤者，这是偷窃官位；朝中有人则引荐升官，家中有财便以礼相待，这是虚伪。您难道没见过猫头鹰与凤凰一起飞翔吗？兰草、白芷、川芎等香草被遗弃于旷野，青蒿、艾蒿等杂草却茂密如林，使君子隐退而不能显要于众人，正是你们这样的人造成的。

"述而不作，君子义也。今夫卜者，必法天地，象四时，顺于仁义，分策①定卦，旋式（栻）正棋②，然后言天地之利害，事之成败。昔先王之定国家，必先龟策日月③，而后乃敢代；正时日，乃后入家；产子必先占吉凶，后乃有之。自伏羲作八卦，周文王演三百八十四爻而天下治。越王句践放（仿）文王八卦以破敌国，霸天下。由是言之，卜筮有何负哉！

◎ **注释** ①〔分策〕分辨蓍草的排列情况，以预测吉凶祸福。②〔旋式正棋〕女旋式，旋转栻盘。式，通"栻"，古代占卜用具。正棋，指占卜作卦。③〔龟策日月〕用龟甲、蓍草占卜，确定良辰吉日。

◎ **大意** "客观陈述而不标新立异，这是君子的德行。现在的占卜者，必定效法天地，以卦爻符号象征四时，顺合仁义，分辨蓍草确定卦象，旋转栻盘占卜卦象，然后讲天地的利害、事情的成败。从前先王建立国家，必先占卜良辰吉日，然后才敢代天行事，取代前朝；选择吉利的时间，然后入朝；家中生子必先占卜吉凶，然后才养育他。自从伏羲制作八卦，周文王推演三百八十四爻后，天下大治。越王句践仿效周文王的八卦来攻破敌国，称霸天下。由此说来，占卜有什么羞耻的呢！

"且夫卜筮者，扫除设坐①，正其冠带，然后乃言事，此有礼也。言而鬼神或以飨，忠臣以事其上，孝子以养其亲，慈父以畜其子，此有德者也。而以义置数十百钱，病者或以愈，且死或以生，患或以免，事或以成，嫁子娶妇或以养生：此之为德，岂直（值）数十百钱哉！此夫《老子》所谓'上德不德，是以有德'。今夫卜筮者利大而谢少，老子之云岂异于是乎？

◎**注释** ①〔设坐〕摆好座位。

◎**大意** "况且占卜的人，扫除灰尘、摆好座位，理正帽子腰带，然后才谈论吉凶之事，这是符合礼仪的表现。其言论使鬼神享有祭品，忠臣因此侍奉皇上，孝子因此奉养父母，慈父因此哺育儿子，这是有德行的表现。而求卜者出于道义给卜者几十甚至上百文钱，生病的有的痊愈了，将死的有的活过来了，祸患有的免除了，事情有的成功了，嫁女娶妻有的生儿育女了：这样的功德，难道仅值几十文钱、上百文钱吗？这就是《老子》中说的'有大德行的人，并不以德自居，这才是最有德行'。现在占卜者对人益处大而得到的酬谢少，老子的话难道与此不同吗？

"《庄子》曰：'君子内无饥寒之患，外无劫夺之忧，居上而敬，居下不为害，君子之道也。'今夫卜筮者之为业也，积之无委聚①，藏之不用府库，徙之不用辎车②，负装之不重，止而用之无尽索之时。持不尽索之物，游于无穷之世，虽庄氏之行未能增于是也，子何故而云不可卜哉？天不足西北，星辰西北移；地不足东南，以海为池；日中必移，月满必亏；先王之道，乍存乍亡。公责卜者言必信，不亦惑乎！

◎**注释** ①〔委聚〕聚集成堆。②〔辎（zī）车〕古代有帷盖的车子。既可载物，又可作为卧车。

◎**大意** "《庄子》中说：'君子内无受饿挨冻的担忧，外无遭遇抢夺的忧愁，居高位而恭敬，居下位不做坏事，这就是君子之道。'现在占卜者干事业，积蓄的财物没有成堆成垛，要贮藏也用不到仓库，要迁徙也不用车辆，背起来也不重，停下来使用它们却没有穷尽之时。拿着用不完的东西游于无穷之世，即使庄子的德行也不能比这还好。你们为什么说不能从事占卜业呢？天的西北不足，星辰便向西北移动；地的东南不满，便以海为池；太阳过了中午必然西移，月亮圆满以后必定亏损；先王之道，忽存忽亡。你们责求卜者言必有信，不令人疑惑吗！

"公见夫谈士辩人①乎？虑事定计，必是人也，然不能以一言说（悦）人主意，故言必称先王，语必道上古；虑事定计，饰先王之成功，语其败害，以恐喜人主之志，以求其欲。多言夸严，莫大于此矣。然欲强国成功，尽忠于上，非此不立。今夫卜者，导惑教愚②也。夫愚惑之人，岂能以一言而知之哉！言不厌多③。

◎**注释** ①〔谈士辩人〕能言善辩之士。②〔导惑教愚〕开导迷惑，教育愚昧。③〔言不厌多〕说话不厌其多。

◎**大意** "你们见过能说会道之士吗？考虑事情，决定计谋，必定是这些人，然而不能以只言片语让皇上喜悦，所以他们言必称先王，语必道上古；考虑事情，确定计谋，夸饰先王的成功之处，谈论他们的败亡祸害，以恐惧和欣喜来影响皇上的心意，以求达到他的要求。夸夸其谈，自吹自擂，没有比这更厉害的了。然而要想使国家强盛成就功业，尽忠于皇上，非这样做不可。现在占卜的人是在教导愚昧迷惑之人。愚昧迷惑之人，怎么能以只言片语使他们聪明呢！所以说话要不厌其多。

"故骐骥①不能与罢（疲）驴为驷②，而凤皇不与燕雀为群，而贤者亦不与不肖者同列。故君子处卑隐以辟众，自匿以辟伦③，微见④德顺以除群害，以明天性，助上养下，多其功利，不求尊誉。公之等喁喁⑤者也，何知长者之道乎！"

◎**注释** ①〔骐骥〕骏马。②〔驷〕四匹马同驾一辆车。③〔伦〕群，众人。④〔微见〕暗中观察。⑤〔喁喁（yú）〕形容低声说话，窃窃私语。

◎**大意** "所以良马不能与疲驴同驾一车，凤凰不能与燕雀混为一群，而贤能者不可与才德低下的人在一起。所以君子甘愿处于卑微隐蔽的地方以避开凡俗之众，自己躲藏起来以避开众人，暗中观察天理人情以解除人们的灾害，以表明天的本性，上助朝廷，下养民众，功多利大而不求尊贵荣誉。你们这些窃窃私语的人，怎么会知道长者的道理呢！"

宋忠、贾谊忽①而自失，芒乎②无色，怅然噤口③不能言。于是摄衣④而起，再拜而辞。行洋洋⑤也，出门仅能自上车，伏轼低头，卒不能出气。

◎**注释** ①〔忽〕恍惚。②〔芒乎〕茫然。③〔噤口〕哑口无言。④〔摄衣〕提起衣服。⑤〔洋洋〕茫然不知所归的样子。

◎**大意** 宋忠、贾谊恍惚而若有所失，茫然而面无人色，怅然不乐，闭口不言。于是两人提着衣摆站起，拜了又拜后告辞。他们茫然地走出门，勉强爬上自己的车子，伏在车前横木上低头纳闷，一直透不过气来。

居三日，宋忠见贾谊于殿门外，乃相引屏语①相谓自叹曰："道高益安，势高益危。居赫赫之势，失身且有日矣。夫卜而有不审②，不见夺糈③；为人主计而不审，身无所处。此相去远矣，犹天冠地屦④也。此《老子》之所谓'无名者万物之始'也。天地旷旷⑤，物之熙熙⑥，或安或危，莫知居之。我与若，何足预彼哉！彼久而愈安，虽曾氏⑦之义，未有以异也。"

◎**注释** ①〔屏语〕避人而语。②〔不审〕不详审，失误。③〔糈（xǔ）〕祭神用的精米，此处指酬金。④〔天冠地屦（jù）〕顶天的帽子，着地的鞋子。比喻天差地别，不能相比。⑤〔旷旷〕空旷无边的样子。⑥〔熙熙〕旺盛生长的样子。⑦〔曾氏〕"曾"当作"庄"，庄氏即庄子。

◎**大意** 过了三天，宋忠在殿门外见到贾谊，就互相打招呼，避开旁人感叹说："道德越高越安全，权势越高越危险。一个人若有显赫的权势，丧身将指日可待。占卜有不周之处，也不会被夺去应得的酬金；可是为皇帝出谋划策若不周全，就无容身之地了。这两种结果相差很大，就像顶天的帽子和着地的鞋子一样。这就是《老子》中说的'无名是天地万物的本源'。天地空旷无边，万物丰盛杂乱，或安或危，不知所处。我与你，哪里能够与司马季主相比呢！他的职业日子愈久就愈安稳，即使是庄子的境界，也与此没有不同。"

久之，宋忠使匈奴，不至而还，抵罪。而贾谊为梁怀王傅，王堕马薨，谊不食，毒恨①而死。此务华绝根②者也。

◎**注释** ①〔毒恨〕痛悔。②〔务华绝根〕追求浮华而丧失性命。
◎**大意** 过了很久，宋忠出使匈奴，没有到达目的地就回来了，因此被判罪。而贾谊担任梁怀王刘胜的太傅，怀王从马上摔下来而死，贾谊悲痛得吃不下饭，最终怀着憾恨而死。这都是追求荣华富贵而绝命的人。

太史公曰：古者卜人所以不载者，多不见于篇。及至司马季主，余志而著之。

◎**大意** 太史公说：古代的占卜之人不被记载，是因为他们的事迹大多没有文献可查。近来有了司马季主，我便将其言行记录下来。

褚先生曰：臣为郎时，游观长安中，见卜筮之贤大夫，观其起居行步，坐起自动，誓正其衣冠而当乡人也，有君子之风。见性好解妇①来卜，对之颜色严振，未尝见齿而笑也。从古以来，贤者避世，有居止舞（芜）泽②者，有居民间闭口不言，有隐居卜筮间以全身者。夫司马季主者，楚贤大夫，游学长安，通《易经》，术黄帝、老子，博闻远见。观其对二大夫贵人之谈言，称引古明王圣人道，固非浅闻小数之能。及卜筮立名声千里者，各往往③而在。传曰："富为上，贵次之；既贵各各学一伎能立其身。"黄直，大夫也；陈君夫，妇人也：以相马立名天下。齐张仲、曲成侯以善击刺学用剑，立名天下。留长孺以相彘立名。荥阳褚氏以相牛立名。能以伎能立名者甚多，皆有高世绝人之风，何可胜言。故曰："非其地，树之不生；非其意，教之不成。"夫家之教子孙，当视其所以好，好含苟生活之道，因而成之。故曰："制宅命子④，足以观士；子有处所，可谓贤人。"

◎**注释** ①〔性好解妇〕性情随和而又善解人意的妇女。②〔舞泽〕荒芜的大泽。③〔往往〕处处。④〔制宅命子〕建造住宅，为子取名。

◎**大意** 褚少孙先生说："我任郎官时，在长安市中游览，看见那些占卜的贤士大夫，观察他们的起居行动，不论坐下还是起来都自然得体，即使面对乡野之人也要整理好衣服帽子，很有君子风度。见到性情随和、善解人意的妇女来占卜，对她们神色严肃，未曾露齿而笑。自古以来，贤能的人避开俗世，有的居住在荒芜的大泽，有的居住在民间闭口不谈政事，有的隐居在占卜者中间以保全性命。司马季主是楚国的贤良大夫，游学于长安，通熟《易经》，研究黄老之术，学问广博，见识深远。看他对宋忠、贾谊两位大夫的言谈，称引古代英明帝王和圣人之道，并非只是学识浅薄玩弄方术之人。靠占卜而扬名千里的人，各处都有。古书上说："富有为上，显贵次之；既已显贵，又各学一技立身于世。"黄直是个大夫，陈君夫是个妇人：他们都以善于相马而名扬天下。齐地的张仲、曲成侯以善于击剑而名扬天下。留长孺以善于相猪而成名。荥阳褚氏以善于相牛而成名。能以技能成名的人非常多，都有超过常人的风范，哪能说得完呢。所以说："不适合生长之地，树就不能生长；不合他的心意，教他什么也不会成功。"家庭教育子孙，应当看他的爱好，爱好如果合于生活之道，就要因势利导而促使他成才。所以说："建怎样的住宅，给孩子取什么名字，足以看清士人的志趣所在；能让自己的孩子有安身立命之所，就可以称得上贤人。""

臣为郎时，与太卜待诏①为郎者同署②，言曰："孝武帝时，聚会占家问之，某日可取妇乎？五行家曰可，堪舆家③曰不可，建除家④曰不吉，丛辰家⑤曰大凶，历家⑥曰小凶，天人家⑦曰小吉，太一家⑧曰大吉。辩讼不决，以状闻⁹。制曰：'避诸死忌，以五行为主。'"人取于五行者也。

◎ **注释** ①〔待诏〕以一技之长听候皇帝之命。②〔署〕官署，衙门。③〔堪舆家〕以察勘住宅、坟地风水为业的人。④〔建除家〕以十二地支来判定这一天吉凶的人。⑤〔丛辰家〕分辨十二辰所随属为善神或恶煞的人。⑥〔历家〕研究天时历法与人事吉凶关系的术数家。⑦〔天人家〕研究"天人合一"及天人关系的术数家。⑧〔太一家〕以阴阳变化来预测未来的术数家。⑨〔以状闻〕把有关状况奏闻皇上。

◎ **大意** 我做郎官时，与一个以占卜听候皇命的郎官在同一衙门办公，他说："武帝的时候，聚集占卜的专家咨询，某日可以娶亲吗？五行家说可以，堪舆家说不行，建除家说不吉，丛辰家说大凶，历家说小凶，天人家说小吉，太一家说大吉。众人争辩不决，把情况上奏武帝。武帝命令说：'避开各种死凶之忌，以五行家的意见为主。'"看来人们多听信五行家的意见。

◎ **知识拓展**

《日者列传》记录司马季主与宋忠、贾谊的对话，旨在讥讽尊官厚禄者"事私利，枉主法，猎农民；以官为威，以法为机，求利逆暴：譬无异于操白刃劫人者也"的丑恶面目，揭露其"盗贼发不能禁，夷貊不服不能摄，奸邪起不能塞，官耗乱不能治，四时不和不能调，岁谷不孰不能适"的腐朽本质，同时颂扬日者隐居卜筮、导惑教愚、有礼有德、不求宠荣的可贵精神。篇中对话词锋犀利，说理透辟，逻辑严密，词意微妙，极富个性。在具体论述中善于运用生动形象的比喻，增加语言的形象性和说服力，深刻地刻画了性格鲜明的日者形象。所以这篇作品虽然不能作为研究司马迁思想与艺术的依据，但是其本身的思想和艺术价值不能被低估。

龟策列传

第六十八

《龟策列传》是褚少孙所补篇目之一，司马迁所作原文已佚。《龟策列传》开头部分的"太史公曰"一段，许多人认为是司马迁所写，被称作是该篇的序文。自"褚先生曰"以后的文字被认为是褚少孙所补。在《龟策列传》序文中，司马迁首先记述了有史以来卜筮活动的发展历史，以及这些卜筮活动在不同地区、不同民族所采取的不同手段与方式，并认为圣明的帝王将要建立国家、承受天命、举事兴业的时候都很重视占卜之事。然后分析了卜筮活动所产生的背景和原因在于"战伐攻击，推兵求胜，各信其神，以知来事"，即获得预知战争成败的能力。接着用历史往事证明卜筮活动在组织人力、鼓舞人心等方面的重要性，并记述了武帝时代由卜筮所引起的讨伐四夷的战乱和"巫蛊之祸"，以及由此造成的种种恶劣影响，也申明了虽设占卜之官但不能偏听偏信的道理。最后，司马迁批判了龟策的迷信现象："江傍家人常畜龟饮食之，以为能导引致气，有益于助衰养老，岂不信哉！"这里以正为反，以褒为贬，含有辛辣的讽刺意味。至于褚少孙所补的内容，大体可分为三部分：一是简单介绍用神龟占卜的方式，并记载太卜所得古代占龟之说；二是写宋元王梦见神龟的一系列事情以及元王与卫平之间的精彩论辩；三是写西汉时期卜筮的各种卦体及命兆之辞。

太史公曰：自古圣王将建国受命，兴动事业，何尝不宝卜筮以助善！唐虞以上，不可记已。自三代之兴，各据祯祥①。涂山之兆从而夏启世，飞燕之卜顺故殷兴，百谷之筮吉故周王。王者决定诸疑，参以卜筮，断以蓍龟，不易②之道也。

◎**注释** ①〔祯祥〕吉兆。②〔易〕改变。
◎**大意** 太史公说：自古以来，圣明的帝王将要建立国家，承受天命，举事兴业，怎能不重视占卜以助成好事！唐尧、虞舜以前，已经不能记述了。夏、商、周三代兴起，各有所凭借的祥兆：大禹娶涂山氏之女的卜兆吉利而夏启世袭君位，简狄吞飞燕之卵的卜兆吉利而殷朝兴起，后稷善于种植百谷的卜兆吉利而周室称王天下。做帝王的人决断各种疑难，都要以卜筮作为参照，用蓍草、龟甲进行决断，这是不变的规律。

蛮夷氐羌虽无君臣之序，亦有决疑之卜。或以金石，或以草木，国不同俗。然皆可以战伐攻击，推兵求胜①，各信其神，以知来事。

◎**注释** ①〔推兵求胜〕使军队向前推进，求得胜利。

◎**大意** 蛮、夷、氐、羌等民族虽然没有君臣上下的秩序，但也有决疑的占卜。有的用金石，有的用草木，各地风俗不一。但是都以占卜的结果来指导战争，进军求胜，他们各自相信自己的神灵，以预知未来之事。

略闻夏殷欲卜者，乃取蓍龟，已则弃去之，以为龟藏则不灵，蓍久则不神。至周室之卜官，常宝藏蓍龟；又其大小先后，各有所尚，要其归等耳①。或以为圣王遭事无不定，决疑无不见，其设稽神求问之道者，以为后世衰微，愚不师智，人各自安，化分为百室②，道散而无垠，故推归之至微，要絜③于精神也。或以为昆虫之所长，圣人不能与争。其处吉凶，别然否，多中④于人。至高祖时，因⑤秦太卜官。天下始定，兵革未息。及孝惠享国日少⑥，吕后女主，孝文、孝景因袭掌故，未遑⑦讲试，虽父子畴官⑧，世世相传，其精微深妙，多所遗失。至今上即位，博开艺能之路，悉延百端之学，通一伎之士咸得自效⑨，绝伦超奇者为右⑩，无所阿私，数年之间，太卜大集。会上欲击匈奴，西攘大宛，南收百越，卜筮至预见表象⑪，先图其利。及猛将推锋执节⑫，获胜于彼，而蓍龟时日亦有力于此。上尤加意，赏赐至或数千万。如丘子明之属，富溢贵宠，倾于朝廷。至以卜筮射蛊道⑬，巫蛊时或颇中。素有眦睚不快⑭，因⑮公行诛，恣意所伤，以破族灭门者，不可胜数。百僚荡恐，皆曰龟策能言。后事觉奸穷，亦诛三族。

◎**注释** ①〔要其归等耳〕要，概括，归结。归，归旨，目的。等，同样，相同。②〔百室〕指百家。③〔絜（xié）〕衡量，度量。④〔中（zhòng）〕符合。⑤〔因〕因袭。⑥〔享国日少〕在位时间短。⑦〔遑〕闲暇，空暇。⑧〔畴官〕负责天文历算的官员。⑨〔效〕效力。⑩〔为右〕为上。古人尚右，以右为尊。⑪〔预见表象〕预先表现出胜败的征兆。⑫〔推锋执节〕推锋，即摧锋，摧毁敌锋。执节，掌握节制。⑬〔射蛊道〕射，猜测。蛊道，用巫术诅咒或将木偶人埋于地下借以害人的迷信方法。⑭〔眦睚（zì yá）不快〕小矛盾。眦睚，瞪眼睛，引申为微小的怨仇。⑮〔因〕借助，凭借。

◎**大意**　大略听说夏殷时期想占卜的人，就取蓍草龟甲，占卜完就丢掉它，认为龟甲收藏起来就不灵了，蓍草用久了就不神了。到了周代的占卜官，常常把蓍草龟甲像宝贝一样收藏起来；另外，蓍草和龟甲的大小先后，所崇尚的各有不同，而概括其目的是一样的。有的人认为圣王所遇之事没有不是命里注定的，决疑没有不见征兆的，他们设立拜神求卜的方法，以为后世衰败，愚蠢的人不向聪明的人学习，人们各自安于现状，门户繁多，大道散乱无章，所以推演归纳到最精微的程度，主要以精神衡量。有的人认为龟的长处，圣人也不能与之相争。它处理吉凶，辨别是非，多能符合人事。到汉高祖时，沿袭秦朝的太卜官。天下刚刚安定，战争还未停止。等到孝惠帝执政，在位时间短，吕后又是妇女当权，孝文帝、孝景帝继承旧制，都还未来得及讲试龟策。虽然有的父子担任掌管天文历算卜筮的官员，世代相传，其精微深妙之处，还是多有遗失。到汉武帝即位，大开技艺才能之路，尽迎百家之学，精通一技的人都得到效力的机会，绝伦超奇的人官高位尊，无所偏私，几年时间，聚集了很多太卜官。恰巧碰上武帝想要攻击匈奴，向西夺取大宛，向南收复百越，卜筮能预知事情的迹象，事先谋划出有利的方面。等到猛将摧毁敌锋，控制进退，取胜于敌人，而蓍草龟甲占卜吉利的时日也对此大有帮助。武帝尤其器重卜官，赏赐有时多到几千万钱。如丘子明之类的人，财富盈溢，深受恩宠，势倾朝野。至于使用卜筮来猜测谁用巫蛊害人，有时也颇能猜中。平常与卜官稍有矛盾，卜官便借机公报私仇，肆意伤害他人，因此而遭灭族的，多得数不清。百官惶恐，都说龟甲能说话。后来卜官诬陷人的事情败露，奸谋用尽，也被诛灭三族。

夫揲策定数①，灼龟观兆，变化无穷，是以择贤而用占焉，可谓圣人重事者乎！周公卜三龟，而武王有瘳②。纣为暴虐，而元龟不占。晋文将定襄王之位，卜得黄帝之兆，卒受彤弓之命③。献公贪骊姬之色，卜而兆有口象④，其祸竟流五世。楚灵将背周室，卜而龟逆⑤，终被乾溪之败。兆应信诚于内，而时人明察见之于外，可不谓两合者哉！君子谓夫轻卜筮，无神明者，悖；背人道，信祯祥者，鬼神不得其正。故《书》建稽疑⑥，五谋而卜筮居其二，五占从其多，明有而不专之道也。

◎ **注释** ①〔搦（féng）策定数〕搦，执持，双手托物。策，占卜用的蓍草。搦策，两手分蓍。定数，确定蓍草的阴阳数目，以占吉凶。②〔瘳（chōu）〕病愈。③〔彤弓之命〕彤弓，朱红色的弓。古代诸侯有大功，天子赏赐彤弓，赋予征伐大权。④〔口象〕齿牙为祸之兆。⑤〔龟逆〕龟兆不吉利。⑥〔建稽疑〕建立稽考疑难的方法。

◎ **大意** 排列蓍草来推定吉凶，灼烧龟甲观察裂纹征兆，变化无穷，所以选择贤人而任用为占卜之官，可以说是圣人办事慎重吧！周公占卜了三个龟板，而武王病愈。殷纣王为人凶暴，而用大龟甲也占卜不出吉兆。晋文公将要稳定周襄王的王位，占卜得黄帝战于阪泉的吉兆，最终使周天子赠送彤弓。晋献公贪恋骊姬的美色，占卜得到齿牙为祸的凶兆，那场灾祸竟流延晋国五世诸侯。楚灵王将要背叛周王室，占卜得不吉利之兆，终在乾溪败亡。征兆的内容真实应验，而当时的人从表象就可明察，能不说这是两相符合吗？君子认为那些轻视占卜、不信神明的人，十分荒谬；背离人道，只迷信祥瑞的人，鬼神也得不到正位。所以《尚书》建立解决疑难的原则，在五种商量途径中龟卜、蓍筮占其二；五人占卜，应该听从多数人的判断，表明虽设卜官但不能偏听偏信的道理。

余至江南，观其行事，问其长老，云龟千岁乃游莲叶之上，蓍百茎共一根。又其所生，兽无虎狼，草无毒螫①。江傍家人常畜龟饮食之，以为能导引致气，有益于助衰养老，岂不信哉！

◎ **注释** ①〔螫（zhē）〕有毒腺的虫子。

◎ **大意** 我到江南，看那里的人办事，询问那里德高望重的人，说龟活千年才游动到莲叶上，蓍草一百条茎共有一根。另外它们生活的地方，野兽中没有虎狼，草丛中没有毒虫。江边人家常常养龟而食，认为能调节呼吸补益元气，有益于预防衰老，这难道不可信吗！

◎龟策列传第六十八

　　褚先生曰：臣以通经术，受业博士，治①《春秋》，以高第②为郎，幸得宿卫，出入宫殿中十有余年。窃好《太史公传》。《太史公之传》曰："三王不同龟，四夷各异卜，然各以决吉凶，略窥其要，故作《龟策列传》。"臣往来长安中，求《龟策列传》不能得，故之大卜官，问掌故文学长老习事者，写取龟策卜事，编于下方。

◎**注释**　①〔治〕研习。②〔高第〕考核成绩优秀。
◎**大意**　褚先生说：我因通熟经术，受业于博士，研究《春秋》，以较高的名次担任郎官，侥幸得到宿卫的机会，出入宫中十多年了。我私下最喜爱《太史公传》（即《史记》）。《太史公传》说："夏、商、周三代君王龟占方法不同，四方蛮夷的占卜习俗各不相同，然而各自都通过占卜决断吉凶。我略观其大要，所以作《龟策列传》。"我来往于长安城中，寻求《龟策列传》而没有得到，所以去太卜官那里，询问熟悉典故、文学的长老中熟知龟策之事的，记下有关龟策占卜的事，编写在下面。

　　闻古五帝、三王发动举事，必先决蓍龟。传①曰："下有伏灵②，上有兔丝③；上有捣（祷）蓍④，下有神龟。"所谓伏灵者，在兔丝之下，状似飞鸟之形。新雨已，天清静无风，以夜捎⑤兔丝去之，既以篝烛此地。烛之火灭，即记其处，以新布四丈环置之，明即掘取之，入四尺至七尺，得矣，过七尺不可得。伏灵者，千岁松根也，食之不死。闻蓍生满百茎者，其下必有神龟守之，其上常有青云覆之。传曰："天下和平，王道得，而蓍茎长丈，其丛生满百茎。"方今世取蓍者，不能中古法度，不能得满百茎长丈者，取八十茎已上，蓍长八尺，即难得也。人民好用卦者，取满六十茎已上，长满六尺者，既可用矣。记⑥曰："能得名龟者，财物归之，家必大富至千万。"一曰"北斗龟"，二曰"南辰龟"，三曰"五星龟"，四曰"八风龟"，五

361

曰"二十八宿龟",六曰"日月龟",七曰"九州龟",八曰"玉龟":凡八名龟。龟图各有文在腹下,文云云者,此某之龟也。略记其大指,不写其图。取此龟不必满尺二寸,民人得长七八寸,可宝矣。今夫珠玉宝器,虽有所深藏,必见其光,必出其神明,其此之谓乎!故玉处于山而木润,渊生珠而岸不枯者,润泽之所加也。明月之珠出于江海,藏于蚌中,蚨(蛟)龙伏之。王者得之,长有天下,四夷宾服。能得百茎蓍,并得其下龟以卜者,百言百当,足以决吉凶。

◎**注释** ①〔传〕古书上的占卜之说。②〔伏灵〕即茯苓,也作"伏苓",一种寄生在松根上的菌。③〔兔丝〕即菟丝子,又名女萝,一种蔓草。④〔捣蓍〕指丛生的蓍草。捣,通"稠"。⑤〔捎〕割除。⑥〔记〕古代记事之书。

◎**大意** 听说上古五帝、三王要办大事,必先用占卜来决断。古书上说:"下面有茯苓,上面有菟丝;上面有丛蓍,下面有神龟。"所谓茯苓,在菟丝之下,形状像飞鸟的样子。春雨刚停,天气清净无风,趁夜割去菟丝,用灯笼原地照亮它。烛火一灭,便记住这个地方,用四丈新布围起来,第二天立即去挖它,挖到四尺至七尺深,就能挖到茯苓,如果超过七尺就挖不到了。茯苓是千年的松树根,吃它可以长生不老。据说长满一百根茎的蓍草,它的下面必有神龟守护,它的上面常有青云覆盖。古书上说:"天下和平,王道实现,蓍草茎长一丈多,一丛可以长满一百根茎。"当今挖取蓍草的人,不能符合古代的法度,不能得到长够一百根茎、长一丈的蓍草。能得到生八十茎、长八尺的,就很难得了。百姓喜欢占卜的,能得到生六十茎、长六尺的,就可以使用了。古书上记载说:"能得到名龟的人,财物便归于他,家里必会有千万之富。"第一种叫"北斗龟",第二种叫"南辰龟",第三种叫"五星龟",第四种叫"八风龟",第五种叫"二十八宿龟",第六种叫"日月龟",第七种叫"九州龟",第八种叫"玉龟":总共八种名龟。古书所绘龟图各有文字写在龟腹下方,文字所说是,此为某某龟。我记下其大概,不再照画龟图。寻取这些龟,大小不必满一尺二寸,百姓能得到七八寸大的,就很宝贵了。如今的珠玉宝器,即使埋藏得很深,必会显出光芒,必会显出神灵,大概说的就是这个道理吧!所以美玉处于山中而树木润泽，渊潭生出宝珠而水岸不会干裂，这是因为受到了珠玉的润泽。像明月一样的宝珠出产于江海，隐藏在蚌腹中，蛟龙趴在上面。王者得到它，就能长期拥有天下，四夷归服。能得到百茎蓍草，并得到它下面的神龟用来占卜，就会百说百中，足以决断吉凶。

神龟出于江水中，庐江①郡常岁时生龟长尺二寸者二十枚输②太卜官，太卜官因以吉日剔取其腹下甲。龟千岁乃满尺二寸。王者发军行将，必钻龟庙堂之上，以决吉凶。今高庙中有龟室，藏内以为神宝。

◎**注释** ①〔庐江〕郡名，今安徽庐江。②〔输〕缴纳。
◎**大意** 神龟出产于江水中，庐江郡每年按时向太卜官输送二十只一尺二寸的活龟，太卜官便在吉日剔取活龟腹下的甲。龟活一千岁才长一尺二寸大。王者调兵遣将，一定要在庙堂之上钻龟甲，以决断吉凶。现今高祖庙中有龟室，收藏着这种龟甲，把它当成神宝。

传曰："取前足臑骨①穿佩之，取龟置室西北隅②悬之，以入深山大林中，不惑。"臣为郎时，见万毕《石朱方》③，传曰："有神龟在江南嘉林中。嘉林者，兽无虎狼，鸟无鸱枭，草无毒螫，野火不及，斧斤不至，是为嘉林。龟在其中，常巢于芳莲之上。左胁④书文曰：'甲子重光，得我者匹夫为人君，有土正⑤，诸侯得我为帝王。'求之于白蛇蟠杆⑥林中者，斋戒以待，譆然⑦，状如有人来告之，因以醮酒佗（拕）发⑧，求之三宿而得。"由是观之，岂不伟哉！故龟可不敬与？

◎**注释** ①〔臑（nào）骨〕牲畜的前肢。更确切地说，肩下谓之臂，臂下谓之臑。②〔隅〕角落。③〔万毕《石朱方》〕《史记·索隐》曰"《万毕术》中有《石朱方》"，据此推断，万毕应为方术之士，撰《万毕术》一书。《石朱方》为《万毕术》中的一部分。④〔胁〕胸部的两侧。⑤〔有土正〕占有土地的官长。⑥〔蟠杆（wū）〕盘曲而居。⑦〔譺（yí）然〕庄重的样子。⑧〔醮（jiào）酒佗（tuō）发〕醮酒，祭祀时洒酒于地。佗发，指披散头发。佗，通"拖"，拖曳。

◎**大意** 古书中说："取龟前足的臂骨穿孔带在身上，把龟放在屋子西北角悬挂起来，这样进入深山大林之中，不会迷路。"我做郎官时，见过万毕的《石朱方》，书中说："有神龟在长江以南秀美的山林中。所谓秀美的山林，就是野兽中没有虎狼一类的凶兽，飞鸟中没有猫头鹰一类的猛禽，草丛中没有蛇蝎一类的毒虫，野火烧不到，刀斧砍不到，这就是秀美山林。神龟居于其中，常筑巢于芳莲之上，左肋下写有文字：'甲子重光，得到我的人，匹夫也能做国君，成为有封土的官长，诸侯得到我就做帝王。'在白蛇盘曲而居的林中寻求这种神龟的人，斋戒等待，恭敬虔诚，就像等候别人来报信，以酒浇地，披头散发，寻求三天三夜才能得到。"由此看来，难道不伟大吗！所以对龟能不敬重吗？

南方老人用龟支床足，行二十余岁，老人死，移床，龟尚生不死。龟能行气导引。问者曰："龟至神若此，然太卜官得生龟，何为辄杀取其甲乎？"近世江上人有得名龟，畜置之，家因大富。与人议，欲遣去。人教杀之勿遣，遣之破人家。龟见梦曰："送我水中，无杀吾也。"其家终杀之。杀之后，身死，家不利。人民与君王者异道。人民得名龟，其状类不宜杀也。以往古故事言之，古明王圣主皆杀而用之。

◎**大意** 南方有个老人用龟垫床腿，过了二十多年，老人死了，挪动床时，发现龟还活着。龟能调节呼吸，延年益寿。有人问："龟如此神明，然而太卜官得到活龟，为什么总是杀了取它的龟甲呢？"近世长江边上有人得到一只名龟，把它喂养起来，家中因此大富。和别人商议，想放掉它。别人叫他杀死龟不要放掉，放了就会毁灭家族。龟托梦说："送我回水中，不要杀我。"他家里人最终杀了龟。杀了龟之后，他也死掉了，家里也不顺利。百姓与帝王遵循的道不一样。百姓得到名龟，据前所述好像不应杀掉。以古代的旧事来说，古代贤明的帝王、圣德的君主都是杀了龟而用它占卜。

宋元王时得龟，亦杀而用之。谨连其事于左方，令好事者观择其中焉。

◎**大意** 宋元王时得到一只神龟，也杀了用来占卜。请将此事连缀在下方，让那些喜好趣闻逸事的人阅读选择吧。

宋元王二年，江使神龟使于河①，至于泉阳②，渔者豫且举网得而囚之，置之笼中。夜半，龟来见梦于宋元王曰："我为江使于河，而幕网当吾路。泉阳豫且得我，我不能去。身在患中，莫可告语。王有德义，故来告诉。"元王惕然③而悟（寤）。乃召博士卫平而问之曰："今寡人梦见一丈夫，延颈而长头，衣玄绣之衣④而乘辎车，来见梦于寡人曰：'我为江使于河，而幕网当吾路。泉阳豫且得我，我不能去。身在患中，莫可告语。王有德义，故来告诉。'是何物也？"卫平乃援式（栻）而起⑤，仰天而视月之光，观斗所指，定日处乡（向）。规矩⑥为辅，副以权衡⑦。四维⑧已定，八卦相望。视其吉凶，介虫⑨先见。乃对元王曰："今昔壬子，宿在牵牛。河水大会，鬼神相谋。汉⑩正南北，江河固期，南风新至，江使先来。白云壅⑪汉，万物尽留。斗柄指日，使者当囚。玄服而乘辎车，其名为龟。王急使人问而求之。"王曰："善。"

◎**注释** ①〔江使神龟使于河〕长江之神派神龟出使黄河。②〔泉阳〕今地已不可确考，其地当在长江、黄河之间。③〔惕然〕害怕的样子。④〔玄绣之衣〕黑色绣衣。⑤〔援式而起〕拿着星盘站起身来。式，通"栻"，占卜用的星盘。⑥〔规矩〕圆规和矩尺。⑦〔权衡〕秤锤和秤杆。⑧〔四维〕东西南北称四方，四方之隅称四维，即指东南、东北、西南、西北。⑨〔介虫〕有甲壳的虫类，这里指龟。⑩〔汉〕天河。⑪〔壅〕壅塞，堵塞。

◎**大意** 宋元王二年，长江神派神龟出使黄河，到了泉阳，一个名叫豫且的渔夫撒网而得此龟，把它关在笼子中。半夜，龟托梦给宋元王说："我作为江神的大使出使黄河，而渔网挡住了我的去路。泉阳的豫且捉住了我，我不能离开。我身陷灾祸之中，无人可以求告。大王素来有德有义，所以来告诉你。"元王被惊醒，于是召来博士卫平问他说："今天我梦见一个男人，伸长脖子，长长的脑袋，穿着黑色绣衣，乘着有帷盖的车子，来梦中见到我说：'我为江神出使黄河，而渔网挡住我的去路。泉阳的豫且捉到了我，我不能脱身。我身陷灾祸之中，无人可以求告。大王素来有德有义，所以来告诉你。'这是什么东西？"卫平便拿着星盘起身，仰望天空，观看月亮的光泽，看北斗星斗柄的指向，确定太阳的位置。用圆规和矩尺作为辅助，加上权和衡。四方已经确定，八卦排列就绪。考察元王梦的吉凶，出现了神龟征兆。于是对元王说："昨夜是壬子日，太阳居于牵牛星。天河水涨，鬼神相谋。天河正当南北方向，江神、河神本有期约，南风刚刚吹到，江神使节先来。白云堵塞了天河，万物都被滞留。北斗星的斗柄正对太阳，江神的使者应当被囚。穿黑服而乘坐有帷盖的马车，它的名字叫龟。请大王赶快派人打听寻求它。"元王说："好。"

　　于是王乃使人驰而往问泉阳令曰："渔者几何家？名谁为豫且？豫且得龟，见梦于王，王故使我求之。"泉阳令乃使吏案籍视图[1]，水上渔者五十五家，上流之庐，名为豫且。泉阳令曰："诺。"乃与使者驰而问豫且曰："今昔汝渔何得？"豫且曰："夜半时举网得龟。"使者曰："今龟安在？"曰："在笼中。"使者曰："王知子得龟，故使我求之。"豫且曰："诺。"即系龟而出之笼中，献使者。

◎**注释** [1]〔案籍视图〕案，查看，查阅。籍，户籍簿。图，地图，此指居民分布图。
◎**大意** 于是元王派人疾驰而去，问泉阳令说："以打鱼为生的有多少家？谁的名字叫豫且？豫且捕得一只龟，被君王梦到了，君王因此派我来找它。"泉阳县令就派小吏查看户籍和地图：水上渔民五十五家，在上游房舍里住的人叫豫且。阳泉县令说："是。"便和使者急奔到豫且那里问道："昨天晚上你捕到

◎ 龟策列传第六十八

了什么？"豫且说："半夜时撒网捕到一只龟。"使者说："现在龟在哪里？"答："在笼子里。"使者说："君王知道你捉到了龟，特让我来取它。"豫且说："是。"当即把龟系起来从笼中拉出，献给使者。

使者载行，出于泉阳之门。正昼^①无见，风雨晦冥。云盖其上，五采青黄；雷雨并起，风将而行。入于端门^②，见于东箱（厢）。身如流水，润泽有光。望见元王，延颈而前，三步而止，缩颈而却，复其故处。元王见而怪之，问卫平曰："龟见寡人，延颈而前，以何望也？缩颈而复，是何当也？"卫平对曰："龟在患中，而终昔囚^③，王有德义，使人活之。今延颈而前，以当谢也，缩颈而却，欲亟^④去也。"元王曰："善哉！神至如此乎，不可久留；趣^⑤驾送龟，勿令失期。"

◎ **注释** ①〔正昼〕大白天。②〔端门〕宫殿南面正门。③〔终昔囚〕被囚禁了一整夜。④〔亟（jí）〕急切。⑤〔趣〕催促。

◎ **大意** 使者载龟而行，从泉阳城门出去。当时正是大白天却什么也看不见，风雨交加，天色昏暗。赤、白、青、黄、黑五彩云朵，遮盖在龟车上空；雷雨并起，风吹着车前行。进了正门，在东厢房见元王。龟身滑如流水，润泽发光。它望见元王，伸出脖子往前走，走了三步便停下来，缩着脖子向后退，又回到原处。元王看见了觉得十分奇怪，问卫平说："龟见了我，伸着脖子向前，有什么目的？又缩脖子回原处，是什么意思？"卫平回答说："龟在患难之中，整夜被囚，大王有德有义，派人救活了它。现在伸脖子向前，应当是表示谢意；而缩脖子退回，是着急离开。"元王说："好啊！神灵到如此地步了吗？不可久留，赶快用车驾送龟回去，不要耽误时间。"

卫平对曰："龟者是天下之宝也，先得此龟者为天子，且十言十当，十战十胜。生于深渊，长于黄土。知天之道，明于上古。游三千

367

岁，不出其域。安平静正，动不用力。寿蔽①天地，莫知其极。与物变化，四时变色。居而自匿，伏而不食。春仓（苍）夏黄，秋白冬黑。明于阴阳，审于刑德②。先知利害，察于祸福，以言而当，以战而胜，王能宝之，诸侯尽服。王勿遣也，以安社稷。"

◎**注释** ①〔蔽〕遮盖。②〔刑德〕刑法和仁德。
◎**大意** 卫平回答说："龟是天下的宝物，先得到这龟的人做天子，并且十说十准，十战十胜。龟生在深渊中，长在黄土上，知道天地变化的规律，通晓上古的人事。游三千年，不出其生长的地域。它安详、心平、气静、中正，动不用力。寿命长过天地，不知其极限。与事物一起变化，根据四季改变颜色。居而自藏其身，伏而不食他物。春天为青色，夏天为黄色，秋天为白色，冬天为黑色。它明白阴阳，知晓刑德，能预知利害，体察祸福。用它占卜则百说百中，打仗则百战百胜，大王若能把它作为国宝，诸侯都会来归服。请大王不要放它走，用它来安邦定国。"

元王曰："龟甚神灵，降于上天，陷于深渊。在患难中，以我为贤。德厚而忠信，故来告寡人。寡人若不遣也，是渔者也。渔者利其肉，寡人贪其力，下为不仁，上为无德。君臣无礼，何从有福？寡人不忍，奈何勿遣！"

◎**大意** 元王说："龟非常神灵，自天而降，陷于深渊。在患难之中，把我看作贤君，认为我德行高而且忠诚守信，所以来告诉我。我若不打发它走，就和渔夫一样了。渔夫用它的肉获利，我贪求它的神力，在下便是不仁，在上便是无德。君臣无礼，从哪里得到福气呢？我不忍心，怎能不放它走！"

卫平对曰："不然。臣闻盛德不报，重寄①不归；天与不受，天夺之宝。今龟周流天下，还复其所，上至苍天，下薄②泥涂。还遍九州，未尝愧辱，无所稽留。今至泉阳，渔者辱而囚之。王虽遣之，江河必怒，务求报仇。自以为侵，因神与谋。淫雨不霁③，水不可治。若为枯旱，风而扬埃，蝗虫暴④生，百姓失时。王行仁义，其罚必来。此无佗（他）故，其祟在龟。后虽悔之，岂有及哉！王勿遣也。"

◎注释　①〔重寄〕贵重的寄存物。②〔薄〕迫近，靠近。③〔淫雨不霁（jì）〕久雨不晴。霁，雨后天晴。④〔暴〕急速，猛然。

◎大意　卫平回答说："不对。我听说大的恩德不必报答，贵重的寄存物不必归还；上天所赐你不接受，上天就会夺去你的宝物。如今神龟周游天下，又回到旧地，上至苍天，下至泥沼，绕遍九州，未曾遭受羞辱，未被阻拦滞留。而现在到了泉阳，渔夫侮辱而又囚禁了它。大王即使放走它，长江神和黄河神也一定会愤怒，必定想办法报仇。神龟自己会来进攻，并凭借神灵谋算我们。那时，雨水连绵，天不放晴，大水泛滥无法救治；或者造成干旱，大风扬起尘埃，蝗虫暴生，百姓误了农时。大王对它施行仁义，那么惩罚必然会到来。这也没有其他原因，是龟在作怪。事后即使后悔，哪能来得及啊！请大王不要放掉它。"

元王慨然而叹曰："夫逆①人之使，绝②人之谋，是不暴乎？取人之有，以自为宝，是不强乎？寡人闻之，暴得者必暴亡，强取者必后无功。桀纣暴强，身死国亡。今我听子，是无仁义之名而有暴强之道。江河为汤武，我为桀纣。未见其利，恐离（罹）其咎。寡人狐疑，安事此宝，趣驾送龟，勿令久留。"

◎注释　①〔逆〕阻挡。②〔绝〕断绝，毁绝。

◎大意　元王感慨地叹息说："阻碍别人的使者，毁灭别人的计划，这不是暴戾吗？夺取别人拥有的东西，作为自己的宝物，这不是强横吗？我听说，突然得到的必定会突然丢失，强横夺取别人东西的人后来必定失败。夏桀、殷纣暴戾强横，结果身死国亡。今天我听了你的话，这样便没有仁义的名声而只有暴戾强横的行为。这样江神、河神就成了商汤、周武王，而我则成了夏桀、殷纣王。没有得到它的好处，恐怕要遭遇它带来的灾难。我十分疑惑，怎么能侍奉这个宝物，赶快驾车送走龟，不要让它久留。"

卫平对曰："不然，王其无患。天地之间，累石为山。高而不坏，地得为安。故云物或危而顾安①，或轻而不可迁；人或忠信而不如诞谩②，或丑恶而宜大官，或美好佳丽而为众人患。非神圣人，莫能尽言。春秋冬夏，或暑或寒。寒暑不和，贼气③相奸。同岁异节，其时使然。故令春生夏长，秋收冬藏。或为仁义，或为暴强。暴强有乡（向）④，仁义有时。万物尽然，不可胜治⑤。大王听臣，臣请悉言之。天出五色，以辨白黑。地生五谷，以知善恶。人民莫知辨也，与禽兽相若。谷居而穴处，不知田作。天下祸乱，阴阳相错。匆匆疾疾，通⑥而不相择。妖孽数见，传为单薄⑦。圣人别其生，使无相获。禽兽有牝牡⑧，置之山原；鸟有雌雄，布之林泽；有介之虫，置之溪谷。故牧人民，为之城郭，内经闾术，外为阡陌。夫妻男女，赋之田宅，列其室屋。为之图籍，别其名族。立官置吏，劝以爵禄。衣以桑麻，养以五谷。耕之櫌（耰）⑨之，鉏之耨⑩之。口得所嗜，目得所美，身受其利。以是观之，非强不至。故曰田者不强，囷仓⑪不盈；商贾不强，不得其赢；妇女不强，布帛不精；官御⑫不强，其势不成；大将不强，卒不使令；侯王不强，没世无名。故云强者，事之始也，分之理也，物之纪也。所求于强，无不有也。王以为不然，王独不闻玉櫝只雉⑬，出于昆山；明月之珠，出于四海；镌石拌（判）蚌⑭，传卖于市；圣人得之，以为大宝。大宝所在，乃为天子。今王自以为暴，不如拌蚌于海也；自以为强，不过镌石于昆山也。取者无咎，宝者无患。今龟使来抵网，而遭渔者得之，见梦自言，是国之宝也，王何忧焉。"

◎ **注释** ①〔顾安〕反倒安全。②〔诞谩〕荒诞，欺诈。③〔贼气〕奸邪之气。④〔乡〕方向，对象。⑤〔胜治〕彻底研讨清楚。⑥〔通〕男女相交媾。⑦〔传为单薄〕指繁衍能力薄弱。⑧〔牝（pìn）牡〕牝，鸟兽的雌性。牡，鸟兽的雄性。⑨〔櫌（yōu）〕同"耰"，农具，可击碎土块，平整土地。⑩〔耨（nòu）〕用来锄草的小手锄。⑪〔囷（qūn）仓〕储藏粮食的谷仓。细微分别，圆形的为"囷"，方形的为"仓"。⑫〔官御〕为官掌权。⑬〔玉椟（dú）只雉（zhì）〕玉椟，玉匣子。雉，野鸡，山鸡。⑭〔镌石拌蚌〕镌，凿，掘。拌，通"判"，分割，剖开。

◎ **大意** 卫平回答说："不是这样的，大王不要担心。天地之间，堆石为山，高而不倒，大地得以安稳。所以说有的事物似乎危险但反而安全，有的东西看似轻微却不能搬迁；有的人忠诚守信但不如荒诞放纵，有的人长得丑恶却能做大官，有的人好看却是众人的祸患。不是神和圣人，便不能尽言。春秋冬夏，或热或冷。冷热不和，邪气相扰。同年而不同季节，是时间让其这样。所以让春天生育、夏天成长、秋天收获、冬天储藏。有的仁义，有的强暴，强暴有对象，仁义有时机。万物都是这样，不能彻底弄清。请大王听我把话说完。天生出五彩，用来辨别黑白；地生出五谷，用来分清善恶。百姓不知道辨别，这与禽兽十分相似。在山谷中居住，在洞穴中相处，不知道种地耕田。天下祸乱，阴阳颠倒，忙忙碌碌，男女交媾而不加选择，妖孽屡次出现，人类繁殖能力十分薄弱。圣人区分万物的生存特点，让他们不再互相攻掠。禽兽有公母，把它们放在深山原野；飞鸟有雌雄，把它们放在山林水泽；甲壳昆虫，把它们安放在小溪山谷。然后役使人民，修筑城郭，城内设置街区，城外修田筑路。夫妻男女，分给田宅，排列房屋。把他们登记造册，区别姓名宗族。封官任吏，以爵位俸禄来奖励。穿衣用丝绢麻布，给养用五谷粮食。耕地扒地，锄地除草。嘴里吃喜欢的食物，眼睛看美丽的东西，身受其利。由此看来，不用强力不能如此。所以说：农民不强，仓库就装不满；商人不强，就不能盈利；妇女不强，麻布丝品就不精细；官吏不强，就不能形成权势；大将不强，士兵就不听命令；王侯不强，到死也不能成名。所以说：强是事成的开始，是区分的原理，是万物的规律。以强求取，无所不有。大王以为不是这样，大王难道没有听说过，玉匣野鸡，产于昆山；明月之珠，产于四海；凿石得玉，剖蚌得珠，到市场上贩卖；圣人得到，当作国宝。谁有国宝，谁为天子。现在大王自以为暴戾，不如在海里剖蚌取珠；自以为强横，不过是在昆山凿石取玉。取玉石明珠者无罪，把它们视为珍宝的人无祸。现在神龟使者自来触网，而遇上渔夫捉到它，又托梦自陈，说明这是国家之宝，大王担忧什么呢！"

元王曰："不然。寡人闻之，谏者福也，谀者贼也。人主听谀，是愚惑也。虽然，祸不妄至，福不徒来。天地合气，以生百财。阴阳有分，不离四时，十有二月，日至为期。圣人彻焉，身乃无灾。明王用之，人莫敢欺。故云福之至也，人自生之；祸之至也，人自成之。祸与福同，刑与德双。圣人察之，以知吉凶。桀纣之时，与天争功，拥遏①鬼神，使不得通。是固已无道矣，谀臣有众。桀有谀臣，名曰赵梁。教为无道，劝以贪狼。系汤夏台，杀关龙逢。左右恐死，偷谀于傍。国危于累卵，皆曰无伤。称乐万岁，或曰未央。蔽其耳目，与之诈狂。汤卒伐桀，身死国亡。听其谀臣，身独受殃。《春秋》著之，至今不忘。纣有谀臣，名为左强。夸而目巧②，教为象郎。将至于天，又有玉床。犀玉之器，象箸而羹。圣人剖其心，壮士斩其胻③。箕子恐死，被发佯狂。杀周太子历，囚文王昌。投之石室，将以昔至明。阴兢活之，与之俱亡。入于周地，得太公望。兴卒聚兵，与纣相攻。文王病死，载尸以行。太子发代将，号为武王。战于牧野，破之华山之阳。纣不胜败而还走，围之象郎。自杀宣室，身死不葬。头悬车轸，四马曳行。寡人念其如此，肠如涫汤④。是人皆富有天下而贵至天子，然而大傲。欲无厌时，举事而喜高，贪很而骄。不用忠信，听其谀臣，而为天下笑。今寡人之邦，居诸侯之间，曾不如秋毫。举事不当，又安亡逃！"

◎**注释** ①〔拥遏〕堵塞，阻拦。②〔夸而目巧〕夸夸其谈，目光灵巧。③〔胻（héng）〕小腿。④〔涫（guàn）汤〕滚沸的开水。

◎ **大意** 元王说："不是这样。我听说，劝谏是福，奉承是祸。帝王听奉承的话，是愚昧昏庸。但是，祸不随便来，福不凭空降。天地气合，生出百财。阴阳有别，不离四季，一年十二个月，用夏至、冬至定其周期。圣人通晓此规律，则身无灾祸。明君运用此规律，则无人敢欺。所以说，福气到来，是人们自己创造的；灾难的降临，是人们自己酿成的。祸与福相随，刑与德匹配。圣人明察此道理，则可以知吉凶。桀纣之时，与天争功，阻拦鬼神，使其不能沟通。这本就已无道了，又有很多阿谀之臣。桀有谀臣，名叫赵梁，教唆夏桀暴虐无道，劝诱夏桀贪婪凶狠，把汤囚禁在夏台，杀害关龙逢。左右陪臣害怕被杀，便在旁边苟且奉迎。国家危如累卵，都说安然无恙。歌功颂德，寻欢作乐，高呼万岁，或者说国祚无穷。蒙蔽桀的耳目，同他一起狡诈狂妄。汤终于讨伐桀，桀身死国亡。他听信谄谀奸臣，身受其祸。《春秋》中记载了这件事，使人至今不忘。纣有谀臣，名叫左强。夸夸其谈，目光灵巧，教唆纣王，兴修象廊。廊高至天，内有玉床。以犀角美玉做器，用象牙筷子吃饭。剖圣人的心，斩掉壮士的小腿。箕子怕被害死，披头散发装疯。杀了周太子历，囚禁周文王姬昌。将姬昌扔进石屋，昼夜囚禁。阴兢救活了姬昌，与他共同逃亡。回到周地，得到太公望。兴聚士兵，攻伐纣王。姬昌病死，周人载尸而行。太子姬发代替领兵，号为武王。战斗在阴地牧野，破敌于华山之南。纣王不胜，兵败而逃，被围象廊。自杀于宣室，身死不得安葬。头悬挂于车子上，四马拉着往前走。我想到如此情景，肠子如同开水沸腾。这些人都富有天下而贵为天子，但是骄傲自满，欲望无满足之时，办事好高骛远，贪婪狠毒而骄横。他们不用忠信之臣，听信阿谀之臣，而被天下人耻笑。现在我的国家，处在诸侯中间，还不如秋季鸟兽的毫毛。若办事不当，又怎么能逃脱大难呢！"

卫平对曰："不然。河虽神贤，不如昆仑之山；江之源理，不如四海。而人尚夺取其宝，诸侯争之，兵革为起。小国见亡，大国危殆，杀人父兄，虏人妻子，残国灭庙，以争此宝。战攻分争，是暴强也。故云取之以暴强而治以文理，无逆四时，必亲贤士；与阴阳化，鬼神为使；通于天地，与之为友。诸侯宾服，民众殷喜。邦家安宁，与世更始。汤武行之，乃取天子；《春秋》著之，以为经纪。王不自称汤武，而自比桀纣。桀纣为暴强也，固以为常。桀为瓦室，纣为象郎。征丝灼之，务以费民。赋敛无度，杀戮无方。杀人六畜，以韦为囊。囊盛其血，与人县而射之，与天帝争强。逆乱四时，先百鬼尝。谏者辄死，谀者在傍。圣人伏匿，百姓莫行。天数枯旱，国多妖祥。螟虫①岁生，五谷不成。民不安其处，鬼神不享。飘风②日起，正昼晦冥。日月并蚀，灭息无光。列星奔乱，皆绝纪纲。以是观之，安得久长！虽无汤武，时固当亡。故汤伐桀，武王克纣，其时使然。乃为天子，子孙续世；终身无咎，后世称之，至今不已。是皆当时而行，见事而强，乃能成其帝王。今龟，大宝也，为圣人使，传之贤王。不用手足，雷电将之；风雨送之，流水行之。侯王有德，乃得当之。今王有德而当此宝，恐不敢受；王若遣之，宋必有咎。后虽悔之，亦无及已。"

◎**注释** ①〔螟（míng）虫〕一种害虫，蛀食稻心。②〔飘风〕狂暴之风。
◎**大意** 卫平回答说："不是这样。黄河虽然神明，不如昆仑；长江水源通畅，不如四海。而人尚且夺取它们的珠宝，诸侯相互争夺，战争因此而起，小国被灭亡，大国遭危难，杀人父兄，掳人妻子，残灭国家宗庙，来争夺这些宝物。攻战争夺，这就是暴强。所以说，以暴强的手段夺取而以教化的手段治理，不要悖逆四时，定要亲近贤士，与阴阳一起变化，鬼神为己所驱使；与天地相通，与天地交友。诸侯归服，百姓高兴。国家安宁，除旧布新。汤武行此，乃为天子。《春秋》记载，作为准则。大王不自称汤武，而自比桀纣。桀纣横施暴强，本来自以为常。桀建过瓦室，纣筑成象廊。征收丝绢当作木柴焚烧，一心耗费劳民。赋敛无度，杀戮无情。杀人和六畜，用皮做囊，囊内盛血，悬挂而射，与天帝争强。扰乱四时，在祭祀鬼神之前便尝用四时新鲜产品。进谏者都被处死，阿谀者都在近旁。圣人隐居藏匿，百姓寸步难行。天气频频枯旱，国家多有妖异的征兆。害虫年年有，五谷不成熟。百姓不能安居其处，鬼神不能享用祭品。狂风天天大作，白天天昏地暗。日食、月食一起出现，黯淡无光。群星乱窜，全无规律。由此看来，怎能久长！即使没有汤武，当时也该灭亡。所以商汤伐桀，武王伐纣，是时势使其如此。商汤为天子，子孙世代相继；终身无过失，后世称赞他，至今不停止。这都是按势而行，见机行事而强大，然后才能成为帝王。现在，这只龟是个大宝，为圣人所用，把它传给贤王。神龟行动不用手脚，有雷电托运，风雨传送，流水涌行。当今大王有德获得此宝，却因害怕而不敢承受；大王若是放了它，宋国必有灾祸。以后即使悔恨，也来不及了。"

元王大悦而喜。于是元王向日而谢，再拜而受。择日斋戒，甲乙最良。乃刑白雉，及与骊羊；以血灌龟，于坛中央。以刀剥之，身全不伤。脯①酒礼之，横其腹肠。荆支（枝）卜之，必制其创②。理达于理，文相错迎。使工③占之，所言尽当。邦福重宝，闻于傍乡。杀牛取革，被郑之桐④。草木毕分，化为甲兵。战胜攻取，莫如元王。元王之时，卫平相宋，宋国最强，龟之力也。

◎ **注释** ①〔脯（fǔ）〕肉干。②〔必制其创〕一定要将龟甲烧出裂纹。创，此指裂纹。③〔工〕卜官。④〔杀牛取革，被郑之桐〕指用牛皮和郑国的桐木做鼓。被，蒙。

◎ **大意** 宋元王非常高兴。于是元王向太阳拜谢，拜了两次才肯接受。选择吉日斋戒，甲日乙日最好。于是杀了白雉和黑羊，在祭坛中央，用雉血、羊血浇灌龟。用刀剥开龟，龟身完好无伤。用干肉美酒招待它，剔出腹肠。然后用荆枝烧灼求兆，一定要烧出裂纹。果然兆纹显现，纹理交错。令卜官占卦，所说全都核准。国中藏有重宝，声名闻于外邦。杀牛取其皮，蒙在郑国的桐木上，制成战鼓。草木全都分别开来，变为武器。战必胜，攻必取，没有谁能比得上元王。元王之时，卫平做相，宋国最强，这是神龟的力量。

故云神至能见梦于元王，而不能自出渔者之笼；身能十言尽当，不能通使于河，还报于江；贤能令人战胜攻取，不能自解于刀锋，免剥刺之患；圣能先知亟见，而不能令卫平无言。言事百全，至身而挛①；当时不利，又焉事贤！贤者有恒常，士有适然。是故明有所不见，听有所不闻；人虽贤，不能左画方，右画圆；日月之明，而时蔽于浮云。羿名善射，不如雄渠、蠭门②；禹名为辩智，而不能胜鬼神。地柱折，天故毋橼③，又奈何责人于全？孔子闻之曰："神龟知吉凶，而骨直空枯。日为德而君于天下，辱于三足之乌④。月为刑而相佐，见食于虾蟆⑤。猬辱于鹊，腾蛇之神而殆于即且⑥。竹外有节理，中直空虚；松柏为百木长，而守门闾。日辰不全，故有孤虚⑦。黄金有疵，白玉有瑕。事有所疾，亦有所徐。物有所拘，亦有所据。罔（网）有所数⑧，亦有所疏。人有所贵，亦有所不如。何可而适乎？物安可全乎？天尚不全，故世为屋，不成三瓦而陈之，以应之天。天下有阶，物不全乃生也。"

◎**注释** ①〔挛〕卷曲不能伸直。②〔雄渠、蠭（páng）门〕皆为古代传说中的善射者。③〔橼（chuán）〕放在梁上架着屋顶的木条。④〔辱于三足之乌〕古代传说日中有三足之乌，所以日中有黑点。⑤〔见食于虾（há）蟆〕虾蟆，即蛤蟆，蟾蜍。《淮南子·说林训》："月照天下，食于詹诸（蟾蜍）。"⑥〔即且（jū）〕即蝍蛆，蜈蚣的别名。⑦〔孤虚〕古代方术用语。即计日时，以十天干顺次与十二地支相配为一旬，所余的两地支称为"孤"，与孤相对者为"虚"。⑧〔数（cù）〕细密。

◎**大意** 所以说，龟神明至极，能在宋元王的梦中出现，却不能自己从渔夫的笼子里逃出。用它占卜百发百中，却不能出使到河神那里，再回去向江神汇报。它的才能令人在战争中取胜，自己却不能从刀刃下解脱，免除刀剥锋刺之患。它的圣明能先知预见，却不能使卫平无言可对。它讲事百发百中，自身却被捆绑囚禁；所处时机不利，又怎能侍奉贤者呢？贤者有永恒的操守，士人有合乎事理的言行。所以眼睛明亮也有看不见的东西，耳朵灵敏也有听不见的东西。人虽贤能，但不能左手画方，右手画圆；日月明亮，但有时被浮云遮蔽。羿以善于射箭出名，但不如雄渠、蠭门箭法好；大禹雄辩多智，但不能战胜鬼神。支撑大地的柱子折断了，是天本就无橼，又怎能求全责备呢？孔子听到这件事说："神龟能预知吉凶，但其骨头中间空洞干枯。太阳遍施恩德而统治天下，却被三足乌所侮辱。月亮以刑法辅佐太阳之德，却被蛤蟆食用。刺猬被喜鹊侮辱，有神通的腾蛇却被蜈蚣所害。竹子外面有节有纹，中间直而空虚；松柏是百木之长，却守护大门。日月星辰不全，所以有孤虚之法。黄金有瑕疵，白玉有瑕斑。事有所急，也有所缓。物有所短，也有所长。网有所密，也有所疏。人有所贵，也有所贱。怎样可以适宜呢？万物怎样可以完整呢？天尚且不完全，所以世人建造房屋时少放三块瓦片，以对应天的不足。天下事物有高低之分，万物不完备才能生存。"

褚先生曰：渔者举网而得神龟，龟自见梦宋元王，元王召博士卫平告以梦龟状，平运式（栻），定日月，分衡度，视吉凶，占龟与物色同，平谏王留神龟以为国重宝，美矣。古者筮必称龟者，以其令名，所从来久矣。余述而为传。

◎**大意** 褚先生说：渔夫举网而捕得神龟，神龟自己托梦给宋元王，元王召来博士卫平，把梦见神龟的情形告诉他。卫平旋转星盘，测定日月位置，分辨星辰动向，观测吉凶，占卜得知神龟与元王所梦之龟颜色相同，卫平劝谏元王留下神龟作为国家的重宝，真是太好了。古人占卜一定称赞龟，因为它有好名声，由来已久了。我将其记述下来，写成这篇传记。

三月　二月　正月[①]　十二月　十一月　中关内高外下[②]
四月首仰[③]　足开[④]　衿开[⑤]　首俯大[⑥]　五月横吉　首俯大
六月　七月　八月　九月　十月

卜禁[⑦]曰：子亥戌不可以卜及杀龟。日中如食已卜。暮昏龟之徼（缴）[⑧]也，不可以卜。庚辛可以杀，及以钻之。常以月旦祓龟，先以清水澡之，以卵祓之，乃持龟而遂之，若常以为祖。人若已卜不中，皆祓之以卵，东向立，灼以荆若刚木，土卵指之者三，持龟以卵周环之，祝曰："今日吉，谨以粱卵烯黄⑨，祓去玉灵之不祥。"玉灵必信以诚，知万事之情，辩兆皆可占。不信不诚，则烧玉灵，扬其灰，以征（惩）后龟。其卜必北向，龟甲必尺二寸。

◎**注释** ①〔三月 二月 正月〕《正义》曰："言正月、二月、三月右转周环终十二月者，日月之龟，腹下十二黑点为十二月，若二十八宿龟也。"用"日月之龟"占卜时，以龟腹甲下的十二个黑点象征十二个月份，占卜时以黑点附近的兆纹判断吉凶。②〔中关内高外下〕指兆的中关呈内高外低之状。③〔首仰〕指兆的首端呈仰起之状。④〔足开〕指兆的足端呈开放之状。⑤〔肣（qín）开〕或当作"足肣"，指兆的足端呈收敛之状。肣，敛。⑥〔首俯大〕指兆的首端呈下俯而较大之状。⑦〔卜禁〕占卜的禁忌。⑧〔徼（jiǎo）〕通"缴"，缠绕。⑨〔粱卵烯（dì）黄〕粱，米。烯，灼龟的木条。黄，裹米和鸡蛋来祓龟的黄绢。

◎**大意** 三月 二月 正月 十二月 十一月 中关内高外下
四月首仰 足开 肣开 首俯大 五月横吉 首俯大
六月 七月 八月 九月 十月
占卜的禁忌规定：子时、亥时、戌时不可以占卜和杀龟；白天如有日食就停止占卜，黄昏时龟缠绕不明，不能占卜。庚日、辛日可以杀龟，或在龟甲上钻孔。常在每月初一祓除龟的不祥，先用清水洗净，再用鸡蛋摩擦龟并祷祝，然后持龟占卜，把它作为常用之法。人若已经占卜但不灵验，都用鸡蛋祓除龟的不祥，向东站立，用荆条或硬木灼烧，再用土捏成鸡蛋的形状向龟指三次，用土捏的鸡蛋环绕龟三次，祝告说："今天吉利，谨以精米、鸡蛋、烧龟木、黄绢祓除神龟的不祥。"神龟必然信而诚，知道万事的情状，兆纹能被辨别，这样的龟都可以占卜。如果不信不诚，就烧掉神龟，扬弃它的骨灰，以警告后来占卜用的龟。占卜时必须向北站立，所用龟甲必须一尺二寸长。

卜先以造灼钻，钻中已，又灼龟首，各三；又复灼所钻中日正身，灼首日正足，各三。即以造三周龟，祝曰："假之玉灵夫子①。夫子玉灵，荆灼而心，令而先知。而上行于天，下行于渊，诸灵数箣（策），莫如汝信。今日良日，行一良贞。某欲卜某，即得而喜，不得而悔。即得，发乡（向）我身长大，首足收人皆上偶②。不得，发乡（向）我身挫折③，中外不相应，首足灭去。"

◎**注释** ①〔假之玉灵夫子〕假，借。玉灵夫子，为神龟取的尊号。②〔首足收人皆上偶〕首足收敛，兆纹呈对称上扬状。上偶，对称上扬。③〔挫折〕弯曲。

◎**大意** 占卜前先在燃烧荆枝的地方钻孔，中间钻完，再烧龟首，三钻三烧；又重新烧所钻中间叫"正身"的部分，烧头叫作"正足"，各三次。接着就拿燃烧的荆枝绕龟三周，祝告说："借助玉灵夫子。夫子玉灵，荆枝灼烧您的心，使您能够先知。上行于天，下行于渊，各种神灵筮策，不如信您。今天吉日，占以好卦，某人欲卜某事，即得吉兆而喜，不得吉兆而悔。如能得到吉兆，请向我显示又长又大的兆身，首足收敛，兆纹成对上扬。如果不能得到吉兆，请向我显示屈曲不直的兆身，中间和外围的兆纹不相对应，首足的兆纹消失。"

灵龟卜祝曰："假之灵龟，五巫五灵，不如神龟之灵，知人死，知人生。某身良贞，某欲求某物。即得也，头见足发，内外相应；即不得也，头仰足肣，内外自垂。可得占。"

◎**大意** 用灵龟占卜时祝告说："借用灵龟，五巫五灵不如神龟灵验。知人死，知人生。某人亲自进行良好的占卜，某人想得到某物。如果能得到，请在兆头兆足显露出来，兆内兆外互相对应；如果不能得到，就请显示兆头仰起兆足收敛之状，兆内兆外显示自垂之状。这样就可以占卜了。"

卜占病者祝曰："今某病困。死，首上开，内外交骇，身节折；不死，首仰足肣。"

◎**大意**　给生病的人占卜时祝告说："现在某人被病痛困扰。如果将死的话，请将兆首上开，兆内兆外交错，兆身关节弯折；如果不死的话，请将兆头仰起兆足收敛。"

卜病者祟曰："今病有祟无，呈无，祟有，呈兆有。中祟有内，外祟有外。"

◎**大意**　给生病的人占卜有无邪祟时，祝告说："现在病人如果没有邪祟作怪，则不呈现兆状；如果有邪祟作怪，请呈现兆征。家中如有邪祟，有内兆；家外如有邪祟，有外兆。"

卜系者出不出。不出，横吉安①；若出，足开首仰有外。

◎**注释**　①〔横吉安〕兆象名。
◎**大意**　占卜被关押的人能否释放：如果不能释放出来，那么兆象为横吉安；如果能释放出来，那么兆足分开，兆首仰起，并有外兆。

卜求财物，其所当得。得，首仰足开，内外相应；即不得，呈兆首仰足肣。

◎**大意**　占卜求得财物之事，其能否得到的征兆。如果能得到，兆首仰起，兆足分开，兆内兆外相应；如果不能得到，就呈现兆首仰起、兆足收敛的征兆。

卜有卖若买臣妾马牛。得之，首仰足开，内外相应；不得，首仰足肣，呈兆若横吉安。

◎**大意**　占卜买卖男女奴隶及牛马之事。若能如愿，兆首仰起，兆足分开，内外相应；若不能如愿，则兆首仰起，兆足收敛，呈现的兆象像横吉安。

卜击盗聚若干人，在某所，今某将卒若干人，往击之。当胜，首仰足开身正，内自桥①，外下；不胜，足肣首仰，身首内下外高。

◎**注释**　①〔桥〕高。
◎**大意**　为追击盗贼的结果占卜，强盗聚集了多少人，在什么地方，现在某某带领若干士卒，前往攻打。若能取胜，兆首仰起，兆足分开，兆身正，兆内高而外低；若不能取胜，则兆足收敛，兆首仰起，龟首内低外高。

卜求当行不行。行，首足开；不行，足肣首仰，若横吉安，安不行。

◎**大意**　占卜是否应当出行。应当外出，兆首兆足都分开；不应外出，则兆足收敛，兆首仰起，兆象像横吉安，安则不宜出行。

卜往击盗，当见不见。见，首仰足肣有外；不见，足开首仰。

◎**大意**　占卜前往打击强盗，能否相遇。能遇到，兆首仰起，兆足收敛，有外兆纹；不能见到，兆足分开，兆首仰起。

卜往候盗，见不见。见，首仰足肣，肣胜①有外；不见，足开首仰。

◎**注释** ①〔矜胜〕此二字应为衍文。
◎**大意** 占卜前往侦察强盗,能不能遇见。若能遇见,兆首仰起,兆足收敛,有外兆纹;若不能遇见,兆足分开,兆首仰起。

卜闻盗来不来。来,外高内下,足矜首仰;不来,足开首仰,若横吉安,期之自次。

◎**大意** 占卜盗贼来不来。如果来,兆纹外高内低,兆足收敛,兆首仰起;如果不来,则兆足分开,兆首仰起,兆象如同横吉安,强盗会在预期的时间之后到来。

卜迁徙去官不去。去,足开有矜①外首仰;不去,自去②,即足矜,呈兆若横吉安。

◎**注释** ①〔矜〕此字疑衍。②〔自去〕二字疑衍。
◎**大意** 占卜迁徙官位是否会丢。若丢掉官位,兆足分开,有外兆纹,兆首仰起;若不丢官位,那么兆足收敛,兆象如同横吉安。

卜居官尚吉不(否)。吉,呈兆身正,若横吉安;不吉,身节折,首仰足开。

◎**大意** 占卜当官是否吉利。如果吉利,呈现的兆身端正,像横吉安;不吉利,则兆身关节屈折,兆首仰起,兆足分开。

卜居室家吉不吉。吉,呈兆身正,若横吉安;不吉,身节折,首仰足开。

◎**大意**　占卜住在家里是否吉利。如果吉利，呈现的兆身端正，像横吉安；如果不吉利，兆身关节屈折，兆首仰起，兆足分开。

卜岁中禾稼孰（熟）不孰（熟）。孰（熟），首仰足开，内外自桥外自垂；不孰（熟），足肣首仰有外。

◎**大意**　占卜今年的庄稼能否成熟。如能成熟，则兆首仰起，兆足分开，内高而外垂；如不能成熟，兆足收敛，兆首仰起，有外兆纹。

卜岁中民疫不疫。疫，首仰足肣，身节有强外；不疫，身正首仰足开。

◎**大意**　占卜今年百姓是否会有瘟疫。如果有瘟疫，兆首仰起，兆足收敛，身节有强外；如果没有瘟疫，兆身端正，兆首仰起，兆足分开。

卜岁中有兵无兵。无兵，呈兆若横吉安；有兵，首仰足开，身作外强情。

◎**大意**　占卜今年会不会有战争。如果没有战争，兆象像横吉安；如果有战争，则兆首仰起，兆足分开，兆身作外强状。

卜见贵人吉不吉。吉，足开首仰，身正，内自桥；不吉，首仰，身节折，足肣有外，若无渔①。

◎**注释**　①〔无渔〕空虚无物的样子。

383

◎**大意**　占卜去见贵人是否吉利。如果吉利，兆足分开，兆首仰起，兆身端正，兆内高翘；如果不吉利，兆首仰起，兆身关节曲折，兆足收敛，有外兆纹，如空虚无物。

　　卜请谒于人得不得。得，首仰足开，内自桥；不得，首仰足肣有外。

◎**大意**　占卜求见他人能否成功。如果能成功，则兆首仰起，兆足分开，兆内高翘；如果不能成功，则兆首仰起，兆足收敛，有外兆纹。

　　卜追亡人当得不得。得，首仰足肣，内外相应；不得，首仰足开，若横吉安。

◎**大意**　占卜追赶逃亡之人能否抓到。如果能抓到，则兆首仰起，兆足收敛，内外相应；如果抓不到，兆首仰起，兆足分开，兆象如同横吉安。

　　卜渔猎得不得。得，首仰足开，内外相应；不得，足肣首仰，若横吉安。

◎**大意**　占卜捕鱼打猎有无收获。如果有收获，兆首仰起，兆足分开，内外相应；如果没有收获，则兆足收敛，兆首仰起，兆象如同横吉安。

　　卜行遇盗不遇。遇，首仰足开，身节折，外高内下；不遇，呈兆①。

◎**注释**　①〔呈兆〕兆象名。

◎**大意**　占卜外出是否会遇上强盗。如果会遇到，则兆首仰起，兆足分开，身节曲折，外高内低；如果遇不到，则兆象为呈兆。

卜天雨不雨。雨，首仰有外，外高内下；不雨，首仰足开，若横吉安。

◎**大意**　占卜天是否下雨。如果下雨，兆首仰起，有外兆纹，外高内低；如果不下雨，兆首仰起，兆足分开，兆象像横吉安。

卜天雨霁不霁。霁，呈兆足开首仰；不霁，横吉。

◎**大意**　占卜下雨天是否会晴。如果天晴，则呈现兆足分开兆首仰起之状；如果天不晴，则兆象为横吉安。

命曰横吉安。以占病，病甚者一日不死；不甚者卜日瘳，不死。系者重罪不出，轻罪环（旋）出；过一日不出，久毋伤也。求财物、买臣妾马牛，一日环（旋）得；过一日不得。行者不行。来者环（旋）至；过食时不至，不来。击盗不行，行不遇；闻盗不来。徙官不徙。居官、家室皆吉。岁稼不孰（熟）。民疾疫无疾。岁中无兵。见人行，不行不喜。请谒人不行不得。追亡人、渔猎不得。行不遇盗。雨不雨。霁不霁。

◎**大意**　兆象命名为"横吉安"。用来占病，病重的人一日之内不会死；病轻的人在占卜当天便病愈，不会死。占卜被囚禁的人，罪重的不会被释放，罪轻的立即被释放；过了一日还未放出，即使拘禁时间长也无妨。占求财物、买卖男女奴隶及马牛之事，即日便得；过了一日便不可得。占卜是否该出行，推知不可出行。占卜客人来不来，推知客人即刻便到；如果过了吃饭时间还未到，就不会再来。占卜是否该去打击强盗，推知不该去，去了也遇不到强盗；听说强盗会来，但不会来。占卜官职是否变动，推知不变动。占卜居官、家室之事，推知都吉祥如意。占卜今年庄稼的情况，推知不好。占卜百姓的疾疫情况，推知无疾疫。占卜今年的战事情况，推知无战乱。占卜是否该去见人，推知该去，不去不喜。占卜求见别人是否有所得，推知不去便无所得。占卜追赶逃亡之人、捕鱼打猎是否有收获，推知没有收获。占卜出行的情况，推知出行不会遇盗贼。占卜是否下雨，推知不下雨。占卜天是否放晴，推知天不会放晴。

命曰呈兆。病者不死。系者出。行者行。来者来。市买得。追亡人得，过一日不得。问行者不到。

◎**大意** 兆象命名为"呈兆"。用此兆推算：生病的人不会死。被囚禁的人将要放出。欲出行者能出行。要来的人会来。买东西可以买到。追捕逃亡的人能抓到，过一日就抓不到。卜问行者能否到达目的地，推知不能到达。

命曰柱彻。卜病不死。系者出。行者行。来者来。市买不得。忧者毋忧。追亡人不得。

◎**大意** 兆象命名为"柱彻"。用此兆推算：生病的人不会死。被囚禁的人将要放出。要出行的人能出行。要来的人会来。买东西，不可得。忧患者会无忧无虑。追赶逃亡者，不可得。

命曰首仰足肣有内无外。占病，病甚不死。系者解。求财物、买臣妾马牛不得。行者闻言不行。来者不来。闻盗不来。闻言不至。徙官闻言不徙。居官有忧。居家多灾。岁稼中孰（熟）。民疾疫多病。岁中有兵，闻言不开。见贵人吉。请谒不行，行不得善言。追亡人不

得。渔猎不得。行不遇盗。雨不雨甚。霁不霁。故其莫（幕）字①皆为首备。问之曰，备者仰也，故定以为仰。此私记也。

◎**注释** ①〔莫字〕指龟甲上的兆纹。

◎**大意** 兆象命名为"首仰足肣有内无外"。用此兆推算：占卜病情，病重也不会死。被囚禁的人将要放出。求取财物、买男女奴隶及牛马，不得。要出行的人听到某种传言就不会出行。要来的人不会来。听说有盗贼，但盗贼不会来。听说有人要来，但不会来。听说要调动官职，结果不会变动。居官有忧患。居家多灾难。年内庄稼收成中等。老百姓会染疾疫，多病。年内有兵祸，是道听途说，其实不会发生兵祸。见贵人吉祥。求见别人，不能去，去了也听不到好话。追捕逃亡者，不得。捕鱼打猎，不得。出行不会遇强盗。占卜是否下雨，不会下大雨。占卜是否放晴，不会放晴。所以那些龟甲纹理都像"首备"的字形。询问卜官，回答说"备"是仰的意思，所以把它定义为仰。这是我私人所记。

命曰首仰足肣有内无外。占病，病甚不死。系者不出。求财、买臣妾不得。行者不行。来者不来。击盗不见。闻盗来，内自惊，不来。徙官不徙。居官、家室吉。岁稼不孰（熟）。民疾疫有病甚。岁中无兵。见贵人吉。请谒、追亡人不得。亡财物，财物不出得。渔猎不得。行不遇盗。雨不雨。霁不霁。凶。

◎**大意** 兆象命名为"首仰足肣有内无外"。用此兆推算：病情再重也不会死。被囚的人不会放出。求财、买男女奴隶，不得。出行者不宜出行。要来者不会来。去打击强盗却不会遇见强盗。听说强盗要来，自己内心惊恐，其实强盗不会来。官职不会变动。居官、居家皆吉祥如意。年内庄稼不好。老百姓会染疾疫，病很重。年中无兵灾。拜见贵人吉利。求见别人、追捕逃亡者，不得。丢失财物，但财物未被运出，可以追回。捕鱼打猎没有收获。出行不遇强盗。占卜是否下雨，不会下雨。占卜是否放晴，不会放晴。凶。

命曰呈兆首仰足肣。以占病，不死。系者未出。求财物、买臣妾马牛不得。行不行。来不来。击盗不相见。闻盗来不来。徙官不徙。居官久多忧。居家室不吉。岁稼不孰（熟）。民病疫。岁中毋兵。见贵人不吉。请谒不得。渔猎得少。行不遇盗。雨不雨。霁不霁。不吉。

◎**大意** 兆象命名为"呈兆首仰足肣"。用此兆推算：病者不会死。囚者不会被释放。求财物、买男女奴隶及马牛，不得。行者不能出行。来者不会来。要攻打强盗，不得相见。听说强盗要来，其实不会来。官职不会变动。当官时间长了，便多忧愁之事。在家居住不吉利。今年庄稼收成不好。老百姓会得病疫。年内无兵祸。拜见贵人不吉利。求见别人不能成功，捕鱼打猎小有收获。出行不遇强盗。占卜是否下雨，不会下雨。占卜是否放晴，不会放晴。不吉利。

命曰呈兆首仰足开。以占病，病笃死。系囚出。求财物、买臣妾马牛不得。行者行。来者来。击盗不见盗。闻盗来不来。徙官徙。居官不久。居家室不吉。岁稼不孰（熟）。民疾疫有而少。岁中毋兵。见贵人不见吉。请谒、追亡人、渔猎不得。行遇盗。雨不雨。霁小吉。

◎**大意** 兆象命名为"呈兆首仰足开"。用此兆推算：病很重会死亡。被囚禁者会放出。求财物、买奴隶马牛，皆不可得。欲出行者可出行。要来者能来。去打击强盗，不会遇见强盗。听说强盗要来，其实不会来。官职会变化。当官时间不会长久。居家不吉利。年内庄稼收成不好。老百姓中会有疾疫但染病者不多。年内无兵祸。见贵人不好，不见吉利。求见别人、追捕逃亡者、捕鱼打猎皆无所得。出行会遇强盗。占卜是否下雨，不会下雨。放晴小吉。

命曰首仰足肣。以占病，不死。系者久，毋伤也。求财物、买臣妾马牛不得。行者不行。击盗不行。来者来。闻盗来。徙官闻言不徙。居家室不吉。岁稼不孰（熟）。民疾疫少。岁中毋兵。见贵人得见。请谒、追亡人、渔猎不得。行遇盗。雨不雨。霁不霁。吉。

◎**大意** 兆象命名为"首仰足肣"。用此兆推算：病者不会死。囚者被长久拘禁也无伤害。求财物、买男女奴隶及牛马，皆不可得。出行者不宜出行。打击强盗，不宜出行打击。要来者会来。听说强盗要来，会来。听说自己官职要变动，结果不会变。居家不吉利。年内庄稼收成不好。老百姓疾疫少。年内无兵灾。能见到贵人。求见别人、追捕逃亡者、捕鱼打猎，不得。出行会遇盗贼。占卜是否下雨，不下雨。占卜是否放晴，不放晴。吉。

命曰首仰足开有内。以占病者，死。系者出。求财物、买臣妾马牛不得。行者行。来者来。击盗行不见盗。闻盗来不来。徙官徙。居官不久。居家室不吉。岁孰（熟）。民疾疫有而少。岁中毋兵。见贵人不吉。请谒、追亡人、渔猎不得。行不遇盗。雨霁。霁小吉，不霁吉。

◎**大意** 兆象命名为"首仰足开有内"。用此兆推算：病者会死亡。求财物、买男女奴隶及马牛，不得。欲出行者宜出行。要来者会来。打击强盗，去了却不会见强盗。听说强盗要来，但不会来。官职会变化。当官不会久。居家不吉利。本年庄稼丰收。老百姓虽有疾疫但较少。年内无兵祸。见贵人不吉利。求见别人、追逃亡者、捕鱼打猎皆无所得。出行不会遇到强盗。会下雨吗？会转晴吗？天放晴为小吉，天不晴为吉。

命曰横吉内外自桥。以占病，卜日毋瘳死。系者毋罪出。求财物、买臣妾马牛得。行者行。来者来。击盗合交等。闻盗来来。徙官徙。居家室吉。岁孰（熟）。民疫无疾。岁中无兵。见贵人、请谒、追亡人、渔猎得。行遇盗。雨霁，雨霁大吉。

◎**大意** 兆象命名为"横吉内外自桥"。用此兆推算：病者在占卜当天病不会好而会死。被囚禁者无罪释放。求财物、买男女奴隶及马牛，能如愿得到。欲出行者宜出行。要来的会来。打击强盗会交锋，不分胜负。听说强盗要来，就会来。官职有变化。居家吉利。庄稼丰收。老百姓没有疾疫。年内无兵祸。见贵人、求见别人、追捕逃亡者、捕鱼打猎等皆有所得。外出会遇到强盗。天会下雨吗？天会放晴吗？下雨与天晴均为大吉。

　　命曰横吉内外自吉。以占病，病者死。系不出。求财物、买臣妾马牛、追亡人、渔猎不得。行者不来。击盗不相见。闻盗不来。徙官徙。居官有忧。居家室、见贵人、请谒不吉。岁稼不孰（熟）。民疾疫。岁中无兵。行不遇盗。雨不雨。霁不霁。不吉。

◎**大意**　兆象命名为"横吉内外自吉"。用此兆推算：病者要死。被囚者不会被放出。求财物、买男女奴隶及马牛、追捕逃亡者、捕鱼打猎皆无所获。行者不来。打击强盗不会遇见。听说强盗要来，不会来。官职会变化。当官会引来忧愁之事。居家、见贵人、求见别人都不吉利。本年庄稼不好。百姓会得疾疫。年内无兵灾。外出不会遇见强盗。占卜是否下雨，不下雨。占卜是否放晴，不放晴。不吉。

　　命曰渔人。以占病者，病者甚，不死。系者出。求财物、买臣妾马牛、击盗、请谒、追亡人、渔猎得。行者行来[1]。闻盗来不来。徙官不徙。居家室吉。岁稼不孰（熟）。民疾疫。岁中毋兵。见贵人吉。行不遇盗。雨不雨。霁不霁。吉。

◎**注释**　①〔行者行来〕当作"行者行。来者来"。一说"来"字衍文。
◎**大意**　兆象命名叫"渔人"。以此兆推算：病者病情加重，但不会死。被囚禁者被放出。求财物、买男女奴隶及马牛、打击强盗、求见别人、追捕逃亡者、捕鱼打猎皆有所得。欲出行者宜出行。要来者会来。听说强盗要来，其实不会来。

官职不会变化。居家吉利。年内收成不好。老百姓会染疾疫。年内无兵灾。见贵人吉利。外行不会遇强盗。占卜是否下雨，不下雨。占卜是否放晴，不放晴。吉。

命曰首仰足肣内高外下。以占病，病者甚，不死。系者不出。求财物、买臣妾马牛、追亡人、渔猎得。行不行。来者来。击盗胜。徙官不徙。居官有忧，无伤也。居家室多忧病。岁大孰（熟）。民疾疫。岁中有兵不至。见贵人、请谒不吉。行遇盗。雨不雨。霁不霁。吉。

◎**大意** 兆象命名为"首仰足肣内高外下"。用此兆推算：病者病得更厉害，但不会死。被囚禁者不会被释放。求财物、买男女奴隶及马牛、追捕逃亡者、捕鱼打猎等都会有所得。欲出行者不宜出行。要来者会来。打击强盗会取得胜利。官职不会变迁。当官有忧愁，但无伤害。居家多忧愁疾病。本年大丰收。百姓会染疾疫。年内虽有战乱，但不会涉及本地、本人。见贵人、求见别人都不吉利。外出会遇到强盗。占卜是否下雨，不下雨。占卜是否放晴，不放晴。吉。

命曰横吉上有仰下有柱。病久不死。系者不出。求财物、买臣妾马牛、追亡人、渔猎不得。行不行。来不来。击盗不行，行不见。闻盗来不来。徙官不徙。居家室、见贵人吉。岁大孰（熟）。民疾疫。岁中毋兵。行不遇盗。雨不雨。霁不霁。大吉。

◎**大意** 兆象命名为"横吉上有仰下有柱"。用此兆推算：病者久病不死。被囚者不能出牢。求财物、买男女奴隶及马牛、追捕逃亡者、捕鱼打猎都得不到。欲出门者不宜出门。要来的人来不了。打击强盗不宜出行，出去也见不到强盗。听说强盗要来，是不会来的。官职不会变化。居家、求见贵人，吉利。本年庄稼大丰收。百姓有疾疫。年内无兵灾。出门不会遇到强盗。占卜是否下雨，不下雨。占卜是否放晴，不放晴。大吉。

命曰横吉榆仰。以占病，不死。系者不出。求财物、买臣妾马牛至不得①。行不行。来不来。击盗不行，行不见。闻盗来不来。徙官不徙。居官、家室、见贵人吉。岁孰（熟）。岁中有疾疫，毋兵。请谒、追亡人不得。渔猎至不得。行不得。行不遇盗。雨霁不霁。小吉。

◎**注释** ①〔至不得〕"至"字疑衍。下文"渔猎至不得"亦同。
◎**大意** 兆象命名为"横吉榆仰"。用此兆推算：病人不死。被囚者不得出。求财物、买男女奴隶马牛，不能买到。欲出门者不宜出行。要来者不会来。打击强盗不能去，去了也见不到。听说强盗要来，但不会来。官职不会调迁。当官、居家、求见贵人，都吉利。本年是个丰收年。年内有疾疫，无兵灾。求见别人、追捕逃亡者，都得不到。捕鱼打猎都无所得。出行，无所得。出行不会遇到强盗。占卜是否下雨、放晴，不放晴。小吉。

命曰横吉下有柱。以占病，病甚不环（旋）有瘳无死。系者出。求财物、买臣妾马牛、请谒、追亡人、渔猎不得。行来不来①。击盗不合。闻盗来来。徙官居官吉，不久。居家室不吉。岁不孰（熟）。民毋疾疫。岁中毋兵。见贵人吉。行不遇盗。雨不雨。霁。小吉。

◎**注释** ①〔行来不来〕当作"行不行，来不来"。"行"后疑脱"不行"二字。
◎**大意** 兆象命名为"横吉下有柱"。用此兆推算：问病，病重，不会很快痊愈，但也不会死。被囚者会被放出。求财物、买男女奴隶马牛、求见别人、追捕逃亡者、捕鱼打猎，都得不到。想出行的人不宜出行。要来的人不会来。去攻击强盗不会交锋。听说强盗要来，那就会来。调官、当官都吉利，但不会长久。居家不吉利。年成不好。百姓无疾疫。年内无兵祸。见贵人吉利。出行不会遇到强盗。占卜是否下雨，不下雨。天会放晴。小吉。

命曰载所。以占病，环（旋）有瘳无死。系者出。求财物、买臣妾马牛、请谒、追亡人、渔猎得。行者行。来者来。击盗相见不相合。闻盗来来。徙官徙。居家室忧。见贵人吉。岁孰（熟）。民毋疾疫。岁中毋兵。行不遇盗。雨不雨。霁霁。吉。

◎**大意**　兆象命名为"载所"。用此兆推算：病很快会好，不会死。被囚者会出狱。求财物、买奴隶马牛、求见别人、追捕逃亡者、捕鱼打猎，都能如愿得到。出行者宜出行。要来者会来。打击强盗，能见到强盗却不会交锋。听说强盗要来，那就会来。官职会调迁。居家有忧患。见贵人吉利。年成丰收。百姓无疾疫。年内无兵灾。出行不会遇强盗。占卜是否下雨，不下雨。占卜是否放晴，会放晴。吉。

命曰根格。以占病者，不死。系久毋伤。求财物、买臣妾马牛、请谒、追亡人、渔猎不得。行不行。来不来。击盗盗行不合。闻盗不来。徙官不徙。居家室吉。岁稼中。民疾疫无死。见贵人不得见。行不遇盗。雨不雨。大吉。

◎**大意**　兆象命名为"根格"。用此兆推算：病人不会死。被囚者虽被长时间拘禁却无伤害。求财物、买奴隶马牛、求见别人、追捕逃亡者、捕鱼打猎，都不会如愿。欲出行者不宜出行。要来的不会来。打击强盗，强盗会逃走，不会交锋。听说强盗要来，最终不会来。官职不会调迁。居家室吉利。本年庄稼收成中等。百姓有疾疫但都不会死。求见贵人，不得见面。出行不会遇强盗。占卜是否下雨，不下雨。大吉。

命曰首仰足肣外高内下。卜有忧，无伤也。行者不来。病久死。求财物不得。见贵人者吉。

◎**大意**　兆象命名为"首仰足肣外高内下"。占卜结果：有忧愁，却无伤害。行者不来。得病时间长了就会死。求财物，得不到。见贵人，吉利。

　　命曰外高内下。卜病不死，有祟。市买不得。居官、家室不吉。行者不行。来者不来。系者久毋伤。吉。

◎**大意**　兆象命名为"外高内下"。占卜结果：病人不会死，有鬼怪作祟。到市场上买不到东西。当官、居家不吉利。出行者不宜出行。要来的不会来。被囚禁者虽然囚禁时间长，但无伤害。吉利。

　　命曰头见足发有内外相应。以占病者，起。系者出。行者行。来者来。求财物得。吉。

◎**大意**　兆象命名为"头见足发有内外相应"。用此兆推算：病人痊愈。被囚者出牢。出行者宜出行。要来的人会来。求财物可得财物。吉。

　　命曰呈兆首仰足开。以占病，病甚死。系者出，有忧。求财物、买臣妾马牛、请谒、追亡人、渔猎不得。行不行。来不来。击盗不合。闻盗来来。徙官、居官、家室不吉。岁恶。民疾疫无死。岁中毋兵。见贵人不吉。行不遇盗。雨不雨。霁。不吉。

◎**大意**　兆象命名为"呈兆首仰足开"。用此兆推算：问病，病重死亡。被囚者会出狱，但有忧愁事。求财物、买奴隶牛马、拜见别人、追捕逃亡者、捕鱼打猎皆无所得。出门者不宜出门。要来的不会来。打击强盗，不会交锋。听说强盗要来，就会来。调动官职、当官、居家室皆不吉利。年成很不好。百姓有疾疫，但不会死。年内没有战乱。见贵人不吉利。出行不会遇到强盗。问雨，不下雨。天放晴。不吉。

命曰呈兆首仰足开外高内下。以占病，不死，有外祟。系者出，有忧。求财物、买臣妾马牛，相见不会。行行。来闻言不来。击盗胜。闻盗来不来。徙官、居官、家室、见贵人不吉。岁中民疾疫，有兵。请谒、追亡人、渔猎不得。闻盗遇盗。雨不雨。霁。凶。

◎**大意** 兆象命名为"呈兆首仰足开外高内下"。用此兆推算：病人不会死，担忧外来鬼祟。被囚者会出牢，但有担忧之事。求财物、买奴隶马牛，会当面错过。出行者宜出门。听说有人要来，但不会来。打击强盗会取得胜利。听说强盗要来，却不会来。调动官职、当官、居家室、见贵人都不吉利。年内百姓有疾疫，有兵灾。求见别人、追捕逃亡者、捕鱼打猎都不能称心如意。听说有强盗，就会碰上强盗。问雨，不下雨。天放晴。凶。

命曰首仰足肣身折内外相应。以占病，病甚不死。系者久不出。求财物、买臣妾马牛、渔猎不得。行不行。来不来。击盗有用胜。闻盗来来。徙官不徙。居官、家室不吉。岁不孰（熟）。民疾疫。岁中有兵不至。见贵人喜。请谒、追亡人、不得。遇盗凶。

◎**大意** 兆象命名为"首仰足肣身折内外相应"。用此兆推算：问病，病重但不会死亡。被囚者因禁时间长而不得出监。求财物、买奴隶马牛、捕鱼打猎都不可得。出行者不宜出行。要来者不会来。打击强盗，有办法取胜。听说强盗要来，就会来。官职不会动迁。当官、居家不吉利。年成不好。百姓有疾疫。年内有兵灾，但不会涉及本地。见贵人，有喜事。拜见别人、追捕逃亡者都不能如愿。出门遇上强盗，凶。

命曰内格外垂。行者不行。来者不来。病者死。系者不出。求财物不得。见人不见。大吉。

◎**大意**　兆象命名为"内格外垂"。出行者不宜出行。要来者不会来。生病的人会死。囚禁的人不会被放出。求财物，不能获得。求见人，见不到。大吉。

命曰横吉内外相应自桥榆仰上柱足肣。以占病，病甚不死。系久，不抵罪。求财物、买臣妾马牛、请谒、追亡人、渔猎不得。行不行。来不来。居官、家室、见贵人吉。徙官不徙。岁不大孰（熟）。民疾疫有兵。有兵不会。行遇盗。闻言不见。雨不雨。霁霁。大吉。

◎**大意**　兆象命名为"横吉内外相应自桥榆仰上柱足肣"。用此兆推算：问病，病重却不会死。被囚者囚禁时间虽长，但不会判罪。求财物、买奴隶马牛、请见别人、追捕逃亡者、捕鱼打猎皆不得。出行者不宜出行。要来者会来。当官、居家室、见贵人都吉利。官职不会调动。收成不太好。民间有疾疫，也有兵祸。但此地不会遇到兵祸。出行会遇强盗。只听到传言而见不到实证。占卜是否下雨，不下雨。占卜是否放晴，放晴。大吉。

命曰头仰足肣内外自垂。卜忧病者甚，不死。居官不得居。行者行。来者不来。求财物不得。求人不得。吉。

◎**大意**　兆象命名为"头仰足肣内外自垂"。占卜结果：问担忧得病的人，病很重但不会死。问官职，当不了官。欲出行者宜出行。要来的不来。求财物，不得。求人，无所得。吉。

命曰横吉下有柱。卜来者来。卜日即不至，未来。卜病者过一日毋瘳死。行者不行。求财物不得。系者出。

◎**大意**　兆象命名为"横吉下有柱"。占卜结果：应来者会来。占卜当天如果不来，应来者便无来意。占卜生病的人，过一日病不好就会死。出行者不宜出行。求财物，得不到。被囚禁的人会出牢。

命曰横吉内外自举。以占病者，久不死。系者久不出。求财物得而少。行者不行。来者不来。见贵人见。吉。

◎**大意**　兆象命名为"横吉内外自举"。用此兆推算：病人久病不死。被囚者久囚不出。求财物，得到的少。出行者不宜出行。来者不会来。见贵人能见到。吉。

命曰内高外下疾轻足发。求财物不得。行者行。病者有瘳。系者不出。来者来。见贵人不见。吉。

◎**大意**　兆象命名为"内高外下疾轻足发"。求财物，得不到。出行者宜出行。生病的人会痊愈。被囚的人不能出牢。要来者会来。见贵人，见不到。吉。

命曰外格。求财物不得。行者不行。来者不来。系者不出。不吉。病者死。求财物不得。见贵人见。吉。

◎**大意**　兆象命名为"外格"。求财物，得不到。出门者不宜出行。要来者不会来。被囚禁者出不了狱。不吉。病人死。求财物，得不到。见贵人，能见到。吉。

命曰内自举外来正足发。行者行。来者来。求财物得。病者久不死。系者不出。见贵人见。吉。

◎**大意**　兆象命名为"内自举外来正足发"。要出行的人可以出行。要来的人会来。求财物，可得。病人生病时间虽长，但不会死。被囚的人不会被放出。见贵人，能见到。吉。

此横吉上柱外内自举足肣。以卜有求得。病不死。系者毋伤，未出。行不行。来不来。见人不见。百事尽吉。

◎**大意** 这是"横吉上柱外内自举足肣"之兆。用此兆占卜：有求，有得。病人不死。被囚者无伤害，但不得出狱。欲出行者不宜出行。欲来者不会来。欲见人，见不到。百事都吉利。

此横吉上柱外内自举柱足以作。以卜有求得。病死环（旋）起。系留毋伤，环（旋）出。行不行。来不来。见人不见。百事吉。可以举兵。

◎**大意** 这是"横吉上柱外内自举柱足以作"之兆。用此兆占卜：有求，有得。病人看起来将要死，但很快就会痊愈。被拘留的无伤害，很快就会被放出。出行者不宜出行。要来者不会来。要拜见别人，见不到。百事吉利。可以用兵。

此挺诈有外。以卜有求不得。病不死，数起。系祸罪。闻言毋伤。行不行。来不来。

◎**大意** 这是"挺诈有外"之兆。用此兆占卜：有求，不得。病人不会死，时好时坏。被拘留的有祸罪。会听到许多传言，但无伤害。出行者不宜出行。要来的人不会来。

此挺诈有内。以卜有求不得。病不死，数起。系留祸罪无伤出。行不行。来者不来。见人不见。

◎**大意** 这是"挺诈有内"之兆。用此兆占卜：有求，不得。病人不会死，病情时好时坏。被拘留的人有祸罪，但无伤害，会被放出。出行者不宜出行。要来的人不会来。求见别人，见不着。

此挺诈内外自举。以卜有求得。病不死。系毋罪。行行。来来。田、贾市、渔猎尽喜。

◎**大意** 这是"挺诈内外自举"之兆。用此兆占卜：有求，有得。病人不会死。被拘禁者无罪。出行者宜出行。要来者会来。耕田、买卖、渔猎，都会有喜事。

此狐狢。以卜有求不得。病死，难起。系留毋罪难出。可居宅。可娶妇嫁女。行不行。来不来。见人不见。有忧不忧。

◎**大意** 这是"狐狢（hé）"之兆。用此兆占卜：有求，不得。病人会死亡，很难好转。被囚者无罪，但很难出狱。可居于住宅。可以娶媳妇嫁闺女。出行者不宜出行。要来者不会来。求见别人，见不上。问忧愁之事，无忧愁之事。

此狐彻。以卜有求不得。病者死。系留有抵罪。行不行。来不来。见人不见。言语定。百事尽不吉。

◎**大意** 这是"狐彻"之兆。用此兆占卜：有所求，不能得。病人会死。被囚者要判罪。出行者不宜出行。要来者不会来。要求见别人，见不到。传言将被证实。百事都不吉利。

此首俯足肣身节折。以卜有求不得。病者死。系留有罪。望行者不来。行行。来不来。见人不见。

◎**大意**　这是"首俯足肣身节折"之兆。用此兆占卜：有求，不得。病人死。被囚者有罪。盼望出行者却不会来。想出行的人宜出行。要来者不会来。要求见别人，见不到。

此挺内外自垂。以卜有求不晦。病不死，难起。系留毋罪，难出。行不行。来不来。见人不见。不吉。

◎**大意**　这是"挺内外自垂"之兆。用此兆占卜：所求之事不会隐晦不明。病人不会死，但也很难好转。被拘留的人无罪，但难放出。出行者不宜出行。要来者不会来。要求见别人，见不到。不吉。

此横吉榆仰首俯。以卜有求难得。病难起，不死。系难出，毋伤也。可居家室。以娶妇嫁女。

◎**大意**　这是"横吉榆仰首俯"之兆。用此兆占卜：有所求，很难得到。病难好，但不会死。狱难出，但无伤害。可居住在家里。可娶媳妇嫁女儿。

此横吉上柱载正身节折内外自举。以卜病者，卜日不死，其一日乃死。

◎**大意**　这是"横吉上柱载正身节折内外自举"之兆。用此兆占卜：病人在占卜当天不会死，在占卜后一天才死。

此横吉上柱足肣内自举外自垂。以卜病者，卜日不死，其一日乃死。

◎ **大意**　这是"横吉上柱足肫内自举外自垂"之兆。用此兆给病人占卜，当天不会死，第二天才死。

为人病[1]首俯足诈有外无内。病者占龟未已，急死。卜轻失大，一日不死。

◎ **注释**　①〔为人病〕三字疑衍。
◎ **大意**　这是"首俯足诈有外无内"之兆。生病的人用龟占卜还未结束时，就急急死去。卜问的虽是小事，但有大的损失，一日之内不死。

首仰足肫。以卜有求不得。以系有罪。人言语恐之毋伤。行不行。见人不见。

◎ **大意**　这是"首仰足肫"之兆。用此兆占卜：有求，不得。被拘捕者有罪。有人用大话恐吓，无甚损伤。出行者不宜出行。求见别人，见不到。

大论曰：外者人也，内者自我也；外者女也，内者男也。首俯者忧。大者身也，小者枝也。大法，病者，足肫者生，足开者死。行者，足开至，足肫者不至。行者，足肫不行，足开行。有求，足开得，足肫者不得。系者，足肫不出，开出。其卜病也，足开而死者，内高而外下也。

◎ **大意**　大体上可以说："外"指他人，"内"指自我；"外"指女性，"内"指男性。"首俯"有忧患之意。"大"指兆身，"小"指兆枝。辨别兆纹的大致方法，卜问病人的情况，兆纹显示"足肫"说明病人能够生存，显示"足开"便会死亡。卜问来人的情况，"足开"就会来到，"足肫"则不来。卜问出行的情况,"足朒"不宜出行,"足开"可以出行。卜问所求的情况,"足开"便可得到,"足朒"则不可得。卜问拘者的情况,"足朒"不能获释,"足开"可以获释。占卜病情,显示"足开"而死亡的,兆纹是内高外下。

◎知识拓展

《龟策列传》和《日者列传》是姊妹篇,《日者列传》记载占卜之人,《龟策列传》记载卜筮之物,所以两传为表里之文,不可分割。两传都是通过寓议论于叙事的手法,借日者之言和神龟之灵揭露和讽刺一些现实社会中的丑恶现象。司马迁在《太史公自序》中说:"三王不同龟,四夷各异卜,然各以决吉凶。略窥其要,作《龟策列传》。"指明了写作此篇的动机与缘由。褚少孙并没有按照司马迁的原本意图补写本传,他首先简单介绍了用神龟占卜的方式,并记载了太卜所得古代占龟之说,叙事简洁。然后写宋元王梦见神龟,寻找神龟,欲释神龟,到最终以龟占卜的一系列事情,可谓叙述生动,引人入胜,善于剪裁,详略得当,单独成一篇完整的故事。元王与卫平的对话描写尤其突出:多以四言为句,内容丰富,节奏强烈,一问一答,颇具情理,措辞平易,说服力强,真实地揭示出人物的个性特征。元王的犹豫不决和卫平的坚持不懈形成鲜明对比。最后罗列了西汉时期卜筮的各种卦体及命兆之辞,多达六十七条,具体而详尽,为今人提供了有关的历史资料,其存录之功不可淹没。但这方面的内容十分繁杂,行文又多重复拖沓,有烦芜鄙陋的弊端。

货殖列传

第六十九

《货殖列传》是一篇记录从事货殖活动的人物的合传。货指财富，殖指增长，"货殖"指谋求"滋生资货财利"，即利用货物的生产与交换进行商业活动，以谋求财富。本文记述了从春秋末期至秦汉以来从事货殖活动的杰出人物，如范蠡、子贡、白圭、猗顿、郭纵、卓氏、程郑、孔氏、师氏、任氏等人的事迹，并由此展现出这一历史时期工商业的发展状况及与此相关的天时、地理、人物、民俗等。司马迁在篇首引用老子对于"小国寡民"理想的著名言论，认为在近世实现此理想几乎没有可能，所以"善者因之，其次利道之，其次教诲之，其次整齐之，最下者与之争"，并提出农、虞、工、商四业是人民的衣食之源，这四个方面产业的发展对于富国富民具有重要意义。然后引用《管子》"仓廪实而知礼节，衣食足而知荣辱"的名言论证经济发展的重要性，并提出"天下熙熙，皆为利来；天下壤壤，皆为利往"的精彩论断。接着，司马迁列举了一些汉代以前的货殖家，介绍他们所经营的产业以及发家致富的途径。汉兴以后，经济迅速发展，物产丰富，城市繁华，举国上下一派欣欣向荣的气象。司马迁以河东、河内、河南三地为纲，将全国各地的经济形势和著名都会的概况做了简要而精确的描述，九州之大由此贯通。司马迁也对经济发展引发的一些不良社会现象做了评述，并由此决定"略道当世千里之中，贤人所以富者，令后世得以观择焉"。卓氏、程郑、孔氏、师氏、任氏等人身上具有勤俭节约、雍容大方、诚信良善、扶助贫困、重义轻利、遵守法律、关心国事等优点，值得后世商人学习。其中也穿插记述了地理环境和社会风气对商人习气养成的作用。整篇文章议论和叙事穿插进行，夹叙夹议的形式运用熟练，开合自如。晚清郭嵩焘的评价极为中肯："史公传《货殖》，自写其湮郁，而揽括天下大势，上下今古，星罗棋布，惟所指画。前后分立数传，要自一气灌输，是一篇整段文字，中间指数关中、巴、蜀、天水、北地、上郡列郡情形，为一大枢纽。亦见汉世承六国之遗，抚临郡国，相奖势利，尽天下皆然，而能者遂以致富，高掌远跖，睥睨千古。"（《史记札记》）

　　《老子》曰："至治之极，邻国相望，鸡狗之声相闻，民各甘其食，美其服，安其俗，乐其业，至老死不相往来。"必用此为务，輓（晚）近世涂民耳目①，则几②无行矣。

◎**注释**　①〔輓（wǎn）近世涂民耳目〕輓近世，近代。涂，堵塞。②〔几〕近于。
◎**大意**　《老子》中说："太平盛世的极盛时期，相邻国家互相望得见，鸡鸣狗叫的声音彼此听得到，人们各以为所吃的食物最美味，所穿的衣服最漂亮，安于民俗，乐于本业，直到老死也不互相往来。"如果一定以此为理想，挽救近世风气，堵塞人民耳目，那几乎是不可能的。

太史公曰：夫神农以前，吾不知已。至若《诗》《书》所述虞夏以来，耳目欲极声色之好，口欲穷刍豢①之味，身安逸乐，而心夸矜势能②之荣使，俗之渐③民久矣，虽户说④以眇（妙）论，终不能化。故善者因之，其次利道（导）之，其次教诲之，其次整齐之，最下者与之争。

◎**注释** ①〔刍豢（huàn）〕刍指食草的牛羊之类，豢指食谷的犬豕之类。都是供食用的家畜。②〔夸矜势能〕夸矜，夸耀。势能，权势和才能。③〔渐〕渐染，浸润。④〔户说〕挨户劝说。

◎**大意** 太史公说：神农以前的情况，我不知道。至于像《诗经》《尚书》所述虞、夏以来的情况，耳朵要尽情享受最美好的音乐，眼睛要尽情享受最好看的颜色，嘴巴要尽情享受各种肉食的美味，身体安于放纵娱乐，而内心夸耀威势和才能带来的荣华富贵，这种流俗影响百姓已经很久了，即使用精妙的理论去挨家挨户地劝说，最终也不能感化他们。所以最好的办法是顺应自然，其次是以利益引导他们，又其次是教诲他们，再次是整顿他们，最下策是与他们相争。

夫山西饶材、竹、榖①、纑②、旄、玉石，山东多鱼、盐、漆、丝、声色，江南出柟（楠）、梓、姜、桂、金、锡、连③、丹沙、犀、玳瑁④、珠玑、齿革，龙门、碣石北多马、牛、羊、旃裘⑤、筋角，铜、铁则千里往往山出棋置：此其大较也。皆中国人民所喜好，谣俗被服饮食奉生送死⑥之具也。故待农而食之，虞⑦而出之，工而成之，商而通之。此宁有政教发征期会⑧哉？人各任其能，竭其力，以得所欲。故物贱之征贵，贵之征贱，各劝⑨其业，乐其事，若水之趋下，日夜无休时，不召而自来，不求而民出之。岂非道之所符，而自然之验邪？

◎**注释** ①〔榖（gǔ）〕一种乔木，树皮可用来造纸。②〔纑（lú）〕麻类作物，其干茎纤维可用来织布。③〔连〕未炼之铅。④〔玳瑁（dài mào）〕一种海龟，其甲壳可用作装饰品。⑤〔旃（zhān）裘〕厚重的毛织物。⑥〔奉生送死〕奉生，奉养父母于生时。送死，办理父母丧葬之事。⑦〔虞〕原指主管山林薮泽的官吏，此处指经营开发山林薮泽的人。⑧〔发征期会〕征发货物，限期会集。⑨〔劝〕致力于。

◎**大意** 华山以西盛产木材、竹子、榖木、纑、旄牛、玉石，华山以东多产鱼、盐、漆、丝、乐工和美女，长江以南地区出产楠木、梓木、生姜、桂皮、金、锡、铅、朱砂、犀牛角、玳瑁、珍珠、象牙、皮革，龙门和碣石以北多产马、牛、羊、毡毛制成品、动物筋角，铜、铁每隔千里便有分布，像棋盘上的棋子一样；这些只不过是丰富物产的大概情形。这些都是国内百姓所喜好的，也是习俗中衣着、饮食、养生、送葬的用品。所以要靠农民耕作，靠虞人进山和渔夫下水开发出来，靠工匠制成器物，靠商人使其流通开来。难道要靠官府下令、教化征召百姓才能限期会集吗？人们各显其能，竭尽其力，以求得所需要的东西。所以货物价低时追求高价出售，货物价高时追求低价购进，人人都努力经营本业，乐于从事自己的事业，就像水向下流，日夜不停，不用征召而自动前来，不用要求而人们自己就会生产出各种产品。这难道不是与"道"相吻合，是自然的验证吗？

《周书》曰："农不出则乏其食，工不出则乏其事，商不出则三宝绝，虞不出则财匮少。"财匮少而山泽不辟矣。此四者，民所衣食之原（源）也。原（源）大则饶，原（源）小则鲜。上则富国，下则富家。贫富之道，莫之夺予，而巧者有余，拙者不足。故太公望封于营丘，地潟卤①，人民寡，于是太公劝②其女功，极技巧，通鱼盐，则人物归之，繦至而辐凑③。故齐冠带衣履天下，海岱之间敛袂④而往朝焉。其后齐中衰，管子修之，设轻重九府，则桓公以霸，九合诸侯，一匡天下；而管氏亦有三归，位在陪臣，富于列国之君。是以齐富强至于威、宣也。

◎ **注释** ①〔潟（xì）卤〕盐碱地。②〔劝〕勉励。③〔繦（qiǎng）至而辐凑〕形容四方来归者多。繦至，像绳索穿连的铜钱那样络绎而来。繦，穿铜钱的绳索。辐凑，像车辐集中于车毂一样聚集。④〔敛袂（mèi）〕整理衣袖。

◎ **大意** 《周书》中说："农民不生产则缺乏食物，工匠不生产则缺乏用品，商人不贸易则粮食、日用、财物三宝断绝，虞人不生产则财物短缺。"财物短缺则山林薮泽的资源就不能开发了。这四个方面，是百姓衣食的来源。来源大就富足，来源小就贫乏。上能富国，下能富民。贫穷和富有，没有谁能够夺取或给予，但聪明的人富足有余，愚笨的人贫困不足。所以，姜太公吕望被封于营丘，那里的地是盐碱地，人口又少，于是太公劝勉妇女做针线活，极力提高工艺技巧，贩卖交易鱼盐，使人民和货物归附本地，像串钱一样络绎不绝，像辐条聚于车毂一样汇聚于齐国。所以齐国生产的帽子、腰带、衣服、鞋遍布天下，东海泰山之间的小国都整理衣袖恭敬地到齐国去朝拜。后来齐国中途衰落了，管仲重新修治齐国，设置掌管财务货币的九个官府，齐桓公因此称霸诸侯，多次召集诸侯，使天下政治得到匡正；而管仲家也修了三归台，虽然职位是陪臣，却比各诸侯国的君主还富有。齐国的富强也由此一直延续到齐威王、齐宣王的时代。

故曰："仓廪实而知礼节，衣食足而知荣辱。"礼生于有①而废于无。故君子富，好行其德；小人富，以适其力。渊深而鱼生之，山深而兽往之，人富而仁义附焉。富者得势益彰，失势则客无所之，以而不乐。夷狄益甚。谚曰："千金之子，不死于市。"此非空言也。故曰："天下熙熙②，皆为利来；天下壤壤③，皆为利往。"夫千乘之王，万家之侯，百室之君，尚犹患贫，而况匹夫编户之民乎！

◎ **注释** ①〔有〕指有财富。②〔熙熙〕喧嚷嘈杂的样子。③〔壤壤〕往来纷乱的样子。

◎**大意** 所以管仲说："仓库充实百姓才懂得礼节，衣食富足百姓才知道荣辱。"礼节生于富有而废弃于贫穷。所以君子富有了，便爱施行他们的美德；小人富有了，便把力量用在适当的地方。水深了鱼自然会生存繁衍，山深了野兽自然会前往栖息，人富了仁义自然会依附于身。富人得势声名更加显赫，失势则无宾客上门，因而不快乐。这种情形，在夷狄那里表现得更厉害。谚语说："有千金家财的富家儿子，不在街市上受死刑。"这些都不是空话。所以说："天下人纷纷扰扰，都是为利。"拥有千辆兵车的君王、享有万户食邑的列侯、享有百户食邑的大夫尚且怕贫穷，何况编入户册的平民百姓！

昔者越王句践困于会稽之上，乃用范蠡、计然。计然曰："知斗①则修备②，时用③则知物，二者形则万货之情可得而观已。故岁在金，穰④；水，毁；木，饥；火，旱。旱则资⑤舟，水则资车，物之理也。六岁穰，六岁旱，十二岁一大饥。夫粜⑥，二十病农，九十病末⑦。末病则财不出，农病则草不辟矣。上不过八十，下不减三十，则农末俱利，平粜齐物，关市不乏，治国之道也。积著（贮）之理，务完物，无息币。以物相贸，易腐败而食（蚀）⑧之货勿留，无敢居贵。论其有余不足，则知贵贱。贵上极则反贱，贱下极则反贵。贵出如粪土，贱取如珠玉。财币欲其行如流水。"修之十年，国富，厚赂战士，士赴矢石⑨，如渴得饮，遂报强吴，观兵⑩中国，称号"五霸"。

◎**注释** ①〔斗〕指战争。②〔修备〕修整军备。③〔时用〕指符合时世的需求。④〔穰（ráng）〕丰收。⑤〔资〕预先积蓄。⑥〔粜（tiào）〕出售粮食。⑦〔二十病农，九十病末〕二十、九十，指每斗的粮价。病，伤害。末，商人。⑧〔食〕通"蚀"，损耗。⑨〔矢石〕箭和垒石，古时守城的武器。⑩〔观兵〕检阅军队，炫耀武力。

◎**大意** 从前越王句践被困会稽山下，于是任用范蠡和计然。计然说："知道要打仗就要做好各方面的准备，知道货物何时生产和使用才算了解货物，了解了这两种规律，就可以掌握所有货物的情况。所以年岁在金时就丰收，年岁在水时就歉收，年岁在木时就饥荒，年岁在火时就干旱。天旱时就要预备船只以防水灾，天涝时就要预备车辆以防大旱，这符合事物发展的规律。一般六年一次丰收，六年一次干旱，十二年一次大的饥荒。卖粮食，每斗二十钱则损害农民的利益，每斗九十钱则损害商人的利益。商人的利益被损害就没有钱财流通到社会上，农民的利益被损害就不能辟草种地了。每斗粮价高不过八十，低不下三十，那么农民商人都会获利，平价出售粮食，就能调节物价，关卡的税收和市场的供应就都不会缺乏，这是治国之道。积贮的方法，务必完好保管货物，使资金周转起来。货物贸易，容易腐蚀的货物不要贮藏，不敢囤积等待涨价。研究供需的过剩和不足，就会知道物价的贵贱。价格上涨到极限反而会下跌；价格下降到极限反而会上涨。价高时要把货物当作粪土及时卖出，价低时要把货物当作珠宝及时买进。要让财币像流水一样不断周转。"句践照此治理了十年，国家富裕，用优厚的报酬犒赏战士，战士冒着箭石冲锋陷阵，就像口渴时遇到了水一样，最终灭掉强大的吴国报仇雪恨，然后列兵中原向诸侯示威，号称"五霸"之一。

范蠡既雪会稽之耻，乃喟然而叹曰："计然之策七，越用其五而得意。既已施于国，吾欲用之家。"乃乘扁舟浮于江湖，变名易姓，适齐为鸱夷子皮①，之陶②为朱公。朱公以为陶天下之中，诸侯四通，货物所交易也。乃治产积居。与时逐而不责于人。故善治生③者，能择人而任时。十九年之中三致千金，再分散与贫交疏昆弟。此所谓富好行其德者也。后年衰老而听子孙，子孙修业而息之，遂至巨万。故言富者皆称陶朱公。

◎**注释** ①〔鸱夷子皮〕鸱夷，原指盛酒的皮囊。皮囊多所容纳，又可卷而藏之，范蠡自号"鸱夷子皮"，有与时张弛、进退自如的意思。②〔陶〕地名，在今山东定陶。③〔治生〕经营家业。

◎**大意** 范蠡帮助越王句践洗雪会稽之耻后，长叹道："计然的计策有七条，越国用了其中五条便实现了愿望。既然已经用它治了国，我想用它来治家。"就乘小舟在江湖中漂荡，改名换姓，到齐国自称"鸱夷子皮"，到陶邑后叫"朱公"。朱公认为陶邑是天下的中心，与各诸侯国四通八达，货物的交换非常方便。于是置办产业囤积货物。抓住时机逐利而不责求于人。所以善于经营产业的人，能够选择人才并把握时机。朱公十九年中曾有三次获取了千金财富，又把这些财富分散给贫困的朋友和远房兄弟。这就是富有而好行美德的人。后来他衰老了，就听凭子孙经营，子孙继承他的产业而不断发展，以至财产竟达上亿之多。所以世人一说富豪就都称陶朱公。

子赣（贡）既学于仲尼，退而仕于卫，废著（贮）鬻财①于曹、鲁之间，七十子之徒，赐最为饶益。原宪不厌糟糠，匿于穷巷。子贡结驷连骑，束帛之币以聘享诸侯，所至，国君无不分庭与之抗礼②。夫使孔子名布扬于天下者，子贡先后之也。此所谓得势而益彰者乎？

◎**注释**　①〔废著鬻（yù）财〕废著，囤积。鬻财，转运倒卖货物赚钱。鬻，卖。②〔分庭与之抗礼〕指宾主相见，分站在庭的两边，相对行礼。
◎**大意**　子贡曾在孔子那里学习过，离开后在卫国做官，然后囤积货物在曹国、鲁国之间做买卖。孔子七十多位高徒，子贡（名赐）最为富裕。原宪连酒糟谷糠都吃不饱，隐居在穷巷中。子贡却乘坐四马并辔牵引的车子，携带束帛厚礼去出访诸侯，所到之处，国君无不与他行宾主之礼。孔子名扬天下，是由于子贡在他前后辅助支持。这就是所谓的富人得势而名声更加显赫吧？

白圭，周人也。当魏文侯时，李克务尽地力，而白圭乐观时变，故人弃我取，人取我与。夫岁孰（熟）取谷，予之丝漆；茧出取帛絮，予之食。太阴在卯，穰；明岁衰恶。至午，旱；明岁美。至酉，穰；明岁衰恶。至子，大旱；明岁美，有水。至卯，积著（贮）率①岁倍。欲长钱，取下谷；长石斗，取上种。能薄饮食，忍嗜欲，节衣服，与用事僮仆同苦乐，趋时若猛兽鸷鸟之发②。故曰："吾治生产，犹伊尹、吕尚之谋，孙吴用兵，商鞅行法是也。是故其智不足与权变，勇不足以决断，仁不能以取予，强不能有所守，虽欲学吾术，终不告之矣。"盖天下言治生祖白圭。白圭其有所试矣，能试有所长，非苟而已也。

◎**注释** ①〔率〕大概。②〔猛兽鸷鸟之发〕猛兽、凶禽扑食，形容迅速。

◎**大意** 白圭是周国人。在魏文侯的时候，李克致力于精耕细作发挥地力，而白圭善于观察时势变化，所以别人卖他买，别人买他卖。庄稼刚成熟，他就收购，卖出蚕丝和油漆；蚕茧刚抽出薄丝，他就收购丝帛、丝絮，出售粮食。岁星在卯那年，丰收；第二年歉收。岁星在午那年，天大旱；第二年收成好。岁星在酉那年，丰收；第二年歉收。岁星在子那年，天大旱；第二年收成好，但有水涝。岁星在卯那年，他囤积货物大概比往年增加一倍。他想涨钱增加利润，就收购下等谷物；想增加石斗容量，就买上等种子。他不讲究饮食，能控制嗜欲，节约衣服，与办事的僮仆同甘共苦，抓住时机就像猛兽、凶禽扑食一样迅猛。他说："我做生意，就像伊尹、吕尚谋划，像孙武、吴起用兵，像商鞅执法一样。所以智慧不足以通权达变、勇气不足以果断决策、仁义不能正确取舍、强力不足守住本业的人，即使想要学习我的生意经，我都不会告诉他。"因此天下人讲到做生意都效法白圭。白圭所讲的都是尝试过的，通过尝试而施展自己的特长，不是随便就能成功的。

猗顿用盬①盐起。而邯郸郭纵以铁冶成业，与王者埒②富。

◎**注释** ①〔盬（gǔ）〕未经煎炼的盐。②〔埒（liè）〕等同。

◎**大意** 猗顿通过经营池盐起家，而邯郸的郭纵通过冶铁致富，财富可与一国之君相比。

乌氏倮①畜牧，及众，斥卖，求奇绘物②，间③献遗戎王。戎王什倍其偿，与之畜，畜至用谷量马牛。秦始皇帝令倮比封君，以时与列臣朝请④。而巴寡妇清，其先得丹穴⑤，而擅其利数世，家亦不訾⑥。清，寡妇也，能守其业，用财自卫，不见侵犯。秦皇帝以为贞妇而客之，为筑女怀清台。夫倮鄙人⑦牧长，清穷乡寡妇，礼抗万乘，名显天下，岂非以富邪？

◎**注释** ①〔乌氏（zhī）倮（luǒ）〕乌氏，古县名，在今甘肃平凉。倮，人名。②〔绘物〕指纺织品。③〔间〕暗地里。④〔朝请〕诸侯春季朝见君主叫"朝"，秋季朝见叫"请"。⑤〔丹穴〕出产朱砂的矿穴。⑥〔訾（zī）〕估量，计量。⑦〔鄙人〕边邑地区的人。

◎**大意** 乌氏倮经营畜牧业，等到牲畜众多之时，全部卖光，买珍奇的纺织品，暗中送给戎王。戎王以十倍价值的牲畜补偿给他，牲畜多得要用谷来计量马牛。秦始皇命令乌氏倮比照封君的身份，按时与众大臣朝见。巴郡的寡妇清，她祖先得到丹砂矿，几代人独享其利，家产不计其数。清是个寡妇，能守住家业，用财产自卫，不被侵犯。秦始皇认为她是有贞节的妇女而以宾客的礼节招待她，为她修筑了一座女怀清台。乌氏倮只不过是个边远地方的畜牧主，清只不过是个穷乡僻壤的寡妇，他们却能受到天子的礼遇，名扬天下，难道不是因为富有吗？

汉兴，海内为一，开关梁，弛①山泽之禁，是以富商大贾周流天下，交易之物莫不通，得其所欲，而徙豪杰诸侯强族于京师。

◎**注释** ①〔弛〕松弛，放松。
◎**大意** 汉朝兴起，海内统一，开放水陆交通要道，放松开采山泽资源的禁令，所以富商大贾走遍天下，交易的货物到处流通，他们的欲望得到满足，然后汉朝又把豪杰、诸侯、望族迁到京城。

◎ 货殖列传第六十九

　　关中自汧、雍以东至河、华，膏壤沃野千里，自虞夏之贡以为上田，而公刘适邠（豳），大王、王季在岐，文王作丰，武王治镐，故其民犹有先王之遗风，好稼穑①，殖五谷，地重②，重为邪③。及秦文、德、缪居雍，隙陇蜀④之货物而多贾。献公徙栎邑，栎邑北却戎翟（狄），东通三晋，亦多大贾。孝、昭治咸阳，因以汉都，长安诸陵，四方辐凑并至而会，地小人众，故其民益玩巧而事末也。南则巴蜀。巴蜀亦沃野，地饶卮⑤、姜、丹沙、石、铜、铁、竹、木之器。南御滇僰，僰僮。西近邛筰，筰马、旄牛。然四塞，栈道⑥千里，无所不通，唯褒斜绾毂⑦其口，以所多易所鲜。天水、陇西、北地、上郡与关中同俗，然西有羌中之利，北有戎翟（狄）之畜，畜牧为天下饶。然地亦穷险，唯京师要⑧其道。故关中之地，于天下三分之一，而人众不过什三；然量其富，什居其六。

◎ **注释**　①〔稼穑〕播种曰稼，收获曰穑，后泛指农业劳动。②〔地重〕看重土地。③〔重为邪〕不敢作恶。重，看重，不轻易。④〔隙陇蜀〕指地处陇蜀两地货物流通的孔道。⑤〔卮（zhī）〕一种野生植物，花红紫色，可用以提制胭脂。⑥〔栈道〕在峭崖陡壁上凿孔，然后架木铺板连成的道路。⑦〔褒斜（yé）绾毂（wǎn gǔ）〕褒斜，古道路名，因取道褒水、斜水两河谷而得名。绾毂，指控扼道口。⑧〔要（yāo）〕约束，控制。

◎ **大意**　关中从汧县、雍县以东到黄河、华山，土地富饶沃野千里，自虞、夏以来就把这里当作缴纳赋税的上等田计算。而公刘迁到豳地，大王、王季迁居岐山，文王修建丰京，武王营制镐京，所以那里的百姓还存有先王的遗风，喜好农事，耕种五谷，重视土地，不敢作恶。等到秦文公、秦德公、秦穆公都定都雍邑，地处陇蜀货物交流的中心并且商贾很多。秦献公迁徙到栎邑，栎邑北接戎狄，东通韩、赵、魏三国，也多大商贾。秦孝公、秦昭王治理咸阳，汉朝以此为都，加上长安附近皇帝陵墓所在的县，四方之人像辐条聚于车轴一样汇聚而至，地小人多，所以百姓渐渐喜欢玩弄奇巧而从事工商业。

南侧是巴蜀。巴蜀也是沃野,土地富饶,盛产卮、生姜、丹砂、矿石、铜、铁和竹木器具。巴蜀南接滇、僰,僰出僮仆。西面与邛、筰相邻,筰出产马和旄牛。然而巴蜀四面高山堵塞,有数千里的栈道,无所不通,只有褒斜道是控扼巴蜀通往关中的道路,巴蜀人常在这条路上用多余的东西交换缺少的东西。天水、陇西、北地、上郡与关中风俗相同,但是西有羌中的便利,北有戎狄的牲畜,畜牧业富饶于天下。但是地势也偏远险恶,只有京师长安控制其出入要道。所以关中的土地,大小只有天下的三分之一,而人口也不过十分之三,但是估量其财富,却占十分之六。

昔唐人都河东①,殷人都河内②,周人都河南③。夫三河在天下之中,若鼎足,王者所更居也,建国各数百千岁,土地小狭,民人众,都国诸侯所聚会,故其俗纤俭习事④。杨⑤、平阳⑥陈西贾秦、翟(狄),北贾种、代⑦。种、代,石⑧北也,地边胡,数被寇。人民矜懻忮⑨,好气,任侠为奸,不事农商。然迫近北夷,师旅亟往,中国委输⑩时有奇羡⑪。其民羯羠不均⑫,自全晋之时固已患其剽悍⑬,而武灵王益厉之,其谣俗犹有赵之风也。故杨、平阳陈掾⑭其间,得所欲。温、轵西贾上党,北贾赵、中山。中山地薄人众,犹有沙丘纣淫地余民,民俗懁急⑮,仰机利⑯而食。丈夫相聚游戏,悲歌忼慨,起则相随椎剽⑰,休则掘冢作巧奸冶⑱,多美物,为倡优。女子则鼓鸣瑟,跕屣⑲,游媚贵富,入后宫,遍诸侯。

◎**注释** ①〔河东〕郡名,今山西夏县北。②〔河内〕郡名,今河南焦作一带。③〔河南〕郡名,今河南洛阳一带。④〔纤俭习事〕纤俭,吝啬节俭。习事,指善于经营。⑤〔杨〕县名,属河东郡,今山西洪洞东南。⑥〔平阳〕县名,属河南郡,与杨县相邻。⑦〔种、代〕种,今河北西北部地区。代,今山西北部地区。⑧〔石〕指常山郡石邑县,今河北石家庄。⑨〔懻忮(jì zhì)〕强直刚愎。⑩〔委输〕运送货物。⑪〔奇(jī)羡〕盈余、积存的货物。⑫〔羯羠(jié yí)不均〕羯羠,本指阉过的羊，阉羊体健，此处用以表示健壮强悍。均，端正，平和。⑬〔僄（piào）悍〕轻捷勇猛。⑭〔陈掾（yuàn）〕经营。⑮〔儇（xuān）急〕性情急躁。⑯〔机利〕以智巧谋利。⑰〔椎剽〕以椎杀人，抢劫财物。⑱〔奸冶〕指盗铸货币。⑲〔跕屣（tiē xǐ）〕谓走路用足尖轻轻着地。

◎ **大意**　从前，陶唐氏定都于河东，殷商人定都于河内，东周人定都于河南。三河地区处在天下中部，像大鼎的三足，帝王更替居住于此，所建立的王朝有数百年以至上千年，这里土地狭小，人口众多，都城、诸侯国聚集于此，所以这里风俗节俭，善于经营。杨、平阳两邑居民向西可与秦、狄通商，向北可与种、代通商。种、代在石邑以北，其地毗邻匈奴，多次被匈奴抢掠。当地百姓骄慢强直、任性斗气、任侠为奸，不从事农业和商业。但是靠近北方夷族，军队经常往来，从中原运去的物资常有剩余。这里的百姓桀骜不驯，在晋国全盛时期就民风剽悍，而赵武灵王使剽悍之风更加厉害，当地民俗至今还有赵国的遗风。所以杨、平阳居民经营其间，得其所欲。温、轵两地的人，向西与上党通商，向北与赵、中山通商。中山土地稀少而人口众多，当年纣王在此处建沙丘台以供淫乐，至今其遗民仍在，民俗暴躁，依仗投机取巧过日子。男人相聚游戏、慷慨歌唱。白天干些互相追随杀人越货的事，晚上则干些盗墓、造假、私铸钱币的事，拥有许多玩物，多为倡优。女人则弹琴鼓瑟，跕脚躞足，游走献媚于富贵之家，或是进入后宫，遍及诸侯之家。

然邯郸亦漳、河之间一都会也。北通燕、涿，南有郑、卫。郑、卫俗与赵相类，然近梁、鲁，微重而矜节①。濮上之邑徙野王，野王好气任侠，卫之风也。

◎ **注释**　①〔微重而矜节〕重，厚重朴实。矜节，重操守。
◎ **大意**　而邯郸也是漳水、黄河之间的一个都市。北面通往燕国、涿县，南面是郑国、卫国。郑国、卫国的风俗与赵国类似，但是靠近大梁和鲁国，所以百姓稍微庄重而有节操。卫国国都从濮阳迁到野王，野王的人好气节、行侠义，这是卫国的风俗。

夫燕亦勃、碣①之间一都会也。南通齐、赵，东北边胡。上谷至辽东②，地踔远③，人民希（稀），数被寇，大与赵、代俗相类，而民雕捍（悍）少虑，有鱼盐枣栗之饶。北邻乌桓、夫余，东绾④秽貉、朝鲜、真番之利。

◎**注释** ①〔勃、碣〕勃，"渤"的本字，指渤海。碣，指碣石山。②〔上谷至辽东〕上谷，郡名，今河北怀来。辽东，郡名，今辽宁辽阳。③〔踔（zhuō）远〕辽远。④〔绾〕约束，控制。

◎**大意** 燕都蓟也是渤海与碣石山之间的一个都市。南面通往齐国、赵国，东北毗邻匈奴。从上谷到辽东，地方遥远，人口稀少，常被侵犯，大概与赵国、代国的风俗类似，而人民像雕一样强悍，做事少有顾虑，这里盛产鱼、盐、枣、栗。北面与乌桓、夫余相邻，东面处于控制秽貉、朝鲜、真番的有利地位。

雒阳东贾齐、鲁，南贾梁、楚。故泰山之阳则鲁，其阴则齐。

◎**大意** 雒阳向东可与齐国、鲁国通商，向南可与梁国、楚国通商。泰山的南面是鲁国，它的北面是齐国。

齐带山海，膏壤千里，宜桑麻，人民多文采布帛鱼盐。临菑①亦海岱之间一都会也。其俗宽缓阔达，而足智，好议论，地重，难动摇，怯于众斗，勇于持刺，故多劫人者，大国之风也。其中具五民②。

◎**注释** ①〔临菑〕亦作"临淄"，战国时齐国都城，在今山东淄博。②〔五民〕一说指士、农、商、工、贾。一说指东、南、西、北、中五方之民。

◎**大意** 齐国被山海围绕，土地肥沃至千里，适宜种植桑麻，人民拥有许多彩绸、麻布、丝织品、鱼、盐。临菑也是东海、泰山之间的一个都市，那里的民俗宽容豁达，百姓足智多谋，爱好辩论，重视土地，不轻易迁徙，害怕聚众武斗，勇于暗中行刺，所以常有劫持人的事，这是大国的风尚。城中五民俱全。

而邹、鲁滨洙、泗，犹有周公遗风，俗好儒，备于礼，故其民龊龊①。颇有桑麻之业，无林泽之饶。地小人众，俭啬，畏罪远邪。及其衰，好贾趋利，甚于周人。

◎**注释** ①〔龊龊〕谨小慎微的样子。

◎**大意** 而邹国、鲁国滨临洙水、泗水，仍然保留着周公的遗风，俗好儒学，讲究礼节，所以百姓小心谨慎。出产的桑麻很多，林泽资源却稀有。这里地小人多，民风节俭吝啬，害怕犯罪，远离邪恶。等到衰败时，这里的人好经商谋利，比周人还厉害。

夫自鸿沟①以东，芒、砀②以北，属③巨野，此梁、宋也。陶、睢阳④亦一都会也。昔尧作游成阳⑤，舜渔于雷泽⑥，汤止于亳⑦。其俗犹有先王遗风，重厚多君子，好稼穑，虽无山川之饶，能恶衣食⑧，致其蓄藏。

◎**注释** ①〔鸿沟〕古代的一条运河，一端在荥阳（今河南荥阳）北通黄河，一端在项县（今河南沈丘）。②〔芒、砀（dàng）〕皆山名，在今河南永城东北。③〔属〕连接，接近。④〔睢阳〕古都邑名，今河南商丘。⑤〔成阳〕古邑名，在今山东菏泽。⑥〔雷泽〕古湖泊名，即雷夏泽，在成阳西。⑦〔亳（bó）〕古都邑名，今河南商丘东南。⑧〔恶衣食〕指节衣缩食。

◎**大意** 自鸿沟以东，芒、砀以北，直到巨野，这一带是梁国、宋国。定陶、睢阳也是都城。昔日尧兴起于成阳，舜捕鱼于雷泽，汤定都于亳邑。这里的民俗还有这些先王的遗风，宽厚庄重，多有君子，喜爱耕种，虽无富饶的山川，却能节衣缩食，积蓄财物。

越、楚则有三俗。夫自淮北沛①、陈②、汝南③、南郡④，此西楚也。其俗剽轻，易发怒，地薄，寡于积聚。江陵故郢都，西通巫⑤、巴⑥，东有云梦⑦之饶。陈在楚夏之交，通鱼盐之货，其民多贾。徐⑧、僮⑨、取虑⑩，则清刻⑪，矜已诺。

◎**注释** ①〔沛〕郡名，今安徽濉溪。②〔陈〕秦郡名，汉改称淮阳，其中心地区在今河南周口一带。③〔汝南〕郡名，今河南上蔡。④〔南郡〕郡名，今湖北荆州。⑤〔巫〕县名，今四川巫山。⑥〔巴〕指巴郡，辖今天重庆和四川部分区域。⑦〔云梦〕古泽薮名，为大片湖泊沼泽地的总称。⑧〔徐〕县名，今江苏泗洪南。⑨〔僮〕县名，今江苏泗洪西北。⑩〔取虑〕县名，今江苏睢宁。⑪〔清刻〕清廉而苛刻。

◎**大意** 越、楚一带有三种民俗。从淮水以北，沛、陈、汝南、南郡一带，这是西楚。那里的民俗剽悍轻率，容易发怒，土地贫瘠，积蓄很少。江陵是从前楚国的郢都，西边通往巫、巴等地，东边有富饶的云梦泽。陈在楚与夏的交接处，流通鱼盐等货物，那里的人多经商。徐、僮、取虑之地，则民俗清廉苛刻，信守诺言。

彭城①以东，东海②、吴③、广陵④，此东楚也。其俗类徐、僮。朐⑤、缯⑥以北，俗则齐。浙江南则越。夫吴自阖庐、春申、王濞三人招致天下之喜游子弟，东有海盐之饶，章山之铜，三江、五湖之利，亦江东一都会也。

◎**注释** ①〔彭城〕县名，在今江苏徐州。②〔东海〕郡名，治所在今山东郯城北。③〔吴〕指今江苏南部及浙江钱塘江以北太湖流域一带。④〔广陵〕地名，今江苏扬州。⑤〔朐（qú）〕县名，今江苏连云港。⑥〔缯〕县名，属东海郡，今山东枣庄。

◎**大意** 彭城以东，东海、吴、广陵一带，这是东楚。那里的民俗类似于徐、僮地区。朐、缯以北，民俗则类似于齐国。浙江以南，民俗则类似于越。吴王阖庐、楚国春申君、汉吴王刘濞三人先后在吴地招致天下喜好游说的士人,这里东有富饶的海盐,章山的铜矿,三江、五湖的资源,也是江东的一个都市。

衡山①、九江②、江南③、豫章④、长沙,是南楚也,其俗大类西楚。郢⑤之后徙寿春,亦一都会也。而合肥受南北潮⑥,皮革、鲍、木输会也。与闽中⑦、于越杂俗,故南楚好辞,巧说少信。江南卑湿,丈夫早夭。多竹木。豫章出黄金,长沙出连、锡,然堇(仅)堇(仅)物之所有,取之不足以更费。九疑⑧、苍梧⑨以南至儋耳⑩者,与江南大同俗,而杨越多焉。番禺⑪亦其一都会也,珠玑、犀、玳瑁、果、布之凑。

◎**注释** ①〔衡山〕郡名,今湖北黄冈。②〔九江〕郡名,今安徽寿县。③〔江南〕狭义是指江南郡或鄣郡(武帝时更名为丹阳郡),广义则指江、淮以南广大地区。④〔豫章〕郡名,今江西南昌。⑤〔郢〕楚国的都城,今湖北江陵。⑥〔合肥受南北潮〕指合肥南有长江,北有淮河。⑦〔闽中〕郡名,今福建福州。⑧〔九疑〕山名,在今湖南宁远。⑨〔苍梧〕郡名,今广西梧州。⑩〔儋耳〕郡名,今海南儋州。⑪〔番(pān)禺〕县名,在今广东广州。

◎**大意** 衡山、九江、江南、豫章、长沙一带,这是南楚。这里的民俗大致类似于西楚。楚失郢都以后迁至寿春,寿春也是一个都城。而合肥南有长江,北有淮河,皮革、鲍鱼、木材会聚于此。与闽中、于越的风俗相杂,所以南楚民俗喜好言辞,花言巧语而很少讲信用。江南低湿,男人死得早。竹子、木料多。豫章出产黄金,长沙出产铅、锡,但是储量少,不足以开采而且开采成本高。九疑、苍梧以南直到儋耳,与江南大致上同俗,混杂许多杨越风俗。番禺也是这里的一个都市,是珠玑、犀、玳瑁、果子、葛布的集散地。

颍川①、南阳②,夏人之居也。夏人政尚忠朴,犹有先王之遗风。颍川敦愿③。秦末世,迁不轨之民于南阳。南阳西通武关④、郧关⑤,东南受汉、江、淮。宛⑥亦一都会也。俗杂,好事业,多贾。其任侠,交通颍川，故至今谓之"夏人"。

◎**注释** ①〔颍川〕郡名，在今河南禹州。②〔南阳〕郡名，今河南南阳。③〔敦愿〕忠厚淳朴，心地善良。④〔武关〕古关隘名，位于今陕西丹凤东武关河的北岸。⑤〔郧（yún）关〕古关隘名，故址在今湖北郧阳。⑥〔宛〕县名，在今河南南阳。

◎**大意** 颍川、南阳，是夏人居住的地方。夏人理政崇尚忠厚朴实，仍然保留着先王的遗风。颍川人敦厚老实。秦朝末年，把一批不轨之民迁徙到南阳。南阳西方通往武关、郧关，东南面临汉江、长江、淮水。宛也是一个都市。这里民俗混杂，人们好经营事业，多经商。以侠义为己任，与颍川相通，所以这里的人至今还被称为"夏人"。

夫天下物所鲜所多，人民谣俗，山东食海盐，山西食盐卤，领（岭）南、沙北固往往出盐，大体如此矣。

◎**大意** 天下的货物有出产多的，也有出产少的，民俗也有差别，山东人吃海盐，山西人吃池盐，五岭以南、沙漠以北本来也有许多地方产盐，大体上就是这样的情况。

总之，楚越之地，地广人希（稀），饭稻羹鱼，或火耕而水耨，果隋（蓏）蠃（螺）蛤①，不待贾而足，地势饶食，无饥馑之患，以故呰窳②偷生，无积聚而多贫。是故江淮以南，无冻饿之人，亦无千金之家。沂、泗水以北，宜五谷桑麻六畜，地小人众，数被水旱之害，民好畜藏，故秦、夏、梁、鲁好农而重民。三河、宛、陈亦然，加以商贾。齐、赵设智巧，仰机利。燕、代田畜而事蚕。

◎**注释** ①〔果隋（luǒ）蠃（luó）蛤（gé）〕果，指木本植物的果实。隋，通

"蓏"，指瓜类及其他草本植物的果实。蠃，通"螺"。蛤，一种有介壳的软体动物。②〔呰窳（zǐ yǔ）〕懒惰，苟且度日。

◎**大意**　总之，楚越一带，地广人稀，吃米饭和鱼，刀耕火种，用水除草。瓜果、田螺、蛤蜊，不用买就足够吃了，地势有利，食物丰足，没有饥馑之患，人民因此苟且懒惰，没有积蓄而多贫困。所以江、淮以南，既没有受冻挨饿的人家，也没有千金家产的富户。沂水、泗水以北，适宜种植五谷、桑麻，蓄养六畜，地少人多，屡遭水旱灾害，百姓好积蓄贮藏，所以秦、夏、梁、鲁等地的人喜好农业生产并重视农民。三河、宛、陈等地也是这样，同时还经营商业。齐、赵等地的人玩弄智巧，靠投机谋利。燕、代等地的人种田、畜牧和养蚕。

　　由此观之，贤人深谋于廊庙①，论议朝廷，守信死节隐居岩穴之士设为名高者安归乎？归于富厚也。是以廉吏久，久更富，廉贾归富。富者，人之情性，所不学而俱欲者也。故壮士在军，攻城先登，陷阵却敌，斩将搴旗，前蒙矢石，不避汤火之难者，为重赏使也。其在闾巷少年，攻剽椎埋②，劫人作奸，掘冢铸币，任侠并兼，借交报仇③，篡（窜）逐④幽隐，不避法禁，走死地如骛⑤者，其实皆为财用耳。今夫赵女郑姬，设形容，揳⑥鸣琴，揄⑦长袂，蹑利屣⑧，目挑心招，出不远千里，不择老少者，奔富厚也。游闲公子，饰冠剑，连车骑，亦为富贵容也。弋射渔猎，犯晨夜，冒霜雪，驰坑谷，不避猛兽之害，为得味也。博戏驰逐，斗鸡走狗，作色相矜，必争胜者，重失负也。医方诸食技术之人，焦神极能，为重糈⑨也。吏士舞文弄法，刻章伪书，不避刀锯之诛⑩者，没于赂遗也。农工商贾畜长，固求富益货也。此有知（智）尽能索⑪耳，终不余力而让财矣。

◎**注释**　①〔廊庙〕廊指殿堂四周的廊，庙指太庙，两地都是古代帝王和大臣议政的地方，后为朝廷的代称。②〔椎埋〕以椎杀人，然后埋掉灭迹。③〔借交报仇〕以身许友，不惜性命替朋友报仇。④〔篡逐〕指做了犯法的事以后逃窜躲藏。篡，通

"窜"。⑤〔骛（wù）〕马跑。⑥〔搣（jiá）〕弹奏。⑦〔揄（yú）〕挥扬。⑧〔蹑利屣（xǐ）〕蹑，穿。利屣，舞鞋。⑨〔重糈（xǔ）〕优厚的报酬。⑩〔刀锯之诛〕指重刑。⑪〔索〕竭尽。

◎**大意** 由此看来，贤能的人在朝廷出谋划策，议论争辩，守信尽节的隐居山穴之士自命清高是为什么呢？是为了财富。所以清廉的官吏任职时间长，任职时间长了就更富有，廉价卖货的商人最终还是富有。求富，是人之常情，不用学而都想追求的东西。所以勇士在军中，攻城时奋勇争先，冲锋陷阵击退敌军，斩将夺旗，冒着箭射石击，赴汤蹈火，不避危险，都是为重赏所驱使。住在街巷里的少年，攻击剽夺，杀人埋尸，抢劫财富，盗掘坟墓，私铸钱币，恣意妄为，兼并霸占，不惜性命为朋友报仇，暗中追逐掠夺，不避法律禁令，如马飞驰般奔向死亡，其实都是为了财富与利益。现今赵、郑地方的年轻女子，收拾打扮，弹琴鼓瑟，舞动长袖，轻歌曼舞，眼神挑逗，用心招引，外出献艺，不远万里，不择老少的原因，是奔向富财厚利。游手好闲的公子哥，用珠玉装饰帽子宝剑，把车骑连成队列，也是为了炫耀富贵之容。猎人渔夫，不顾早晚，冒着霜雪，奔向深谷，不避猛兽的危害，为的是得到野味。赌博角逐，斗鸡走狗，拌嘴争论，面红耳赤，非要争胜的原因，是看重输赢，怕输钱。医生、方士和各种靠手艺吃饭的人，费尽心思，用尽技能，为的是得到丰厚的报酬。官吏士人舞文弄法，私刻公章，伪造文书，不怕重刑的原因，是沉溺于收取贿赂和馈赠。农民、工匠、商人、牧人从事劳动的目的，本来就是追求富有，增加货物。如此绞尽脑汁，竭尽所能，谁也不会留着劲头不用，谁也不想把钱财让给别人。

谚曰："百里不贩樵，千里不贩籴①。"居之一岁，种之以谷；十岁，树之以木；百岁，来之以德。德者，人物之谓也。今有无秩禄之奉，爵邑之入，而乐与之比者。命曰"素封②"。封者食租税，岁率户二百。千户之君则二十万，朝觐聘享③出其中。庶民农工商贾，率亦岁万息二千，百万之家则二十万，而更徭租赋出其中。衣食之欲，恣所好美矣。故曰陆地牧马二百蹄④，牛蹄角千⑤，千足羊⑥，泽中千足彘，水居千石鱼陂，山居千章之材。安邑千树枣；燕、秦千树栗；蜀、汉、江陵千树橘；淮北、常山已（以）南，河济之间千树萩（楸）；陈、夏千亩漆；齐、鲁千亩桑麻；渭川千亩竹；及名国万家之城，带郭千亩亩钟之田⑦，若千亩卮茜，千畦姜韭：此其人皆与千户侯等。然是富给之资也，不窥市井，不行异邑，坐而待收，身有处士⑧之义而取给焉。若至家贫亲老，妻子软弱，岁时无以祭祀进醵⑨，饮食被服不足以自通，如此不惭耻，则无所比矣。是以无财作力，少有斗智，既饶争时⑩，此其大经也。今治生不待危身取给，则贤人勉焉。是故本富⑪为上，末富⑫次之，奸富⑬最下。无岩处奇士之行，而长贫贱，好语仁义，亦足羞也。

◎ **注释**　①〔籴（dí）〕买入谷物。②〔素封〕指无官爵封邑之空名而有其实利。③〔朝觐聘享〕古时诸侯定期朝见天子，春朝为"朝"，秋朝为"觐"。诸侯国之间的礼节性访问为"聘"，招待来访者的宴会为"享"。④〔马二百蹄〕五十匹马。四蹄为一匹马。⑤〔牛蹄角千〕一百六十多头牛。因一头牛有四蹄二角，故蹄角六为一头牛。⑥〔千足羊〕二百五十只羊。四足为一只羊。⑦〔带郭千亩亩钟之田〕带郭，指城市郊区。带，围绕。郭，外城。亩钟之田，亩产一钟的良田。钟，古代计量单位。⑧〔处士〕不外出做官的士人。⑨〔醵（jù）〕乡里亲友凑钱聚饮。⑩〔争时〕争时逐利。⑪〔本富〕指务农致富。⑫〔末富〕指从事工商业致富。⑬〔奸富〕指以不正当手段致富。

◎ **大意**　谚语说："百里之外不卖柴，千里之外不卖粮。"住一年，种五谷；住十年，植树木；住百年，要积德行德。所谓德，说的是有道德的人。现在有些人，没有官职俸禄，没有爵位封地，而生活欢乐富有，可以与有官爵的人相比，被称作"素封"。封就是靠租税吃饭，每年每户为二百钱。有千户封地的人，则每年收入二十万钱，朝见天子、礼聘诸侯、招待来访者的费用都从中支出。百姓、农民、工匠、商人，大致上有万钱成本的每户每年收入利息二千钱，有百万资本的家庭则可得二十万钱，而雇人代役、租赋等费用都从中开支。吃穿皆能随心而欲。所以说，在陆地养马五十匹，养牛一百六十多头，养羊二百五十只，养猪二百五十头，水中养年产千石的鱼，山中有千棵成材的树木。安邑有千棵枣树；燕、秦之地有千棵栗树；蜀、汉、江陵一带有千棵橘树；淮北、常山以南和黄河济水之间有千棵楸树；陈、夏之地有千亩漆树；齐、鲁之地有千亩桑麻；渭川有千亩竹林；到居民万户的大国之城，郊外有千亩亩产一钟的良田，千亩卮草茜草，千畦生姜韭菜：这样的人家都与拥有千户封邑的公侯收入等同。然而拥有这样富足的资本，不用上街交易，不用去往外地，坐在家里等待收入，身有处士的名声而收入丰厚。至于那些家庭贫穷、父母年迈、妻子儿女瘦弱的人家，逢年过节无法祭祀聚餐，饮食被服不足以自我满足，如此还不知道羞愧，那就没有什么可比拟了。所以没有钱财要靠苦力挣钱，财产不多要用智力赚钱，财力雄厚则靠争时逐利发财，这是常理。现在谋求生计不用危害生命就能获取财富，那么贤人也会为之努力。所以靠农业致富为上，靠工商业致富为次，靠作奸犯科投机倒把致富为下。如果没有隐居山野的奇士品行，而长期处于贫贱之境，又好谈论仁义，也是够羞耻了。

凡编户之民，富相什①则卑下之，伯则畏惮之，千则役，万则仆，物之理也。夫用贫求富，农不如工，工不如商，刺绣文不如倚市门②，此言末业贫者之资也。通邑大都，酤一岁千酿③，醯酱④千瓨（缸），浆千甔⑤，屠牛羊彘千皮，贩谷粜千钟，薪稾千车，船长千丈，木千章，竹竿万个，其轺车⑥百乘，牛车千两（辆），木器髤⑦者千枚，铜器千钧，素木铁器若卮茜千石，马蹄躈千⑧，牛千足，羊彘千双，僮手指千⑨，筋角丹沙千斤，其帛絮细布千钧，文采千匹，榻布皮革千石，漆千斗，糱麹盐豉千荅⑩，鲐觜⑪千斤，鲰⑫千石，鲍⑬千钧，枣栗千石者三之，狐貂（貂）裘千皮，羔羊裘千石，旃席千具，佗（他）果菜千钟，子贷金钱千贯，节驵会⑭，贪贾三之⑮，廉贾五之，此亦比千乘之家，其大率也。佗（他）杂业不中什二，则非吾财也。

◎**注释** ①〔相什〕相差十倍。②〔倚市门〕指妓女倚门卖笑。③〔酤一岁千酿〕酤，酒。千酿，指酿酒千瓮。④〔醯（xī）酱〕醋。⑤〔浆千甔（dān）〕浆，淡酒。甔，一种口小腹大的陶制容器。⑥〔轺（yáo）车〕一马驾行的轻便马车。⑦〔髹（xiū）〕上漆。⑧〔马蹄躈（qiào）千〕指二百匹马。躈，口。马有四蹄一躈，故蹄躈五为一匹马。⑨〔僮手指千〕指奴仆百人。⑩〔蘖麴（niè qū）盐豉（chǐ）千荅（dá）〕蘖麴，酿酒或制酱时用的起发酵作用的块状物，即酒曲。盐豉，豆豉，古代用作调味品。荅，或作"台"，通"瓵（yí）"，一种瓦器。⑪〔鲐鮆（tái jì）〕鲐，一种海鱼。鮆，刀鱼。⑫〔鲰（zōu）〕小杂鱼。⑬〔鲍〕盐渍鱼。⑭〔驵会（zǎng kuài）〕市场经纪人，操纵交易的居间人。⑮〔三之〕三分之一。

◎**大意** 凡是编在户籍上的百姓，财富与别人相差十倍则屈服于人家，差百倍就害怕人家，差千倍就被人役使，差万倍则为奴仆，这是事情的常理。要想以贫穷求得富有，务农不如做工，做工不如行商，刺绣不如倚门卖笑，这是说从事商业是穷人变富的手段。在交通发达的大都市里，每年酿酒一千瓮，酱醋一千缸，淡酒一千坛，屠杀一千头牛、羊、猪，贩卖一千钟谷物，柴火一千车，船只累计长一千丈，木材一千株，竹竿一万根，马车一百辆，牛车一千辆，漆木器具一千枚，铜器总重一千钧，未漆木器、铁器与卮草、茜草一千石，马二百匹，牛二百五十头，羊、猪两千只，奴仆一百人，筋角、丹砂一千斤，丝绵细布一千钧，彩色丝织品一千匹，粗布、皮革一千石，漆一千斗，酒曲豆豉一千罐，鲐鱼刀鱼一千斤，小杂鱼一千石，盐渍鱼一千钧，枣栗三千石，狐貂皮衣一千件，羔羊皮衣一千石，毛毡毯子一千条，其他水果蔬菜一千钟，放贷取息的本钱一千贯，减去市场经纪人的佣金，贪心的商人获利三分之一，廉价买进的商人获利五分之一，这些收入也可比得上千乘之家，这是大概情况。其他杂业利润不到十分之二，就不是好的致富行业。

请略道当世千里之中，贤人所以富者，令后世得以观择焉。

◎**大意** 请让我简单说说当世千里之内，贤人用来致富的办法，让后世之人得以阅览选择。

蜀卓氏之先，赵人也，用铁冶富。秦破赵，迁卓氏。卓氏见虏

略①,独夫妻推辇,行诣迁处。诸迁虏少有余财,争与吏,求近处,处葭萌②。唯卓氏曰:"此地狭薄。吾闻汶山之下,沃野,下有蹲鸱③,至死不饥。民工于市,易贾。"乃求远迁。致之临邛④,大喜,即铁山鼓铸⑤,运筹策,倾滇蜀之民,富至僮千人。田池射猎之乐,拟于人君。

◎**注释** ①〔见虏略〕被掳掠。②〔葭萌〕县名,今四川广元西南。③〔蹲鸱〕一种大芋,可充粮食。④〔临邛〕今四川邛崃。⑤〔鼓铸〕鼓风扇火,冶炼金属、铸造钱币或器物。

◎**大意** 蜀地卓氏的祖先,是赵国人,通过冶铁致富。秦国攻破赵国后,迁徙卓氏。卓氏被掳掠,只有夫妻二人推着小车,到所迁之地去。诸多被迁徙的赵国人,稍有一点余财,争相送给官吏,以求安排得近一点,住在葭萌一带。只有卓氏说:"这地方狭小贫瘠。我听说汶山下面,是肥沃的原野,地下长着山芋,人到死也不会挨饿。百姓善于交易,容易做买卖。"就请求迁到远处。他被送到临邛,非常高兴,在有铁矿的山上鼓风冶铸,运筹策划,财富压倒滇蜀居民,富至家有僮仆千人,所享受的田池射猎之乐,可以与帝王相比。

程郑,山东迁虏也,亦冶铸,贾椎髻之民①,富埒卓氏,俱居临邛。

◎**注释** ①〔椎髻之民〕指当地的少数民族。椎髻,椎状的发髻,指当时少数民族的发式。

◎**大意** 程郑,是从山东迁移的俘虏,也以冶炼铸造为业,把产品卖给当地的少数民族,他的财富与卓氏相当,他们都居住在临邛。

宛孔氏之先,梁人也,用铁冶为业。秦伐魏,迁孔氏南阳。大鼓铸,规陂池,连车骑,游诸侯,因通商贾之利,有游闲公子之赐与①

名。然其赢得过当，愈于纤啬，家致富数千金，故南阳行贾尽法孔氏之雍容。

◎ **注释**　①〔赐与〕以财物赠人。
◎ **大意**　宛县孔氏的祖先，是魏国大梁人，以冶铁为业。秦国攻伐魏国，把孔氏迁到南阳。他大规模冶铁，规划池塘养鱼，排列车骑，结交诸侯，以打通经商的渠道，取得了游闲公子乐善好施的名声。但他所得赢利超过交游的花费，反而胜过那些吝啬的商人，家中的财产多达数千金，所以南阳人经商都效法孔氏雍容大方的手段。

鲁人俗俭啬，而曹邴氏尤甚，以铁冶起，富至巨万。然家自父兄子孙约，俯有拾，仰有取，贳贷①行贾遍郡国。邹、鲁以其故多去文学②而趋利者，以曹邴氏也。

◎ **注释**　①〔贳（shì）贷〕借贷。②〔文学〕文献经典之学。
◎ **大意**　鲁地民俗节俭吝啬，而曹邴氏尤其如此，以冶铁起家，财富过亿。但是他在家中与父兄子孙相约：俯身看到地面遗弃的东西要有所拾，抬头看到应该收取的物品要有所取，其家族借贷贸易关系遍布郡国。邹、鲁之人因此多抛弃学术而追逐财利，这是受曹邴氏的影响。

齐俗贱奴虏，而刀①间独爱贵之。桀黠②奴，人之所患也，唯刀间收取，使之逐渔盐商贾之利，或连车骑，交守相，然愈益任之。终得其力，起富数千万。故曰"宁爵毋刀"，言其能使豪奴自饶而尽其力。

◎ **注释**　①〔刀（diāo）〕姓，后世作"刁"。②〔桀黠〕凶暴狡诈。
◎ **大意**　齐地民俗贱视奴仆，而只有刀间喜爱并重视他们。狡黠的奴仆，人们都看作祸患，只有刀间收留他们，让他们去追逐渔、盐、商业上的利益，或让他们连接车马，结交守相，而越来越信任他们。他最终得到这些人的帮助，致富数千万。所以说"宁愿不求取官爵，也不要放弃去刁家为奴"，这是说他能使豪奴富有而尽力为自己卖命。

周人既纤，而师史尤甚，转毂①以百数，贾郡国，无所不至。雒阳街居在齐秦楚赵之中，贫人学事富家，相矜以久贾，数过邑不入门，设任②此等，故师史能致七千万。

◎**注释** ①〔转毂〕指运货的车辆。②〔设任〕设职分任。
◎**大意** 周地之人本就节俭吝啬，而师史尤其如此，他运货的车辆数以百计，在各国行商，无所不至。雒阳道处齐、秦、楚、赵的中间，穷人效法富家，互相夸耀行商时间长，多次经过乡里而不回家，任用这样的人，所以师史能富至七千万。

宣曲①任氏之先，为督道仓吏。秦之败也，豪杰皆争取金玉，而任氏独窖仓粟。楚汉相距（拒）荥阳也，民不得耕种，米石至万，而豪杰金玉尽归任氏，任氏以此起富。富人争奢侈，而任氏折节②为俭，力田畜。田畜人争取贱贾，任氏独取贵善。富者数世。然任公家约，非田畜所出弗衣食，公事不毕则身不得饮酒食肉。以此为闾里率，故富而主上重之。

◎**注释** ①〔宣曲〕地名，在长安城外昆明池西。②〔折节〕屈己下人，降低身份。
◎**大意** 宣曲任氏的祖先，是管理督道仓的小吏。秦朝败亡时，豪杰都争夺金银珠玉，唯独任氏窖藏粮食。楚汉相持于荥阳，百姓不能耕种，米价一石达到万钱，而豪杰的金玉珠宝全都转归于任氏，任氏以此致富。富人争相奢侈，而任氏放下架子崇尚节俭，努力耕田畜牧。田地、牲畜，人们都争取买便宜的，唯独任氏都买贵的好的。他家里富裕了好几代。但是按照任公的规定：不是自家耕种蓄养的就不吃不穿，公事不结束就不得饮酒吃肉。就这样他成为闾巷的表率，所以富有而受到国君的敬重。

塞之斥①也，唯桥姚已致马千匹，牛倍之，羊万头，粟以万钟计。吴楚七国兵起时，长安中列侯封君行从军旅，赍贷子钱②，子钱家以为侯邑国在关东，关东成败未决，莫肯与。唯无盐氏出捐千金贷，其息什之。三月，吴楚平。一岁之中，则无盐氏之息什倍，用此富埒关中。

◎注释 ①〔斥〕开拓，开辟。②〔赍（jī）贷子钱〕赍贷，借贷。子钱，出借以求利息的钱。
◎大意 边疆开拓之际，只有桥姚已拥有千匹马，牛比马还多一倍，羊有万头，谷物以万钟来计算。吴楚七国起兵的时候，长安城中的列侯封君跟着军队作战，他们要借钱，放债者认为他们的封地都在关东地区，而关东战事胜败未定，没有人愿意借。只有无盐氏拿出一千金放贷，利息为十倍。过了三个月，吴楚之乱被平定。一年之中，无盐氏的利息比本金翻了十倍，由此他的财富可与关中富家相匹敌。

关中富商大贾，大抵尽诸田，田啬、田兰。韦家栗氏，安陵①、杜②杜氏，亦巨万。

◎注释 ①〔安陵〕县名，在今陕西咸阳东北。②〔杜〕县名，在今陕西西安东南。
◎大意 关中的富商大贾，大致上都是姓田的人，如田啬、田兰。韦家的栗氏，安陵、杜县的杜氏，家财也都上亿。

此其章（彰）章（彰）①尤异者也。皆非有爵邑奉（俸）禄弄法犯奸而富，尽椎埋②去就，与时俯仰，获其赢利，以末致财，用本守之，以武一切③，用文④持之，变化有概，故足术也。若至力农畜，工虞商贾，为权利以成富，大者倾郡，中者倾县，下者倾乡里者，不可胜数。

◎**注释** ①〔章章〕通"彰彰"，明白显著的样子。②〔椎埋〕应作"推理"。③〔以武一切〕武，指果敢、强横的手段。一切，权宜，临时。④〔文〕指遵守并依靠法令。

◎**大意** 这些都是显赫的富豪，他们都没有爵位、封邑、俸禄，也非以作奸犯科而致富，都是通过推测事理，正确估量形势，抓住时机，获取利润，凭借经营工商业获取财富，又靠经营农业守住财富，以强力一时获取，又用法令来守护，手段的变化有章可循，所以值得效法。至于尽力于农业、畜牧业、手工业、林业、商业的人，仗财弄权而成为富人，大的富倾一郡，中等的富倾一县，下等的富倾一乡，这种人多得难以计数。

夫纤啬筋力①，治生之正道也，而富者必用奇胜。田农，掘（拙）②业，而秦扬以盖一州。掘冢，奸事也，而田叔以起。博戏，恶业也，而桓发用富。行贾，丈夫贱行也，而雍乐成以饶。贩脂，辱处也，而雍伯千金。卖浆，小业也，而张氏千万。洒削③，薄技也，而郅氏鼎食④。胃脯⑤，简微耳，浊氏连骑。马医，浅方，张里击钟。此皆诚壹⑥之所致。

◎**注释** ①〔纤啬筋力〕纤啬，计较细微，节约。筋力，体力，指能吃苦出力。②〔掘〕通"拙"。愚拙，愚笨。③〔洒削〕洒水打磨刀剑。④〔鼎食〕列鼎而食，这是大贵族的排场。⑤〔胃脯〕以羊肚做成的肉干。⑥〔诚壹〕心志专一。

◎**大意** 勤俭节约，吃苦耐劳，是发财致富的正道，而富人必以奇招制胜。耕田种地，是愚拙的行业，秦扬却以此成了一州的首富。掘墓，是犯法的事，而田叔以此致富。赌博，是恶劣的行当，而桓发靠它致富。挑担贩卖是男子汉不屑的低贱行业，而雍地的乐成靠它致富。贩卖脂粉，是不光彩的事，而雍伯靠它赚得千金。卖薄酒，是小生意，张氏却靠它生财千万。磨刀，是简单的技艺，郅氏却靠它达到列鼎而食的富裕程度。卖熟羊肚，是简单不起眼的生意，浊氏却靠它使家里车马成群。兽医，是浅陋的技术，张里却由此富到如王侯般击钟佐食。这些人都因精诚专一而致富。

由是观之，富无经业^①，则货无常主，能者辐凑，不肖者瓦解。千金之家比一都之君，巨万者乃与王者同乐。岂所谓"素封"者邪？非也？

◎**注释** ①〔经业〕固定的行业。
◎**大意** 由此看来，致富没有固定的行业，货物也没有固定的主人，有才能的人聚积财富，无才能的人散失财富。千金之家比得上一城之君，亿万富豪可与帝王享受同样的快乐。这难道就是所谓的"素封"吗？难道不是吗？

◎**知识拓展**

《太史公自序》中指出作此篇之旨为："布衣匹夫之人，不害于政，不妨百姓，取与以时而息财富，智者有采焉。作《货殖列传》第六十九。"《货殖列传》中也说："略道当世千里之中，贤人所以富者，令后世得以观择焉。"司马迁所指的货殖范围涉猎甚广，包括农、牧、渔、矿山、冶炼以及手工业等多种行业的经营，并且把商业作为人民衣食之源来考察，认为农、工、商、虞四业并重，从而彻底否定了传统的"重农轻商"政策。在《货殖列传》中，司马迁通过介绍这些货殖大家的言论与事迹，指出他们所处的时代与社会经济地位，总结重要经济地区的特产商品、有名的商业城市和商业活动、各地的生产情况以及社会经济发展的特点，展现历代工商业的发展状况，记叙他们的致富之道，由此高度评价商人的正当经营和经商致富行为，肯定了追求物质利益、追求财富是人的本性，也肯定了这种行为是社会发展的动力，并指出经济发展是一个国家强盛的基础。他用经济原因、生产和交换两方面的需要情况来说明社会分工的必然性，并指出社会的发展正是人们为了满足自己的生活欲求而努力经营促成的。这种愿望既出于自然，又符合社会发展的要求，也就是"道"之所在。他希望让私人工商业者自由发展、自由竞争，也总结出了商业活动的若干规律，诸如薄利多销、促进资金周转等，其先进的商业、致富、民生等思想至今犹显伟大。

《货殖列传》用词典雅，精准确切，其中很多的精彩描述成为经典名言，为后世所不断引用，如"天下熙熙，皆为利来；天下壤壤，皆为利往"，"本富为上，末富次之，奸富最下"，"千金之子，不死于市"等。传中人物各具特色，形象生动，以不倡无为、不作奸犯科、能自食其力为原则，融入了司马迁个人的经济思想，是德才兼备的贤者商人代表。篇中叙事行云流水，自然流畅，近二十位商人的事迹顺次记录，有条不紊，内容丰富多样，辞章奇伟雄浑，叙述波澜壮阔，说理鞭辟入里，可谓博大精深，浑然一体。清代恽敬对《货殖列传》在《史记》中的地位和影响做了准确定位和评价："《史记》七十列传各发一义，皆有明于天人古今之数，而十类传为最著。盖三代之后，仕者惟循吏、酷吏、佞幸三途，其余心力异于人者，不归儒林则归游侠，归货殖，天下尽于此矣。其旁出者，为刺客，为滑稽，为日者，为龟策，皆畸零之人。是故货殖者，亦天人古今之大会也。"（《读货殖列传》）此篇可与《平准书》对读。

太史公自序

第七十

《太史公自序》既是《史记》一书的总序，讲述了全书的体要，也是七十列传的最后一篇，是司马迁的自传。不仅一部《史记》总括于此，而且司马迁一生本末也备见于此。

全文结构俨然，布局谨严，气势浩茫，意境深远，《史记》全书"体大思精"的特点由此一篇即可看出，所以是研究司马迁与《史记》不可或缺的重要资料。

《自序》首先历述了太史公世家源流。从远古时代的颛顼到司马氏，司马家族掌管过天文、地理、史官与军事等事务，这是令人感到骄傲和光荣的家族世系，对司马迁的知识构成也有重要影响。其中史学是司马氏的家学，司马迁便以继承史官传统为不可推卸的家族责任。司马迁将家族世系远溯到颛顼，即意在强调自己的史官家世。《自序》中接着存录了其父司马谈的《论六家要旨》。这是一篇杰出的历史哲学论文，对儒、墨、道、法、名、阴阳六家的宗旨及优缺点进行了简洁而准确的概括评述。其中前一部分提出对各家得失的简单论断，后一部分对这些论断逐条加以论证。司马谈倾向于用道家的精神统一思想，以无为之治为统治的法宝，所以唯对道家是全面肯定的。全文分析精辟透彻，入木三分，其在学术史上的地位不可忽视。然后《自序》讲述了司马迁十岁诵古文、二十岁壮游天下的成长经历，这成为后世研究司马迁生平及创作情况的重要依据。司马迁既能广泛阅读，又能在壮游天下的过程中了解各地风俗民情和获取更多见闻传说，为创作《史记》打好了基础。由此也可看出司马谈对司马迁在史学才能上的培养和作史述志上的要求。然后叙写司马迁接受父亲临终嘱托的情形，语言恳切，句句感人，这也构成日后司马迁忍辱发愤著写《史记》的动力之一。然后司马迁借与上大夫壶遂的一段对话，阐明自己创作《史记》的目的与意义，接着便记述了著述《史记》的始末，以及草创未就，横被腐刑，而后发愤著书的过程。次序井然的家族世系、磊落倜傥的少年形象、父子执手相泣的凝重场面等，无不叙述得完整详备、错落有致。最后是《史记》全书的叙目。叙目用极简练的文字概括出写作某篇某传的理由，夹叙夹议，集中地反映了司马迁对历史事件和人物的褒贬观点，对《史记》全书做了最有价值的自注和补充。

昔在颛顼，命南正①重以司天，北正②黎以司地。唐虞之际，绍重黎之后，使复典之，至于夏商，故重黎氏世序天地。其在周，程伯休甫③其后也。当周宣王时，失其守而为司马氏。司马氏世典周史。惠襄之间，司马氏去周适晋。晋中军随会奔秦，而司马氏入少梁④。

◎**注释** ①〔南正〕官名，掌管天事。②〔北正〕官名，掌管民事。③〔程伯休甫〕程，国名。伯，爵名。休甫，人名，传说是黎的后裔，封为程伯。④〔少梁〕邑名，在今陕西韩城。

◎**大意** 从前颛顼之时，命令南正重掌管天文，北正黎掌管地理。在唐尧、虞舜之际，让重、黎的后代重操祖业，继续掌管天文地理，一直持续到夏、商之时，所以说重、黎两个家族世代掌管天文地理。在周朝时，程伯休甫是他们的后代。到周宣王时，休甫的后代失去了掌管天文地理的官职而转为司马氏。司马氏世代掌管周史。在周惠王和周襄王之间，司马氏离开周朝去了晋国。晋国中军将领随会逃奔到秦国时，司马氏也转入秦国的少梁邑。

　　自司马氏去周适晋，分散，或在卫，或在赵，或在秦。其在卫者，相中山。在赵者，以传剑论显，蒯聩其后也。在秦者名错，与张仪争论，于是惠王使错将伐蜀，遂拔，因而守之。错孙靳，事武安君白起。而少梁更名曰夏阳。靳与武安君坑赵长平军，还而与之俱赐死杜邮①，葬于华池②。靳孙昌，昌为秦主铁官，当始皇之时。蒯聩玄孙卬为武信君将而徇朝歌③。诸侯之相王，王卬于殷。汉之伐楚，卬归汉，以其地为河内郡。昌生无泽，无泽为汉市长④。无泽生喜，喜为五大夫，卒，皆葬高门⑤。喜生谈，谈为太史公⑥。

◎**注释** ①〔杜邮〕地名，今陕西咸阳东。②〔华池〕地名，今陕西韩城西南。③〔徇朝歌〕徇，攻占。朝歌，地名，今河南淇县。④〔市长〕掌管市场的官员。⑤〔高门〕地名，今陕西韩城西南。⑥〔太史公〕汉有太史令，秩六百石，是太常的属官。汉称太史令其人为太史公。

◎**大意** 自从司马氏离开周室到晋国，家族便分散了，有的在卫国，有的在赵国，有的在秦国。在卫国的，做了中山国的相。在赵国的，以传授剑术而出名，蒯聩便是其后代。在秦国的名叫司马错，曾与张仪争论伐蜀的问题，于是秦惠王派司马错率军伐蜀，攻城之后，司马错就留下来镇守那里。司马错的孙子司马靳，侍奉武安君白起。这时少梁改名为夏阳。司马靳与武安君白起坑杀了赵国长平之战中的俘虏，回到秦国后与白起一起在杜邮被赐死，埋葬在华池。司马靳的孙子司马昌，做秦国的冶铁官，正是秦始皇当政之时。蒯聩的玄孙司马卬，担任武信君的将领，并领兵攻占了殷都故地朝歌。诸侯争相称王时，司马卬被封为殷王。汉王刘邦攻打楚王项羽时，司马卬归顺刘邦，刘邦将他的封地改置为河内郡。司马昌生司马无泽，司马无泽为汉朝掌管市场的官员。司马无泽生司马喜，司马喜为五大夫，他们死后，都埋葬在高门。司马喜生司马谈，司马谈为太史公。

太史公学天官①于唐都，受《易》于杨何，习道论于黄子。太史公仕于建元、元封之间，愍②学者之不达其意而师悖③，乃论六家之要指（旨）曰：

◎**注释** ①〔天官〕古时天文学。②〔愍（mǐn）〕忧虑。③〔师悖〕以悖为师。固执谬论之意。
◎**大意** 太史公司马谈跟着唐都学习天文，跟着杨何学习《易经》，跟着黄子学习道家学说。太史公司马谈在建元至元封年间做官，他担忧学者不能通晓诸家学说的原旨，而固执谬论，于是论述六家的要旨说：

《易大传》："天下一致而百虑，同归而殊涂（途）。"夫阴阳、儒、墨、名、法、道德，此务为治者也，直所从言之异路，有省不省①耳。尝窃观阴阳之术，大祥而众忌讳，使人拘而多所畏；然其序四时之大顺，不可失也。儒者博而寡要，劳而少功，是以其事难尽从；然其序君臣父子之礼，列夫妇长幼之别，不可易也。墨者俭而难遵，是以其事不可遍循；然其强本节用，不可废也。法家严而少恩；然其正君臣上下之分，不可改矣。名家使人俭（检）而善失真②；然其正名实，不可不察也。道家使人精神专一，动合无形，赡足万物。其为术也，因阴阳之大顺，采儒、墨之善，撮③名、法之要，与时迁移，应物变化，立俗施事，无所不宜，指约而易操，事少而功多。儒者则不然。以为人主天下之仪表也，主倡而臣和，主先而臣随。如此则主劳而臣逸。至于大道之要，去健羡④，绌（黜）聪明⑤，释此而任术。夫神大用则竭，形大劳则敝。形神骚动，欲与天地长久，非所闻也。

◎ **注释** ①〔省不省〕犹言"善不善"。②〔使人俭而善失真〕俭，通"检"，拘束，指拘于名分、礼数。失真，指违背真实情感。③〔撮（cuō）〕提取，摘取。④〔健羡〕刚强和贪欲。⑤〔绌聪明〕指不要花招和滑头。

◎ **大意** 《周易·系辞》中说："天下的人追求是一致的，谋虑却是多种多样的，目的相同而途径不同。"阴阳家、儒家、墨家、名家、法家、道德家，这些都是以治世为目的，只不过各家说法不同，有的好有的不好罢了。我曾暗中观察阴阳家之术，他们夸大灾祥而忌讳众多，使人感到拘束而畏惧颇多；然而他们理顺四时运行的顺序，这是不可忽视的。儒家学派的学说博大而缺少纲要，烦劳多而功效少，所以他们的主张难以被全部采纳；然而他们制定君臣父子次序的礼仪，排列夫妇长幼的分别，是不可被更改的。墨家提倡节约却难以遵循，所以他们的主张不能被全部照办；但他们所强调的加强农业生产、节用财物，是不可被废弃的。法家严酷而少恩情；但他们明确君臣上下的分别，是不可被改变的。名家使人拘于名分而违背真实情感；但是他们辨正名（概念）和实（实际）的关系，却不能不被认真考察。道家使人精神专一，行动合乎无形的"道"，使万物富足。道家学说，本着阴阳家的四时大顺，采用儒家、墨家之长，提取名家、法家的要领，与时迁移，适应万物而变，树立风俗，用于人事，无所不宜，主旨简明，容易操作，办事少而功效大。儒家则不这样。它认为君主是天下的楷模，君主倡导而大臣应和，君主先行而大臣随从。如此则君主劳累而大臣闲逸。至于道家学说的要点，是舍去刚强和贪欲，不要花招和滑头，舍弃这些而任用道术。劳神过度则会衰竭，劳力过度则会疲惫。形神不安，而想和天地长久共存，是从未听说过的。

夫阴阳，四时、八位、十二度、二十四节各有教令，顺之者昌，逆之者不死则亡。未必然也，故曰"使人拘而多畏"。夫春生夏长，秋收冬藏,此天道之大经也,弗顺则无以为天下纲纪,故曰"四时之大顺,不可失也"。

◎**大意** 阴阳家认为,四时、八位、十二度、二十四节气各有适宜和禁忌的规定,顺之者昌,逆之者亡。未必是这样,所以说它"使人感到拘束而畏惧颇多"。可是,春生夏长,秋收冬藏,这是自然运行的重要规律,不顺从它就没有什么可以作为天下的纲纪了,所以说"四时运行的顺序,是不可被忽视的"。

夫儒者以六艺为法。六艺经传以千万数,累世不能通其学,当年不能究其礼,故曰"博而寡要,劳而少功"。若夫列君臣父子之礼,序夫妇长幼之别,虽百家弗能易也。

◎**大意** 儒家以《礼》《乐》《书》《诗》《易》《春秋》六经为法度。六经的经文和解释文字多达数千万,世代相继都不能通晓这些学问,毕生都不能穷究其礼节,所以说它"学问博大而缺少纲要,烦劳多而功效少"。但是儒家明确君臣父子关系的礼节,排列夫妇长幼之间的差别,即使百家之说也不能更改它。

墨者亦尚尧舜道,言其德行曰:"堂高三尺,土阶三等,茅茨①不翦,采椽不刮。食土簋②,啜土刑③,粝粱④之食,藜藿⑤之羹。夏日葛衣,冬日鹿裘。"其送死,桐棺三寸,举音不尽其哀。教丧礼,必以此为万民之率。使天下法若此,则尊卑无别也。夫世异时移,事业不必同,故曰"俭而难遵"。要曰强本节用,则人给家足之道也。此墨子之所长,虽百家弗能废也。

◎**注释** ①〔茅茨〕用茅草盖屋顶。②〔土簋(guǐ)〕古时盛食物的圆口陶器。③〔土刑〕古时盛羹的陶器。④〔粝(lì)粱〕粗劣的食物。⑤〔藜藿(lí huò)〕泛指野菜。藜，一年生草本植物。藿，豆叶。

◎ **大意** 墨家也崇尚尧舜之道，谈论尧舜的德行说："殿堂高三尺，土阶只有三层，屋顶的茅草不修剪，伐木做椽连皮也不刮。用土器吃饭，用粗陶喝汤，吃糙米饭，喝野菜汤。夏天穿葛布衣，冬天穿鹿皮裘。"他们送葬死者，桐木棺材厚三寸，哭声不能过于哀恸。教民丧仪，必须以此作为万民的标准。若使天下之法都像这样，那么尊贵者与卑贱者就没有差别了。世道不同了，时代变迁了，事业不一定要和以前相同，所以说它"提倡节俭却难以遵循"。其要旨强本节用，则是人人富裕、家家丰足的途径。这是墨家的长处，即使百家也不能废弃。

　　法家不别亲疏，不殊贵贱，一断于法，则亲亲尊尊之恩绝矣。可以行一时之计，而不可长用也，故曰"严而少恩"。若尊主卑臣，明分职不得相逾越，虽百家弗能改也。

◎ **大意** 法家不区分亲近和疏远，不分别尊贵和卑贱，一律用法来决断，那么爱戴亲人和尊敬长者的恩德就断绝了。可以用它行一时之计，而不可以久用，所以说它"严酷而少恩德"。至于法家尊崇君王，抑制臣下，明确职分不准相互逾越的做法，即使百家也不能更改。

　　名家苛察缴绕①，使人不得反（返）其意，专决于名而失人情，故曰"使人俭而善失真"。若夫控名责实，参伍②不失，此不可不察也。

◎ **注释** ①〔缴绕〕纠缠烦琐。②〔参伍〕指错综比较。参，三。伍，五。
◎ **大意** 名家苛刻烦琐，使人不能回归真意，一切取决于概念名称而失去了人之情理，所以说它"使人拘于名分而丧失真实情感"。至于名家以名求实、错综比较验证结论的方法，这些长处是不能不明察的。

　　道家无为，又曰无不为，其实易行，其辞难知。其术以虚无为本，以因循为用。无成势，无常形，故能究万物之情。不为物先，不为物后，故能为万物主。有法无法，因时为业；有度无度，因物与合。故曰"圣人不朽，时变是守。虚者道之常也，因者君之纲"也。群臣并至，使各自明也。其实中其声者谓之端，实不中其声者谓之窾①。窾言不听，奸乃不生，贤不肖自分，白黑乃形。在所欲用耳，何事不成。乃合大道，混混冥冥。光耀天下，复反（返）无名。凡人所生者神也，所托者形也。神大用则竭，形大劳则敝，形神离则死。死者不可复生，离者不可复反（返），故圣人重之。由是观之，神者生之本也，形者生之具也。不先定其神形，而曰"我有以治天下"，何由哉？

◎**注释** ①〔窾（kuǎn）〕空。

◎**大意** 道家提倡"无为"，又说"无不为"，他们的主张容易施行，但是其语言难以理解。他们的主张以虚无为根本，以因循自然为原则。它没有固定不变的态势和形状，所以能穷尽万事万物的情状。不抢在事物之先，也不落在事物之后，所以能成为万物的主宰。用法不用法，随时而定；限度不限度，随物而合。所以说"圣人不朽，在于坚守顺时变化的规律。虚无是道的规常，因循是君主的总纲"。群臣并至，让他们明白各自的职分。实际情况符合其语言的叫作"端"，实际情况与其语言不符的叫作"窾"。不信"窾"之言论，奸佞就不会产生，贤与不贤就自然分明，白与黑也就自然分明。全在于应用罢了，还有什么事办不成呢？这就符合大道，进入无知无欲的状态。光辉照耀天下，又返回无名的原始状态。大凡人活着是因为有精神，精神寄托在形体上。精神过度使用就会衰竭，身体过于劳累就会疲惫，形体和精神脱离必然死亡。人死不可复生，形神分离便不能再结合起来，所以圣人特别注重形神问题。由此看来，精神是生命的本体，形体是生命的器具。不先安定其精神与形体，而说"我有治理天下的办法"，凭借的是什么呢？

太史公既掌天官，不治民。有子曰迁。

◎**大意**　太史公掌管天文，不治民事。有个儿子名叫司马迁。

　　迁生龙门①，耕牧河山之阳②。年十岁则诵古文。二十而南游江、淮，上会稽，探禹穴③，窥九疑，浮于沅、湘④；北涉汶、泗，讲业齐、鲁之都，观孔子之遗风，乡射⑤邹、峄⑥；厄困鄱⑦、薛⑧、彭城⑨，过梁、楚⑩以归。于是迁仕为郎中，奉使西征巴、蜀以南，南略邛、笮、昆明，还报命。

◎**注释**　①〔龙门〕山名，在今陕西韩城东北。②〔河山之阳〕河之北，山之南。③〔禹穴〕相传会稽山上有孔，禹曾进去过，名曰禹穴。④〔沅（yuán）、湘〕水名，都在今湖南，流入洞庭湖。⑤〔乡射〕古代的射礼。一指州长于春、秋两季会集士大夫，习射于州序（州的学校）；一指乡老和乡大夫于三年大比贡士之后举行的乡射之礼。⑥〔邹、峄〕邹，县名，今山东邹城。峄，峄山，在今山东邹城。⑦〔鄱〕县名，今山东滕州。⑧〔薛〕县名，在今山东滕州南。⑨〔彭城〕地名，今江苏徐州。⑩〔梁、楚〕汉诸侯国。梁都于睢阳（今河南商丘）。楚都于彭城。

◎**大意**　司马迁出生于龙门，小时候耕地放牧于黄河之北、龙门山之南一带。年仅十岁就能诵习古文。二十岁南游长江、淮河流域，上会稽山，探察禹穴，观察九疑山，坐船浮游于沅江、湘江；往北渡过汶水、泗水，在齐国、鲁国的国都研习学业，观察孔子的遗风，在邹县、峄山行乡射礼；困厄于鄱、薛、彭城等地，经过梁地、楚地后返回。回来后出仕郎中之职，奉命西征巴、蜀以南地区，向南经过邛、笮、昆明等地，回京后向朝廷复命。

　　是岁①天子始建汉家之封②，而太史公留滞周南，不得与从事，故发愤且卒。而子迁适使反（返），见父于河雒之间。太史公执迁手而泣曰："余先周室之太史也。自上世尝显功名于虞夏，典天官事。后世中衰，绝于予乎？汝复为太史，则续吾祖矣。今天子接千岁之统，封泰山，而余不得从行，是命也夫，命也夫！余死，汝必为太史；为太史，无忘吾所欲论著矣。且夫孝始于事亲，中于事君，终于立身。扬名于后世，以显父母，此孝之大者。夫天下称诵周公，言其能论歌文武之德，宣周邵之风，达太王王季之思虑，爰及公刘，以尊后稷也。幽厉之后，王道缺，礼乐衰，孔子修旧起废，论《诗》《书》，作《春秋》，则学者至今则之。自获麟③以来四百有（又）余岁，而诸侯相兼，史记④放绝。今汉兴，海内一统，明主贤君忠臣死义之士，余为太史而弗论载，废天下之史文，余甚惧焉，汝其念哉！"迁俯首流涕曰："小子不敏，请悉论⑤先人所次旧闻⑥，弗敢阙。"

◎**注释** ①〔是岁〕指元封元年。②〔封〕封禅。帝王祭天地的典礼。③〔获麟〕指鲁哀公十四年西狩获麟。④〔史记〕泛指历史记载。⑤〔论〕引述和编撰之意。⑥〔所次旧闻〕次，顺序记事。旧闻，指历史材料。

◎**大意** 这一年武帝开始建立汉朝的封禅制度，而太史公司马谈滞留在周南，不能参与此事，所以心中愤懑，致病将死。而儿子司马迁恰巧出使返回，在黄河与雒河相交地带见到父亲。太史公拉着司马迁的手哭着说："我们的祖先是周王室的太史官。在舜、禹之时就曾扬显功名，掌管天文之事。后世在中途衰微，难道要断绝在我身上了吗？如果你继承做太史，那就接续上了我们祖上的事业。现在天子接续千年来已经断绝的大典，在泰山封禅，我却不能随行，这是命啊！是命啊！我死后，你必为太史；做了太史，不要忘记我想撰写的论著。况且孝道最开始的层次是侍奉父母亲，中间的层次是侍奉君主，最高的层次是使自己树立声名。扬名于后世，以显扬父母，这是最大的孝道。天下人都称颂周公，说他能论述歌颂周文王、周武王的德行，宣扬自己和邵公的风尚，使人们通晓太王、王季的思想，延及公刘，并尊崇始祖后稷。自周幽王、周厉王之后，王道衰败，礼乐衰微，孔子整理旧典籍，振兴被废弃的礼乐，讲《诗》《书》，著《春秋》，而学者至今把它们作为准则。从获麟至今已有四百多年，而诸侯互相兼并，史书散佚断绝。现在汉朝兴起，海内一统，英明贤能的君主、忠臣和为正义而死的人的事迹很多，我作为太史而不能论述记载他们，断绝了天下的历史文献，我对这事非常惶恐，你要记在心上啊！"司马迁低头流涕说："儿子虽然愚笨，但一定将您所编列的历史旧闻撰写成书,不敢有缺!"

卒三岁而迁为太史令,䌷①史记石室金匮之书。五年而当太初元年,十一月甲子朔旦冬至,天历始改②,建于明堂,诸神受纪③。

◎**注释** ①〔䌷(chōu)〕缀辑。②〔天历始改〕指汉朝废秦历而改用太初历。③〔诸神受纪〕诸神,指各地诸侯。受纪,指遵照新历法。
◎**大意** 司马谈逝世三年后,司马迁担任太史令,缀辑史记、石室、金匮的资料。司马迁任太史令五年,正当汉武帝太初元年,十一月初一冬至,汉朝历法更改为太初历,在明堂颁布施行,各地诸侯皆遵照新历法。

太史公曰:"先人有言:'自周公卒五百岁而有孔子。孔子卒后至于今五百岁,有能绍明世,正《易传》,继《春秋》,本《诗》《书》《礼》《乐》之际?'意在斯乎!意在斯乎!小子何敢让焉。"

◎**大意** 太史公说:"先父说过:'自周公死后五百年而有孔子。孔子死后到如今正好五百年,有能接续盛世,匡正《易传》,续写《春秋》,依据《诗》《书》《礼》《乐》之本意来写一部新著作的人吗?'用意就在这里啊!用意就在这里啊!我怎么敢推辞呢?"

上大夫壶遂曰:"昔孔子何为而作《春秋》哉?"太史公曰:"余闻董生曰:'周道衰废,孔子为鲁司寇①,诸侯害之,大夫壅②之。孔子知言之不用,道之不行也,是非二百四十二年之中,以为天下仪表,贬天子,退诸侯,讨大夫,以达王事而已矣。'子曰:'我欲载之空言,不如见之于行事③之深切著明也。'夫《春秋》,上明三王之道,下辨人事之纪,别嫌疑,明是非,定犹豫,善善恶恶,贤贤贱不肖,存亡国，继绝世，补敝起废④，王道之大者也。《易》著天地阴阳四时五行，故长于变；《礼》经纪人伦，故长于行；《书》记先王之事，故长于政；《诗》记山川溪谷禽兽草木牝牡雌雄，故长于风（讽）；《乐》乐所以立，故长于和；《春秋》辩是非，故长于治人。是故《礼》以节人，《乐》以发和，《书》以道事，《诗》以达意，《易》以道化，《春秋》以道义。拨乱世反（返）之正，莫近于《春秋》。《春秋》文成数万，其指（旨）数千。万物之散聚皆在《春秋》。《春秋》之中，弑君三十六，亡国五十二，诸侯奔走不得保其社稷者不可胜数。察其所以，皆失其本已。故《易》曰'失之豪（毫）厘，差以千里'。故曰'臣弑君，子弑父，非一旦一夕之故也，其渐久矣'。故有国者不可以不知《春秋》，前有谗而弗见，后有贼而不知；为人臣者不可以不知《春秋》，守经事⑤而不知其宜，遭变事而不知其权⑥。为人君父而不通于《春秋》之义者，必蒙首恶之名；为人臣子而不通于《春秋》之义者，必陷篡弑之诛，死罪之名。其实皆以为善，为之不知其义，被之空言⑦而不敢辞。夫不通礼义之旨，至于君不君，臣不臣，父不父，子不子。夫君不君则犯，臣不臣则诛，父不父则无道，子不子则不孝。此四行者，天下之大过也。以天下之大过予之，则受而弗敢辞。故《春秋》者，礼义之大宗也。夫礼禁未然之前，法施已然之后；法之所为用者易见，而礼之所为禁者难知。"

◎**注释**　①〔司寇〕官名，掌管刑狱、纠察等事。②〔壅〕压制。③〔行事〕指已发生的具体史事。④〔补敝起废〕补救弊病，振兴废业。⑤〔经事〕经常之事。⑥〔权〕权变，随机应变。⑦〔被之空言〕受到舆论谴责。

◎**大意**　上大夫壶遂说："从前孔子为什么要作《春秋》呢？"太史公说："我听董仲舒说：'周王室衰废，孔子担任鲁国的司寇，诸侯陷害他，大夫压制他。孔子知道自己的言论不会被采用，主张无法实行，褒贬二百四十二年中诸侯的得失，把它作为天下的准则，贬斥昏庸无道的天子，斥责为非作歹的诸侯，声讨僭越乱政的大夫，以达成王道而已。'孔子说：'我想载述空洞的言论，不如历史事实让人一目了然。'《春秋》，向上阐明三代圣王之道，向下辨别人事准则，辨明嫌疑，明断是非，确定犹豫不决的事，扬善抑恶，重视贤人，鄙视庸人，振兴将要灭亡的国家，续写断绝了的世系，补救弊病，振兴废业，这是王道中最重要的事。《易》论述天地、阴阳、四时、五行，所以长于变通；《礼》规范人伦，所以长于行事；《书》记述先王之事，所以长于政事；《诗》记述山川溪谷、禽兽草木、公母雌雄，所以长于讽谏；《乐》论述音乐的创立，所以长于和顺；《春秋》辨明是非，所以长于治人。因此《礼》用来节制人的行为，《乐》用来启发人的平和，《书》用来记述政事，《诗》用来表达情意，《易》用来阐明变化，《春秋》用来发挥道义。所以拨乱反正，没有比《春秋》更贴近的了。《春秋》文字有数万，而道理有数千条。万事万物的聚散离合都包含在《春秋》中。《春秋》之中，被杀的国君有三十六个，被灭亡的国家有五十二个，诸侯奔逃不能保守宗庙社稷的不可胜数。探究其丧命亡国的原因，都是丢掉了立国立身的根本。所以《易》中说'失之毫厘，差之千里'。所以说'臣杀君，子杀父，不是一朝一夕形成的，是长时间积累所形成的'。所以享有国家的君主，不能不知《春秋》，否则，前有谗言佞臣而不见，后有乱臣贼子而不知。为人臣的不能不懂《春秋》，否则，遇到常事不能适当处理，遇到事变不能随机应变。做人君、做人父的如果不通晓《春秋》大义，必然会蒙受首恶的坏名声。为人臣、为人子的如果不通晓《春秋》大义，必会陷于篡位夺权、杀父杀君而死有余辜的坏名声。其实他们都自认为是在做好事，但是不知道怎样做才符合道义，受到舆论谴责却不敢推卸罪名。不通礼义的要旨，就会弄到君不像君、臣不像臣、父不像父、子不像子的地步。做国君的不像国君，臣下就会冒犯他；做大臣的不像大臣，国君就会诛杀他；做父亲的不像父亲，那就是无道；做儿子的不像儿子，那就是不孝。这四种行为，是天下最大的过错。把天下最大的过错加在头上，就只能接受而不敢推辞。所以说《春秋》是礼义的根本所在。礼在事情发生之前禁止，法在事情发生之后惩治；用法惩治的效果容易看见，而以礼禁止的结果难以被认知。

壶遂曰："孔子之时，上无明君，下不得任用，故作《春秋》，垂空文以断礼义，当一王之法。今夫子上遇明天子，下得守职，万事既具，咸各序其宜，夫子所论，欲以何明？"

◎**大意** 壶遂说："孔子之时，在上没有英明的君主，在下自己不被任用，所以作《春秋》，留下空洞的史文来决断礼义，当作王者的法典。如今你在上遇到圣明天子，在下又能做官，万事俱备，全都各得其所，你的论述，是想阐明什么呢？"

太史公曰："唯唯，否否，不然。余闻之先人曰：'伏羲至纯厚，作《易》八卦。尧舜之盛，《尚书》载之，礼乐作焉。汤武之隆，诗人歌之。《春秋》采善贬恶，推三代之德，褒周室，非独刺讥而已也。'汉兴以来，至明天子，获符瑞，封禅，改正朔，易服色，受命于穆清①，泽流罔极②，海外殊俗，重译款塞③，请来献见者，不可胜道。臣下百官力诵圣德，犹不能宣尽其意。且士贤能而不用，有国者之耻；主上明圣而德不布闻，有司④之过也。且余尝掌其官，废明圣盛德不载，灭功臣世家贤大夫之业不述，堕先人所言，罪莫大焉。余所谓述故事，整齐其世传，非所谓作也，而君比之于《春秋》，谬矣。"

◎**注释** ①〔穆清〕指天。②〔罔极〕无边无际。③〔重译款塞〕重译，经过几重翻译。款塞，在边塞上叩关而来朝贡。④〔有司〕古代设官分职，各有专司，因称官吏为有司。

◎**大意** 太史公说："也是，也不是，不全是这样。我听先父说：'伏羲最为纯厚，作《易》之八卦。尧舜之时兴盛，《尚书》予以记载，礼乐在那时制定。商汤、周武隆盛，诗人歌颂。《春秋》扬善贬恶，推崇夏、商、周三代的盛德，褒扬周室，并非只是讥讽指斥而已。'汉兴以来，最英明的天子，获得祥瑞，封禅泰山，改革历法，变换服饰颜色，受命于天，恩泽流布无边无际，海外不同风俗的国家经过几重翻译叩关前来进献礼品、谒见皇帝的，不可胜数。大臣百官尽力颂扬圣恩圣德，好像还不能表尽心意。况且贤能的士人若不被任用，是国君的耻辱；国君圣明而恩德不能传扬广大，是官吏的罪过。更何况我执掌太史之官，如果废弃明主圣德而不予记载，埋没功臣、世家、贤大夫的功业不予记述，忘却先父的遗言，没有比这更大的罪过了。我所说的缀述旧事，不过是整理世代所传，并非所谓的创作，而您把它比作《春秋》，就错了。"

于是论次其文。七年而太史公遭李陵之祸，幽于缧绁①。乃喟然而叹曰："是余之罪也夫！是余之罪也夫！身毁不用矣。"退而深惟②曰："夫《诗》《书》隐约③者，欲遂其志之思也。昔西伯④拘羑里，演《周易》；孔子厄陈蔡，作《春秋》；屈原放逐，著《离骚》；左丘失明，厥有《国语》；孙子⑤膑脚，而论兵法；不韦迁蜀，世传《吕览》；韩非囚秦，《说难》《孤愤》；《诗》三百篇，大抵贤圣发愤之所为作也。此人皆意有所郁结，不得通其道也，故述往事，思来者。"于是卒述陶唐以来，至于麟止，自黄帝始。

◎**注释** ①〔缧绁（léi xiè）〕拘禁犯人的绳索，引申为牢狱。②〔惟〕思考。③〔隐约〕义深言简。④〔西伯〕指周文王。⑤〔孙子〕指孙膑。
◎**大意** 于是按次序编写那些材料。过了七年而太史公司马迁遭受李陵之祸，被囚禁在牢狱里。于是他感慨而叹息说："这是我的罪过啊！这是我的罪过啊！身体被毁伤，无处可用了！"又退一步深思："《诗》《书》等经书语言简洁而意旨隐约，是想表达他们的心志而精心思考的结果。从前周文王被囚禁在羑里，推演出了《周易》；孔子困厄于陈、蔡二国，写出了《春秋》；屈原被放逐江南，创作了《离骚》；左丘明眼睛失明，才有了《国语》；孙子受了膑刑，而写了兵法；吕不韦被迫迁蜀，世传《吕氏春秋》；韩非子被囚于秦国，撰写了《说难》《孤愤》；《诗》三百多篇，大都是圣贤之人发愤创作出来的。这些人心中都有郁闷积结，不能实现其主张，所以记述往事，寄希望于后来者。"于是最终叙写了上起唐尧，下至汉武帝获得麒麟的历史，而自黄帝开始。

维昔黄帝，法天则地，四圣遵序，各成法度；唐尧逊位，虞舜不台①；厥美帝功，万世载之。作《五帝本纪》第一。

◎**注释** ①〔台（yí）〕喜悦。后作"怡"。
◎**大意** 从前黄帝，效法天地，颛顼、帝喾、尧、舜四圣先后传承，各成法度；唐尧禅让，虞舜因自己不堪重任而不悦；这些帝王的丰功美德，流传万世。作《五帝本纪》第一。

维禹之功，九州攸同，光唐虞际，德流苗裔；夏桀淫骄，乃放鸣条①。作《夏本纪》第二。

◎**注释** ①〔鸣条〕古地名。商汤打败夏桀之地。具体地点难以确指。
◎**大意** 大禹治水的丰功伟绩，使九州同享太平，其光耀在尧舜之际，功德流传于后世子孙；夏桀骄奢淫逸，才被放逐到鸣条。作《夏本纪》第二。

维契作商，爰及成汤；太甲居桐，德盛阿衡①；武丁得说，乃称高宗；帝辛湛湎②，诸侯不享③。作《殷本纪》第三。

◎**注释** ①〔阿衡〕指伊尹，商初大臣。②〔湛湎〕沉溺于酒色。③〔享〕朝贡。
◎**大意** 契建立商朝，一直传到成汤；太甲迁居于桐地悔过，其功德隆盛是因为有伊尹的辅佐；武丁得到傅说辅佐，才被称为高宗；纣王沉湎酒色，诸侯不去朝贡。作《殷本纪》第三。

维弃作稷，德盛西伯；武王牧野，实抚天下；幽厉昏乱，既丧酆镐；陵迟①至赧，雒邑不祀。作《周本纪》第四。

◎**注释** ①〔陵迟〕日益衰落。
◎**大意** 后稷种植稻谷，文王姬昌功德隆盛；武王伐纣于牧野，胜而安抚天下；幽王、厉王昏庸淫乱，丧失了鄷、镐二京；日益衰落到周赧王时，宗祀断绝。作《周本纪》第四。

　　维秦之先，伯翳佐禹；穆公思义，悼豪①之旅；以人为殉，诗歌《黄鸟》；昭襄业帝。作《秦本纪》第五。

◎**注释** ①〔豪〕梁玉绳曰："'豪'乃'崤'之讹。"
◎**大意** 秦的祖先伯益，曾佐助大禹治水；秦穆公思念仁义，悼念崤山败亡的将士；他死后用人殉葬，诗人歌《黄鸟》以抒哀伤；昭襄王奠定帝业之基。作《秦本纪》第五。

　　始皇既立，并兼六国，销锋铸鐻①，维偃干革②，尊号称帝，矜武任力；二世受运，子婴降虏。作《始皇本纪》第六。

◎**注释** ①〔鐻（jù）〕乐器名，形似钟。②〔维偃干革〕偃，放倒，收起。干革，兵器与铠甲。
◎**大意** 始皇即位，兼并六国；销毁刀枪，铸成钟鐻，欲止干戈，号称"始皇帝"，耀武扬威，倚仗暴力；二世继位，子婴被虏。作《始皇本纪》第六。

　　秦失其道，豪桀并扰；项梁业之，子羽接之；杀庆救赵，诸侯立之；诛婴背怀，天下非之。作《项羽本纪》第七。

◎**大意** 秦失正道，豪杰并起造反；项梁起义，项羽接续；杀宋义救赵国，诸侯立他为王；诛杀子婴，背叛怀王，天下非议。作《项羽本纪》第七。

子羽暴虐，汉行功德；愤发蜀汉，还定三秦；诛籍业帝，天下惟宁，改制易俗。作《高祖本纪》第八。

◎**大意** 项羽残暴肆虐，汉王建立功德；在蜀、汉发愤图强，北归平定三秦；灭项羽登帝位，天下安宁，改革旧制，移风易俗。作《高祖本纪》第八。

惠之早霣（殒），诸吕不台①；崇强禄、产，诸侯谋之；杀隐幽友，大臣洞（恫）疑，遂及宗祸。作《吕太后本纪》第九。

◎**注释** ①〔不台（yí）〕不为百姓所悦，即不得民心。台，喜悦。
◎**大意** 惠帝早逝，诸吕不得民心；加强吕禄、吕产的权势，诸侯共同图谋铲除他们；杀赵隐王，囚赵幽王，朝中大臣惶恐，最终导致吕氏宗族覆灭之祸。作《吕太后本纪》第九。

汉既初兴，继嗣不明，迎王践祚，天下归心；蠲除①肉刑，开通关梁，广恩博施，厥称太宗。作《孝文本纪》第十。

◎**注释** ①〔蠲（juān）除〕免除。
◎**大意** 汉朝初步兴起，继位之人不明，迎接代王登基，天下人心归服；废除肉刑，开通关卡，广施恩德，世称太宗。作《孝文本纪》第十。

诸侯骄恣，吴首为乱，京师行诛，七国伏辜，天下翕然①，大安殷富。作《孝景本纪》第十一。

◎**注释** ①〔翕（xī）然〕安宁、和顺的样子。
◎**大意** 诸侯骄横恣意，吴王首先作乱，京师出兵讨伐，七国叛逆伏罪，天下太平，安定富裕。作《孝景本纪》第十一。

汉兴五世，隆在建元，外攘夷狄，内修法度，封禅，改正朔，易服色。作《今上本纪》第十二。

◎**大意**　汉朝兴起五代，隆盛于建元，外御夷狄，内修法度，封禅泰山，改革历法，变更服色。作《今上本纪》第十二。

维三代尚矣，年纪不可考，盖取之谱牒旧闻，本于兹，于是略推，作《三代世表》第一。

◎**大意**　三代历史久远，年纪不可考究，选取谱牒文献旧闻，以此为本，略做推论，作《三代世表》第一。

幽厉之后，周室衰微，诸侯专政，《春秋》有所不纪；而谱牒经略，五霸更盛衰，欲睹周世相先后之意，作《十二诸侯年表》第二。

◎**大意**　幽王、厉王之后，周室渐渐衰落，诸侯各自为政，《春秋》有未记载的；而谱牒只记载大纲，五霸交替盛衰，欲观周世诸侯先后关系，作《十二诸侯年表》第二。

春秋之后，陪臣[1]秉政，强国相王；以至于秦，卒并诸夏，灭封地，擅其号。作《六国年表》第三。

◎**注释**　[1]〔陪臣〕诸侯的大夫对天子的自称。也指大夫的家臣。

◎**大意** 春秋之后，陪臣执政，强国称王；到了秦，终于并吞中原各国，消灭各国封地，尊号始称皇帝。作《六国年表》第三。

秦既暴虐，楚人发难①，项氏遂乱，汉乃扶义征伐；八年之间，天下三嬗，事繁变众，故详著《秦楚之际月表》第四。

◎**注释** ①〔楚人发难〕指陈胜等带头起义。
◎**大意** 秦王暴虐，陈胜首先发难，项氏随即动乱，汉王秉持正义进行征伐；八年征战，天下三易其主，事件众多，变动频繁，所以详著《秦楚之际月表》第四。

汉兴已（以）来，至于太初百年，诸侯废立分削，谱纪不明，有司靡踵①，强弱之原云以世。作《汉兴已（以）来诸侯年表》第五。

◎**注释** ①〔靡踵〕不能继续。
◎**大意** 汉朝建立到武帝太初年间，总共一百年，诸侯或废或立，或封或削，谱牒记载不够明确，史官无法续写，世代强弱的原因也许可以推断。作《汉兴已来诸侯年表》第五。

维高祖元功，辅臣股肱，剖符而爵，泽流苗裔，忘其昭穆①，或杀身陨国。作《高祖功臣侯者年表》第六。

◎**注释** ①〔昭穆〕指宗庙里受祭祖先灵位的摆列次序。太祖居中，以下二、四、六世居左，称"昭"；三、五、七世居右，称"穆"。
◎**大意** 高祖创业，辅助他开国的元勋，都得以剖符封爵，子孙也得以荫袭，有的忘其祖先，有的竟至杀身亡国。作《高祖功臣侯者年表》第六。

◎ 太史公自序第七十

惠景之间，维申功臣宗属爵邑，作《惠景间侯者年表》第七。

◎**大意**　惠帝、景帝年间，封赐功臣和宗室子弟爵邑。作《惠景间侯者年表》第七。

北讨强胡，南诛劲越，征伐夷蛮，武功爰列。作《建元以来侯者年表》第八。

◎**大意**　北讨强大的匈奴，南伐强劲的百越，征伐四方蛮夷，列出以军功封侯的人。作《建元以来侯者年表》第八。

诸侯既强，七国为从，子弟众多，无爵封邑，推恩行义，其势销弱，德归京师。作《王子侯者年表》第九。

◎**大意**　诸侯已经强大，七国联合作乱，诸侯子弟众多，无爵无邑可封，朝廷推恩行义，诸侯势力削弱，恩德归于朝廷。作《王子侯者年表》第九。

国有贤相良将，民之师表也。维见汉兴以来将相名臣年表，贤者记其治，不贤者彰其事。作《汉兴以来将相名臣年表》第十。

◎**大意**　国有贤相良将，堪作百姓表率。今将汉兴以来将相名臣的事迹列于年表中，贤能者记录其治理的政绩，不贤者也列其所作所为。作《汉兴以来将相名臣年表》第十。

维三代之礼，所损益各殊务，然要以近情性，通王道，故礼因人质为之节文，略协古今之变。作《礼书》第一。

◎**大意** 三代的礼仪，各有所增减，关键是切近人情，通达王道，所以礼根据人情加以节制修饰，大体顺应了古今之变。作《礼书》第一。

乐者，所以移风易俗也。自《雅》《颂》声兴，则已好郑卫之音，郑卫之音所从来久矣。人情之所感，远俗则怀。比《乐书》以述来古，作《乐书》第二。

◎**大意** 音乐，是用来移风易俗的。自《雅》《颂》之声兴起，人们已经喜爱郑、卫的音乐，郑、卫的音乐由来已久。人情被感动，远方异俗之人就会怀德向善。编次《乐书》以述自古以来音乐的情况，作《乐书》第二。

非兵不强，非德不昌。黄帝、汤、武以兴，桀、纣、二世以崩，可不慎欤？《司马法》所从来尚矣，太公、孙、吴、王子能绍而明之，切近世，极人变。作《律书》第三。

◎**大意** 没有军队就不会强大，没有德行就不会昌盛。黄帝、成汤、周武王都因此而兴盛，夏桀、殷纣、秦二世都因此而灭亡，对此能不谨慎吗？《司马法》由来已久，姜太公、孙武、吴起、王子成甫能继承和发扬《司马法》的精神，并切合现实需要，极尽人事变化。作《律书》第三。

律居阴而治阳，历居阳而治阴，律历更相治，间不容翲忽①。五家之文怫（悖）异，维太初之元论。作《历书》第四。

◎**注释** ①〔翲（piāo）忽〕轻微。
◎**大意** 律居于阴而治阳，历居于阳而治阴，律和历交替相治，其间不允许有丝毫差错。黄帝、颛顼、夏、殷、周五家历法各不相同，唯有太初元年颁布的历法最为妥善。作《历书》第四。

星气之书，多杂机祥①，不经；推其文，考其应，不殊。比集论其行事，验于轨度②以次③，作《天官书》第五。

◎ **注释** ①〔机（jī）祥〕吉凶祸福。②〔轨度〕天体运行的轨道和度数。③〔以次〕依次。
◎ **大意** 谈星象的书，内容多夹杂吉凶祸福之类，荒诞不经；推究其文辞，考究其应验的情况，没有特别之处。比照综合历来所载其行事，依次用轨度加以检验。作《天官书》第五。

受命而王，封禅之符罕用，用则万灵罔不禋祀①。追本诸神名山大川礼，作《封禅书》第六。

◎ **注释** ①〔禋（yīn）祀〕泛指祭祀。
◎ **大意** 受天命而做帝王的，却很少使用封禅的符瑞，如果举行封禅，那么所有的神灵无不祭祀。追溯诸神名山大川的祭祀礼仪，作《封禅书》第六。

维禹浚川，九州攸宁；爰及宣防，决渎通沟。作《河渠书》第七。

◎ **大意** 大禹疏通河川，九州得以安宁；待到修筑宣防宫时，又开凿、疏通了许多沟渠。作《河渠书》第七。

维币之行，以通农商；其极则玩巧，并兼兹殖，争于机利，去本趋末。作《平准书》以观事变，第八。

◎**大意** 货币通行，用以沟通农商；发展到极点则玩弄智巧，兼并更加厉害，争相投机谋利，弃农而事工商。作《平准书》以观世事变化，第八。

　　太伯避历，江蛮是适；文武攸兴，古公王迹。阖庐弑僚，宾服荆楚；夫差克齐，子胥鸱夷①；信嚭亲越，吴国既灭。嘉伯之让，作《吴世家》第一。

◎**注释**　①〔鸱夷〕革囊。
◎**大意**　太伯避让季历，逃到江南蛮夷之地；文王、武王从此兴起，继承了古公亶父的王迹。阖庐刺杀吴王僚夺位，荆楚一带归服；夫差战胜齐国，伍子胥被用革囊盛尸沉入江中；偏信伯嚭（pǐ）亲近越国，吴国终为越所灭。赞许太伯让国的美德，作《吴世家》第一。

　　申、吕肖矣，尚父侧微，卒归西伯，文武是师；功冠群公，缪权于幽①；番番②黄发，爰飨营丘。不背柯盟，桓公以昌，九合诸侯，霸功显彰。田、阚争宠，姜姓解亡。嘉父之谋，作《齐太公世家》第二。

◎**注释**　①〔缪（móu）权于幽〕暗中谋划。②〔番番（pó）〕老人头发黄白的样子。
◎**大意**　申国、吕国衰弱，姜太公起初微贱，最终投归文王，文王、武王尊之为国师；功劳盖过诸公，暗中出谋划策；年高德劭，受封于齐，建都营丘。不违背柯地盟约，齐桓公由此兴起，多次召集诸侯会盟，霸业显赫。田常、阚止争宠，姜姓逐渐瓦解。赞许姜尚的谋略，作《齐太公世家》第二。

　　依之违之，周公绥之；愤发文德，天下和之；辅翼成王，诸侯宗周。隐桓之际，是独何哉？三桓争强，鲁乃不昌。嘉旦《金縢》，作

《周公世家》第三。

◎**大意** 诸侯或依或违，周公安抚他们；努力宣扬文德，天下响应附和；辅佐保护成王，诸侯尊崇周室。隐公、桓公之时，为何屡屡争权夺位？后来三桓争强，鲁国于是衰败。赞许周公旦《金縢》之事，作《周公世家》第三。

武王克纣，天下未协而崩。成王既幼，管蔡疑之，淮夷叛之，于是召公率德，安集王室，以宁东土。燕哙之禅，乃成祸乱。嘉《甘棠》之诗，作《燕世家》第四。

◎**大意** 武王攻克纣王，天下还未安定他就死了。成王年幼，周公摄政，管叔、蔡叔怀疑他篡权，淮夷乘机叛乱，于是召公以高尚的德行辅助成王，安抚团结王室，使东方安宁。燕王哙的禅位，造成了祸乱。赞许《甘棠》之诗，作《燕世家》第四。

管蔡相武庚，将宁旧商；及旦摄政，二叔不飨；杀鲜放度，周公为盟；大任十子，周以宗强。嘉仲悔过，作《管蔡世家》第五。

◎**大意** 管叔、蔡叔辅佐纣王之子武庚，想要安抚殷商遗民；等到周公旦摄政，管叔、蔡叔二人不服，伙同武庚叛乱；周公杀管叔，放逐蔡叔，发誓忠于成王；太姒生了十个孩子，周室宗族由此强大。赞许蔡仲能够悔过，作《管蔡世家》第五。

王后不绝，舜禹是说（悦）；维德休明，苗裔蒙烈。百世享祀，爰周陈杞，楚实灭之。齐田既起，舜何人哉？作《陈杞世家》第六。

◎**大意** 先王后裔不绝，舜、禹由此高兴；功德美好清明，后代就会蒙受功业的恩泽。百世享受祭祀，到了周朝时，分封有陈国、杞国，后被楚国灭掉。齐国田姓接续兴起，后世不乏封土，舜是何等圣明啊！作《陈杞世家》第六。

收殷余民，叔封始邑，申以商乱，《酒》《材》是告，及朔之生，卫顷不宁；南子恶蒯聩，子父易名。周德卑微，战国既强，卫以小弱，角独后亡。嘉彼《康诰》，作《卫世家》第七。

◎**大意** 周公收纳殷商遗民，建立卫国，封康叔管理那里。周公因为商朝作乱，以《酒诰》《梓材》予以告诫，等到姬朔出生，卫国倾危不得安宁；南子讨厌太子蒯聩，父子名分颠倒。周室日益衰落，战国七雄强盛，卫国因为弱小，国君姬角反而最后灭亡。赞美《康诰》，作《卫世家》第七。

嗟箕子乎！嗟箕子乎！正言不用，乃反为奴。武庚既死，周封微子。襄公伤于泓，君子孰称。景公谦德，荧惑退行。剔成暴虐，宋乃灭亡。嘉微子问太师，作《宋世家》第八。

◎**大意** 可惜啊箕子！可惜啊箕子！正确意见不被纣王采纳，反而做了奴隶。武庚死后，周朝赐封微子于宋。宋襄公在泓水被伤，又有哪个君子称赞？景公谦虚有德，荧惑星为他移动。剔成暴虐无道，宋国于是灭亡。赞美微子请教太师，作《宋世家》第八。

武王既崩，叔虞邑唐。君子讥名，卒灭武公。骊姬之爱，乱者五世；重耳不得意，乃能成霸。六卿专权，晋国以耗。嘉文公锡珪鬯①，作《晋世家》第九。

◎ 太史公自序第七十

◎ **注释** ①〔珪鬯（chàng）〕珪，玉璧。鬯，祭神用的香酒。

◎ **大意** 武王逝世之后，叔虞受封于唐。君子讥讽晋穆公取名不当，最终为曲沃武公所灭。骊姬受宠，祸乱延及五代；重耳不得意而发愤，才能建立霸业。六卿专权，晋国从此衰亡。赞美晋文公因功受赐珪鬯，作《晋世家》第九。

重黎业之，吴回接之；殷之季世，粥（鬻）子牒之。周用熊绎，熊渠是续。庄王之贤，乃复国陈；既赦郑伯，班师华元。怀王客死，兰咎屈原；好谀信谗，楚并于秦。嘉庄王之义，作《楚世家》第十。

◎ **大意** 重黎创业，吴回继承；殷朝末年，鬻熊始入谱牒。周朝任用熊绎，熊渠继承他。庄王贤明，恢复陈国；已经赦免郑伯，因华元说情而从宋国退兵。怀王客死秦国，子兰谗害屈原；喜好阿谀听信谗言，楚国最终被秦兼并。赞美楚庄王的仁义，作《楚世家》第十。

少康之子，实宾南海，文身断发，鼋鳝与处，既守封、禺，奉禹之祀。句践困彼，乃用种、蠡。嘉句践夷蛮能修其德，灭强吴以尊周室，作《越王句践世家》第十一。

◎ **大意** 少康的儿子，被分封南海，他们身上刺染着花纹，头发被剪掉，和龟、鳝共处，世代守卫封、禺二山，奉祀大禹。句践受到夫差的困辱，于是任用文种、范蠡。我赞美句践身处蛮夷之地仍能修德，消灭强大的吴国而尊崇周室，作《越王句践世家》第十一。

桓公之东，太史是庸①。及侵周禾，王人是议。祭仲要盟②，郑久不昌。子产之仁，绍世称贤。三晋③侵伐，郑纳于韩。嘉厉公纳惠王，作《郑世家》第十二。

◎**注释** ①〔庸〕用，采用。②〔要盟〕被迫接受盟约。③〔三晋〕这里指韩国。
◎**大意** 郑桓公东迁，是听了太史的话。等到庄公抢收周国的庄稼，受到王室臣民的非议。祭仲被迫乱立国君，郑国长期内乱不昌。子产有仁义之名，世代被称贤者。韩国侵犯郑国，郑国被韩国吞灭。赞美郑厉公护送周惠王回京复位，作《郑世家》第十二。

维骥骔耳①，乃章造父。赵夙事献，衰续厥绪。佐文尊王，卒为晋辅。襄子困辱，乃禽智伯。主父生缚，饿死探爵（雀）。王迁辟淫，良将是斥。嘉鞅讨周乱，作《赵世家》第十三。

◎**注释** ①〔骥骔（lù）耳〕骥、骔耳，均为良马名。
◎**大意** 进献骥、骔耳等宝马，于是彰显了造父的声名。赵夙侍奉献公，赵衰继承其业。辅佐文公尊奉王室，终为晋国辅臣。智伯囚禁侮辱赵襄子，于是韩、魏共擒智伯。赵武灵王被围，捕雀充饥终被饿死。赵王迁邪恶淫乱，贬斥良将。赞美赵鞅讨平周王室内乱，作《赵世家》第十三。

毕万爵魏，卜人知之。及绛戮干，戎翟（狄）和之。文侯慕义，子夏师之。惠王自矜，齐秦攻之。既疑信陵，诸侯罢之。卒亡大梁，王假厮之。嘉武佐晋文申霸道，作《魏世家》第十四。

◎**大意** 毕万封爵于魏，卜人提前预知。等到魏绛羞辱杨干，负罪完成与戎狄媾和的使命。文侯仰慕仁义，拜子夏为师。惠王骄傲自大，齐、秦攻袭魏国。魏王怀疑信陵君，诸侯因此疏远魏国。魏国终被秦国夺取大梁而灭亡，魏王假做了奴仆。赞美魏武子辅佐晋文公成就霸业，作《魏世家》第十四。

韩厥阴德，赵武攸兴。绍绝立废，晋人宗之。昭侯显列，申子庸之。疑非不信，秦人袭之。嘉厥辅晋匡周天子之赋，作《韩世家》第十五。

◎**大意**　韩厥保护赵氏孤儿积下阴德，赵武得以兴起。因他继绝立废，得到晋人的敬仰。昭侯显名于诸侯，因为任用了申不害。后来的韩王怀疑韩非而不任用，终为秦国所灭。赞美韩厥辅佐晋君匡扶周室，作《韩世家》第十五。

　　完子避难，适齐为援，阴施五世，齐人歌之。成子得政，田和为侯。王建动心，乃迁于共。嘉威、宣能拨浊世而独宗周，作《田敬仲完世家》第十六。

◎**大意**　田完躲避陈乱，到齐国求援，暗中施恩布惠，坚持五世不懈，齐人歌颂田氏。成子夺得齐政，田和成为诸侯。田建听信奸计思想动摇，被秦迁往共邑。赞美齐威王、齐宣王能拨正浊世而独尊周室，作《田敬仲完世家》第十六。

　　周室既衰，诸侯恣行。仲尼悼礼废乐崩，追修经术，以达王道，匡乱世反（返）之于正，见其文辞，为天下制仪法，垂六艺之统纪于后世。作《孔子世家》第十七。

◎**大意**　周室已经衰落，诸侯恣意横行。孔子感伤礼坏乐崩，追修儒术，以宣扬王道，希望匡正乱世，使之回归正道，其思想体现在文辞上，为天下制定礼仪法则，为后世留下六艺纲纪。作《孔子世家》第十七。

　　桀、纣失其道而汤、武作，周失其道而《春秋》作。秦失其政，而陈涉发迹，诸侯作难，风起云蒸，卒亡秦族。天下之端，自涉发难。作《陈涉世家》第十八。

◎**大意** 夏桀、殷纣失道，而商汤王、周武王兴起，周室失其王道而《春秋》面世。秦朝丧失其德政，而陈胜首先起义，诸侯纷纷发难，天下风起云涌，终于灭亡秦朝。天下大乱，是由陈涉发难开始。作《陈涉世家》第十八。

成皋之台，薄氏始基。诎意适代，厥崇诸窦。栗姬偩（负）贵，王氏乃遂。陈后太骄，卒尊子夫。嘉夫德若斯，作《外戚世家》第十九。

◎**大意** 汉王登临成皋台，薄姬开始受宠。窦姬委屈自己去了代地，使窦氏家族显贵。栗姬仗势骄横，反使王氏得以立为皇后。陈后骄横失宠，最终尊立卫子夫。赞美卫子夫德行如此美好，作《外戚世家》第十九。

汉既谲谋，禽信于陈；越荆剽轻，乃封弟交为楚王，爰都彭城，以强淮泗，为汉宗藩。戊溺于邪，礼复绍之。嘉游辅祖，作《楚元王世家》第二十。

◎**大意** 汉王巧设计谋，在陈县捉住韩信；越楚民俗彪悍轻狂，于是封弟弟刘交为楚王，建都彭城，以加强淮水、泗水一带的监管，使其成为汉朝的屏藩。楚王刘戊阴谋败露而自杀，刘礼继承其位。赞美刘交辅佐高祖，作《楚元王世家》第二十。

维祖师旅，刘贾是与；为布所袭，丧其荆、吴。营陵激吕，乃王琅邪；怵午信齐，往而不归，遂西入关，遭立孝文，获复王燕。天下未集，贾、泽以族，为汉藩辅。作《荆燕世家》第二十一。

◎**大意** 高祖起兵，刘贾参与；被黥布袭击，丧失荆、吴封地。营陵侯刘泽以言辞打动吕太后，被封为琅邪王；后来受祝午诱惑而轻信齐王，往而不归，于是西行入关，赶上拥立文帝之事，又获封为燕王。天下未定，刘贾、刘泽因为是宗室，做了汉朝的藩辅。作《荆燕世家》第二十一。

　　天下已平，亲属既寡；悼惠先壮，实镇东土。哀王擅兴，发怒诸吕，驷钧暴戾，京师弗许。厉之内淫，祸成主父。嘉肥股肱，作《齐悼惠王世家》第二十二。

◎**大意**　天下已经平定，刘氏亲属不多；刘肥先成年，被封为齐王，镇守东方。齐哀王刘襄擅自兴兵，发怒欲诛杀诸吕，因其舅驷钧暴虐，朝廷大臣未拥立他。厉王与其姊私通，因主父偃勘问而酿成杀身之祸。赞美刘肥为高祖的得力助手，作《齐悼惠王世家》第二十二。

　　楚人围我荥阳，相守三年；萧何填（镇）抚山西，推计踵兵①，给粮食不绝，使百姓爱汉，不乐为楚。作《萧相国世家》第二十三。

◎**注释**　①〔踵兵〕补充兵力。
◎**大意**　楚军围我荥阳，汉王坚守三年；萧何镇守崤山以西，运用计谋不断补充兵力，供应粮食，使百姓心向汉朝，不愿意为楚臣民。作《萧相国世家》第二十三。

　　与信定魏，破赵拔齐，遂弱楚人。续何相国，不变不革，黎庶攸宁。嘉参不伐功矜能，作《曹相国世家》第二十四。

◎**大意**　曹参与韩信平定魏地，击破赵军，攻下齐城，削弱楚人。接替萧何做相国，不变化不改革，百姓生活安宁。赞美曹参不夸耀自己的功劳和才能，作《曹相国世家》第二十四。

运筹帷幄之中，制胜于无形，子房计谋其事，无知（智）名，无勇功，图难于易，为大于细。作《留侯世家》第二十五。

◎**大意**　运筹于帷幄之中，制胜于无形之中，张良谋划决策，没有智巧之名，没有勇武之功，从容易处下手，从细微处着手。作《留侯世家》第二十五。

六奇既用，诸侯宾从于汉；吕氏之事，平为本谋，终安宗庙，定社稷。作《陈丞相世家》第二十六。

◎**大意**　陈平六出奇计，诸侯臣服于汉；平定吕氏之乱，陈平是主要谋划之人，最终安定宗庙社稷。作《陈丞相世家》第二十六。

诸吕为从，谋弱京师，而勃反经合于权；吴楚之兵，亚夫驻于昌邑，以厄齐赵，而出委以梁。作《绛侯世家》第二十七。

◎**大意**　诸吕结成联盟，图谋削弱朝廷，周勃拨乱反正，其术合于权变；吴楚七国兴兵，周亚夫驻军昌邑，遏制齐、赵军队，而放弃梁国以牵制吴、楚。作《绛侯世家》第二十七。

七国叛逆，蕃（藩）屏京师，唯梁为扞（捍）；偩（负）爱矜功，几获于祸。嘉其能距（拒）吴楚，作《梁孝王世家》第二十八。

◎**大意**　吴楚七国叛逆，作为屏障保卫京师的，只有梁国；梁王恃宠而夸耀功绩，几乎遭到大祸。赞美他能抵御吴楚之乱，作《梁孝王世家》第二十八。

五宗既王,亲属洽和,诸侯大小为藩,爰得其宜,僭拟之事稍衰贬矣。作《五宗世家》第二十九。

◎**大意**　景帝五个后妃的儿子都已封王,亲属之间相处和洽,大小诸侯都为京师的屏藩,各得其宜,僭越本分的事情逐渐减少。作《五宗世家》第二十九。

三子之王,文辞可观。作《三王世家》第三十。

◎**大意**　武帝策封三子为王,文辞典雅可观。作《三王世家》第三十。

末世争利,维彼奔义;让国饿死,天下称之。作《伯夷列传》第一。

◎**大意**　末世人人争权夺利,唯有伯夷、叔齐追求仁义;让位而饿死,天下人称颂他们。作《伯夷列传》第一。

晏子俭矣,夷吾则奢;齐桓以霸,景公以治。作《管晏列传》第二。

◎**大意**　晏子俭朴,管仲奢华;齐桓公因管仲称霸,齐景公因晏子国治。作《管晏列传》第二。

李耳无为自化,清净自正;韩非揣事情,循势理。作《老子韩非列传》第三。

◎**大意**　老子主张无为自化,清净自然;韩非揣度物情,遵循情势事理。作《老子韩非列传》第三。

自古王者而有《司马法》,穰苴能申明之。作《司马穰苴列传》第四。

◎**大意**　古代的君主就有《司马法》,穰苴能够阐明其义。作《司马穰苴列传》第四。

非信廉仁勇不能传兵论剑,与道同符,内可以治身,外可以应变,君子比德焉。作《孙子吴起列传》第五。

◎**大意**　若不诚信、廉正、仁慈、勇武,不能传授兵法讨论剑术。兵法剑术与道相符,内可以修身,外可以随时应变,君子认为近似于德。作《孙子吴起列传》第五。

维建遇谗,爰及子奢,尚既匡父,伍员奔吴。作《伍子胥列传》第六。

◎**大意**　太子建遭遇谗言,祸及伍奢,伍尚匡救其父,伍员奔逃吴国。作《伍子胥列传》第六。

孔氏述文,弟子兴业,咸为师傅,崇仁厉义。作《仲尼弟子列传》第七。

◎**大意** 孔子传述文献，弟子受教传道，都为人师傅，教人崇仁趋义。作《仲尼弟子列传》第七。

鞅去卫适秦，能明其术，强霸孝公，后世遵其法。作《商君列传》第八。

◎**大意** 商鞅离开卫国到秦国，阐明治国之术，孝公因此强大称霸，后世遵循其法。作《商君列传》第八。

天下患衡秦毋餍，而苏子能存诸侯，约从以抑贪强。作《苏秦列传》第九。

◎**大意** 天下害怕与秦国连横而秦国贪得无厌，而苏秦能保存诸侯，六国合纵以抑制贪婪强大的秦国。作《苏秦列传》第九。

六国既从亲，而张仪能明其说，复散解诸侯。作《张仪列传》第十。

◎**大意** 六国已经合纵，而张仪能阐明其说，又离间解散了诸侯之合纵。作《张仪列传》第十。

秦所以东攘雄诸侯，樗里、甘茂之策。作《樗里甘茂列传》第十一。

◎**大意** 秦国之所以能向东侵夺，称雄于诸侯，是用了樗里疾与甘茂的计策。作

《樗里甘茂列传》第十一。

苞（包）河山，围大梁，使诸侯敛手而事秦者，魏冉之功。作《穰侯列传》第十二。

◎**大意**　横扫河山，围困大梁，使诸侯拱手而侍奉秦国，是魏冉的功劳。作《穰侯列传》第十二。

南拔鄢郢，北摧长平，遂围邯郸，武安为率；破荆灭赵，王翦之计。作《白起王翦列传》第十三。

◎**大意**　向南拔取楚都鄢郢，向北摧毁长平的赵军，接着包围邯郸，这都是武安侯白起的功绩；最后消灭楚国、赵国，是王翦的计策。作《白起王翦列传》第十三。

猎儒墨之遗文，明礼义之统纪，绝惠王利端，列往世兴衰。作《孟子荀卿列传》第十四。

◎**大意**　广泛涉猎儒墨诸家的著作，阐明礼义的纲纪，断绝梁惠王谋利之心，总结历史兴衰。作《孟子荀卿列传》第十四。

好客喜士，士归于薛，为齐扞楚魏。作《孟尝君列传》第十五。

◎**大意**　孟尝君喜好宾客，士人纷纷来到薛地，为齐国出力，抵御楚、魏。作《孟尝君列传》第十五。

◎ 太史公自序第七十

争冯亭以权，如楚以救邯郸之围，使其君复称于诸侯。作《平原君虞卿列传》第十六。

◎**大意**　出于权变争得冯亭所献上党之地，入楚救赵邯郸之围，使其国君得以再次称雄于诸侯。作《平原君虞卿列传》第十六。

能以富贵下贫贱，贤能诎于不肖，唯信陵君为能行之。作《魏公子列传》第十七。

◎**大意**　能以富贵之身礼待贫贱之士，以贤能之才屈就不肖之人，只有信陵君能够这样做。作《魏公子列传》第十七。

以身徇君，遂脱强秦，使驰说之士南乡（向）走楚者，黄歇之义。作《春申君列传》第十八。

◎**大意**　冒着生命危险，让君主终于脱离强秦，使游说之士向南方投奔楚国，这是由于黄歇的忠义。作《春申君列传》第十八。

能忍訽（诟）①于魏齐，而信威于强秦，推贤让位，二子有之。作《范雎蔡泽列传》第十九。

◎**注释**　①〔訽（gòu）〕同"诟"，耻辱。
◎**大意**　忍受魏、齐的屈辱，取信显威于强秦，推荐贤才让出位置，范雎、蔡泽有此才德。作《范雎蔡泽列传》第十九。

率行其谋，连五国兵，为弱燕报强齐之仇，雪其先君之耻。作《乐毅列传》第二十。

◎**大意** 率先实行他的谋略，统帅五国兵马，以弱小的燕国打败强大的齐国，为先君报仇，洗雪了先君的耻辱。作《乐毅列传》第二十。

能信（伸）意强秦，而屈体廉子，用徇其君，俱重于诸侯。作《廉颇蔺相如列传》第二十一。

◎**大意** 能在强秦面前伸张正义，在廉颇面前委屈自身，都是为了忠诚于国君，二人都被诸侯重视。作《廉颇蔺相如列传》第二十一。

湣王既失临淄而奔莒，唯田单用即墨破走骑劫，遂存齐社稷。作《田单列传》第二十二。

◎**大意** 齐湣王失守临淄而奔逃到莒，只有田单以即墨为据点打败骑劫，因此保全了齐国社稷。作《田单列传》第二十二。

能设诡说解患于围城，轻爵禄，乐肆志。作《鲁仲连邹阳列传》第二十三。

◎**大意** 能用巧妙的说辞解除邯郸之围，轻视官爵利禄，以舒展志向为乐。作《鲁仲连邹阳列传》第二十三。

作辞以讽谏，连类以争义，《离骚》有之。作《屈原贾生列传》第二十四。

◎**大意**　作辞赋以讽谏楚王，连类比附以彰显自己的深意，《离骚》有这样的特色。作《屈原贾生列传》第二十四。

结子楚亲，使诸侯之士斐然争入事秦。作《吕不韦列传》第二十五。

◎**大意**　结交子楚之亲，使列国人士翩然争入秦国效力。作《吕不韦列传》第二十五。

曹子匕首，鲁获其田，齐明其信；豫让义不为二心。作《刺客列传》第二十六。

◎**大意**　曹沫用匕首迫使齐国订立盟约，鲁国因曹沫而收复失地，齐国讲信用名传天下；豫让一心为主，守义不生二心。作《刺客列传》第二十六。

能明其画，因时推秦，遂得意于海内，斯为谋首。作《李斯列传》第二十七。

◎**大意**　能阐明重大计划，抓住时机促进秦国发展，最终统一天下，李斯是主要谋划者。作《李斯列传》第二十七。

为秦开地益众，北靡匈奴，据河为塞，因山为固，建榆中。作《蒙恬列传》第二十八。

◎**大意** 为秦开疆拓土,北破匈奴,依据黄河要塞,凭借山岭修筑长城,加固边防,建立榆中关塞。作《蒙恬列传》第二十八。

填(镇)赵塞常山以广河内,弱楚权,明汉王之信于天下。作《张耳陈馀列传》第二十九。

◎**大意** 镇守赵国,保卫常山,拓展至河内,削弱西楚,向天下宣扬汉王的信义。作《张耳陈馀列传》第二十九。

收西河、上党之兵,从至彭城;越之侵掠梁地以苦项羽。作《魏豹彭越列传》第三十。

◎**大意** 魏豹收取西河、上党的士兵,跟随汉王到彭城;彭越侵占梁地,以困扰项羽。作《魏豹彭越列传》第三十。

以淮南叛楚归汉,汉用得大司马殷,卒破子羽于垓下。作《黥布列传》第三十一。

◎**大意** 黥布以淮南之地叛楚归汉,汉因他得到大司马周殷,最终在垓下击破项羽。作《黥布列传》第三十一。

楚人迫我京索,而信拔魏赵,定燕齐,使汉三分天下有其二,以灭项籍。作《淮阴侯列传》第三十二。

◎**大意** 楚军将我方逼迫至京索一带,而韩信攻取魏、赵,平定燕、齐,使汉有天下三分之二，因而消灭了项羽。作《淮阴侯列传》第三十二。

楚汉相距（拒）巩雒，而韩信①为填（镇）颍川，卢绾绝籍粮饷。作《韩信卢绾列传》第三十三。

◎ **注释**　①〔韩信〕指韩王信，与淮阴侯韩信不是一人。
◎ **大意**　楚汉对峙于巩、雒，韩信镇守颍川，卢绾绝楚粮饷。作《韩信卢绾列传》第三十三。

诸侯畔（叛）项王，唯齐连子羽城阳，汉得以间遂入彭城。作《田儋列传》第三十四。

◎ **大意**　诸侯纷纷背叛项羽，只有齐国在城阳牵制项羽，汉王得以趁机攻入彭城。作《田儋列传》第三十四。

攻城野战，获功归报，哙、商有力焉，非独鞭策，又与之脱难。作《樊郦列传》第三十五。

◎ **大意**　攻城野战，屡立战功，樊哙、郦商有功劳，他们不只是为汉王执鞭策马，也与之共脱患难。作《樊郦列传》第三十五。

汉既初定，文理未明，苍为主计，整齐度量，序律历。作《张丞相列传》第三十六。

◎ **大意**　汉朝初定天下，各种法规制度不齐备，张苍担任主计官，统一度量衡，调整律历。作《张丞相列传》第三十六。

结言通使，约怀诸侯；诸侯咸亲，归汉为藩辅。作《郦生陆贾列传》第三十七。

◎**大意**　游说出使，笼络诸侯；诸侯亲善，归于汉朝，成为汉之藩辅。作《郦生陆贾列传》第三十七。

欲详知秦楚之事，维周緤常从高祖，平定诸侯。作《傅靳蒯成列传》第三十八。

◎**大意**　想要详细了解秦楚之事，只有找周緤，他常伴随高祖，平定诸侯。作《傅靳蒯成列传》第三十八。

徙强族，都关中，和约匈奴；明朝廷礼，次宗庙仪法。作《刘敬叔孙通列传》第三十九。

◎**大意**　迁徙豪门大族，定都关中，与匈奴和亲；明确朝廷礼节，排列宗庙仪序。作《刘敬叔孙通列传》第三十九。

能摧刚作柔，卒为列臣；栾公不劫于势而倍（背）死。作《季布栾布列传》第四十。

◎**大意**　季布能化刚为柔，终为汉臣；栾布不因受到权势威胁而背叛死去的旧主。作《季布栾布列传》第四十。

敢犯颜色，以达主义；不顾其身，为国家树长画。作《袁盎朝错①列传》第四十一。

◎**注释** ①〔朝错〕即晁错。
◎**大意** 敢于犯颜直谏，使君主达到道义；不顾自身安危，为国筹划长远方策。作《袁盎朝错列传》第四十一。

守法不失大理，言古贤人，增主之明。作《张释之冯唐列传》第四十二。

◎**大意** 严守法度，不失大道，称道古代贤人，为主增光。作《张释之冯唐列传》第四十二。

敦厚慈孝，讷于言，敏于行，务在鞠躬，君子长者。作《万石张叔列传》第四十三。

◎**大意** 敦厚慈爱孝敬，不善言辞，行事勤敏，恭敬谨慎，有君子之风、长者之德。作《万石张叔列传》第四十三。

守节切直，义足以言廉，行足以厉贤，任重权不可以非理挠。作《田叔列传》第四十四。

◎**大意** 坚守节操，恳切正直，坚持正义足以称为廉洁，行为高尚足以激励贤者，身担重任而不能用非理的手段使之屈服。作《田叔列传》第四十四。

扁鹊言医，为方者①宗，守数②精明；后世循序，弗能易也，而仓公可谓近之矣。作《扁鹊仓公列传》第四十五。

◎**注释** ①〔方者〕研习方药者，即医者。②〔数〕技术，此指医术。
◎**大意** 扁鹊论医，为医家宗师，医术精明；后世只能因循其法，不能改进，而仓公的医术可以说接近扁鹊。作《扁鹊仓公列传》第四十五。

维仲之省①，厥濞王吴，遭汉初定，以填（镇）抚江淮之间。作《吴王濞列传》第四十六。

◎**注释** ①〔省〕贬抑。
◎**大意** 刘仲被贬，刘濞被封为吴王，在汉室初定天下之时，镇抚江、淮一带。作《吴王濞列传》第四十六。

吴楚为乱，宗属唯婴贤而喜士，士乡（向）之，率师抗山东荥阳。作《魏其武安列传》第四十七。

◎**大意** 吴楚七国作乱，宗属中唯有窦婴最为贤能而爱士，士人投奔他，他带领大军驻守荥阳以抗拒山东诸侯。作《魏其武安列传》第四十七。

智足以应近世之变，宽足用得人。作《韩长孺列传》第四十八。

◎**大意** 智谋足以应付世变，宽厚足以广揽人才。作《韩长孺列传》第四十八。

勇于当敌，仁爱士卒，号令不烦，师徒乡（向）之。作《李将军列传》第四十九。

◎**大意** 抵御敌人表现勇敢,对待士兵态度仁爱,号令简易不烦琐,军士衷心服从他。作《李将军列传》第四十九。

自三代以来,匈奴常为中国患害;欲知强弱之时,设备征讨,作《匈奴列传》第五十。

◎**大意** 自三代以来,匈奴经常成为中原的祸患;想要知道它强弱的时势,设法防备或出兵征讨,作《匈奴列传》第五十。

直曲塞,广河南,破祁连,通西国,靡北胡。作《卫将军骠骑列传》第五十一。

◎**大意** 卫将军整治边塞,拓广河南,霍去病于祁连山大破匈奴,从此汉与西域相通,匈奴一蹶不振。作《卫将军骠骑列传》第五十一。

大臣宗室以侈靡相高,唯弘用节衣食为百吏先。作《平津侯列传》第五十二。

◎**大意** 大臣宗室相互攀比奢侈,唯有平津侯公孙弘节衣缩食,为群吏楷模。作《平津侯列传》第五十二。

汉既平中国,而佗能集杨越以保南藩,纳贡职。作《南越列传》第五十三。

◎**大意** 汉朝已经平定中国，而赵佗能够镇抚南越，为汉南面之屏藩，纳贡尽职尽责。作《南越列传》第五十三。

吴之叛逆，瓯人斩濞，葆守封、禺为臣。作《东越列传》第五十四。

◎**大意** 吴国叛乱，东瓯人诛杀了吴王刘濞，守卫封、禺，始为汉朝臣民。作《东越列传》第五十四。

燕丹散乱辽间，满收其亡民，厥聚海东，以集真藩，葆塞为外臣。作《朝鲜列传》第五十五。

◎**大意** 燕太子丹的部众逃到辽东避难，卫满收容难民，于是他们汇聚在海东，联合真藩等部落，保卫远疆要塞，作为汉朝外臣。作《朝鲜列传》第五十五。

唐蒙使略通①夜郎，而邛筰之君请为内臣受吏。作《西南夷列传》第五十六。

◎**注释** ①〔略通〕经略开通。
◎**大意** 唐蒙奉命经略开通夜郎，而邛、筰之君请求为汉朝内臣，并接受朝廷所派官吏。作《西南夷列传》第五十六。

《子虚》之事，《大人》赋说，靡丽多夸，然其指（旨）风（讽）谏，归于无为。作《司马相如列传》第五十七。

◎**大意**　《子虚赋》中的事，《大人赋》中的话，辞藻华丽较多夸张，但是其宗旨在于讽谏，最后落脚到劝皇帝不要劳民伤财上。作《司马相如列传》第五十七。

黥布叛逆，子长国之，以填（镇）江淮之南，安剽楚庶民。作《淮南衡山列传》第五十八。

◎**大意**　黥布叛逆，刘长被封为淮南王，镇抚江、淮以南，安抚剽悍的楚民。作《淮南衡山列传》第五十八。

奉法循理之吏，不伐功矜能，百姓无称，亦无过行。作《循吏列传》第五十九。

◎**大意**　奉行法律遵循事理的官吏，不夸功逞能，虽无百姓赞誉，也无过失的行为。作《循吏列传》第五十九。

正衣冠立于朝廷，而群臣莫敢言浮说，长孺矜焉；好荐人，称长者，壮有溉（概）[1]。作《汲郑列传》第六十。

◎**注释**　①〔壮有溉〕壮，应作"庄"，指郑当时（字庄）。溉，通"概"，气节。
◎**大意**　理正衣冠站在朝廷上，而众大臣不敢乱说，汲长孺刚直庄重；喜欢推荐人才，称誉赞美长者，郑庄有气节。作《汲郑列传》第六十。

自孔子卒，京师莫崇庠序，唯建元、元狩之间，文辞粲如也。作《儒林列传》第六十一。

◎**大意** 自孔子逝世后，朝廷无人关心学校教育，只有建元、元狩年间，文辞兴盛，儒学振兴。作《儒林列传》第六十一。

民倍（背）本多巧，奸轨（宄）弄法，善人不能化，唯一切严削为能齐之。作《酷吏列传》第六十二。

◎**大意** 百姓不务农桑而投机取巧，作奸犯科，戏弄法规，善人不能感化他们，唯有一律严刑才能治理。作《酷吏列传》第六十二。

汉既通使大夏，而西极远蛮，引领内乡（向），欲观中国。作《大宛列传》第六十三。

◎**大意** 汉朝通使大夏之后，西方极远的蛮夷，都伸长脖子争相内附，欲效法中原文明。作《大宛列传》第六十三。

救人于厄，振（赈）人不赡，仁者有乎；不既信，不倍（背）言，义者有取焉。作《游侠列传》第六十四。

◎**大意** 拯救人于危难之际，赈济人于贫困之中，仁者有此德行；不失信用，不背诺言，义者有可取之处。作《游侠列传》第六十四。

夫事人君能说（悦）主耳目，和主颜色，而获亲近，非独色爱，能亦各有所长。作《佞幸列传》第六十五。

◎**大意** 侍奉帝王，能使帝王喜悦，能使帝王脸色温和，从而获得亲近宠爱，不只以色取宠，技能也各有所长。作《佞幸列传》第六十五。

不流世俗，不争势利，上下无所凝滞，人莫之害，以道之用。作《滑稽列传》第六十六。

◎**大意** 不随世俗，不争势利，上下无阻，无人能害，因善用其道。作《滑稽列传》第六十六。

齐、楚、秦、赵为日者，各有俗所用。欲循观其大旨，作《日者列传》第六十七。

◎**大意** 齐、楚、秦、赵等国的占卜者，各随其俗有所不同。想要纵观其大要，作《日者列传》第六十七。

三王不同龟，四夷各异卜，然各以决吉凶。略窥其要，作《龟策列传》第六十八。

◎**大意** 三代用不同的龟卜方法，四方占卜的方式也不一样，然而都能判断吉凶。粗略考察其大概情况，作《龟策列传》第六十八。

布衣匹夫之人，不害于政，不妨百姓，取与以时而息财富，智者有采焉。作《货殖列传》第六十九。

◎**大意** 平民百姓，不危害政治，不妨碍百姓，把握时机做买卖增加财富，有智慧的人可以从他们身上得到借鉴。作《货殖列传》第六十九。

维我汉继五帝末流，接三代绝业。周道废，秦拨去古文，焚灭《诗》《书》，故明堂石室金匮玉版图籍散乱。于是汉兴，萧何次律令，韩信申军法，张苍为章程，叔孙通定礼仪，则文学彬彬稍进，《诗》《书》往往间出矣。自曹参荐盖公言黄老，而贾生、晁错明申、商，公孙弘以儒显，百年之间，天下遗文古事靡不毕集太史公。太史公仍父子相续纂其职。曰："於戏！余维先人尝掌斯事，显于唐虞，至于周，复典之，故司马氏世主天官。至于余乎，钦念哉！钦念哉！"罔（网）罗天下放失（佚）旧闻，王迹所兴，原始察终，见盛观衰，论考之行事，略推三代，录秦汉，上记轩辕，下至于兹，著十二本纪，既科条之矣。并时异世，年差不明，作十表。礼乐损益，律历改易，兵权山川鬼神，天人之际，承敝通变，作八书。二十八宿环北辰，三十辐共一毂，运行无穷，辅拂（弼）股肱之臣配焉，忠信行道，以奉主上，作三十世家。扶义俶傥，不令己失时，立功名于天下，作七十列传。凡百三十篇，五十二万六千五百字，为《太史公书》。序略，以拾遗补艺，成一家之言，厥协六经异传，整齐百家杂语，藏之名山，副在京师，俟后世圣人君子。第七十。

◎**大意** 我们汉朝继承五帝的遗绪，承接三代中断的事业。周道衰落，秦朝废除古代文化典籍，焚灭《诗》《书》等经典，所以明堂、石室、金匮、玉版等处图书散乱。汉朝兴起后，萧何整理法律条文，韩信申明军法，张苍制定规章制度，叔孙通制定礼仪，从此社会的文化、秩序有了一些进步，《诗》《书》等被埋没的经典不断地重新出现。自从曹参推荐盖公专讲黄老之说，贾谊、晁错阐明申不害、商鞅等法家学说，公孙弘因擅长儒术而出名，百年之中，天下遗闻旧事无不集中于太史公这里。太史公父子相续担任这个职务。先父司马谈说："哎呀！我们的祖先曾掌管这项职务，显名于尧舜时代，到了周代，又掌管这一职务，所以说司马家族世代掌管文史星历之事。现在到了我这里，要谨记啊！要谨记啊！"所以司马迁收集天下遗失的旧闻，对帝王兴起的迹象，追根溯源，探究终始，由盛观衰，论辩考证他们的事迹，简略地推考三代，记录秦汉，往上记录至轩辕黄帝，向下记到现在，作十二本纪，已经科别条分、具备纲目了。同一时期而不同世系，年代先后不大明白，作十表。为了论述礼乐减增，律历改变，兵家权谋、山川形势、鬼神祭祀，天人关系，各种事物的发展演变，作八书。二十八宿环绕北极星，三十根辐条集中于一个车轴，运行无穷，肱股之臣辅佐配合，忠信不渝，坚守臣道，以侍奉君主，作三十世家。匡扶正义、卓越洒脱，不让自己失去时机，立功名于天下，作七十列传。共一百三十篇，五十二万六千五百字，为《太史公书》。编述大略，以收集遗文，弥补缺漏，成一家之言，调和六经的不同传述，整齐百家的不同说法，正本藏在名山，副本留在京师，等待后世圣人君子评断。因此作了列传的第七十篇《太史公自序》。

太史公曰：余述历黄帝以来至太初而讫，百三十篇。

◎ **大意** 太史公说：我记述的历史自黄帝开始，到太初年间结束，共一百三十篇。

◎ **知识拓展**

《太史公自序》全文气势滔滔，源远流长。司马迁从远古的祖先颛顼写起，依次介绍了家世源流、六家要旨、受命作史、作史志意、全书叙目等五个方面的内容，这五段内容文气各异，如长江黄河奔涌而下，一路蜿蜒起伏，流经各地而气势各异。司马迁叙写千余年家世，不过数百字，而次序井然。耕牧壮游、磊落奇迈的倜傥少年形象跃然纸上。父子执手流涕，以史相托付，场面又何其凝重！借与壶遂对话表达作史志意则娓娓道来，错落有致。草创未就，横被腐刑，愤懑不平之辞，又使读者不禁掩卷叹息。特别是作者用相当篇幅载录父亲司马谈对六家要旨的评论，分析精辟透彻、入木三分，指陈得失有若断案，虽历百世而无可比拟，充分而深刻地反映了司马父子的学术思想。全书叙目又层层收束，庄重结尾，无头重脚轻之弊。司马迁在收束全篇时，三次提出"史自黄帝始"的观点："于是卒述陶唐以来，至于麟止，自黄帝始。""上记轩辕，下至于兹，著十二本纪，既科条之矣。""余述历黄帝以来至太初而讫，百三十篇。"认为中国历史的上限至少应起自黄帝。司马迁不厌其烦再三申说，强调了黄帝在中国历史上

483

的重要地位。由《太史公自序》可见司马迁追溯远古的目光、融贯诸家的学识、遍布全国的足迹、根底忠孝的信念、渊源周孔的志向，以及"究天人之际，通古今之变，成一家之言"的著史理想。清人吴见思评论说："《史记》自《黄帝本纪》起，一百三十，合而论之，总是一篇，篇终必须收束得尽，承载得起，方无虎头鼠尾之病。此篇以自序世系，逐层御下。而中载两论，气势已极崇隆。后乃排出一百三十段，行行列列，整整齐齐，而中间复错综变化作一层，后又提自序一段，总序一百三十篇总目，作一层，后又总结一句，作一层，无往不收，无微不尽。作书至此，无遗憾矣。"（《史记论文》）清人牛运震也称赞说："《自序》高古庄重，其中精理微者，更奥衍宏深，一部《史记》精神命脉，俱见于此太史公出格文字。"（《史记评注》）